Über dieses Buch Unter all den lebenshungrigen und von Kunst besessenen Bohemiems, die sich seit Anfang unseres Jahrhunderts in Paris versammelten, weil sie glaubten, nur hier als Künstler oder Exzentriker Karriere machen zu können, besaß Jean Cocteau die vielseitigsten Begabungen und das größte Talent zum Enfant terrible. Ohne ihn – seine geistreich-verrückten Ideen, seine poetischen Inspirationen, sein Talent, Leute zusammenzubringen – hätte in unserem Jahrhundert vieles einen anderen Verlauf genommen. Cocteau schrieb Ballette für Diaghilew und Strawinsky, inspirierte Picasso zu revolutionären Bühnendekorationen, lancierte die noch unbekannte Edith Piaf, verfaßte Theaterstücke und drehte Filme. In dieser ersten umfassenden Biographie wird das Leben dieses Universalgenies auf dem Hintergrund einer turbulenten Epoche erzählt.

Der Autor Frederick Brown ist Professor für Literatur an der Universität New York.

Frederick Brown

Jean Cocteau

Eine Biographie

Aus dem Amerikanischen
von Jürgen Abel

Fischer Taschenbuch Verlag

Für Enid

Veröffentlicht im Fischer Taschenbuch Verlag GmbH,
Frankfurt am Main, März 1985
Lizenzausgabe mit freundlicher Genehmigung
des Scherz Verlages, Bern und München
Titel der amerikanischen Originalausgabe:
»An Impersonation of Angels«

Titel der deutschen Erstausgabe:
»Ein Skandal fürs Leben.
Jean Cocteau – seine Kunst, seine Männer, seine Frauen, seine Zeit«
Umschlaggestaltung: Jan Buchholz / Reni Hinsch
Druck und Bindung: Clausen & Bosse, Leck
Printed in Germany
1280-ISBN-3-596-25640-2

Inhalt

Die schreckliche Kindheit

Unter den Rumänen, die während der Belle Epoque im gesellschaftlichen Leben der Aristokraten und der bürgerlichen Oberschicht des rechten Seineufers eine spektakuläre Rolle spielten, stach besonders der Schauspieler Edouard de Max hervor. Schon der Klang seines Namens genügte, um Visionen von dekadenten, düsterbyzantinischen Lüsten zu beschwören. Er glich einem abgesetzten griechischen Gott, der sich nun, da Europa dem Kult der Wissenschaft frönte, darauf beschränken mußte, die eigene Person zu stilisieren. Seinen Teint beschrieb man als bläulich-grün, was vielleicht auf die grünschillernden Augen zurückzuführen war, deren katzenhaften Schnitt er durch eine haselnußbraune Spezialschminke hervorhob. Die feuchtglänzenden, sinnlich wirkenden Lider blieben immer halbgeschlossen – wie bei einer Eule. Seine Finger waren beladen mit acht schweren Ringen, sicher nach dem Vorbild Sarah Bernhardts, deren Karriere zu Beginn des 20. Jahrhunderts für kurze Zeit mit der seinen zusammentraf, was Anlaß zu legendären Primadonnenkämpfen, aber auch zu außergewöhnlichen Theatervorstellungen bot: In Racines *Andromache* spielte sie die Titelheldin, er den Orest. De Max hatte ein besonderes Faible für temperamentvolle Pirouettenbewegungen, und in Szenen großer äußerer oder innerer Anspannung schwankte sein Organ ständig zwischen Rezitativ und Arie, wobei er absichtlich das phlegmatisch-gutturale Timbre der Rumänen mitschwingen ließ. Aussehen und Veranlagung prädestinierten ihn in einmaliger Weise, ruchlose Sodomiten, psychopathische Fürsten und monströse Potentaten wie die römischen Kaiser Nero und Heliogabal darzustellen. Der junge André Gide widmete ihm sein Schauspiel *Saul*.

Doch nicht nur auf der Bühne verkörperte de Max Existenzen von lasterhaftem Pomp. Seine Schwäche für Opium und Epheben war offenes Geheimnis. Wenn er das Café Régence betrat, war sein Tisch sogleich umschwärmt von grazilen Jünglingen, die verzückt an den Lippen des Meisters hingen. »Edouard de Max hat uns besucht«, schrieb Colette, »umgeben von Knaben – gleich einem Gott im Kreise seiner Nymphen.«*

Fotografien von Sarah Bernhardts Wohnung können auch einen Eindruck von den Gemächern des Schauspielers in der Rue de Caumartin geben: schwere Samtvorhänge, tiefe Ottomanen, Gazellengeweihe, orientalische Teppiche, Baldachine und zahllose schwellende Kissen, eine Szenerie, die an die viktorianische Version von Tausendundeiner Nacht erinnert. Edouard de Max lebte in der Welt seiner Rollen. Heliogabals Diadem diente als Kerzenhalter, Neros Thron als Armsessel, und die Truhen im Stil der spanischen Gotik stammten aus einer *Hernani*-Inszenierung. Er badete in einer Wanne angeblich pompejanischen Ursprungs, benutzte für seinen Schriftwechsel purpurne Tinte, die er einer porzellanenen Kröte entnahm, und pflegte dieses Purpurprosa mit Goldstaub zu trocknen.

In Paris verehrte man de Max wie einen Halbgott, in der Provinz jedoch betete man ihn an wie einen Fetisch. Als der Mäzen des südfranzösischen Ortes Béziers ihn einlud, im römischen Amphitheater der Stadt den Prometheus zu spielen, ließ de Max eigens für diese Gelegenheit seinen Körper rasieren, um in einer bestimmten Szene fast gänzlich entblößt auf einem Felsen hingestreckt zu liegen und die himmlischen Regionen mit herausfordernden Gesten zu schmähen. Am nächsten Tag konnte man bei seinem Leibfriseur zu hohen Preisen Büschel von De-Max-Haaren erstehen.

1907 veranstaltete Robert d'Humières in seinem Théâtre des Arts auf dem Boulevard des Batignolles, wo Oscar Wildes *Lady Windermeres Fächer* eine lange Reihe glänzender Aufführungen erleben sollte, ein großes Maskenfest. De Max erschien in einen

* Die bibliographischen Angaben der zitierten Werke sind dem Literaturverzeichnis am Ende des Buches zu entnehmen.

Beduinenschleier gehüllt und mit dem napoleonischen Adler auf dem Haupt. Zwei seiner Epheben waren als arkadische Hirten kostümiert, der dritte als Heliogabal, als Oberpriester des syrischen Sonnengottes, der später Kaiser von Rom wurde: auf dem Kopf eine Tiara, hennagefärbte Haarsträhnen in die Stirn gezogen, einen perlenbesetzten Umhang über den Schultern, die Hände mit den kostbaren Ringen seines Gönners geschmückt. Die Schnüre der Sandalen reichten bis an seine mageren Waden. Selbst Sarah Bernhardt war beim Anblick des Quartetts leicht düpiert. Man forderte de Max auf, den Ball zu verlassen.

So sah das Debüt des siebzehnjährigen Cocteaus aus, den man voll schicksalhafter Vorbedeutung als Heliogabal, einen seiner vielen geistigen Väter, ausstaffiert hatte. Das Saturnshaupt von Edouard de Max wird im Laufe von Cocteaus Leben unter den verschiedensten Namen als Inkarnation göttlicher Schönheit wiederauftauchen, nach der Cocteau ständig suchte, die er gelegentlich auch fand und die er vor allem selbst verkörpern wollte.

Geboren wurde er als Jean Maurice Eugène Clément Cocteau am 5. Juli 1889, einige Monate nach Fertigstellung des Eiffelturms und einige Monate, bevor Joseph Oller das Moulin Rouge gründete. Jean wuchs ganz in der Nähe der Place Pigalle auf, und zwar in der Rue La-Bruyère. Die Straße bestand aus eleganten Bürgerhäusern. Von den rückwärtigen Fenstern seines Elternhauses konnte der kleine Jean die Eglise de la Trinité sehen. Damals bewohnte die Boheme noch das Viertel nördlich vom Boulevard de Clichy. Cocteau, der sich selbst einmal als bürgerliche Schimäre bezeichnete (»Sohn einer bürgerlichen Familie, bin ich ein bürgerliches Ungeheuer«), lebte also von Anfang an zwar am Montmartre, aber nicht auf dem Montmartre.

Sein Vater, Georges Cocteau, war ein sanfter und zurückhaltender Mann, so unauffällig, daß niemand mehr weiß, wie er aussah. Er arbeitete als Makler in der Firma seines Schwiegervaters; seine wahre und einzige Passion jedoch war das Malen.

Als Junge verbrachte Jean viele Stunden in seiner Nähe – später erinnert er sich an den Vater hauptsächlich in Verbindung mit dem Geruch von Ölfarben. Fotografien von Georges Cocteau zeigen eine schmächtige Gestalt, fast ohne Schultern, mit einem etwas müden Pferdegesicht. Er hauchte sein Leben mit dem Jahrhundert aus – 1899, im Alter von neunundvierzig Jahren, die er meist lustlos und widerwillig verbracht hatte. Seinen Freunden vertraute Cocteau an, der Vater hätte Selbstmord begangen. Allerdings neigte er dazu, die eigene Vergangenheit und auch die Vergangenheit von Personen aus seinem Bekanntenkreis zu korrigieren, um dadurch seine persönliche Legende zu fördern: So machte er sich zum Beispiel drei Jahre jünger, um noch offensichtlicher als Wunderkind zu erscheinen.

Seine Mutter, eine elegante Dame mit dem Auftreten einer Marquise, war eine geborene Eugénie Lecomte. Nach Angaben Cocteaus waren die Lecomtes unter dem Ancien Régime berühmte Kunsttischler gewesen. Im Laufe des 19. Jahrhunderts entwuchs der Familienstammbaum jedoch den Niederungen seiner handwerklichen Ursprünge und verästelte sich im diplomatischen Korps, in der Militärverwaltung und der Finanzwelt. Einer von Cocteaus Onkeln mütterlicherseits bekleidete eine Reihe hoher diplomatischer Posten, unter anderem in Berlin, wo er sich bei Kaiser Wilhelm II. und dessen homosexueller Kamarilla außerordentlicher Gunst erfreute und beinahe eine deutsch-französische Entente zustande gebracht hätte. Bloßgestellt durch den Journalisten Maximilian Harden, in dessen Augen Bismarck-Deutschland Gefahr lief, zu einer Art Chorknaben-Regime zu degenerieren, wurde er vom Quai d'Orsay als Botschafter zuerst nach Teheran, dann nach Kairo geschickt. Jeans Großvater, Eugène Lecomte, war ein kultivierter, autoritärer, manchmal sogar etwas furchterregender Großbürger, dessen Gegenwart dem Haus Nr. 45 der Rue La-Bruyère Atmosphäre verlieh – dem Haus, in dem Cocteaus Eltern eine Etage bewohnten.

Die Farblosigkeit von Jeans Vater wurde durch die barocken Allüren seines Großvaters mehr als wettgemacht. Eugène Lecomte besaß genug Geld, um seine Leidenschaft für Kunstgegenstände und Kuriositäten aller Art zu befriedigen. Er brachte eine Bibliothek seltener Buchausgaben zusammen, sammelte Zeichnungen von Ingres, Gemälde von Delacroix, florentinische Medaillons und Münzen. Er besaß zyprische Vasen und wunderschöne antike Masken, darunter ein Abbild des Antinoüs, des bithynischen Sklavenjünglings, den der verliebte und verblendete Kaiser Hadrian nach Rom hatte bringen lassen. Cocteau erinnert sich, daß er von den bleichen Terrakotta-Wangen dieser Maske, von ihren schwarzen Emailaugen, die aus einem mit rotem Samt ausgeschlagenen Kästchen heraus einen Punkt im Unendlichen zu fixieren schienen, fasziniert war. Als die Reliquien des Großvaters versteigert werden sollten, behielt er die Maske des Antinoüs für sich zurück. Sie tauchte wiederholt in seinen späteren Filmen auf.

Monsieur Lecomtes größter Schatz jedoch bestand in einer Sammlung von Stradivari-Geigen, die im Billardzimmer aufbewahrt wurde. Fast jede Woche benutzte man sie bei kammermusikalischen Abendunterhaltungen: Lecomte spielte Cello, und der berühmte spanische Virtuose Pablo de Sarasate brillierte auf der Geige. Musik war die Seele des Hauses, was allerdings nicht erstaunlich ist: In den neunziger Jahren des vorigen Jahrhunderts war Paris buchstäblich eine Stadt von Melomanen. Die Hauptstadt hatte sich den Noten verschrieben, und für musikalische Soireen – beispielsweise Pierre Vérons Abende mit der großen Nellie Melba – mußte man wochenlang vorher um Eintrittskarten kämpfen. Als Ignaz Paderewski zur Weltausstellung von 1889 kam und am Nationalfeiertag vor einem nach Tausenden zählenden Publikum spielte, feierte man ihn wie einen Helden.

Ungefähr seit 1885, dem Todesjahr Victor Hugos, konzentrierten sich die romantizistischen Exzesse der Pariser Oberschicht immer mehr auf die Musik Richard Wagners. Im Sommer dirigierte Charles Lamoureux jeden Sonntag Wagner-Opern im Cirque d'Eté – gleich einem Priester, der Messen zelebriert. Wenn er das Pult bestieg, starrte die gesamte Zuhörerschaft gebannt auf ihn und fiel in Trance, bis die letze Note verklungen war. Auch Stéphane Mallarmé wohnte den sonntäglichen Riten bei, und die anderen Symbolisten folgten seinem Beispiel. Ausgehend von einer angeblichen Affinität zwischen Wagnermusik und symbolistischer Poesie gründete Paul Desjardins die Zeitschrift *Revue Wagnérienne*, wobei allerdings gesagt werden muß, daß Wagners Publikum in Paris im Grunde andere Dinge brauchte als hohes und abstraktes Ideengut – es sehnte sich mehr nach Freisetzung düsterer Triebe, die durch die Konvention gefesselt waren, nach Beschwörung verschütteter Bewußtseinsschichten, die nicht mit den Normen in Einklang standen, nach Komplicentum in einem totemistischen Universum, das mit der bourgeoisen Republik unvereinbar war. Die Sehnsucht nach unbestimmbarer Totalität wurde auf akustischem Wege befriedigt. »Das trübe, ungewisse Geheimnis des Mystischen, der Hang zu den Urgründen, der heidnische Horizont, die heftigen, unmäßigen und ans Übernatürliche grenzenden Gefühle, die Wagners Musik kennzeichnen, schienen in den Augen der französischen Jugend ein Erlösungsversprechen zu beinhalten«, charakterisierte Léon Daudet die Stimmung.

Cocteau und sein Großvater waren keine ausgesprochenen Wagner-Verehrer. Für Eugène Lecomte bedeutete »Oper« in erster Linie Mozart, Verdi und vor allem Rossini. (Vor Jahren war Rossini in der Chaussée d'Antin sein Nachbar gewesen. Wie es kam, daß Lecomte Rossinis zahlreiche Perücken besaß, weiß niemand, jedenfalls gehörten sie zur Kuriositäten-Abteilung seiner Sammlung.) Da er jedes Konzert im Konservatorium besuchte, konnte er es nicht vermeiden, außer Beethoven und Berlioz dort auch Wagner zu hören. Jeans spätere Kampagne gegen Wagner rührt vielleicht daher, daß man ihn bereits als Kind zwang, zwischen verzückten Anbetern des Meisters von Bayreuth stillsitzen zu müssen. Musik war für ihn Theater in anderer Form: aufgetakelte Damen, Brillantbroschen von der Größe gelber Rüben, Stehkragen aus Samt, geflüsterte Begrüßungen, bärtige Choristen und der Dirigent, der seinen Stab »wie ein Erzengel an der Schwelle zum Paradies das Flammenschwert« erhob. Cocteau beschreibt die musikalischen Soireen im großväterlichen Haus – wo er Sarasate heimlich hinter einer hellebardenförmigen Stehlampe, die von einem karmesinroten, mit Troddeln behangenen Schirm überwölbt wurde, beobachtete –, Gelegenheiten, bei denen es erlaubt war, die elysischen Gefilde der Welt der Erwachsenen zu betreten: das mit Chintz ausgeschlagene Boudoir der Mutter und Großvater Eugènes Badezimmer mit der großen Silberwanne, wo das Kind in aller Ruhe geheime Untersuchungen an seinem erklärten Fetisch, einer der Perücken Rossinis, vornehmen konnte. Aber Cocteau hatte bei den musikalischen Darbietungen doch etwas genauer hingehört, als er vorgibt, denn er kannte sich offenbar hervorragend aus im vorwagnerschen Musikrepertoire. Freunde, die wenig bekannte Arien vorsummten, waren, wie einer der Betreffenden berichtet, jedesmal erstaunt, wenn Jean nicht nur die Oper, sondern auch Akt und Szene nannte, in denen die Melodie vorkam.

Im Sommer und an den Wochenenden traf sich die Familie in einem geräumigen, mit Türmchen versehenen Landhaus in Maisons-Laffitte, im Norden des Waldes von Saint-Germain. Um die Jahrhundertwende war Maisons-Laffitte fast ebenso beliebt und frequentiert wie der Parc Monceau und der Bois de Boulogne. Der Ort besaß ein hübsches Schloß, das im 17. Jahrhundert vom Hofbaumeister François Mansart entworfen worden war, außerdem eine Rennbahn sowie Reitställe für jene Pariser, die sich wie gelähmt vorkamen, wenn sie ihre Pferde nicht in unmittelbarer Nähe wußten. Die bemerkenswertesten Einwohner des Ortes waren zweifellos die Brüder Lebaudy. Sie hatten ihr unermeßliches Vermögen durch Zucker-Transaktionen erworben, was Max Lebaudys Spitznamen »le petit sucrier« – die kleine Zuckerbüchse – erklären mag. Wie Boni de Castellane, einer der ungekrönten Könige des Faubourg Saint-Germain, hatte auch er Hobbys kultiviert, die eines mittleren italienischen Barockpotentaten würdig gewesen wären. So veranstaltete er regelrechte Corridas, ließ seine Equipagen und Automobile mit Champagner waschen, bevor er die berühmten

Kokotten von Maxim's abholte, deren Finger er mit kostbaren Juwelen zu bestücken pflegte. Seine extravaganten Neigungen gaben Music-Hall-Sängerinnen wie der großen Polaire Stoff zu mehr als einem Chanson – er realisierte die Dinge, von denen sie nur träumte, er verwirklichte ihre gewagtesten Phantasien, und gerade deshalb erfreute sich Max Lebaudy bei den arbeitenden Klassen einer stets wachsenden Beliebtheit. Aber in noch jungen Jahren, als er seinen Militärdienst in den Pyrenäen ableistete, starb er an Tuberkulose.

Sein Bruder Jacques war ein würdiges Gegenstück zu ihm: geizig, stets in Schwarz gekleidet, ein Größenwahnsinniger, der düstere Schicksalsschläge über die Welt bringen wollte. 1903 finanzierte er einen blutigen Krieg gegen die Beduinen und ließ sich zum »Kaiser der Sahara« proklamieren. Anschließend zog er sich mit seiner Geliebten Marguerite Dellière auf eine Besitzung namens Phoenix Lodge bei New York zurück und mußte dort einige Jahre später feststellen, daß seine Tochter ein »blühendes Geschöpf« war – er versuchte, sie zu vergewaltigen, und Marguerite Dellière erschoß ihn.

Maisons-Laffitte beherbergte aber auch Wohltäter der Menschheit, so den Erfinder des Korsetts, Dr. Gache-Sarrothe, und Madame du Gast, die Vorsitzende der »Gesellschaft zur Verhütung von Grausamkeiten an Tieren«. Und damit die Sommergäste auch keine kulturellen Genüsse entbehrten, hatte der Herzog de Clermont-Tonnerre ein Privattheater errichten lassen, auf dem der große Talma im Urlaub agierte.

Die Kinder – Marthe, Paul, Jean und seine Kusine Marianne (Jeans Schwester Marthe, die spätere Gräfin Henri de la Chapelle, war zwölf, sein 1881 geborener Bruder Paul acht Jahre älter als er) – taten, was Kinder der gehobenen Bourgeoisie damals zu tun pflegten. Außer den üblichen Beschäftigungen wie Träumen, Erklettern von Mauern und Bäumen, Herumtoben auf den mit Linden und Begonien geschmückten Rasenflächen des nahen Schloßparks, unternahmen sie Radtouren (das gerade erst aus England importierte Fahrrad galt als äußerst schicke Neuheit) in die Umgebung des Dorfes oder zeichneten kindliche Karikaturen von den Nachbarn, zum Beispiel von jenen eleganten Damen mit einem Faible für Schoßkaninchen, die sie an Dreierleinen durch Maisons-Laffitte führten. Oder man spielte in der grünen Wildnis des Waldes von Saint-Germain verbotene Spiele und rauchte heimlich.

»Die Kindheit hat ihre besonderen Gerüche«, schrieb Cocteau. »Unter anderem erinnere ich mich an den Kleister der Bilder, die wir im Krankenzimmer oft ausgeschnitten haben, an den Duft der Linden von Maisons-Laffitte, die beim Nahen des Donners erzitterten, an das köstliche Schießpulver, dessen Patronen wir nach den abendlichen Feuerwerken auf dem Rasen einsammelten, an den Arnikageruch der Wespenstiche, an die Sitze der großen Kutsche, in der meine Familie sonntags zur Messe fuhr und die aus der Remise geholt wurde, wo es so herrlich nach Schaufeln, Beinkleidern, Krocket- und Lottospielen roch, die sich dort in einem unordentlichen Haufen stapelten.«

Jean war ein Privilegierten-Kind, das, von seinem deutschen Kindermädchen, Fräulein Ebel, und seinen Eltern und Großeltern mit schützender Fürsorge umgeben, nichts vom Vorhandensein einer anderen Welt ahnte. Man achtete darauf, daß er vom ersten Kindermoden-Couturier der Hauptstadt gekleidet wurde, man verhätschelte ihn, da er ein zarter Knabe war und eine leicht verkrümmte Wirbelsäule ihn beim Gehen zu etwas eigentümlichen Seitwärtsbewegungen zwang: Die eine Schulter senkte er ganz leicht und hob dafür die andere, was den Eindruck von »Schlagseite« hervorrufen mochte.

Frankreich feierte den Beginn des 20. Jahrhunderts mit seiner zweiten großen Weltausstellung innerhalb von elf Jahren. Der Eingangstorbogen auf der Place de la Concorde wurde überragt von einer äußerst üppig proportionierten, riesigen Statue der »Dame Paris«, die das Universum begrüßt, und flankiert von zwei Säulen, die der Schriftsteller und Literaturkritiker Rémy de Gourmont respektlos als »Schweifsägen-Phalli« charakterisierte. Das Tor öffnete sich am 14. April und gab einen überdimensionalen Basar mit Minaretten, Kampanilen, Pagoden, maurischen Gärten, afrikanischen Hütten und kambodschanischen Tempeln frei. Zwischen den Brücken Pont de l'Alma und Pont d'Iéna war die Seine gesäumt von Pavillons jeder nur erdenklichen Form und Größe. Die Industrie des Abendlandes stellte ihre neuesten Errungenschaften in der Esplanade des Invalides zur Schau. Die gesamte Rue du Caire war in einen orientalischen Souk verwandelt worden. Madame Yakountichikow vertrat Prinzessin Elisabeth von Rußland und offerierte dem französischen Staatspräsidenten Loubet Brot und Salz, während ein bärtiger Metropolit ein *Te Deum* intonierte. In regelmäßigen Abständen wurde die Marseillaise geschmettert. Die Couturiers der Rue de la Paix hatten die Fassaden ihrer Häuser mit Girlanden elektrischer Tulpen geschmückt, und Bankett folgte auf Bankett.

Natürlich besuchte auch Cocteau dieses prunkvolle Märchenland, konnte sich später aber nur noch an Loïe Fuller erinnern, eine Amerikanerin, deren geschmeidige botticellihafte Figur dem Schönheitsideal des »Modern Style« entsprach und die einen neuen Tanz kreiert hatte: Bestrahlt von vielfarbigem Projektorenlicht wirbelte sie riesige Schleier um sich und beschrieb so die elegantesten Ornamente – wie einige Jahre später Fokine in seinen Choreographien für das russische Ballett, wie Lalique in seinen Schmuckstücken, wie der Architekt Guimard in seinen Métro-Eingängen. Der Jugendstil war da. Die Künstler begannen, Ecken und Winkel von Paris zu runden. Gleich Spinnen in einer neoklassischen Totenstadt überzogen sie Frankreichs Metropole mit ihren Netzen und Lianen.

Das Jahr 1900 bedeutete allerdings auch einen unheilvollen Einschnitt im Leben Cocteaus – er trat seine Schullaufbahn an. »Denke ich geschlossenen Auges zurück«, klagte Cocteau Jahre später, »tauchen nur nichtswürdige und düstere Bilder auf: Erwachen wie unterm Fallbeil, verschmierte Hefte, hastig aufgeblätterte Schulbücher, Tintenkleckse, Schläge mit dem Lineal auf die Finger, quietschende Kreide, Nachsitzen am Sonntag, leere Klassen voll Leuchtgasgestank, Zuchthaustischchen, auf denen ich mit einer Schrift, die stumpfer war als ein Fischmesserprofil, tausendmal abschrieb: ›8 und 8 sind nicht 14.‹« Cocteau betonte immer wieder, er sei der unmöglichste Schüler, der größte Faulpelz seiner Klasse gewesen und hätte sich am Ende des Schuljahres mit Trostpreisen begnügen müssen – für Deutsch und Zeichnen. Dichter jedoch (und Adlige, denn so gehört es sich in der Tradition von Schwert und Geist) stellen sich, wenn sie ihre Schulzeit schildern, oft als subversive Geschöpfe dar, die den ersten Platz stets verschmähten. Und so zeigen denn Jeans Zeugnisse, die kürzlich aus den verstaubten Archiven des Lycée Condorcet auftauchten, daß er keineswegs ein Faulpelz war, sondern schon damals ganz *der* Cocteau. In der fünften Klasse notierte sein Französischlehrer über ihn: »Ein intelligenter Schüler, aber schwach und leicht abgelenkt; ein lebendiger, scharfer Geist, aber ungeduldig; ungleichmäßige Arbeit.« In der vierten Klasse urteilt ein anderer Professor: »Wendigkeit des Geistes, Leichtigkeit im Entwickeln von Gedanken, hat Geschmack, ist aber nervös, sehr unausgeglichen und leicht durch seine Phantasie ablenkbar.«

Der Jazzpianist Jean Wiener berichtet, daß sein älterer Bruder, ebenfalls Schüler des Condorcet, tagtäglich von neuen, geradezu genialfrechen Einfällen und Streichen Jeans zu berichten wußte. Schon damals ein Enfant terrible, entwaffnete Cocteau die erbosten Lehrer durch seinen unverschämten Charme und ärgerte sie, indem er seine bissigen Zeichnungen herumzeigte und seine Spottverse laut zum besten gab. Er kannte mehrere Opern auswendig, sprach fließend Deutsch und produzierte (selbst auf den kostbaren Pergament-Lampenschirmen der elterlichen Wohnung) erstaunlich treffende Zeichnungen im Stil des bekannten Karikaturisten Sem. Außerdem konnte er über die nichtigsten Anlässe elegante Alexandriner schreiben.

Nur eines hat er damals offensichtlich noch nicht gewußt, was er später jedoch lernen sollte: »Der Takt der Kühnheit besteht darin zu wissen, wie weit man zu weit gehen darf« – im Frühjahr 1904 wurde er vom Lycée Condorcet verwiesen; »wegen Zuchtlosigkeit«, deutet er an.

Wichtiger als Schulleistungen und -streiche war aber das Erwachen der Pubertät. Jahre später schilderte Cocteau den Zeichenunterricht im Condorcet als wahren Tummelplatz für Onaniepraktiken, wo seine Kameraden, gedeckt von ihren Zeichenpulten, die neuentdeckte Potenz erprobten. »Manchmal rief ein besonders zynischer Lehrer einen Schüler auf, der kurz vor dem Erguß war. Der Schüler wurde feuerrot, bemühte sich, einigermaßen geradezustehen, und murmelte vor sich hin, was ihm gerade einfiel, wobei er versuchte, sein Lehrbuch in ein Feigenblatt zu verwandeln.« In der dritten Klasse vernarrte Cocteau sich in einen Mitschüler namens Pierre Dargelos, dem er nach Beendigung des Unterrichts wie ein Schatten folgte. Zweifellos sind solche sentimentalen Freundschaften unter Dreizehnjährigen gang und gäbe; die Gestalt Dargelos' erscheint jedoch in mehreren Werken als Inkarnation eines schamlosen, naturhaften Fauns, dessen Mund und Augen töten können, und Cocteau sah in ihr sicher schon damals eines der Idealbilder, denen er sein Leben lang nachjagen sollte. Er hatte eine ganz persönliche Vorstellung vom Sündenfall, er muß ihn auf etwas morbide Weise selbst erfahren haben, denn er fand, um die eigene Persönlichkeit zu interpretieren, einen gleichbedeutenden Mythos: Dargelos. Dargelos ist ein wirklicher Name – man kann ihn noch auf vergilbten Schülerlisten entziffern –, zugleich aber ist er Synonym für Cocteaus Urfluch, für den Ursprung seines Verhängnisses, das himmlische Wurzeln hatte.

Ein Jahrzehnt, nachdem er das Condorcet verlassen hatte, schrieb er: »In einem Alter, da die Entscheidungen des Fleisches noch nicht vom Geschlecht beeinflußt werden, bestand mein Verlangen nicht darin, die erwählte Person zu erreichen, zu fühlen, zu umarmen, sondern sie zu *sein* ... Welche Einsamkeit!« Dieser von Anfang an vorhandene Defekt, der das Zentrum des eigentlichen Seins aus dem Ich hinausprojizierte und in andere Personen verlegte, hätte jede Art von Alleinsein, jede Anonymität gleichbedeutend mit Nicht-Existenz gemacht. Um sein zu können, mußte Cocteau Liebe erflehen.

Diese Erfahrung wurde durch ein Parallelerlebnis ergänzt.

Cocteau fühlte sich auf rätselhafte Weise auch zu einem anderen Jungen aus dem Condorcet hingezogen, der jünger war als er und in dessen Augen stets ein furchtsamer Ausdruck lag. Er war unheilbar krank und wurde oft von Ärzten in zobelbesetzten Mänteln aufgesucht, aber all ihren Hilfeleistungen zum Trotz starb er an Gehirnhautentzündung. Da Cocteau sich ihres Sohnes angenommen hatte, lud die Mutter ihn eines Tages in ihre Wohnung ein. Was er dort sah, hinterließ einen unauslöschlichen Eindruck. Statt der Einrichtung, die man um die Jahrhundertwende in allen besseren Bürgerhaushalten vorfand – ausladende Kommoden aus Ebenholz mit Elfenbeinbeschlägen oder -platten, Plüschtroddeln, kaffeebraune Polster –, entdeckte er einen Raum, den auch Beardsley oder Wilde sofort und gern in Besitz genommen hätten: die Wände mit beigefarbenem Satin bezogen, eine große Hängematte, chinesische Tuschzeichnungen und eine spanische Wand von der Koromandelküste, Beweis genug also, daß die Wohnungsinhaber zu der kleinen Gruppe wohlhabender Bohemiens gehörten, die Jugendstil und orientalisches Dekor liebten. Die Gastgeberin trug einen purpurfarbenen Umhang aus Seide, der nach chinesischer Art an den Schultern geknöpft war, und röstete mit einer goldenen Gabel Brot im Kamin. Sie erinnerte mehr an eine reife Bacchantin als an die trauernde Mutter, die Cocteau erwartet hatte. Im Vestibül kreuzte ein anderes rätselhaftes Geschöpf mit Priesterhut und dunkelroter Smokingjacke aus Samt seinen Weg: sicher eine Frau, jung und sogar sehr schön – allerdings hatte sie etwas zu kräftige Hände und Füße.

Die Madeleine hielt Cocteau zeit seines Lebens in Bann. Dieses Gotteshaus im Stil eines griechischen Tempels war für ihn ein Magnet, dessen Anziehungskraft er nicht widerstehen konnte. Selbst während seiner Vagabundenjahre, in denen er von Hotel zu Hotel zog, bewohnte er nur Straßen, die auf die Madeleine zuliefen. In seinen Augen hat die Place de la Madeleine immer die Aura der Jahrhundertwende bewahrt, die Aura ihrer goldenen Zeit, wo Mode, Politik, Literatur und Journalismus sich mit lärmenden Selbstakklamationen aus den umliegenden Cafés mischten, einer Epoche, die von der Affäre Dreyfus zerrissen und von der Liebe zum Theater, ganz gleich ob auf der Bühne oder im täglichen Leben, geeint war. Jedermann spielte eine Rolle.

Im Innenhof der Rue La-Bruyère Nr. 45 bastelten Jean Cocteau und sein Spielkamerad René Rocher, der später Schauspieler wurde, eine Miniaturbühne einschließlich Souffleurkasten; Bretter und Nägel dafür lieferte eine stillgelegte Pferderemise nebenan. »Ich träumte vom Theater ... Als mein Bruder Paul mitgenommen wurde – zu *Samson und Dalila*, wenn ich nicht irre –, tröstete mich nur der Gedanke ein wenig, daß wenigstens einer von uns sich vom Purpurstrom forttragen ließ und daß es vielleicht auch mir einmal vergönnt sein würde ... die großen, goldenen Säle kennenzulernen, die mir noch verschlossen waren.«

Dieser »Purpurstrom« floß in der einen Richtung zur Opéra, in der anderen zum Palais Royal; seine Nebenflüsse führten überall hin – auch zum Vaudeville und zum Théâtre de la Renaissance, wo Könige und Fürstinnen regierten, die von der Comédie Française übergelaufen waren: die großen Réjane, Sarah Bernhardt, Constant Coquelin der Ältere, Lucien Guitry, der Vater Sachas. Einer der Seitenflüsse lief den Boulevard de Strasbourg entlang, wo zwei Music-Halls ungefähr gegenüberlagen. Hier lockten die Polaire und Mistinguett sirenenhaft ihr Publikum an. Ein weiterer Strom folgte der Rue de Clichy und trug die Zecher an den Hof der Yvette Guilbert, des Schwans der Gosse.

Die Anhänger des Boulevards wollten nicht gerührt oder gebildet, sie wollten geblendet werden, sicher eine Folge des außerordentlich üppigen Starangebots und des traurigen Niedergangs der dramatischen Künste im Paris der Jahrhundertwende. Die prominenten Theaterautoren lieferten melodramatische, kunstvoll ausgetüftelte Machwerke, die wie geschaffen waren, nicht nur das Publikum, sondern auch die Akteure im besten Licht zu zeigen. Die Schauspieler wurden von keinem Regisseur daran gehindert, auf der Bühne ohne Hemmungen ihr Temperament zu entfalten, während die Zuschauer in heroisch-rührseligen Sittenbildern der Bourgeoisie schwelgen konnten. Ibsen war von den Boulevards verbannt, und zwar zugunsten Edmond Rostands, dessen poliertes und antiquiertes Genie man so sehr als französisches Erbe betrachtete, daß der *Figaro* täglich die Fieberkurve des Dichters auf der ersten Seite veröffentlichte, als dieser ernstlich erkrankte.

Die Reichen waren besessen von einer undifferenzierten, fast kindlichen Gier nach Spektakeln aller Art. Während der Vorstellungen staute sich vor den Music-Halls und Zirkussen Dienerschaft in prächtigen Livreen. Als im Jahre 1886 der Nouveau Cirque mit einer Galavorstellung wiedereröffnet wurde – man hatte eine versenkbare Arena eingebaut, die für Wasser- bzw. Unterwasservorführungen überflutet werden konnte –, war *Tout Paris* hingerissen.

Raoul Donval, der neue Besitzer, zeigte beim Engagieren von Akrobaten und Feuerschluckern aus allen Teilen Europas den genialen Spürsinn eines Ringling oder Barnum. Hier spielte man mit Leben und Tod, hier stieg der Einsatz mit jeder Nummer, hier wurden berühmte Clowns für gemeinsame Auftritte gewonnen, hier zeigte man berückende Amazonen zu Pferde – die Freifrau von Rahden beispielsweise –, ein boxendes Känguruh (danach lud Toulouse-Lautrec Freunde zum Känguruhschwanz-Diner ein ...). Wasserballette, die durch die girlandenhaften Pirouetten der Loïe Fuller angeregt waren, wechselten mit Pantomimen, die mit einer großen Wasserschlacht endeten.

1905 gastierte eine Saison lang Beketows russischer Zirkus im Noveau Cirque. Für eine besondere Nummer bedeckte man die Bahn um das Schwimmbassin mit Schnee und ließ darauf eine Troika von wilden Reitern verfolgen, die alsbald den Wagenlenker ergriffen und einen brennenden Scheiterhaufen um ihn errichteten – er entkam natürlich in letzter Minute den Flammen und sprang in die rettenden Fluten ... Auch Wildwest-Shows endeten unweigerlich damit, daß Cowboys und Pferde in halsbrecherischem Durcheinander ins Wasser stürzten. Die Zuschauer, sowohl die oberen als auch die unteren Zehntausend, stürmten allabendlich den Zirkus und wurden Zeugen, wie die Artisten mit wilden Bestien, mit dem Tod, mit der Schwerkraft spielten – und mit dem Ruhm Sarah Bernhardts, die höchstpersönlich zuschaute, wie Footit und Chocolate sie in der Rolle der Kleopatra parodierten.

Es war, als habe man in Paris den Urinstinkt des Menschen für das Theatralische wiederentdeckt. Auch Armut und Krankheit offenbarten sich theatralisch, gleich Chargen der Bühne, die unvermittelt in allen nur möglichen Maskierungen auf die Straße gespült werden. Alfred Capus, dessen Boulevardstücke und *Figaro*-Artikel ihn zu einer fashionablen Persönlichkeit gemacht hatten, besaß in der Rue Drouot »seinen« Bettler, dem er jeden Abend zwanzig Sous reichte. Einmal gab er ihm versehentlich nur ein Zwei-Sou-Stück, worauf der Empfänger protestierte: »Mein Fürst, was soll ich mit zwei Sous anfangen?« – »Ich weiß es nicht. Geben Sie das Geld einem Armen«, antwortete Capus zerstreut.

Die Cafés florierten, wie es nur in einer Gesellschaft möglich ist, die auf den Säulen Klatsch, Flirt und Ausgehen ruht. Chez Maxim's, dessen Wände über ebenholzgerahmten Spiegelflächen mit einem grünen Flor von Najaden dekoriert waren, hielt, was die Aufmachung versprach: Es war der Thronsaal der großen Kokotten, die so gut wie ausschließlich mit sich und der Konkurrenz beschäftigt waren und darüber die Freier, von denen ihre prachtvollen Roben finanziert wurden, völlig vergaßen. Hier inszenierten die Kurtisanen ihre Machtkämpfe und Modenschauen. Alles drehte sich um Kleidung und Statussymbole. Die schöne Otéro besaß die Sonderanfertigung einer Mercedes-Limousine, in der sie ihren mit Straußenfedern besetzten Astrachanpelz nicht zu zerknautschen, geschweige denn abzulegen brauchte. Germaine Gallois, eine berühmte Schauspielerin, konnte keine Rollen annehmen, bei denen sie sich hinsetzen mußte, da ihr Spezialkorsett das nicht zuließ. Es reichte nämlich von der Achselhöhle bis zu den Kniekehlen und war hinten mit eisernen Reifen verklammert; die ganze Konstruktion wurde von einer sechs Meter langen Schnur zusammengehalten.

Im Hauptspeisesaal spielte ein ungarisches Zigeunerorchester. Dort verbrachte der noch heute vielgespielte Komödienautor Georges Feydeau seine Nächte in Begleitung von Cassive, einer anderen Aktrice der Demimonde. An der Bar saß Sem und entwarf Karikaturen. Hohe Herren, die inkognito zu bleiben wünschten, konnten oben in Séparées bedient werden – so der Prince of Wales mit Lily Langtry oder Leopold II. von Belgien und seine schöne Geliebte, die Tänzerin Cléo de Mérode. In anderen Etablissements, die sowohl Familien als auch horizontales Gewerbe anlockten, entwarfen die Kunden raffinierte Terminabsprachen, um unangenehme Begegnungen zu vermeiden. Im Palais de Glace, dem Pariser Eispalast, wo man neben der Schlittschuhbahn speisen konnte, holten Mütter ihre Kinder ab, bevor es sieben Uhr abends wurde, denn dann hielten die Kurtisanen Einzug.

In der Rue Royale – so hieß es – lebe man für die Liebe, auf dem Boulevard des Capucines für den Geist. Das von Literaten und Schöngeistern bevorzugte Café Napolitain war Entbindungsstation und Leichenhaus zugleich: Hier konnten einflußreiche Damen der Gesellschaft mit wenigen Worten »Namen machen« oder vernichten. Unter Umständen genügte ein vom *Echo de Paris* veröffentlichtes Bonmot, die Arbeit eines ganzen Lebens zu zerstören – derartige Bonmots wurden von den Journalisten, die sie publizierten, meist selbst erfunden.

Tailhade, ein ungestümer Gascogner, der in Cocteaus Leben ebenfalls eine gewisse Rolle spielte, war so sehr Kind seiner Zeit, daß mit ihrem Untergang auch sein Name vollkommen in Vergessenheit geriet. Unter dem Pseudonym »Tybalt« vernichtete er seine Feinde mit zotigen Vierzeilern. Als der Anarchist Edouard Vaillant eine mit Nägeln gefüllte Bombe in die Deputiertenkammer schleuderte, rief Tailhade aus: »Was macht schon der Tod von ein paar farblosen Leuten, wenn die Geste nur schön ist!« Doch als der Anarchist Emile Henry zwei Jahre später im Restaurant Foyot einen Knallkörper zur Explosion brachte, verlor Tailhade, der zufällig gerade dort speiste, ein Auge. Jene, die nun einen geifernden Widerruf seiner anarchistischen Neigungen erwartet hatten, berücksichtigten den Symbolgehalt einer »schönen Geste« nicht genügend. Tailhade ließ sich ein Glasauge in die leere Augenhöhle setzen und kehrte dann mit doppeltem Elan in den Ring zurück, weiterhin auf der Seite der Anarchisten. Als Zar Nikolaus im Jahre 1902 Paris besuchte, forderte Tailhade in einem Artikel des *Libertarian* dessen Leibwache auf, den Souverän umzubringen. Er wurde verklagt. Zola verteidigte ihn und sagte: »In Frankreich ist es immer mehr in Mode gekommen, Gedanken mit Geldbußen und Ansichten mit Gefängnis zu ahnden.« Tailhade jedoch, dem die Vorstellung eines Freispruchs unangenehm war, rief: »Kameraden! Es lebe die Anarchie!« Zola wußte ebenso wie alle anderen, daß der Angeklagte im Grunde nur ein einziges Dogma kannte – sich selbst. »Alles, was der Pöbel macht, macht er aus blinder Dummheit«, das war seine Überzeugung. Die zweijährige Gefängnisstrafe in der Santé verbrachte Tailhade damit, das *Satyrikon* des Petronius ins Französische zu übersetzen.

Kurz vor Ausbruch des Zweiten Weltkriegs konvertierte der Unverbesserliche zum Katholizismus, um seine Gegner weiterhin in Atem zu halten. Im Grunde war er natürlich weder Katholik noch Anarchist – Kulte benutzte er nur, um den Selbstkult auf die Spitze treiben zu können.

Nichts, aber auch gar nichts blieb im Paris der Jahrhundertwende unbemerkt, unkommentiert. Allein in der Hauptstadt gab es zweiundvierzig Tageszeitungen, die alle Facetten der öffentlichen Meinung kolportierten. *Le Gaulois* hatte den heiligen Auftrag, der Creme zu dienen und jede ihrer Marotten, Moden und Mätressen zu kolportieren. Im *Figaro* erschien die Gesellschaftskolumne »Tout Paris« auf der ersten Seite. Die Wahrheit wurde den außerordentlichsten Verzerrungen unterworfen – literarischer Stil war alles, Nachrichten zählten wenig. Gerichtsreporter bewiesen, daß sie Meister im Gebrauch des imperfektivischen Konjunktivs waren. Boulevardliteraten wie

Jules Lemaître, Marcel Prévost und Georges Rodenbach berichteten in bunter Folge über Politik und Mode, über Frauenrechtlertum und Tanzgruppen aus Hinterindien, die auf der Weltausstellung auftraten. Als Sarah Bernhardt sich mit Henri Bataille, ihrem Hausautor, in die Haare geriet, veröffentlichten die beiden ihre jeweilige Version des Streits an aufeinanderfolgenden Tagen im *Figaro.* Im Jahre 1900 waren die Zeitungen Lakaien und Könige zugleich.

»Noktambulismus war en vogue«, schrieb Gabriel Astruc über das Fin de siècle in Paris. »Ich erinnere mich, daß ein Freund des Komponisten Rodolphe Berger dunkle Brillengläser aufsetzen mußte, wenn er zufällig einmal morgens aufstand, denn monatelang steckte er seine Nase erst nach acht Uhr abends ins Freie, und das Tageslicht blendete ihn.«

Im Mittelpunkt dieser Welt, deren Freiheitsschwingen erst bei Nacht Kraft zur Bewegung fanden, stand die Madeleine: Hier wurde die erste Sonntagsmesse erst um die Mittagsstunde zelebriert; hier folgte Gott dem Beispiel seiner verlorenen Schafe und erhob sich ebenfalls spät.

In der dritten Klasse des Lycée enthielt Cocteaus Zeugnis eine geradezu ominöse und für ihn einmalige Charakterisierung: »gehorsam« – die Ruhe vor dem Sturm. Schon kurze Zeit danach erreichte seine Gleichgültigkeit ihren Höhepunkt, und er wurde vom Condorcet verwiesen. Im Herbst 1904 zwang seine Familie ihn unter das Joch einer privaten Bildungsanstalt. Der Vorsteher war ein gewisser Monsieur Dietz, der einige Jahre zuvor André Gide unterrichtet hatte. Dietz – in allen Punkten das Gegenteil seiner beiden Starschüler – war zeitweilig ganz der verkrampfte, protestantische Schulmeister, zeitweilig hatte er Ähnlichkeit mit einem gestikulierenden Pierrot. Es scheint, als habe er den Bildungsgang Cocteaus nicht allzusehr beeinflußt, denn die Gedanken seines Schülers konzentrierten sich hauptsächlich auf die Donnerstage und Sonntage – an diesen Tagen war er frei für Abenteuer in der anderen Welt. Und unter der anderen Welt verstand Cocteau natürlich die Welt des Boulevard.

Er hatte einen neuen Freund namens Carlito Bouland, dessen Mopsgesicht und Pferdezähne so sehr an Coquelin, den ersten Cyrano-Darsteller, erinnerten, daß er alle Rollen seines Doppelgängers auswendig lernte. Jean und sein mopsgesichtiger Freund legten ihr Taschengeld zusammen und nahmen die billige Proszeniumsloge im zweiten Rang des Eldorado, von der aus sie Jeanne Reynette und die Mistinguett mit Veilchensträußen bombardieren konnten. Damals war Mistinguett noch nicht die »Miss« mit all ihrem späteren Flitter, ihrem überdimensionalen Federschmuck und ihren wallenden, nachthemdähnlichen Gewändern. Sie trug noch Kniestrümpfe, die auf die Knöchel rutschten, und einen kurzen Gehrock aus Flatterstoff, dessen Saum mit weißem Pelzwerk besetzt war – sie spielte noch den *môme*, den kindlichen Vamp, vollführte alle möglichen Verrenkungen auf der Bühne oder setzte sich rittlings wie ein Mann auf den Souffleurkasten. Sie stellte eine Figur der Gosse dar, wie sie den Lieblingsvorstellungen der Gutsituierten entsprach – gefühlvoll und roh zugleich. Sie symbolisierte eine Existenz, wo alles, ob Leiden oder Sex, auf epileptische Zuckungen hinauslief. Sie sang Couplets wie »La Ribouldingue« (Die Herumtreiberin) und »La Crapulette« (Die freche Kröte) und verkörperte für eine ganze Generation von Jünglingen – darunter auch die zukünftigen Surrealisten, vor allem Aragon – das Froufrou erwachender Sinnlichkeit.

Cocteau oder einer seiner Freunde ging nach Beendigung ihrer Auftritte hinter die Bühne, um der Bewunderten die gemeinsamen Huldigungen darzubringen. Später erwarteten sie Mistinguett regelmäßig an der Conciergenloge. Sie erschien mit einem Blumenstrauß über dem Herzen und großen Maskararingen (genannt »Fahrräder«) zwischen Lid und Augenbrauen. Mit ihren Bewunderern begab sie sich zur Taverne Pschorr oder zum Café du Globe auf dem Boulevard de Strasbourg.

Mistinguett war fast doppelt so alt wie Cocteau. Daß sie seine Gesellschaft angenehm genug empfand, sie zweimal in der Woche zu teilen, dürfte sowohl an seinem Charme als auch an ihrem Egoismus gelegen haben. Er war von sprühender Intelligenz und wußte das, er war aber auch ein außerordentlich hübscher Jüngling mit einem schmalen, aristokratischen Gesicht, einer länglichen, etwas fuchsartigen Nase und überaus sensiblen Lippen (während die Unterlippe sich dezent bewegte, um einen endlosen Strom geistreicher Bemerkungen zu entlassen, blieb die Oberlippe fast unbeweglich). Kräftige Augenbrauen schwangen sich wie Flügel über wachen, dunklen Augen, die Anna de Noailles, die dichtende Aristokratin, mit den Augen einer Nachtigall verglich, und sein Haar hatte er nach Art des jungen Victor Hugo frisiert. Er hatte lange, schlanke Hände, mit denen er pausenlos gestikulierte. »Cocteau und sein Freund Bouland waren treue Bewunderer von mir«, erinnerte sich die Mistinguett. »Ich verbrachte viele Abende mit ihnen und Madeleine Carlier in einem Café beim Eldo ... Ich weiß nicht mehr, worüber wir uns unterhielten. Sicher über nichts Besonderes, aber wir genossen es, zusammen zu sein, ohne vor irgendeinem Publikum spielen zu müssen. Oft kletterten sie auf meinen Wagen und setzten sich auf die Trittbretter, wobei ihre Mäntel ganz schmutzig wurden.« Ihren Freunden, nicht aber ihren Memoiren, hat die Mistinguett außerdem anvertraut, daß Cocteau bei ihr seine Unschuld verlor.

Wo hatte er Madeleine Carlier kennengelernt? Vielleicht an einer der Schlittschuhbahnen im Pôle du Nord oder im Palais de Glace (in jedem Fall aber nach 19 Uhr, wenn das bürgerliche Publikum bereits das Feld geräumt hatte) oder auch während einer Theaterpause, denn Cocteau hatte inzwischen ebenfalls begonnen, Aufführungen etwas seriöserer Art zu besuchen. Wie Hollywood seine Starlets, so hatte der Boulevard seine *mômes.* Aus der Provinz trafen sie ein, mit Pfirsichhaut und bleichem Teint und träumten vom Erfolg. Einige – so die Mistinguett – waren tatsächlich erfolgreich auf der Bühne, andere wurden zu Demimondänen und sammelten ihre Triumphe im Bett. Die Lantelme beispielsweise mußte im zarten Alter von zwölf Jahren als Hure im Bordell ihrer Mutter »arbeiten«. Sie rückte aus nach Paris und spielte winzige Rollen im Théâtre du Gymnase, wo Alfred Edwards, der wohlhabende und ziemlich verschwenderische Besitzer des *Matin*, der größten Tageszeitung von Paris, auf sie aufmerksam wurde. Er ließ seine Verbindungen spielen, sich von der damaligen Ehegefährtin Misia (geborene Natanson, spätere Sert) scheiden, und es gelang ihm, die nicht sehr begeisterte Lantelme an sich zu binden. Die meisten *mômes* jedoch wurden, wenn die natürliche frische Röte erst einmal von ihren Wangen gewichen war, zu mehr oder weniger verwüsteten, abgetakelten Existenzen. Ein paar Jahre lebten sie von den gasilluminierten, schwefelgeschwängerten Nächten des Boulevard, spielten Minirollen, schliefen mit den oberen Zehntausend (gleich ob Männer oder Frauen), kleideten sich gewagt, füllten die Spalten der Klatschblätter und verlöschten dann unbemerkt wie Leuchtkäfer.

Madeleine Carlier überlebte den Boulevard. Sie wurde 1882 geboren als Adèle Martin. Cocteau berichtet, daß sie im Palais de Glace debütierte: Ein junges Mädchen vom Montmartre, das bei Anbruch des Abends aus reiner Neugier kam, um die Stätte ihres ersten Triumphes mit einem ganzen Schwarm schwerreicher Verehrer wieder zu verlassen. In Wirklichkeit sah ihr Debüt anders aus. 1898 beschloß sie, Schauspielerin zu werden, präsentierte sich dem Leiter des Théâtre du Châtelet und bat ihn um eine Rolle. Er sah eine bestrickende und blutjunge Nymphe vor sich, deren blondes Haupthaar zu einem kunstvollen Gebilde hochgesteckt und jeden Moment in Gefahr war, in völliger Auflösung über Gesicht und Schultern zu fallen. Cocteau nannte sie eine Vorankündigung der Brigitte Bardot. Sie war auf den ersten Blick die perfekte Unschuld – weitere Blicke wollte der Theaterdirektor gar nicht tun, und am 8. Dezember 1898 debütierte sie als Fee in einem fünfaktigen Feenstück. Bei ihrem nächsten Auftritt als Madame Flirt im Théâtre de l'Athénée, hatte sie sich bereits von der Fee zum Vamp gemausert, und bis 1904 schaffte sie es, sich mit der Aura eines etwas anrüchigen Ruhmes zu umgeben. Im Januar dieses Jahres verklagte sie den Direktor des Théâtre des Mathurins, auf Schadenersatz, da er sie angeblich nur deshalb entlassen hatte, weil sie nicht in einem Kostüm erscheinen wollte, das ihr »Schamgefühl« verletzte.

Der sechzehnjährige Cocteau verlor sein Herz an eine sieben Jahre ältere Kokotte, die im Grunde aber noch unendlich viel älter war, als ihr Geburtsschein besagte. Er fand Mittel und Wege, das Institut des Monsieur Dietz abends heimlich zu verlassen, traf sie nach ihren Vorstellungen, machte mit ihr die Runde durch die Cafés der Umgebung des Eldorado, war die ganze Nacht unterwegs und kehrte morgens verstohlen zurück, um den Unterrichtsbeginn nicht zu versäumen. Cocteaus Familie beurteilte diese nächtlichen Eskapaden so, wie ihr Horizont es zuließ, und befand, fragliche Dame sei ein Flittchen, mit der Jean auf keinen Fall verkehren dürfe. Man verbot ihm also, die Angebetete wiederzusehen, aber das war bereits überflüssig, da Cocteau inzwischen eine vernichtende Entdeckung gemacht hatte: Seine Zuneigung wurde nicht gebührend erwidert.

Wenn Cocteaus Behauptung stimmt, dieses Abenteuer habe als Vorlage für seinen Roman *Der große Sprung* gedient, dann mögen »Made« Carliers erotische Neigungen ähnlich »bi« gewesen sein wie seine eigenen: der jugendliche Held des Buches entdeckt die Geliebte im Bett einer Frau. Madeleine Carlier zeigte zumindest außerordentliches Interesse für die Welt der Invertierten. Als sie gut zwanzig Jahre später die Leitung des Théâtre Daunou übernahm, sollte sie sogar eine entsprechende, großangelegte Kampagne führen. »Das Leben interessiert mich leidenschaftlich«, kündigte sie an, »und deshalb will ich – ohne ein betont bizarres Programm zu planen – nur Werke willkommen heißen und spielen, die wirklich lebensecht sind. Ich meine damit Werke, die dem Theater neue Ideen bringen, psychologische Fälle, die noch niemand gewagt hat anzudeuten, geschweige denn, daß sie jemals offen diskutiert worden wären.«

Vielleicht hat George D. Painter recht, wenn er in seiner Proust-Biographie sagt, der künftige Homosexuelle habe im jugendlichen Alter nur heterosexuelle Ziele, von denen er weiß, daß sie unerreichbar bleiben: Er braucht »geplante Fehlschläge«, um für seine wirklichen Neigungen frei zu werden. Keine andere Wahl hätte mehr zum Scheitern verurteilt sein können wie die der Madeleine Carlier, und doch sollte dieser geplante Fehlschlag alle zukünftigen Bindungen Cocteaus – auch die Beziehungen zu Männern! – bestimmen. Es ist, als habe er seine erotischen Beziehungen ganz bewußt so angelegt, als sollten sie ihn ohne echtes Engagement lassen, ähnlich dem Verhältnis eines Schauspielers zu seinem Publikum. Cocteau, dessen Wohl und Wehe von Liebe und Zustimmung der anderen abhing, suchte infolge irgendeines tragischen Paradoxons dieses Wohl und Wehe immer bei Partnern, die im Grunde weder bereit noch verfügbar waren – wie ein Don Juan, dem die einzige übriggebliebene Jungfrau begehrenswerter erscheint als eine ganze Welt »gefallener« Frauen. Cocteau, der Jüngling, der ältere Frauen liebte, sollte später als reifer Mann nur junge Leute lieben – aus dem Schüler wurde ein Meister. Jeder neue Versuch jedoch, sich das Leben gefügig zu machen, wird die Wunde aufs neue öffnen; jede neue Beziehung wird seine Einsamkeit noch vergrößern, jedesmal, wenn er sich wieder für einen Menschen begeistert, wird er weiter von seinem eigentlichen Ich weggeführt werden.

Inzwischen hatte Cocteau sich dem Zirkel um Edouard de Max angeschlossen. De Max gibt zu, von Anfang an bezaubert gewesen zu sein: »Jungenhaft, naiv, ein hübscher Page – so erschien Jean Cocteau im Glanz seiner siebzehn Jahre. Er war kostbar, sensibel, bezaubernd, und auch seine Gedichte waren bezaubernd, sensibel, kostbar. Nein, sie waren besser. Mit ganzer Seele glaubte ich, daß da ein großer Dichter heranwuchs, einer, dem es bestimmt sein sollte, über die schönsten und schwierigsten französischen Versformen als Höchster zu regieren.«

Cocteau paßte sich jedem Journal an, das ihn veröffentlichte, modellierte für *Poesia* ein Poem à la D'Annunzio, eine satanisch-engelhafte Komposition, die er *Deine Augen* betitelte und in der die aus den Höhlen herausgelösten Augäpfel seiner Angebeteten in Saphirringe verwandelt werden.

1902 oder 1903 schlugen Catulle Mendès und der symbolistische Dichter Gustave Kahn dem Theaterleiter André Antoine vor, ihnen seine Bühne für poetische Matineen zur Verfügung zu stellen. Antoine machte Einwände, Sarah Bernhardt dagegen, glücklich über eine neue Rolle, bot den beiden sofort ihr Theater an, wo während der folgenden Jahre bekannte Akteure und Aktricen am Samstagnachmittag auf der Bühne erschienen, um Gedichte zu rezitieren. Diese Veranstaltungen wurden bald zu spektakulären Shows der Haute Couture. Berthe Bady glitt in buntschillernden Gewändern aus den Kulissen, Sarah Bernhardt trug Roben, deren weitgebauschte Ärmel bis zu den Fingerspitzen reichten und deren hochgekrauste Kragen vergeblich ihre wilde blonde Mähne zu bändigen versuchten. Sie rezitierte Hugo, wie sie es seit eh und je getan hatte.

Vor allem Edouard de Max, dessen poetisches Einfühlungsvermögen weit stärker ausgeprägt war als das der meisten anderen Schauspieler, gelang es, sein Publikum tief zu bewegen. »Mit kleinen, vorsichtigen Schritten«, schrieb die Tragödin Béatrix Dussane, die als Schulmädchen diese Matineen besucht hatte, »trippelte er auf die Zuschauer los (er war nicht gerade sehr groß und trug auch dann, wenn er nicht auf der Bühne stand, hohe kothurnartige Schuhe) mit dem Gehabe eines gefallenen Engels – eiskalt und explosiv zugleich. Seine Hand, beladen mit exotischen Ringen, am Zeigefinger ein schnabelförmiger Aufsatz, durchschnitt, mehr der Melodie als dem Inhalt der Gedichte entsprechend, die Luft.« De Max bevorzugte entweder unbekannte Poeten, wie die jungen Symbolisten, oder angefeindete, wie Baudelaire (dessen Gedichte 1900 noch nicht in den Schulbüchern standen), um seinen unorthodoxen Geschmack unter Beweis zu stellen und den eigenen Namen mit dem Neuen und dem Ungewöhnlichen in Verbindung zu bringen. Er wollte Legenden schaffen, deren Abglanz auch auf seine Existenz fallen würde: Deshalb kreierte er neue literarische Stars. Überzeugt davon, in Jean Cocteau einen solchen entdeckt zu haben, mietete de Max das Théâtre Fémina, wo er in jener Saison gerade engagiert war, und ließ die folgende Einladung an *Tout Paris* und an alle Literatur-Orakel seiner Bekanntschaft, darunter Catulle Mendès, hinausgehen:

Monsieur de Max gibt sich die Ehre, Sie wissen zu lassen, daß auf seine Anregung hin am 4. April 1908 um 3 1/2 Uhr nachmittags Laurent Tailhade im Théâtre Fémina, Avenue des Champs-Elysées Nr. 90, einen Einführungsvortrag zu Gedichten des blutjungen, achtzehnjährigen Jean Cocteau halten wird.
Es rezitieren:
Mesdames Bréval, Opéra,
Segond-Wéber, Provost, Comédie Française.
Ventura, Laurent Tailhade etc.
Messieurs Rolland, Odéon, René Rocher
und Monsieur de Max.

Tailhade trat in einer perlgrauen Soutane auf die Bühne. Ganz ähnlich wie Huysmans, dessen Des Esseintes in *Gegen den Strich* sämtliche lateinischen Dichter bis auf Petronius verdammt, lehnte er alle Poeten Frankreichs ab – mit Ausnahme von Jean Cocteau. Es ist sicher mehr als nur ein hübsches Zusammentreffen, daß Cocteau seine literarische Karriere unter dem Protektorat von Edouard de Max, dem Nero der französischen Bühne, und von Laurent Tailhade, dem Petronius-Übersetzer, begann. Die bei dieser Gelegenheit rezitierten Gedichte bildeten, zusammen mit einigen anderen, die erste 1908 erschienene Buchausgabe Cocteaus: *La Lampe d'Aladin.*

Von Anfang an hatten Cocteaus verbotene Ausflüge in die Welt etwas vom Charakter seiner erotischen Beziehungen. Das Werben um andere – seien es jüngere oder ältere – läuft im Grunde nur auf fingierte Bindungen hinaus: Das Kind spielt selbständig, obwohl es noch Gefangener im Haushalt der Eltern ist. Jean Cocteau floh nicht, wie Rimbaud es getan hatte, sondern tat nur so, als wolle er sich entfernen, und hielt dabei stets den rettenden Faden der Ariadne fest, um sich in der labyrinthischen Welt nicht zu verirren. In dieses Labyrinth wagte er sich nur versuchsweise und verließ sich stillschweigend darauf, daß ein kleiner Ruck am Faden ihn wieder in die altgewohnte Umgebung zurückbrachte. Wenn seine Ausflüge irgend etwas beweisen, dann nur seine immerwährende Gefangenschaft.

Im gleichen Jahr, als er in die Privatschule des Monsieur Dietz eintreten sollte, verschwand Cocteau. Monatelang wußte die Familie nichts über seinen Aufenthaltsort, bis eines Tages eine Postkarte aus Marseille eintraf. Zwei von seinem Onkel angeheuerte Detektive fanden heraus, daß er als Tellerwäscher (als »Diener«, wie Cocteau nachher verallgemeinerte) in einer indochinesischen Hafenspelunke arbeitete. Er behauptete, von einer alten Annamiterin in die im Getto gelegene Rue de la Rose geführt worden zu sein; dort fand er angeblich Unterkunft in einem Gebäude, das er als endlose Flucht von ineinandergehenden Zimmern beschrieb, die von Strichjungen, Dirnen, Rauschgiftsüchtigen, entlaufenen Seeleuten, Dieben bewohnt waren: Wenn die Polizei zu einer Tür hereinkam, konnten die Gesuchten durch eine ganze Reihe anderer Ausgänge entwischen. Seine Familie war so entsetzt, daß Jean niemals wagte, dieses Abenteuer zu Papier zu bringen. Nur einmal deutet er es in einer kurzen Erzählung, die von einem als Frau verkleideten Räuber und Zuhälter handelt, indirekt an. Ein naher Freund Cocteaus glaubt jedoch, daß der Aufenthalt in Marseille einen wichtigen Einschnitt im Leben des Jünglings bildete: Hier habe er zum ersten Mal Rauschgift genommen und seine ersten homosexuellen Kontakte gehabt. Auch in der folgenden Zeit begab Cocteau sich jedes Jahr einmal auf Wanderschaft, zwar nicht nach Marseille, aber zu anderen Häfen, die nicht nur Schiffen als Ankerplatz dienten.

Warum hatte er beim ersten Mal Marseille gewählt? Weil Oscar Wilde – zumindest in den Augen seiner Epigonen – Venedig lanciert hatte (1904 hatte auch Cocteau diese Stadt besucht, mit seiner Mutter) und der gesamte Süden damals als Inkarnation verbotener Freuden galt? Möglicherweise lag es auch an Edouard de Max, der sich mehrmals für längere Zeit in Marseille aufgehalten hatte, um dort in anrüchigen Etablissements den levantinischen Karneval der Kuppler und Zigeunerartisten zu genießen. Auf ähnlich zweideutige Weise sind die Namen de

Max und Cocteau mit einem anderen Ort verbunden, dem Ziel von Jeans zweiter Flucht, das allerdings in Paris selbst lag.

Cocteau berichtet, daß er eines Tages an der Rive gauche spazierenging und dabei im Faubourg Saint-Germain zufällig einen wunderschönen alten Besitz erblickte: ein elegantes, aber etwas vernachlässigtes Palais, das in einem, ehemals sicher gepflegten, jetzt aber ziemlich verwilderten englischen Garten stand, der ganz mit Vergißmeinnicht überwuchert war.

Die Concierge sagte Cocteau, daß im zweiten Stock ein großer Raum mit Erkerfenstern frei sei, von dem aus man einen herrlichen Blick auf Park und Garten habe – früher war dieser Saal von den Nonnen zum Solfeggiensingen und für Tanzunterricht benutzt worden. Noch am Abend zog Cocteau ein. Monatelang diente ihm das neue Refugium ohne Wissen seiner Familie für Partys und für nächtliche Spaziergänge im Garten voller mondumglänzter Nymphenstatuen – begleitet von seiner neuen Freundin Christiane Mancini, die stets wallende schwarze Samtumhänge trug.

Im November beschloß der Staat jedoch, das riesige Grundstück in fünfundvierzig Parzellen aufzuteilen und zu versteigern, wobei auch das Palais billig an den Mann gebracht werden sollte. Cocteau behauptete später, es sei poetische Gerechtigkeit gewesen, daß ausgerechnet er, ein junger Dichter, diesen bezaubernden Anachronismus, das Gebäude, das heute das Rodin-Museum beherbergt, vor der Zerstörung gerettet hätte. Er tat sich mit anderen Schriftstellern zusammen und startete eine Pressekampagne, die zu Eingaben an die Nationalversammlung führte und die Regierung angeblich so unter Druck setzte, daß auf die Versteigerung verzichtet wurde. In Wirklichkeit hatte Rodin sich an Clemenceau, Briand und Hanotaux gewandt, deren Eingreifen sicher ausschlaggebend gewesen war.

Das Hôtel Biron jedenfalls war mit einem Schlag zum Dernier cri geworden, und eine Vereinigung von Rive-droite-Damen – die sogenannte Gesellschaft der Freunde des Louvre – beschloß, ihm einen Besuch abzustatten. Die Vorsitzende bat Madame Georges Cocteau, eines der Mitglieder, ihren Sohn dahingehend zu beeinflussen, daß er ihnen gestatten möge, von seinem Gemach aus den Garten zu bewundern. Als Dame von Welt ließ Madame Cocteau sich ihre Überraschung nicht anmerken, als sie auf diese Weise zum ersten Mal von der Garçonnière ihres Sprößlings vernahm.

Ein anderer berühmter Bewohner des Biron, den Cocteau bezeichnenderweise nie in diesem Zusammenhang erwähnt, war Edouard de Max. Als er einmal Mrs. Lounsbury dort besuchte, zeigte der Schauspieler sich begeistert. »Da ich dieses Juwel der Architektur so bewunderte«, schrieb er, »schlug sie vor, nach unten zu gehen und ihren berühmtesten Nachbarn, Rodin, zu besuchen. Der Bildhauer stellte mich der Herzogin de Choiseul vor, die, als sie meine erneuten Bewunderungsrufe vernahm, erwiderte: ›Aber so ziehen Sie doch ein!‹ – ›Ist denn nicht das ganze Gebäude schon vermietet?‹ – ›Ja, aber die Kapelle ist noch frei.‹« Die Herzogin (eine betagte Amerikanerin, die früher wunderschön gewesen sein mußte, an der inzwischen allerdings nur noch das hennarot gefärbte Haupthaar sowie das schillernde Make-up auffielen und deren Einfluß auf Rodin vor allem für dessen Unschuld und Harmlosigkeit sprach) konnte nicht wissen, welchen Stein sie damit ins Rollen gebracht hatte. De Max mietete die ziemlich große Kapelle, ließ sie unter beträchtlichem Kostenaufwand renovieren, bestellte neue Türen, legte Marmorfußböden und installierte in der Sakristei seine berühmte Pompeji-Wanne. Damit hatte die katholische Presse endlich wieder einen Grund, für die gerechte Sache der Kirche einzutreten. Wegen der blasphemischen Zweckentfremdung der ehemals heiligen Stätte lancierte sie eine großangelegte Kampagne, in der es hauptsächlich um den überdimensionalen Badezuber des Rumänen ging: ein Altar für schauerlich-verworfene Schwarze Messen, so deutete man an. Die Regierung, wiederum in die Enge getrieben, erließ einen generellen Räumungsbeschluß. Nur Rodin durfte bleiben.

De Max' schicksalshafter Besuch bei Mrs. Lounsbury kann nicht vor 1910 – also zu einem Zeitpunkt, da Cocteau bereits wieder ausgezogen war – stattgefunden haben, denn die Herzogin de Choiseul lernte Rodin erst in diesem Jahr kennen. Warum hatte Cocteau dem Schauspieler nichts über sein geheimes Domizil berichtet? Sicher weil Edouard de Max seinen jungen Poeten, nachdem er ihm im Théâtre Fémina ans Licht der Welt verholfen hatte, mit Haut und Haaren verschlingen wollte wie eine knabenfressende Tigerkatze. Vielleicht hat Cocteau de Max ausgenutzt; eine Onkelbeziehung – um nicht deutlicher zu werden – hatte er dabei allerdings nicht im Sinn. Wenn ein Achtzehnjähriger sich so verhält, kann man das entschuldigen. De Max aber verwand es nie und schrieb noch Jahre später im boshaften Ton einer besitzgeilen, zurückgewiesenen Pflegemutter: »Nach der Rezitation seiner Gedichte kam Cocteau, entzückt und hingerissen vom eigenen Ruhm, nur noch sehr selten zu de Max. Er fand andere Gönner, die er alle durch mich kennengelernt hatte. Er zeigte sich mit berühmten Aktricen . . . Er redete Catulle Mendès mit ›Mein lieber Kollege‹ an. Er begann, seine blassen Verse in Salons vorzutragen und ersetzte ›Mein lieber Kollege‹ durch ›Meine liebe Fürstin‹. Er ist der Liebling des französischen Adels.«

Ein bitteres, vorweggenommenes Resümee der kommenden Ereignisse – der Jahre der Suche nach gesellschaftlichem Erfolg, der poetischen Kehrtwendungen und Pirouetten, des leichten, oberflächlichen und künstlichen Ruhms. Diese Epoche seines Lebens sollte Cocteau später ganz ähnlich charakterisieren: »Es muß wie im Traum sein, wenn man sich in seiner Haut wohlfühlt. Ich trage von Geburt an eine schlecht verstaute Fracht mit mir herum. Ich befand mich niemals im Lot. So lautet die Bilanz meiner Selbstprüfung. Und statt mich bei dieser unseligen Beschaffenheit in meiner Stube zu vertäuen, trieb ich mich auf allen Wellen herum. Seit meinem fünfzehnten Lebensjahr habe ich nicht eine Minute lang innegehalten.« Er war ein erstaunliches Kind, sprühend wie eine Wunderkerze und brillant in der Unterhaltung. Marie Scheikévitch, eine reiche, literarisch interessierte und außerordentlich kluge Dame, die eng mit Proust befreundet war, sagte, beim Anblick Cocteaus hätte sie immer das Gefühl gehabt, ein Abbild des jungen Voltaire vor sich zu haben. Wie Voltaire war er dazu verdammt, das Tout Paris zu erobern, und hatte inzwischen auch eine strategisch günstige Ausgangsposition gefunden: Madame Cocteau war nämlich wieder einmal umgezogen, und zwar in die Rue d'Anjou Nr. 10 – die untere Etage dieses Hauses bewohnte Laure de Chevigné, geborene de Sade, das Vorbild für Prousts Herzogin von Guermantes.

Der Gefangene

Es gibt eine berühmte Karikatur von Sem, auf der Catulle Mendès als Jesus im Café Napolitain dargestellt ist, umringt von trunkenen Jüngern. Einer von ihnen verteilt Heiligenscheine. Fast jeden Abend rezitierte Mendès Prosa und Poesie aus eigenen Werken, zelebrierte über Dichtung, Essen, Liebe und speiste, als sei jedes Diner ein letztes Abendmahl, wobei er seine Tischansprachen mit triumphierenden Ausrufen würzte. Von kleinem, gedrungenen Wuchs, zog er es vor, sitzende Positionen einzunehmen, da sein Körper kaum mehr war als ein etwas mitgenommener Katafalk für das erhabene Haupt. Seine wasserblauen Augen schwammen in großen Höhlen, und über dem Mund schwang sich – gleich dem gebogenen Gehörn eines indischen Wasserbüffels – ein fahlblonder Schnurrbart. Gegen Mitternacht war der Bart mit Fett und Speiseresten getränkt und die cremefarbene, flatterige Seidenkrawatte, die er stets lose in großzügigen Knoten geschlungen trug, mit Weinspritzern bedeckt. »Er hatte etwas von einem Löwen und einem Steinbutt zugleich«, schreibt Cocteau. »Seine Wangen, die Augen, der kleine, halbmondförmige Fischmund, sein ganzer Gesichtsausdruck schien von irgendeinem Gelee fixiert zu sein, das ihn distanzierte und eine geheimnisvolle, dichte, transparente und zittrige Masse zwischen ihn und die übrige Welt legte.«

In jungen Jahren war er ein brillanter Epigone, dessen Gedichte und Dramen mehr von Hugo hatten als die Werke des französischen Olympiers selbst und parnassischer waren als die Schöpfungen Théodore de Banvilles persönlich. Nie gelang ihm etwas Eigenes, aber der Tod seiner Vorbilder verschaffte ihm eine gewisse Originalität. Als großer Überlebender wurde er geschätzt und respektiert. Theaterrezensionen schrieb er im Café, umgeben von Männern und Frauen, die für eine lobende

Randbemerkung alles gegeben hätten. »Zungenfertig, weiß und weich wie Wachs«, kommentierte Colette, »schrieb Catulle Mendès unentwegt. Courteline pflegte dauernd zu quengeln. Seine Fledermausstimme kratzte in den Ohren, ließ den Putz von den Wänden bröckeln. Junge Frauen von strahlender Schönheit nahmen im Schatten von Catulle Platz. Während des Schreibens begrüßte er sie mit zärtlichen und komplizierten Namen: ›Vögelchen, das sich auf einen Zweig setzt, ohne daß dieser sich senkt...‹, ›Weiß, das den Schnee beschämt...‹, ›Korb, der vor Gaben überquillt...‹«

Nach derartigen Vorstellungen bestieg Mendès den Zug nach Saint-Germain-en-Laye, wo er in sicherer Entfernung von Paris wohnte, da ihm die Frauen, wie er klagte, das Leben in der Stadt zur Hölle machten. Mindestens eine jedoch, und zwar die Schauspielerin Marguerite Moréno, fand seinen Ruf als Liebhaber etwas übertrieben. Sie vertraute Colette an, daß Mendès die ganze Nacht Verse deklamiert hätte und am Morgen impotent gewesen sei.

Seine Redegewandtheit machte den besseren Teil seiner Kunst aus, schmälerte allerdings seine Liebeskraft und hob seine Selbsteinschätzung ins Ungemessene. Der Abstammung nach portugiesischer Jude, schlug er sich während der Affäre Dreyfus dennoch ganz auf die Seite der Dreyfus-Gegner. Mendès war entschiedener Antisemit. »Wir Semiten«, erklärte er Gustave Kahn, einem äußerst belesenen symbolistischen Dichter mit zurückhaltenden Manieren, »wir Semiten sind großartige Verarbeiter, aber man darf von uns nichts Schöpferisches erwarten.« Kahn zitierte als Gegenbeispiel Spinoza, worauf Mendès verächtlich schnaufte: »Ach! Ach! ... Ich hatte schon immer den Verdacht, daß die Mutter dieses Optikers eine Schwäche für christliche Schürzenjäger gehabt hat!«

Catulle Mendès lebte in einem Haus, das man nur als überdimensionalen Vogelkäfig bezeichnen konnte, und titulierte seine geflügelten Mitbewohner mit ähnlich blumigen Epitheta wie die weiblichen Bewunderer. Die Vögel bestimmten den Tagesablauf seines Haushalts auch noch, nachdem er Jane, eine in

Argentinien aufgewachsene Französin, geheiratet hatte. Sie kleidete sich exotisch und brachte Erzählungen in orientalischem Stil zu Papier. Cocteau wurde ihrer zum ersten Mal während einer Theaterpause ansichtig. »Sie war groß, bemalt wie ein Götzenbild, und hinter dem Aquarium ihrer Schleier, behangen mit den schäumenden Spiralen ihrer Pagodenärmel und Schleppen, glich sie einem wunderbar-geheimnisvollen japanischen Zierfisch.«

Nachdem Cocteau den Meister kurz nach der Fémina-Affäre durch Edouard de Max kennengelernt hatte, wurde er ein gern gesehener Gast im Hause Mendès. Catulle lud ihn ein, zu »kommen, um an meinem Omelett teilzuhaben«. Vier Tage später erschien Cocteau zur verabredeten Zeit, doch mußte er nach einstündigem Warten im Vorraum von Mendès' Stadtwohnung, die auf dem Boulevard Malesherbes lag, einsehen, daß die Einladung, kaum ausgesprochen, offenbar schon wieder vergessen war. Als Mendès schließlich zum Essen erschien, trug er eine Karnevalsmaske mit Bart, deren Zweck, wie er sich beeilte zu versichern, rein praktischer Natur war: Er sei hingefallen, habe sich das Gesicht aufgeschlagen und benötige etwas, um sein Nasenpflaster festzuhalten. Um vier Uhr gurgelte Catulle Mendès mit Weinessig, verlieh seinen Augen Glanz mit Borwasser, injizierte sich eine Spritze in die Lendengegend (»durch die Hosen«, wie Cocteau betont), und brach auf zum Café Napolitain, wo ab fünf Uhr sein Tisch für ihn bereitstand.

Wie ehedem Edouard de Max, so übte jetzt Mendès auf den prominenzsüchtigen Cocteau, der vor dem Magister ludi in übertriebener Ehrfurcht erstarrte, eine geradezu magnetische Anziehungskraft aus. In der zweiten Hälfte des Jahres 1908 wallfahrte er jeden Samstag nach Saint-Germain-en-Laye, wo Catulle mit Leidenschaft rezitierte und sich alles in allem als der göttliche Überbringer neuer literarischer Botschaften aufführte, zu dem er sich stilisiert hatte. Übrigens nicht ganz ohne Grund: Ein Wort von ihm konnte Dichter machen oder zu Fall bringen, und in all seinem Überschwang zeigte er oft sicheren literarischen Instinkt. Er und Mallarmé bewunderten sich gegenseitig.

Am 8. Februar 1909 entdeckte ein Lampenanzünder, der auf dem Bahnhof von Saint-Germain-en-Laye Dienst tat, um fünf Uhr morgens beim Inspizieren der Gleise den furchtbar zugerichteten Körper eines Mannes. Die Leiche wurde zum Bahnhof gebracht, wo ein Polizist Catulle Mendès identifizierte. Er hatte den vorangegangenen Abend mit Freunden in Paris verbracht. Nach einer Untersuchung seines Eisenbahnabteils, dessen Tür leicht offenstand, kam man zu dem Schluß, Mendès sei durch das Anhalten des Zuges im Tunnel kurz vor Saint-Germain-en-Laye erwacht, habe geglaubt, bereits auf dem Bahnhof angekommen zu sein, und sei, als der Zug sich soeben wieder in Bewegung setzte, ausgestiegen und überrollt worden. War er den Tod des schlaftrunkenen Odysseus-Gefährten Elpenor gestorben oder hatte er Selbstmord begangen? Als Cocteau später andeutete, Catulle wäre nur deshalb in einem etwas anomalen Geisteszustand gewesen, da er sich an diesem Abend ausnahmsweise des Alkohols enthalten hätte, konterte Jane Mendès mit der Erklärung, die leichte Gehirnerschütterung, unter der ihr Gatte sieben Monate vor seinem Tode litt, habe zu zeitweiligen Bewußtseinsstörungen geführt. Die Ärzte hätten damals eine Operation empfohlen. »Jedenfalls«, sagte sie, »fühlte er sich dem Tode geweiht ... Seine Qual war immens und chaotisch. ... Am Tag vor seinem Ende verbrachte er viele Stunden weinend in der kalten, winterlichen Einsamkeit von Saint-Germain.« Der Leichnam wurde in Saint-Germain-en-Laye aufgebahrt, und aus Paris trafen zahlreiche Trauergäste ein. »Das Gesicht eines Toten findet die Züge der Jugend wieder«, schrieb Cocteau. »Der tote Mendès ähnelte Heinrich Heine, und ich erinnere mich an folgende Anekdote, die er einmal erzählte: Als junger Mann habe er Madame Heine besucht, und sie sei in Ohnmacht gefallen, da sie glaubte, ihr Gatte habe den Gebrauch seiner Beine wiedererlangt und könne gehen – so frappierend war die Ähnlichkeit.«

Cocteau besuchte Jane Mendès auch weiterhin, und wahrscheinlich war sie es, die ihn zu seinem ersten flüchtigen Versuch als Herausgeber ermutigte. Er und François Bernouard, ein Freund, beschlossen, eine bibliophile Zeitschrift zu edieren. Bernouard schrieb ebenfalls Gedichte – ein kleiner Band Verse galt als beste Einführung in die Salons der Gesellschaft. Er war jedoch später klug genug, dies Metier aufzugeben, und gewann durch seine schönen Buchausgaben, deren Zeichen eine rote Rose war, dauerhafteres Ansehen. Die neue Zeitschrift sollte in erster Linie der Poesie geweiht sein. Ihr Titel, *Schéhérazade,* läßt zwar sofort an den orientsüchtigen Mendès denken, stellte aber wohl nur ein Echo auf die persische Mode dar. Der hochberühmte Doktor Mardrus hatte soeben seine Übersetzung von *Tausendundeine Nacht* veröffentlicht, ein Jahr später kreierte Diaghilew ein Ballett namens *Schéhérazade,* und während der gesamten Vorkriegszeit wurden auf der Rive droite (und sogar auf der Rive gauche) Bälle veranstaltet, bei denen die Herren sich als Sultane, die Damen als Haremsfrauen kostümierten.

Um ihre Zeitschrift mit einem berühmten Namen schmücken zu können und – mehr noch – das neueste, von den Salons und *Le Figaro* gefeierte Wunderkind kennenzulernen, versicherten die Herausgeber sich der Mitarbeit von Maurice Rostand, der mit seinen Eltern im Hotel Meurice in der Rue de Rivoli residierte. Eines Frühlingstages im Jahr 1909 erschien Cocteau bei den Rostands. »Cocteau war noch ganz anders als die Person, die er später werden sollte«, schreibt Maurice Rostand. »Ein braver, sauber gestutzter Schnurrbart überschattete sein Gesicht. Sein weiches Haar hatte noch nicht Schopfform erreicht, er war aber schon damals von faszinierender und stürmischer Intelligenz.«

Was Maurice Rostand betraf, so war er bereits als Achtzehnjähriger ein unerhörter Dandy, dem eine überaus besorgte Mutter, ein vergötterter Vater und die schmeichlerischen Freunde der Eltern zu einer ganz außerordentlichen Selbsteinschätzung verholfen hatten. Als er acht Jahre alt war, schenkte ihm Sarah Bernhardt, die er dann sein Leben lang imitieren sollte, zu Weihnachten ein kleines Modell des Théâtre Sarah Bernhardt sowie ein Plakat von Mucha, das folgende Inschrift trug: »*Die rote Schnecke:* ein Versdrama in fünf Akten von Maurice Rostand.« Von diesen Vorschußlorbeeren sollte er sich nie mehr erholen. Le Figaro, dessen Herausgeber Gaston Calmette mit Edmond Rostand befreundet war, brachte Maurices Gedichte auf der Titelseite unter und druckte hymnische Rezensionen, als im Jahre 1909 der erste Gedichtband des Jünglings herauskam.

Die erste Nummer der *Schéhérazade* erschien am 10. November 1909. Neben Beiträgen der Herausgeber enthielt sie Poesie und Prosa modischer Boulevardliteraten wie Abel Bonnard und Francis de Croisset. Das Leitgedicht, einen feministischen Lobgesang auf Schéhérazade, hatte Jane Mendès verfaßt. Cocteau steuerte eine Kurzgeschichte – ein überdimensionales Prosagedicht mit dem Titel *Comment mourut Monsieur de Trèves* (»Wie Monsieur de Trèves starb«) – bei. Das klägliche Epigonenstück spielt in Venedig, wo ein geheimnisumwitterter, an Duellblessuren dahinsiechender Edelmann seine drei Gebieterinnen – eine Russin, eine Italienerin und eine Französin –, deren Ehre er einst gerettet hat, noch einmal zusammenruft. Die Damen streiten sich, die Szene erlischt, Monsieur de Trèves beginnt (im Geiste), über den Dächern der Lagunenstadt zu schweben, und löst sich bei Sonnenaufgang in Nichts auf.

Mit jeder folgenden Ausgabe (es erschienen insgesamt nur sechs, und zwar in unregelmäßigen Abständen zwischen November 1909 und März 1910) wurde *Schéhérazade* immer mehr zu einem Organ verseschmiedender Damen der Pariser Hautevolee – als sei es, wie schon der Titel vermuten ließ, tatsächlich Aufgabe der Zeitschrift, der von Paul Iribe entworfenen unergründlich-nackten Odaliske auf der Umschlagseite Redeflüsse weiblicher Nachfahren in den Mund zu legen. Eine Vorahnung von Cocteaus künstlerischen Beziehungen zur Haute Couture, besonders seiner engen Freundschaft mit Christian Bérard, war es in der Tat, daß Iribe ihm einen seiner fashionable-schlauchhaften Lianenakte zur Verfügung gestellt hatte. Iribe und Cocteau sollten während des Ersten Weltkrieges noch an einer anderen Zeitschrift zusammenarbeiten.

Das Inhaltsverzeichnis von *Schéhérazade* gibt jedenfalls ein getreues Abbild von Cocteaus Streifzügen durch die Gesellschaft.

Er gehörte zu den zahlreichen jugendlichen Fackelträgern der Society, die ihre Tage damit verbrachten, die literarische Prominenz per Telefon oder durch Besuche zu behelligen und am Abend Schmuck und Rankenwerk der Salons bildeten. Viele der großen Gastgeberinnen des ausgehenden 19. Jahrhunderts hatten sich von der gesellschaftlichen Szene zurückgezogen, aber Madeleine Lemaire zum Beispiel empfing nach wie vor am Dienstag, und Madame de Loynes, deren Stars Ernest Renan und Hippolyte Taine gewesen waren, hütete eifersüchtig die Relikte vergangener Salonpracht. Allmählich erschien jedoch eine neue Generation von Gastgeberinnen auf der Bildfläche, die bis jetzt noch nicht zu etabliertem gesellschaftlichen Ruhm gelangt waren, deren zunehmende Geschäftigkeit aber nichtsdestoweniger zu einer Art konfusen Salon-Interregnums führte. Um sich nicht ins Gehege zu kommen, teilten diese Damen den Kalender so raffiniert auf, daß selbst Kenner des Rive-droite-Zeremoniells von einem Monat zum anderen nicht mehr Bescheid wußten und die Orientierung verloren: »Madame Ganderax empfängt um 16 Uhr am ersten Dienstag jeden Monats und an jedem Freitag außer dem ersten.« Eine umfangreiche Broschüre, in der die Pariser Salons nach Arrondissements verzeichnet waren, diente jungen Arrivisten als unentbehrlicher Leitfaden.

Mehr als ein Jahrzehnt nach Proust trat Cocteau in dessen Fußtapfen. Gleich einer schillernden, quirligen Libelle schwirrte er nun endlich über den ersehnten Jagdgründen und schaffte es, einen letzten Blick auf die dekadenten Existenzen einer sterbenden Welt zu werfen. Während Proust, der sich vor einigen Jahren zurückgezogen hatte, in der *Suche nach der verlorenen Zeit* der glänzenden Vergangenheit dieser Gesellschaft ein Denkmal setzte, konnte Cocteau nur noch deren hypochondrisch-reizbares Endstadium erleben. Als er der Gräfin Laure de Chevigné im Treppenhaus der Rue d'Anjou Nr. 10 begegnete, wo sie 1911, nach dem Tode ihres Gatten, eingezogen war, suchte Cocteau verzweifelt nach einem Vorwand, ein Gespräch anzuknüpfen, und verfiel dabei auf die Idee, ihr Schoßhündchen »Kuß« zu umarmen. »Passen Sie auf!« rief sie mit ihrem Raucherbaß. »Ich möchte nicht, daß er in Ihrem Gesichtspuder erstickt!« Trotz dieses etwas mißlungenen Debüts wurden sie Freunde, und Madame de Chevigné, froh über jeden, der sie noch zu amüsieren vermochte, stellte ihn bei gemeinsamen Opernbesuchen allen gesellschaftlichen Größen vor. »Als ich Aladin [so nannte man Cocteau in Anlehnung an seine erste Gedichtsammlung] kennenlernte«, schrieb die Fürstin Bibesco, »hatte er bereits freien Zugang zum Salon von Madame de Chevigné. Dort spielte er die Rolle eines impertinenten, verderbten Pagen, der all seinen närrischen Eingebungen folgen durfte. Binnen kurzem war er vom Pagen zum Ritter aufgestiegen und begleitete sie abends beim Ausgehen; in der englischen Botschaft ließen sie sich zu Ehren der Straße, in der sie wohnten, unter dem improvisierten Titel Graf und Gräfin d'Anjou ankündigen.«

Im Gegensatz zu Madame de Chevigné – die Proust nicht lesen konnte, da ihre Füße bei seinen komplizierten Satzkaskaden angeblich Blasen bekamen – hatten die meisten der Aristokratinnen, deren Salons Cocteau besuchte, ausgeprägte literarische Ambitionen. So auch die Herzogin de Rohan. Doch hielt sie weniger Salon als eine Art Kirmes für Verseschmiede ab, die zum Entzücken der freigebigen Gastgeberin das schöne Palais am Boulevard des Invalides überfielen. Ihre besonderen Lieblinge bedachte sie mit Einladungen für die exklusiven Dienstag-Soireen, denen Boni de Castellane und Robert de Montesquiou, diese ganz verschiedenartigen, ungekrönten Herrscher des Faubourg Saint-Germain, oft beizuwohnen pflegten. François Mauriac erinnert sich, eine dieser Einladungen erhalten zu haben, als im Jahre 1909 seine *Mains Jointes* (»Die gefalteten Hände«) erschienen waren. Der frisch aus Bordeaux eingetroffene, noch etwas linkische Jüngling war geblendet von den erlauchten Gästen, deren Titel von der Stentorstimme eines Butlers laut in den Saal gerufen wurden. Madame de Rohan, Bestandteil einer Gesellschaft, die keinen Sinn mehr hatte für Gefühlswerte, wo man geistvolle Witze höher schätzte als das Herz, wo Manieren alles waren, wo der Schauspieler Le Bargy allen Ernstes Unterricht über die Kunst, einen Spazierstock zu tragen, erteilte, war in dieser Welt gewissermaßen die Ausnahme, welche die Regel bestätigt. Im Krieg machte sie ihr Palais zu einem Lazarett, das unter der Leitung der Dames de France stand. Maurice Rostand, der zum Sanitätsdienst abgestellt war, verbrachte den Krieg im selben, nun mit verwundeten Soldaten belegten Salon, wo er vorher in großer Abendkleidung Einzug gehalten hatte.

Die »Salon-Damen« übten einen unerhörten und allumfassenden Einfluß aus. Sie perfektionierten die Methode, der Académie Française neue Mitglieder zuzuführen, in hohem Maße und nutzten schamlos ihre Beziehungen zu Politikern aus, wenn es um Literatur und Kunst ging. André Antoine beispielsweise verdankte seine Stellung als Leiter des Odéon der Tatsache, daß Madame de Loynes ihm zu Ehren ein paar strategische Diners gegeben hatte.

Seit dem Tod von Catulle Mendès hatte Cocteau keinen Gönner mehr, und er begann nun, Jules Lemaitre zu umschwärmen, der seinen Aufstieg als Kritiker und Académie-Mitglied ebenfalls den kunstvollen Machenschaften von Madame de Loynes, seiner *maîtresse en titre,* zu verdanken hatte. Im Jahre 1909 erschien Cocteau zum ersten Mal bei Madame de Loynes, die mit ihrem Privatvermögen geholfen hatte, die protofaschistische Tageszeitung *Action Française* zu lancieren, und damals bestanden ihre Gäste nur noch aus melancholischen, mißmutigen Monarchisten wie Léon Daudet, der sich bemühte, die Versammelten mit albernen Geschichten und dem Nachäffen Emile Zolas zu amüsieren. Lemaitre hieß Cocteau willkommen – vielleicht weil er sich nach unpolitischer Zerstreuung sehnte – und nannte ihn »mein Ariel«. Auch er konnte sich dem koboldhaften Charme dieses Geistes nicht entziehen und brachte es sogar fertig, dessen geschickt-artifizielle Verse zu goutieren.

»Wäre ich ein Dichter gewesen«, schrieb Cocteau in seinen Erinnerungen (später ließ er *La Lampe d'Aladin, Le Prince frivole* sowie *La Danse de Sophocle,* seine drei ersten Gedichtbände, aus seiner offiziellen Bibliographie streichen), »hätte er mich gefürchtet ... Er liebte in mir nur den Hauch der Poesie und ihre nichtssagenden Äußerungen.« Lemaitre, dessen rotes Gesicht mit dem weißen Bart Cocteau an eine »Treibhauserdbeere, die im Januar auf einem weißen Baumwollkissen ruht«, erinnerte, machte vage Versprechungen, die Karriere des neuen Adepten durch einen Artikel zu fördern, fürchtete jedoch, vom Publikum nicht verstanden zu werden. »Wir leben in einem maßlosen Zeitalter«, murrte er. »Man hat das Gleichgewicht und das Verständnis für die Bedeutung der Wörter verloren. Mein glühendstes Lob würde kalt klingen.«

Dafür war es Cocteau inzwischen gelungen, Einlaß in Kreise zu finden, nach denen er sich lange gesehnt hatte. Wie diese Gesellschaft ihn sah, mag Romaine Brooks' Porträt zeigen: Cocteau auf einem Balkon mit weißen Azaleen, im Hintergrund der Eiffelturm; ein Jüngling mit großen, strahlenden Augen – oder ein Mädchen, das man in einen Kabenanzug gesteckt hat. Seine weiße Rose trägt er wie ein Schulabzeichen, und in der zierlich-langen, rechten Hand hält er ein Paar Handschuhe – so vorsichtig, als handle es sich um einen schmalen, exquisiten Band eigener Verse. Im ganzen macht er den Eindruck eines präraffaelitischen Byron, der ins Ungewisse schmachtet. Die Fürstin Bibesco erinnert sich an den neunzehnjährigen Cocteau, dem sie zum ersten Mal auf einer Soiree der Winnaretta (»Winnie«) de Polignac, der etwas burschikosen Singer-Erbin, begegnete: »Er inszenierte einen triumphalen Einzug – den Kopf zurückgeworfen, die Haare über der hohen Stirn zu einem *toupet* getürmt, das schmale Gesicht mit der markanten Nase und den glänzenden Augen hoch erhoben, schritt er zierlichen Wuchses einher, stolz wie ein fremdartiger Vogel, der in einen Hühnerhof geraten ist ... Feierlichen Tones ... erklärte er, soeben zu Fuß vom Jardin de Luxembourg gekommen zu sein, wo er gewartet hätte, daß der Frühling eine mit ihm getroffene Verabredung einhielte, daß er den Grünen Gott ankündige, der in aller Kürze auf Zehenspitzen im Gefolge von zymbalspielenden Elefanten und Amseln, die auf Flöten von Ebenholz bliesen, eintreffen würde etc., etc., etc.! Nachdem er die Gastgeberin begrüßt hatte, vollführte er ein *glissando* über das Parkett und nahm an meiner Seite Platz.«

Cocteaus perfekte Manieren, seine Lebhaftigkeit, seine jugendliche Unschuld; sein Verlangen, allen zu gefallen, und seine Bisexualität machten ihn bald zu jedermanns »Ariel«. In einem runden Dutzend Salons spielte er den geistreichen Hausnarren. Der berühmte Lucien Guitry wohnte nebenan, und Cocteau befreundete sich schnell mit seinem Sohn Sacha, mit dem er die Passion für das Theater teilte.

An den Wochenenden im Frühling trafen sich die Happy Few auf dem Lande, und wenn Cocteau nicht bei seiner Familie in Maisons-Laffitte weilte, brachte er seinen Elfencharme mit nach Trie-Châteaux, wo Madame Simone ihr Landhaus hatte, nach Rostands Landsitz Arnaga, nach dem Gutshaus aus dem 17. Jahrhundert, das Jacques-Emile Blanche in Offranville bei Dieppe besaß, oder zum Landhaus der Guitrys in Honfleur, wo Jean und Sacha die Gäste mit Stegreifimitationen bekannter Exzentriker amüsierten. Aber es kam auch zu kleineren Unstimmigkeiten an diesen heiter-unbeschwerten Wochenenden. Simone beging einmal den Fehler, Cocteau und ihr etwas herbes Idol Charles Péguy zusammenzubringen – Péguy fuhr sofort aus der Haut, wenn man über Madam X' neueste Liaison oder über das geheime Laster des Monsieur Y zu tratschen begann. »Eines Tages beging ich die Unvorsichtigkeit«, schrieb sie, »ihn [Péguy] gemeinsam mit einem unserer jungen Freunde aufs Land einzuladen, der viel Talent hatte, von verführerischem Charme war und dessen sentimentale Vorlieben kein Geheimnis waren. Ich glaubte, sein Geist würde deutlich genug für ihn sprechen. Aber weit gefehlt! Am Tag nach ihrer Begegnung sprach eine lakonische, in Péguys hoher und spitzer Schrift aufgezeichnete Notiz das unumstößliche Urteil: ›Den, Simone, nie wieder!‹« Sie wurde nicht rückfällig.

Im Haus von Jacques-Emile Blanche dagegen lief Cocteau keine Gefahr, Péguy und ähnlich Denkenden zu begegnen. Blanche war ein Maler, der seine Begabung zugunsten von Erfolgen in der High Society hatte verkümmern lassen. Das dafür erforderliche Vermögen besaß er, denn er hatte Millionen geerbt – sein Vater, Dr. Antoine Blanche, leitete ein berühmtes Sanatorium für Nervenkranke und Mondsüchtige, zu dessen Insassen Gérard de Nerval und Maupassant gezählt hatten. Obwohl der Maler weder als Gesellschaftslöwe noch als Künstler wirklich reüssieren konnte, hatte er ein außerordentliches Gespür für Leute, die »es schaffen« würden.

Daß Blanche, ein ausgesprochener Snob, es für angebracht hielt, Cocteau nach Offranville einzuladen, mag als Indiz für dessen Arriviertheit gelten. In einer Rezension der *Danse de Sophocle* hatte Henri Ghéon keinen Zweifel daran gelassen, daß die Rive droite im jungen Cocteau ihren zukünftigen Poeten à la mode sah: »Wenn ich nun über Monsieur Jean Cocteau spreche, gerate ich in Verlegenheit. Zwischen seine Verse und mich drängt sich sein Gesicht, oder genauer: das Gesicht, das Gesellschaftschronisten, Theaterzeitschriften und all die Lieferanten schnellen Ruhms ihm verliehen haben, die immer als erste zur Stelle sind, ein zwanzigjähriges Genie willkommen zu heißen. Und Cocteau ist zweifellos kaum älter . . . Was sein ›Genie‹ angeht, so mag er ruhig daran glauben: Man hat alles getan, ihn davon zu überzeugen. – Seit Catulle Mendès aufgehört hat, über die Literatur Frankreichs zu herrschen (übrigens zu deren großem Vorteil), forderte der Boulevard seinen Dichter; das romantische Vorbild Mussets, des großspurigen und charmanten Poeten, der ohne Mühe oder Ausbildung schöpferisch tätig war, der nur zu erscheinen brauchte, zu lächeln, um alle Herzen zu erobern – dieses Beispiel war noch lebendig. Monsieur Cocteau kam gerade rechtzeitig, um die Lücke zu füllen: Man wird nicht eher lockerlassen, bis er einwilligt, die Rolle des Wunderkindes zu spielen.«

Henri Ghéons intelligente und beißende Kritik in der *Nouvelle Revue Françáise* sollte sich als Kassandraruf kommender Unbill erweisen – aus gerade den Gründen, aus denen die Rive droite Cocteau einen Platz auf dem Parnaß einräumte, würde der Montparnasse, also die Rive gauche, ihm niemals erlauben, die höchsten Stufen der Anerkennung zu erklimmen.

Die Freundschaft zu Maurice Rostand war allmählich abgekühlt, obwohl man natürlich noch miteinander verkehrte und sogar gemeinsame Projekte hatte. Es ging dabei um ein anderes literarisches Journal der Luxusklasse, das jedoch niemals das Licht der Welt erblicken sollte. In Cocteaus Bekanntenkreis tauchten jetzt glänzendere und weit nützlichere Namen als der Rostands auf. Gleich Proust gedieh er am besten in intrigengeschwängerter Umgebung, in der Schlangengruben-Atmosphäre des literarischen und päderastischen Milieus, in dem er nun mal lebte ...

Cocteau traf die Schauspielerin Simone das erste Mal in einem Fahrstuhl. Sie wollte gerade Edmond Rostand im Hotel Meurice besuchen, er war auf dem Weg zu Maurice, seinem neuen literarischen Mitarbeiter für die *Schéhérazade*. Simone war eine zierliche, schöne und literarisch außerordentlich interessierte Jüdin, deren Karriere als Aktrice dieselben Wurzeln hatte wie Colettes Schriftstellerlaufbahn: eine unglückliche Ehe. Ihr Willy hieß Le Bargy, der überspannte und romantische Held der französischen Bühne, dessen schäbiger Charakter ihr schon am Hochzeitsabend klargeworden war. Als sie sah, daß in der Heiratsannonce sein Name auffallend größer gedruckt war als der ihre, und ihn nach dem Grund fragte, erklärte er ihr gleichmütig, er habe sie nur wegen ihres Geldes geheiratet. Trotzdem hielt die Ehe noch ein paar Jahre. 1900 spielte Simone ihre erste Rolle, und 1905, als die Ehe geschieden wurde, war sie ebenso berühmt wie ihr Exgatte. Ihre nervös-sensible Art der Darstellung und ihre klare Stimme entzückten die Anhänger der Bernsteinschen Melodramen, während ihre geistigen Gaben sie mit Schriftstellern zusammenbrachten, die nichts mit der Bühne zu tun hatten, wie vor allem Péguy und der Gräfin Anna de Noailles. Die Noailles selbst hatte keine gute Vortragsstimme, und so erkor sie Simone zu ihrer offiziellen Rezitatorin; wenn man sie aufforderte zu lesen, wehrte sie sich standhaft oder ließ die Busenfreundin holen.

Simone stellte Cocteau der Gräfin de Noailles vor, die nicht nur dichtete, sondern auch die eigentliche Seele einer neoromantischen Renaissance war. Cocteau sah in ihr eine geistige Partnerin und spielte den Seraphim zu ihrer Seraphita. Sie beeinflußte und bestimmte seine Manierismen, ihre Monologe waren für ihn ein geradezu fatales Vorbild, sie prägte seinen Stil und – noch bezeichnender – sogar seine Handschrift, die man während einer fünfjährigen Zeitspanne nicht mehr von der ihren unterscheiden konnte. In der Gesellschaft sprach man von ihm nur noch als »männlicher Anna«.

Anna de Noailles hatte sich die Allüren einer exilierten Levantefürstin zugelegt – nicht ganz zu unrecht: Sie war die Tochter des rumänischen Fürsten Gregory de Brancovan und der Ralouka Musurus, einer griechischen Schönheit, deren Vater Botschafter des Sultans am Hofe von St. James war. Sie war nahe verwandt mit einem anderen rumänischen Fürstenclan, mit den Bibescos, die – wie ihre eigene Familie – Paris den ausgedehnten Besitztümern in der Walachei vorzogen.

Die Pariser Creme tendierte im Grunde mehr zur Musik als zur Literatur, und das traf besonders auf die ältere Brancovan-Generation zu. Annas Mutter war eine außerordentlich talentierte Pianistin, zu deren Begleitern auch Ignaz Paderewski zählte. Die Kinder schlugen allerdings aus der Art. Constantin, der älteste Sohn, gründete eine literarische Zeitschrift, die *Renaissance Latine*, in der Proust einen Teil seiner frühen Stücke veröffentlichte. Und Anna begann, nachdem sie ihre Talentlosigkeit auf dem Klavichord demonstriert hatte, im Alter von dreizehn Jahren Gedichte à la Musset zu schreiben. Musset mußte jedoch bald einem anderen Poeten weichen. »Es verging kaum ein Tag«, erinnert sie sich, »daß irgendwelche Bekannten meiner Eltern nicht ein Gedicht von Victor Hugo vortrugen.« Wie der Frosch aus der Fabel, der sich immer mehr aufbläst und hofft, dadurch zum Ochsen zu werden, so pumpte diese zierliche Person ihre Lungen auf und bemühte sich um Timbre und Fülle des Hugoschen Organs, brachte Töne heraus, die uns ziemlich hohl und leer klingen, die in den ersten Jahren des 20. Jahrhunderts aber durchaus solche Ohren zufriedenstellten, die allein auf romantische Vibrationen – gleich welcher Art – reagierten. Zu einer Zeit, da Bühne und Roman vom Naturalismus beherrscht wurden, da die Poesie einen immer hermetischeren Charakter annahm, ertönte endlich eine Stimme, die dem Gefühl Zugang bot, die voll technischer Bravour war und deren Melodien einen Abglanz des pompösen Schwungs Hugoscher Verse reflektierten.

1897 heiratete sie einen reichen und mit einem guten, alten Titel versehenen Aristokraten, den Grafen Mathieu de Noailles, und gebar ihm drei Jahre später – hauptsächlich, um ihre dynastischen Pflichten zu erfüllen – einen Sohn. Mutterschaft paßte nicht zu ihr, war gewissermaßen ein verbotener Hiatus, der den Kopfsprung in den Ruhm unterbrach. Anna de Noailles' Berufung bestand, mehr noch als in der Dichtung, in Anna de Noailles. »Sie hatte immer strahlende Augen«, schrieb die Colette, »Augen, die so groß waren, daß sie die Schläfen berührten.« Und wie ein Basilisk benutzte sie diese Augen, um jedermann zu bannen, der einen ihrer geheiligten Monologe zu unterbrechen drohte. Anna de Noailles redete nonstop, als hinge ihr Leben davon ab, feuerte pausenlos poetische Bilder ab wie Schrotladungen, vielleicht in der vagen Hoffnung, eines der Körner würde einmal ein unbekanntes Ziel treffen, und benutzte ihr Konjunktiv-Arsenal so geschickt, daß ein einziger Satz stundenlang weitergehen konnte. Ihre rhetorischen Darbietungen waren begleitet von einer Art gemildertem Veitstanz: Sie kreuzte die Beine, stellte sie wieder nebeneinander, warf ihr dichtes, schwarzglänzendes Haar, das in langen, ungebändigten Wellen herabfiel, mit heftigen Kopfbewegungen zurück, klimperte ständig mit ihrer vielreihigen Perlenkette, gestikulierte mit den langen Fingern (auf die sie maßlos stolz war) in der Luft herum, als wolle sie auf einer imaginären Wand chinesische Schattenspiele aufführen.

Cocteau erinnert sich an den Ausklang einer kammermusikalischen Veranstaltung bei der Fürstin de Polignac, bei der er plötzlich Anna de Noailles inmitten einer Gruppe anderer Damen entdeckte: »Sie gab sich ganz einzigartigen Leibesübungen hin. Auch die Nachtigall probt, bevor sie zu singen anhebt. Sie quäkt und krächzt, plärrt, schnarrt, und wer sie nicht kennt, gerät unter dem nächtlichen Baum in Erstaunen. Und so präludierte auch die Gräfin. Ich beobachtete sie von weitem. Sie pustete und prustete, lachte unvermittelt, stieß die tiefsten Seufzer aus, ließ türkische Rosenkränze und Seidenschals fallen. Schließlich holte sie tief Luft und begann, wobei ihre Lippen sich ganz schnell noch einmal schürzten. Was sagte sie? Ich weiß es nicht mehr. Ich weiß nur, daß sie redete und redete und redete, während sich eine immer größere Menge im Saal sammelte, die Jüngeren sich auf den Fußboden setzten und die Älteren im Halbkreis um sie herum Platz nahmen. Ich weiß, daß die Fürstinnen de Polignac und de Caraman-Chimay (ihre Freundin und ihre Schwester), zu ihrer Rechten und Linken stehend, Sekundanten an einem imaginären Boxring glichen. Ich weiß, daß die Diener in ihrer schwarzen Tracht und die gepuderten Valets in ihren kurzen Kniehosen verstohlen durch halbgeöffnete Türen blinzelten.«

Privat bevorzugte Anna die Gesellschaft von Aristokraten, in der Öffentlichkeit blutete ihr Herz für das Volk. Sie empfing Robert de Montesquiou ebensooft wie Abgeordnete vom linken Flügel, und wenn beide Parteien zugleich erschienen, verbarg sie die radikalen Politiker in der Bibliothek, bis der Graf gegangen war. Ruhm war für sie das Höchste, ein symbolhaftes Gut, die Grundessenz, deren Existenz an sich vollkommen ausreichte, deren irdische Inkarnationen aber immerhin Respekt verdienten, so käuflich sie auch sein mochten. Kinder messen der Bescheidenheit keinerlei Wert bei, und so auch Madame de Noailles, die in Momenten ärgerlicher Reaktion ihr ganzes Selbst enthüllte. So sprach sie einmal mit Cocteau über Gott, und als er es wagte, ihr zu widersprechen, komplimentierte sie ihn schnell aus der Wohnung und schrie ihm über die Treppe nach: »Und außerdem ist die Sache ganz einfach. Wenn Gott existierte, würde man mich zuerst davon unterrichten!«

Auf die Dauer forderte diese Verschwendung von Nerven, Worten und monologgefüllten Nächten ihren Preis. Etwa 1913, sechs Jahre nach Veröffentlichung der *Eblouissements*, eines Bandes, der hyperbolische Lobeshymnen von Barrès, Péguy und Proust hervorgerufen hatte, verbarg sie, gleich einem sterbenden Vogel – einem sehr langsam sterbenden Vogel –, das Haupt unter den Flügeln. Eine Wohnung im sechsten Stock der Rue Scheffer Nr. 40 war ihr letzter Horst; hier verbrachte sie den größten Teil des Tages bei geschlossenen Vorhängen im Bett und erwachte erst nach Anbruch der Nacht zum Leben. »Und wenn es draußen elf Uhr oder bereits Mittag war«, schrieb die Colette, eine der ganz wenigen, deren Besuch die Gräfin um diese Stunde ertrug, »so herrschte in ihrem Raum noch die düstere Atmosphäre der Nacht, des Leidens.« Sie litt, wie es einer Gräfin de Noailles zukam – mit allem Pomp. Halb im Scherz formulierte Anna de Noailles gewissermaßen ihr eigenes Epitaph – halb im Scherz, denn im Grunde handelte es sich um bittere Wahrheit, geeignet, eine ganze Gesellschaftsschicht zu charakterisieren, die mit dem Ersten Weltkrieg starb: die Aristokratie; Madame de Noailles hatte sie amüsiert, verwirrt und geärgert, obwohl ihre Persönlichkeit erst durch den Adel ermöglicht wurde: »Ich werde nutzlos gewesen sein«, erklärte sie oft, »aber unersetzlich.«

Durch die Bemerkung, sie wünsche sich ein Kind von Jean Cocteau, erregte die Gräfin de Noailles einmal eine kleine Sensation. Im Gegensatz zu Ellen Terry, die George Bernard Shaw vorschlug, ein Idealgeschöpf mit ihrem Körper und seinem Geist in die Welt zu setzen, muß die Gräfin in Cocteau eine Art männliche Inkarnation ihrer selbst gesehen haben; er war für sie ein Abbild, das sie nur durch Parthenogenese reproduzieren konnte. Er besuchte Anna häufig in ihrer Wohnung in der Rue Scheffer, »dem Raum eines Kinds der Jahrhundertwende«; die Wände mit blauweißgestreiftem Baumwollkretonne ausgeschlagen, die Louis-Seize-Möbel ganz in Trianongrau gehalten und im Mittelpunkt ein riesiges Bett, dessen Decke – entsprechend der jeweiligen künstlerischen Tagesproduktion – unweigerlich mit Tintenklecksen oder Farbflecken übersät war. Unter Aquarellbildern des Parthenons, der Minerva, der Geburt der Venus kommunizierten die beiden, zwei zungenfertige Geschöpfe, die begierig auf eine Pause im Monolog des Partners warteten.

Außerhalb dieser Privatsphäre, in der größeren Welt, wo Anna de Noailles ständig ihr Publikum erobern mußte, war Cocteau ein gefährlicher Rivale. Einer ihrer Freunde erinnert sich an ein Abendessen, bei dem die Gräfin wie üblich sämtliche Anwesenden mit ihrem Redefluß in Bann schlug. Zerrissen zwischen der Pflicht, die Mahlzeit zu beginnen, und der Furcht, vom neben ihr sitzenden Cocteau in den Schatten gestellt zu werden, kam ihr eine ingeniöse Idee: Sie löffelte schnell etwas Suppe in sich hinein und verschloß Cocteau mit der freien Hand den Mund. »Ich gebe zu«, schrieb er später, »daß ich alle möglichen Vorsichtsmaßnahmen ergriff, nachdem ich fühlte, daß zwischen uns eine jener Freundschaften entstand, die über das Grab reichen: ... Nach gewissen Erfahrungen ... beschloß ich, ihr nie wieder in der Öffentlichkeit zu begegnen.«

Die Gräfin wurde zum festen Bestandteil seiner Phantasiewelt. Nach seiner Schilderung waren ihre Augen so ungewöhnlich groß, daß sie fast Projektionen auf einer Leinwand, gemalten Augen auf weißem Gips glichen. Und (um dieses Bild zu gebrauchen) hatte er nicht die Statue in *Le Sang d'un Poète* (»Das Blut eines Dichters«), die Prinzessin Tod in *Orpheus,* die Sphinx in *Testament d'Orphée* mit ebensolchen Augen versehen?

Es war zweifellos Anna de Noailles' Einfluß zu verdanken, wenn er die etwas süßliche, sentimentale Mode klassischer Themen aufgab. »Diese Nacht«, gestand sie einst ihrem Freund Lucien Corpechot, »habe ich die einzigen Seiten geschrieben, die ich hinterlassen möchte. Sie betreffen meine romantische Jugend und meine Rückkehr nach Griechenland, durch Homer, durch Sophokles ... Als ich ein kleines Mädchen war, weinte ich immer, wenn ich in meinem Geschichtsbuch las, wie Gefangene, die man auf feindlichen Galeeren fortschleppte, nur deshalb freigelassen wurden, weil sie eine Euripides-Passage auswendig konnten. Welche Hoffnung! Wer also einen Gesang von Homer, von Sophokles, von Euripides kennt, wird bestimmt freikommen aus der romantischen Sklaverei.«

Auch Cocteau entdeckte nun seinen Hang zum Hellenentum und schrieb eine – romantisierende! – Klage über den Trojanischen Krieg sowie eine Elegie über Pirous, eine Nebenfigur der Odyssee, den die Sirenen in den Tod gelockt hatten. Auch *La Danse de Sophocle* geht hauptsächlich auf Anna de Noailles zurück, deren Lieblingsphilosoph Nietzsche (neben Athenaios) für den Titel verantwortlich zeichnet. »Alles Göttliche ist leicht«, schrieb Nietzsche. »Der einzige Gott, an den ich glauben könnte, ist ein tanzender Gott.« Die Gräfin zitierte diese Worte immer wieder voller Entzücken, und Cocteau schloß sich ihrer Begeisterung an. In seinen Erinnerungen betont er, im Jahr 1900 habe es für ihn außer Nietzsches Tod keine besonderen Ereignisse gegeben.

Als Henri Ghéons Rezension von *La Danse de Sophocle* im September 1912 in der *Nouvelle Revue Française* erschien, war Cocteau zunächst begeistert, nach genauerer Lektüre des Artikels allerdings zutiefst getroffen. Obwohl noch eine ziemlich junge Publikation, erfreute sich die *NRF* bereits eines außerordentlichen Prestiges, da sie sich um Objektivität bemühte und keine literarische Richtung besonders unterstützte. Die Redaktionsmitglieder – darunter Jacques Copeau, Jean Schlumberger, Ghéon und Gide – waren von außergewöhnlicher Intelligenz, die Zeitschrift hatte jedoch in literarischen Fragen keinerlei Monopol. Die Männer der *NRF*, wahre Savonarolas der Literatur, bemühten sich um ein unbestechliches Urteil und distanzierten sich von jedem, der ihrer Meinung nach vom Boulevard und seinen Randerscheinungen infiziert war. Infolge des unvermeidlichen Mechanismus der Macht fielen sie mit der Zeit ihrer eigenen Unbeweglichkeit zum Opfer, aber im zweiten Jahrzehnt des 20. Jahrhunderts übten sie eine geradezu hygienische Funktion aus und rieten Dilettanten aller Art, sich von der Literatur fernzuhalten. Unter diesen Umständen hätte Cocteau durchaus zufrieden sein können, denn Ghéon konzedierte ihm immerhin Talent, beleuchtete allerdings zugleich unerbittlich die Defekte jedes von ihm entdeckten positiven Zugs:

> Monsieur Jean Cocteau scheint mir außerordentlich begabt. Um aber exakt unterscheiden zu können, welche seiner Gaben authentisch sind und welche er nur entliehen hat, müßte man eine eingehende Analyse durchführen ... Da er ein Metier wählen mußte, hat er das parnassische und neoklassische gewählt: Darin hat er es binnen kurzem zu großer Virtuosität gebracht. Er versteht es, in schnellem Wechsel und doch gleichsam stehenden Fußes lyrisch, episch, elegisch zu sein; er kennt die Bedeutung der Worte, kann abheben und verzahnen; er benutzt den Reim gewandt; manchmal erreicht er sogar eine schöne Reinheit; kein Stück in seinem Band, das nicht zumindest eine gelungene Strophe enthielte ... Aber all diesem und auch den schönsten Gedichten fehlt der innere Zusammenhalt. All das scheint durch Zufall und absichtsvolle Konstruktion zugleich erreicht; dieser Tollkopf ist seiner zu sicher; dieser Künstler verliert zu oft den Kopf: Sein Gleichgewicht hat er jedenfalls noch nicht gefunden.

Cocteau war damit nicht zufrieden, und es lag auch nicht in seiner Natur, irgendein Gleichgewicht zu finden. Ein scharfes Wort konnte ihn so tief verletzen, daß tausend zur gleichen Zeit ausgesprochene Komplimente nichts mehr nützten – er war empfindlich und fühlte sich, was schwerer wog, in seiner Dichterehre »verunglimpft«, gewissermaßen nackt den Augen eines unbarmherzigen Publikums preisgegeben. Wäre er nur empfindlich gewesen, hätte er seine Stimme ändern können, da er aber im Grunde nur mit geliehener Stimme sprach und man ihm diese Maske abgerissen hatte, mußte er entsprechend der daraus resultierenden, fatalen Dialektik einsehen: Es war ihm unmöglich, etwas grundlegend anderes hervorzubringen.

Cocteaus Leiden und seine Zuneigungen hatten dieselbe Wurzel, nämlich die Unfähigkeit, sich von anderen zu trennen. Sein Ich war umfassend und unwirklich zugleich. Er war allgegenwärtig, aber auch nirgends. Er war dazu verdammt, auf zwei Hochzeiten zu tanzen, doch dieser Fluch sollte sich später auch als Erlösung erweisen. Mehr als jeder andere war Cocteau in der Lage, den Dialog zwischen High Society und Avantgarde in Gang zu halten, und dieser Dialog trug künstlerische Früchte.

Wo hatte er Gide zum ersten Mal getroffen? Vielleicht im Salon der Madame Mühlfeld, vielleicht hatte er die Begegnung auch selbst herbeigeführt. Jacques-Emile Blanche erklärt, in Offranville hätte Cocteau einmal zufällig in Gides *Paludes* geblättert und sei von dem Buch überwältigt gewesen. Das mag stimmen, denn in seinem ersten Brief an Gide, datiert auf den 20. April 1912, entschuldigt Cocteau sich für seine Vergangenheit:

> Monsieur,
> Sie werden einen Brief lesen, den das Gefühl diktiert hat. Ich bin soeben aus Algier zurückgekehrt, einer ebenso häßlichen wie fesselnden Stadt, wohin ich alle ihre Werke mitgenommen hatte . . .
> Begeisterung ist, so scheint mir, eine der höchsten Formen von Eitelkeit. Je größer sie ist, desto mehr beweist sie, welchen Wert wir instinktiv unserem eigenen Urteil zubilligen. Daher mein Zögern. Denn noch ist es mir unmöglich, diese Eitelkeit einzugestehen, ohne die meine Begeisterung nur den Wert eines namenlosen Entzückens besäße.
> Irgendwie ist dies ein Brief, den man erst später lesen sollte, inspiriert von meiner doppelten Reise – auf Schiffen und in Büchern –, die ich soeben hinter mir habe. Eine frühreife und fieberhafte Kindheit, die Begegnung mit schlechten Ratgebern und überhaupt ein ungeheurer Umweg, begleitet von Hintergedanken, die einem atavistischen Impuls für den richtigen Weg entsprangen: All das treibt mich plötzlich vor Ihr verschlossenes, edles und *reines* Antlitz.

In den Augen Gides (wie Ghéon, warf auch er Cocteau vor, sich beeinflussen zu lassen, ohne die Einflüsse richtig zu verarbeiten) schwamm Cocteau hilflos herum im Meer der Literatur, schwankte zwischen beleidigter Selbstverteidigung und totaler

Selbstverleugnung. Briefe unterzeichnete er mit »Ihr Nathanaël« und beschwor so den Helden von Gides *Uns nährt die Erde,* ganz wie er Jahre später vor Picasso als Harlekin verkleidet erscheinen sollte. Zugleich aber verteidigte er seine Gedichte, deren Stil sich ihm förmlich aufgezwungen habe, so daß er keine andere Wahl gehabt hätte: »Obwohl dieser Tanz *[La Danse de Sophocle]* mich ziemlich weit entfernt hat vom Purpurpfad und ich versuchen werde, mich zu bekehren; obwohl er die Einflüsse meiner Jünglingszeit zeigt und mich zu Sprüngen zwingt, die ich verrenkend finde, repräsentiert er doch eine bestimmte Phase meiner Entwicklung, und ich hatte weder die Mittel noch das Recht, seiner Unordnung zu widerstehen.«

Gide genoß seine Reformatorrolle offensichtlich und spielte – manchmal etwas mutwillig – mit Cocteau, den er nicht so sehr als »geborenen Verlorenen Sohn«, sondern vielmehr als geborenes Opfer betrachtete. Cocteaus Verehrung für Madame de Noailles war ihm ein Dorn im Auge. In gewisser Weise diente Gide Cocteau als literarisches Gewissen, während Anna de Noailles seine Manierismen, seinen Hang zum Luxus, seine Tendenz zum Spiel verkörperte. »Vereinfachen Sie Ihre Handschrift«, empfahl Gide und spielte damit auf die verschnörkelten Schriftzüge der Gräfin an, die Cocteau angestrengt zu imitieren versuchte. Auf diese indirekte und für ihn typische Weise deutete er an, Cocteau solle sich endgültig von Anna de Noailles lossagen. Gide, der ständig mit seinen eigenen Dämonen zu kämpfen hatte, mag recht gehabt haben – seine Motive allerdings dürften höchst selbstsüchtig gewesen sein.

Seine Bemerkung traf jedenfalls ins Schwarze. »›Vereinfachen Sie Ihre Handschrift!‹ Dieser Rat«, gab Cocteau Jahre später zu, »war mir weit nützlicher als ein gut Teil literarischer Kritik. Anschließend wurde meine Handschrift ziemlich unleserlich, aber echt.«

Da er Liebe von beiden Seiten brauchte, war er zur Existenz in einem gleichsam schattenhaften Zwischenreich verurteilt, war gezwungen, sein Leben lang mit *sic et non* zu antworten – ein infernalisches Pensum. Fünfzig Jahre später, nur ein Jahr vor seinem Tod, verfaßte er ein Buch zu Ehren der Gräfin, *La Comtesse de Noailles. Oui et Non* (»Die Gräfin de Noailles. Ja und Nein«). Sie und Gide waren inzwischen zu Staub zerfallen, aber Cocteau, der ewig junge, der immer noch von ihren Geistern besessen war, fühlte sich auch weiterhin zur Selbstverteidigung verpflichtet, sein Leben lang zerrissen zwischen seinen gegensätzlichen Neigungen.

Voller Sehnsucht nach den keuschen Seiten der *NRF* (Lieber Gide, Fürst oder Herzog der Wirrnis, HELFEN SIE! ICH ZÄHLE AUF SIE UND AUF GHÉON«), buhlte er gleichzeitig um das etwas weniger keusche Herz des Grafen Robert de Montesquiou. Nach seiner Rückkehr aus Algier, jener »ebenso häßlichen wie fesselnden Stadt«, wo er ja vermutlich alle bisher erschienenen Werke Gides gelesen hatte, schrieb er auch (allerdings einige Monate später) an Montesquiou: »Ich bin soeben zurückgekommen aus Algier, jener furchterregenden, aber fesselnden Stadt, wo ein schlaffer Geruch nach Marseille-Absinth und arabischen Kamelen in den Straßen schwebt«, und drechselte anschließend einige preziöse Komplimente über *Brelan des Dames* (»Spielhölle der Damen«), das neueste Prosaprodukt des Grafen, um ihm zum Schluß »mit ehrfurchtsvollem und treuem Herzen für das Öffnen dieses schweren, widerstrebenden Portals der Begeisterung« zu danken. Für Gide, der ihn zu geckenhaft, zu dandyfiziert fand, hatte er den »verderbenbringenden Ratgebern« abgeschworen und hofierte nun Prousts Baron de Charlus, der ihn eher zu bürgerlich fand. Mit Montesquiou lernte Cocteau jemanden kennen, der im Zentrum von Prousts Welt stand und der nicht weniger verhängnisvoll-charismatisch war als Anna de Noailles.

Heilige und Mänaden

Robert de Montesquiou-Fezensac schaffte es sein Leben lang, sich unermüdlich mit der Person zu beschäftigen, die seiner Ansicht nach als einzige auf Erden über jeden Tadel erhaben war: mit Robert de Montesquiou-Fezensac. Er konnte nicht nur über ein Riesenvermögen verfügen, das es ihm ermöglichte, sich auf geeignete Weise in Szene zu setzen, sondern war überdies mit einem ausgeprägten narzißtischen Talent begabt. Schon als Knabe beklagte er sich über die in seinen Augen zu vertrauliche Art seiner Klassenkameraden: »Ich halte nichts davon, daß man mich duzt!« Im Kindesalter bereits begriff er die einem »du« innewohnende Gefahr, die plumpe Aufdringlichkeit, die ganze Tragweite vulgärer Kommunikation, die von dieser einen Silbe ausging und seine erhabene Isolation bedrohte.

»Der Dandyismus«, meint Charles Baudelaire, »manifestiert sich vor allem in Übergangsepochen, in denen die Demokratie noch nicht allmächtig und die Aristokratie erst teilweise wankend und erniedrigt ist ... Er stellt in Zeiten des Verfalls den letzten heroischen Glanz dar.« Montesquiou drückt dasselbe aus, wenn er in wenigen lapidaren Sätzen über seine Vorfahren (zu denen auch d'Artagnan zählt, der Musketier Ludwigs XIV., den Dumas unsterblich machte) urteilt: »Unsere Ahnen haben die Substanz des Hauses aufgezehrt, und mein Vater erbte nur noch den Sinn für *grandeur.* Für meinen Bruder blieb also nichts mehr übrig, und deshalb besaß er Anstand genug, schon in jungen Jahren das Zeitliche zu segnen. Was mich betrifft, so werde ich das ruhmvolle Verdienst genießen, dem Herzogshut der Fezensac die Lorbeerkrone des Dichters hinzugefügt zu haben.«

Im Grunde litt er darunter, für das Leben vollkommen ungeeignet zu sein, und erkor aus diesem Grund Balzacs Kapitel über den schwedischen Theosophen Swedenborg zu seinem Credo. Obwohl er seiner äußeren Erscheinung unendlich viel Aufmerksamkeit schenkte und höchsten Wert beimaß, wurde Montesquiou in gewissem Sinn nur durch seinen Glauben an ein spirituelles Jenseits aufrechterhalten, wo körperlose Schatten in gereimten Couplets miteinander kommunizieren. Sobald er auf Erden eine Frau entdeckte, die seinen hermaphroditischen Sehnsüchten zu entsprechen schien, hielt die Betreffende seine Komplimente fälschlicherweise für Beweise von Leidenschaft oder wurde deren allzu deutlicher Substanzlosigkeit bald müde. Eine Zeitlang rezitierten er und Sarah Bernhardt – auf der Fotografie von Nadar wirken die beiden wie Zwillinge – unisono poetische Werke und ergötzten sich an ihrer geradezu gespenstischen Ähnlichkeit. Leider hatte die Bernhardt jedoch auch ganz irdische Anwandlungen von Lust. Eines Abends beschloß sie, ein kurzes Drama, das man gerade gemeinsam improvisierte, auf ihrer Ottomane zu beenden, erreichte aber nur, daß Montesquiou an den Rand eines Nervenzusammenbruchs geriet, nach Haus eilen mußte und die ganze Nacht und einen Teil des folgenden Tages lang gezwungen war, sich zu übergeben.

Robert de Montesquiou handelte jede Minute seines Lebens nach den Maximen seiner Vernunft, denn er war durch und durch ein Mann der *raison.* Da er unter den Menschen niemanden fand, der seinem Ideal maßvoller Erhabenheit entsprochen hätte, suchte er sein Leben lang Zuflucht und Trost bei *Dingen.*

Le pur, das Reine, Unverfälschte, faszinierte ihn ebenso wie Mallarmé oder Whistler, aber leider fehlte ihm deren schöpferische Potenz; seine Poesie, in der es nur so wimmelte von seltenen Blumen und kostbaren Edelsteinen, zeugt lediglich für seinen extrem verfeinerten Geschmack. »Ich bin der König des Vergänglichen«, verkündete er.

Montesquious Gedichte und Prosawerke füllen zwanzig Bände, und wie man sich vorstellen kann, interessierte er sich ebensosehr für die Ausstattung und Präsentation seines Buches wie für das Werk selbst. Sein erster Gedichtband, *Les Chauves-Souris* (»Die Fledermäuse«), kam in einer ganz kleinen Auflage heraus, und nur den wenigen Leuten verehrte er ein Exemplar, deren Schönheit oder Genie sie eines solchen Geschenks würdig scheinen ließ. Das Werk erschien in einer mit Silberlamé bezogenen und mit Fledermäusen bestickten Kassette, wurde von einem Einband aus schwerer Seide geschützt und enthielt Originalzeichnungen von Whistler und Forain. Gleich einem Schauspieler, der nur für ein paar Bekannte spielen will, umgab sich Montesquiou, der immer fürchtete, seinen kostbarsten Besitz – sein Gesicht – zu verlieren, nur mit den Happy Few, auf die er sich verlassen konnte und die ihm keinerlei Tort antun würden. Seine Worte hüllte er auf preziöse Weise ein, damit man ihnen auf keinen Fall irgendeine noch so versteckte vulgäre Bedeutung unterlegen konnte. Er produzierte nicht Bücher, sondern erlesene Kunstobjekte, und staffierte eine Leere aus, die er, hellsichtig genug, in sich selbst wiederentdeckte.

Seine Redeweise, seine manierierten Angewohnheiten und sein Kleidungsstil lebten jedoch weiter in den jungen Ästheten, die ihn – wie einst auch Marcel Proust – als Vorbild betrachteten. Proust erfand jetzt alle möglichen Vorwände, um Montesquious wiederholte Einladungen absagen zu können, aber Maurice Rostand und Jean Cocteau hofierten ihn auch noch, als seine Glanzzeit vorbei war. »Cocteau imitierte einfach jeden«, schrieb Elisabeth de Gramont, die ihn 1911 kennengelernt hatte, »selbst Leute, die er gar nicht kannte, und auch Verstorbene. Zu jener Zeit hingen die Intonationen Montesquious noch in der Luft, und Cocteau glich sich ihnen an gleich einer Hertzschen Welle. Wie ein System von Telegraphenleitungen verbreitete er die verschiedensten Pariser Trends.«

Cocteau belagerte das schier uneinnehmbare Herz des Grafen de Montesquiou geradezu. Im Jahre 1909 sandte er ihm ein Exemplar von *La Lampe d'Aladin* mit der folgenden Widmung: »Für den Grafen Robert de Montesquiou-Fezensac, in bewundernder Erinnerung an einen Mann, der nicht mit der Nase, sondern mit dem Herzen forscht.« Im gleichen Sommer dedizierte er ihm noch ein Kondolenzpoem zum Tode von Montesquious geliebtem Sekretär und Majordomus Gabriel d'Yturri, begleitet von folgendem Schreiben:

> Monsieur,
> es käme mich hart an, Sie nicht von meiner frischen, ehrerbietigen Begeisterung zu unterrichten. Die Freude, die mich nun, da ich Ihr Buch erhalten habe, zum Schreiben zwingt (gewöhnlich fällt es mir sehr schwer, mich für Geschenke bedanken zu müssen, selbst wenn sie von Menschen kommen, die meinem Herzen nahestehen), ist meine andere Entschuldigung dafür, daß ich Sie belästige. Die »Taubheit« der Jugend und meine alberne Ungeduld waren schuld, daß ich Sie einst falsch beurteilt habe: *Ihr* Auge jedoch weiß zu unterscheiden, auszusieben und augenblicklich die richtige Wahl zu treffen. Ich hoffe, daß ich eines Tages die Brücke entdekken werde, die es mir erlaubt, die Entfernung zwischen uns zu überschreiten, denn wenn ich mich bewege und wie das Ufer des Flusses umgeformt und neu gebildet werde, so kann der Fluß mich doch wenigstens nicht länger forttragen.

Cocteau behauptete später, er habe den Grafen nur deshalb nicht für sich zu gewinnen vermocht, weil gewisse Rivalen gegen ihn gearbeitet hätten. Montesquiou amüsierten diese lächerlichen Jünglinge, die einander diffamierten, um so seine Gunst zu gewinnen, außerordentlich, und so blieb er Cocteaus wiederholten Vorstößen gegenüber vollkommen unzugänglich. »Ich habe solche Hochachtung, solche Bewunderung für Ihre Werke und Sie selbst«, schrieb Cocteau, »daß ich einfach sprechen muß . . . Obwohl die Ehre Ihrer Zuneigung mir noch nicht vergönnt war, hege ich die tief gefühlte Freude, Ihnen die meine insgeheim und stetig angeboten zu haben.« Anschließend tadelt er böse Zungen – nennt jedoch keine Namen –, »die so schnell sind wie die Phidippiden, leider ohne tot umzufallen, nachdem sie ihre Neuigkeit verkündet haben«.

Jeder neue Brief konnte Montesquiou höchstens von Cocteaus maßlosem Masochismus überzeugen, und er gehörte beileibe nicht zu denen, die einem Masochisten die ersehnten Schmerzen versagen. Jedes Mal, wenn die beiden sich begegneten, sei es im Foyer eines Theaters oder im Salon von Madame Daudet, tat er so, als verwechsle er Cocteau mit der russischen Primaballerina Anna Pawlowa und verkündete laut: »Aber ja, ich kenne diese Frau sehr gut!« Cocteau ließ sich nicht entmutigen und nahm seinen Kampf um Montesquious Zuwendung immer wieder auf, aber vergeblich. Dabei unterlief ihm ein Fauxpas nach dem anderen, und jeder erforderte eine neue briefliche Entschuldigung Cocteaus:

> Lieber Graf!
> Ich schulde Ihnen einige ernstliche Entschuldigungen ... Gestern abend litt ich unter dem Fieber ... Entflammt durch die damit verbundene Ekstase, warf ich die Laken des Krankenbettes von mir, um dieses Schauspiel der Zuneigung, der Begeisterung genießen zu können. Das leere Theater glich einem Kirchenschiff, die Bühne einem großen Busen, von dem aus ein Schrei der Liebe gen Himmel dringt. In diesem Augenblick sich steigernder Schönheit taten Sie mir plötzlich Ihre Gegenwart kund und warfen mir vor, meine unwürdige Person ins Theater gebracht zu haben. Dadurch wurde »mein Herz so schwer«, daß mein Schmerz nur geheuchelt schien. Ich hätte Ihnen entgegenhalten können, daß man es einem Gläubigen nicht verwehren darf, sich zur heiligen Stätte zu begeben. Da sich aber mein Schmerz meiner Zunge mitteilte, vergaß ich alles und wählte alberne und ohnmächtige Worte. Demütigst erflehe ich Ihre Verzeihung.

Der Vorfall, auf den hier angespielt wird, muß 1911 im Théâtre du Châtelet stattgefunden haben, als das Russische Ballett gerade *Das Martyrium des Heiligen Sebastian* von Gabriele d'Annunzio probte. In diesem Fall wäre Cocteau geradewegs in das private Seelendrama des Grafen hineingestolpert. Montesquiou und d'Annunzio inszenierten gemeinsam ein byzantinisches

Spektakulum, in dem der heilige Sebastian den zweideutigen Reiz Beardsleyscher Jünglinge besitzt und Diokletian, der Kaiser, der den Heiligen liebt und ins Martyrium stürzt, den ganzen plumpen Sadismus eines Heiden entfaltet, der über seine Leibeigenen gebietet. Als Darstellerin des heiligen Sebastian hatte Montesquiou Ida Rubinstein erkoren, eine schöne russische Jüdin, die erst seit kurzer Zeit zum Russischen Ballett gehörte. Hier stand der Ephebe aus Montesquious Träumen, die letzte Inkarnation seiner Seraphita, nackt unter der Rüstung des Heiligen. Da der Graf außer der Rubinstein auch d'Annunzio, außer Ganymed auch Zeus liebte, empfand er eine bittertragische Wollust, ihre Liaison nicht nur auf der Bühne, sondern auch im Leben zu fördern. Cocteau war in eine Versammlung von Archetypen geraten, in der seine Anwesenheit unverzeihlich und überflüssig war.

Einige »Markenzeichen« Montesquious sollte Cocteau übernehmen – seine rosa Ärmelaufschläge aus Satin beispielsweise oder den Stock mit dem Elfenbeingriff, den er jahrelang trug. Aber der Einfluß war größer, ging tiefer, als man auf den ersten Blick vermuten möchte. Montesquiou, der nur seine eigenen Maßstäbe kannte und seine Person zu einem Kunstwerk umstilisieren wollte, stand ganz vorn in der Reihe jener »Mächte des Artifiziellen«, die Cocteau um so mehr bewunderte, als er selbst deren Glanz niemals erreichen konnte. Auch wenn der leicht verletzliche Cocteau sich bemühte, sein Publikum zu amüsieren, wußte er genau, was es bedeutete, von den unerhört schweren Anforderungen eines schlechten Rufs zu sprechen. Seine Skandale gerieten nie so skandalös, wie er es beabsichtigt hatte, seine Ausbrüche offenbarten höchstens die dahinter verborgene kindliche Unschuld. Er war ein ausgelassenes Kind, das sich gern als Demiurgen sehen wollte, ein *voyou,* ein Tunichtgut, der Luzifer nachahmt.

Wahrscheinlich hat Cocteau den Grafen de Montesquiou bei den Daudets in der Rue de Bellechasse kennengelernt. Madame Daudet, die Witwe von Alphonse, unternahm alles Menschenmögliche, um Montesquiou zum regelmäßigen Besuch ihres Salons zu bekehren, denn sie hielt einen einzigen wirklichen Aristokraten für wertvoller als die ganze Schar der Literaten, die sie von ihrem berühmten Gatten geerbt hatte. Und tatsächlich, er kam, verbreitete Bonmots und ein gereimtes Porträt, in dem sie als die käufliche, egoistische Bourgeoise dargestellt wurde, die sie nun mal war.

Um das Jahr 1910 ging Cocteau in der Rue de Bellechasse bereits ein und aus. Er und der elf Jahre ältere Lucien, Madame Daudets jüngerer Sohn, waren fast Feunde. »Ich verdanke Lucien Daudet viele Schätze«, schrieb Cocteau. »Außer dem seiner Freundschaft und dem, in seiner Familie eine zweite eigene Familie gefunden zu haben, hat er mich auch mit der Kaiserin Eugénie, Jules Lemaitre und Marcel Proust bekanntgemacht.«

1897 waren Alphonse Daudet und Edmond de Goncourt gestorben, ungefähr vier Jahre nach Jean Charcot, und auch Zola sollte die Jahrhundertwende keine zwei Jahre überleben. Der Salon der Daudets jedoch blieb intakt, seine schweren Vorhänge und gewaltigen Möbel boten dem Lauf der Zeit Trotz, versteckte Kupferschalen erfüllten den Raum mit Lavendeldüften, so daß die Luft immer noch so roch wie in vergangenen Dekaden. Aber im Grunde war doch alles anders geworden. Der ältere Sohn Léon, angesichts dessen chauvinistischem Faschismus der alte Daudet sich im Grabe umgedreht hätte, machte die Stadt unsicher. Lucien war von Madame gründlich verzogen worden, die aber alles auf den schlechten Einfluß der exquisiten Jünglinge schob, mit denen er seine Freizeit verbrachte. Die bärtigen Naturalisten von ehedem waren verschwunden und hatten jungen Männern Platz gemacht, die sich mit ziemlich weibischen Dingen beschäftigten.

Lucien war dazu verurteilt, sein Leben als Schoßhund zu verbringen. Niedergedrückt von der Hypothek eines berühmten Namens, in den Hintergrund gedrängt von einem Bruder, dessen Vokabular und Erfahrungen in allen Taktiken des Straßenkampfes ihn zum meistgefürchteten Journalisten seiner Zeit machten, versuchte er es mit der Malerei. Sein hauptsächliches

Verdienst blieb jedoch, Whistlers einziger französischer Schüler gewesen zu sein. Laut Jules Renard war er »ein hübscher Junge, gelockt und gecremt, geschminkt und gepudert – und geschlagen mit einer dünnen Fistelstimme«. Er verstrickte sich abwechselnd in selbsterniedrigende Liebesaffären und Illusionen von der eigenen Größe, ging auf die Suche nach jungen Arbeitern, verbrachte aber nichtsdestoweniger zwei Saisons im Jahr in Cap Martin oder Farnborough Hill, wo die inzwischen achtzigjährige Exkaiserin Eugénie, ein halbes Jahrhundert, nachdem Napoleon III. sein Kaiserreich in Sedan verloren hatte, immer noch Hof hielt.

Lucien und die Kaiserin erfüllten sich gegenseitig ihre Träume; er hing an ihren Lippen und verschaffte ihr so die souveräne Stellung wieder, während sie sich minuziös erinnerte, jedes Detail der Hofetikette von einst im Auge behielt, und ihm so das Gefühl der Zugehörigkeit zu einer Scheingesellschaft vermittelte, in der ein ganzes Leben gerechtfertigt ist, wenn man einer Kaiserin zuhört. Jeden Tag schrieb Lucien nach Haus und hielt seine Mutter über die gespenstische Routine auf dem laufenden, aus der das tägliche Leben in Cyrnos, der Villa der Kaiserin, bestand. Gelegentlich erlaubte er seinen Freunden, diese geheiligte Schwelle zu überschreiten und seine ureigenen Jagdgründe zu besuchen (aber nur, wenn sie dieses unerhörte Privileg ermessen konnten).

Im Frühling des Jahres 1911 bezogen Jean Cocteau und seine Mutter einige Räume im Hotel von Cap Martin. Lucien notierte: »Selbstverständlich wird er Ihrer Majestät vorgestellt, aber erst in Teba, denn während der Karwoche empfängt Sie nur solche Personen in Cyrnos, die bereits vorgestellt wurden. Das erklärte ich ihm, und in diesem Augenblick hörten wir die Kaiserin mit Solange zurückkommen, um Stoffe für Teba auszusuchen! Jean hat sie von meinem Fenster aus beobachtet, ihr Anblick hat ihn eingeschüchtert, und er hat sich unbemerkt davonmachen können.« Aber am folgenden Tag lernte Cocteau sie doch kennen und beschreibt den denkwürdigen Augenblick folgendermaßen:

Allmählich verlor ich die Geduld und begann, die Erscheinung zu fürchten, die eigentlich nicht länger auf sich warten lassen konnte (die Kaiserin ging spazieren, und wir liefen, um irgendwo auf sie zu treffen) ... Dann fand die Begegnung statt, schnell, unerwartet, klein und schwarz wie ein Unfall. Und wie bei einem Unfall konnte ich das Hindernis im Zeitlupentempo herankommen sehen. Es gelang mir, mich zusammenzunehmen, meine Unruhe zu meistern, nicht den Kopf zu verlieren.

... Lucien stellt mich vor. »Ich kann keine Dichter mehr krönen«, sagt sie, »nehmen Sie, ich gebe Ihnen das«, und mit schneller Bewegung reißt sie ein Büschel weißen Seidelbast ab, gibt es mir, sieht zu, wie ich es in meinem Knopfloch befestige, und setzt ihre Promenade fort. »Kommen Sie!« Ich gehe an ihrer Seite ... Sie bleibt stehen und lacht einige Male plötzlich und unmotiviert. Diese Stimme, dieses Lachen, das sich bricht und sie irgendwie in den Hintergrund schiebt, wo habe ich doch beides schon einmal gehört? Es ist eine Erinnerung an die Stierkampfarenen – das Lachen und Gicksen der jungen Eugénie de Montijo, ein Lachen und Gicksen, das den schüchternen Napoleon III. erschreckt und fasziniert haben muß, das Lachen und Gicksen aller jungen Spanierinnen, die mit ihren Bocksfüßchen stampfen und mit den Fächern wedeln, um einem tötenden Matador zu applaudieren.

»Lucien Daudet, Mauriac und ich«, schrieb Cocteau, »bildeten einen kleinen Kreis und trennten uns fast nie. Vor allem amüsierten uns die Seancen der dichtenden Damen von Welt.« Oft verbrachten sie die Wochenenden in Offranville, wohin Jacques Blanche sie einlud. Die drei waren ganz ähnliche bunte Vögel, betont elegant gekleidet, mit Schnurrbärten unter der Nase, die bei allen ziemlich groß, wenn auch ganz individuell geformt war.

François Mauriacs Ausflug in diese etwas anrüchige Gesellschaft sollte von weit kürzerer Dauer sein als dessen unangenehme Folgen: Fünfzig Jahre später wurde er das Opfer seiner kleinen Jugendsünde, denn da hielt ein Journalist von zweifelhaftem Ruf es für angebracht, einen Brief zu veröffentlichen, in dem der Gestrenge einst Cocteau zugerufen hatte: »Ich küsse Deine rauhen Lippen!« Seine Liaison war wohl nur das Resultat einer momentanen Glaubensverwirrung, denn Mauriacs eigentlicher Umgang waren Freunde aus Bordeaux, die als gemeinsames Idol den katholischen Schriftsteller Francis Jammes anbeteten.

Cocteau und Daudet machten die Stadt aber noch mit anderen Genossen unsicher, vor allem Reynaldo Hahn, ein Komponist, der ebenso alt war wie Lucien, war oft der Dritte im Bunde. Er, Cocteau und Daudet waren im Grunde keine kongenialen Geister, hatten jedoch etwas anderes gemeinsam: den Fixstern, um den sie unermüdlich kreisten, einen Fixstern, der damals noch nicht endgültig die himmlische Sphäre erreicht hatte, der sich noch gelegentlich auf Erden materialisierte und nur den Happy Few bekannt war – Marcel Proust.

Prousts Freundschaft mit Hahn begann in der Mitte der neunziger Jahre. Hahn, ein venezolanischer Jude, besaß eine hübsche Tenorstimme und sang oft bei den Daudets, aber Proust hatte ihn auf einer musikalischen Soiree von Madeleine Lemaire kennengelernt. Sie wurden schnell Freunde, verbrachten ganze Nachmittage im Louvre, diskutierten über Sainte-Beuve und erzählten sich gegenseitig Anekdoten über die Crème de la Crème. Hahn gehörte zu jenen Kunstdilettanten, die Proust liebte: Introvertiert, aber von der Gesellschaft akzeptiert, beobachtete er aufmerksam hinter einer Maske der Höflichkeit seine Umgebung und war immer freundlich, da er seine eigenen Grenzen kannte. Auch als Hahn durch Lucien Daudet aus dem Herzen Marcel Prousts verdrängt wurde, blieb er ein treuer Freund. Prousts Beziehungen zu Daudet waren anderer Natur. Lucien besaß keine eigene Identität und konnte sich deshalb chamäleongleich anpassen. Er versuchte nicht nur, Prousts Redeweise nachzuahmen, sondern machte sich auch dessen Sinn für das Absurde zu eigen. »Da sie beide merkten, wie absurd die Leute sich benahmen, gerieten sie immer wieder in qualvolle Situationen: Wenn sie zusammen ausgingen, brachen sie unweigerlich früher oder später in unbändiges und hysterisches Gelächter aus.« Dieses Lachen beschrieb Proust als ein »blindes, agoniehaftes und unwiderstehliches Gelächter von Verrückten«.

Cocteau konnte sich nicht erinnern, wann er Proust zum ersten Mal begegnet war, er wußte aber, daß seine »Clique« Prousts Ruf als Schmetterling der oberen Zehntausend wohl kannte, ihn jedoch trotzdem immer als einen großen Mann behandelte. Cocteau hatte Marcel durch Lucien Daudet kennengelernt und zeigte sich in der Folge als ungewöhnlich eifersüchtiger Anhänger – er wollte seine eigene Position in der Nähe Prousts unbedingt behaupten und bemühte sich deshalb, die Zahl der bewundernden Jünger möglichst klein zu halten. So wollte er Proust beispielsweise auf keinen Fall mit Rostand teilen.

»Unter Cocteaus Briefen«, schrieb Rostand, »die er überall verstreute, da wir die Unordnung für ein Attribut der Dichtkunst hielten, entdeckte ich durch Zufall in einem Schreiben von Marcel Proust meinen Namen. Er erwähnte, daß er mich und meinen Bruder eines Abends in der Oper gesehen hätte und meine Bekanntschaft zu machen wünschte ... Da Cocteau mich nie vorgestellt hatte, beschloß ich sofort, Proust kennenzulernen.«

Auch bei Cocteau befolgte Proust sein spezielles Ritual der Freundschaft, aber bei ihm hatten alle gesellschaftlichen Beziehungen rituellen Charakter. Sie bestanden aus ironischen Bemerkungen, labyrinthisch formulierten Entschuldigungen, nächtlichen Happenings, Soupers im Ritz, Sahneschokolade bei Larue, *Swann*-Lesungen im korkausgeschlagenen Schlafzimmer, Spazierfahrten in einer Droschke, bei denen man die unbegreiflich verschlungenen, seltsam hermetischen Wege eines Betrunkenen nachzuvollziehen schien. Proust ging äußerst selten bei Tageslicht aus, und wenn doch, so hatte er immer einen ganz speziellen Grund: ein Gebäude, ein Bild, eine Wiese, an die er sich vage erinnerte. Einmal begleitete Cocteau ihn zu einem

Besuch bei Madame Ayen, die eine große Moreau-Sammlung besaß, und danach gingen die beiden kurz in den Louvre, um einen Blick auf den »Heiligen Sebastian« von Mantegna zu werfen. Wenn Proust in seiner Wohnung empfing, benahm er sich auf freundliche Weise schizophren. Er hatte immer noch Angst, seine eigenen Manuskripte vor den Freunden zu testen, und wenn ihm dann bewußt wurde, daß seine Stimme ertönte, beschuldigte er sich heftig, die Gäste unerträglich gelangweilt zu haben. »Und wenn wir ihn endlich soweit hatten, daß er weiterlas«, schrieb Cocteau, »griff er mit ausgestrecktem Arm nach dem Teufelsmanuskript, fischte wahllos eine Seite heraus, und wir platzten mitten in ein Kapitel über die Guermantes oder die Verdurins hinein . . . Er stöhnte, kicherte, erflehte Nachsicht für sein mangelndes Lesetalent.«

Oft spielte Cocteau ein Lieblingsspiel Prousts (das Mallarmé in *Loisirs de la Poste* – »Freizeitgestaltung der Post« – erfunden hatte) und versah seine Briefe mit gereimten Adressen:

Facteur, porte ces mots, te débarrassant d'eux,
Au boulevard Haussmann chez Marcel Proust, 102!
Briefträger, trag die Worte, die du findest anbei,
Zu Marcel Proust, Boulevard Haussmann 102!

Oder:

102, boulevard Haussmann, oust!
Courez, facteur, chez Marcel Proust.
Boulevard Haussmann 102, oust!
Lauf, Briefträger, zu Marcel Proust.

Häufig kündigten diese Briefe lediglich seine unmittelbar bevorstehende Ankunft an. Stundenlang pflegte er dann bei Proust zuzubringen, dessen Korkzimmer um das Jahr 1910 zu einem veritablen Warenlager der *Suche nach der verlorenen Zeit* geworden war; jeder freie Platz war bedeckt mit Entwürfen einzelner Episoden. Besucher wurden zwischen irgendwelche närrischen Fetische und Symbole placiert, die ein geheimes Universum widerspiegelten – Fotografien von Herzoginnen und Lakaien, eine Ausgabe von *Gladys Harvey*, gebunden in den Unterrockstoff einer Hofdame. Cocteau verglich Prousts Zimmer mit der *Nautilus* des Kapitäns Nemo; ebenfalls untergetaucht und ebenso ausgerüstet mit Präzisionsinstrumenten, die ein genaues Bild der Oberwelt vermitteln.

Sah Cocteau seinen eigenen Raum in der Rue d'Anjou ähnlich? In Wirklichkeit glich dieser allerdings mehr einer künstlichen Inszenierung, einer Parodie auf die Behausung Prousts. Je hermetischer Proust sich abriegelte, desto glänzender offenbarte sich sein imaginäres Universum; das Durcheinander in der Rue d'Anjou dagegen reflektierte lediglich sich selbst. Später schrieb Cocteau: »Dieser Raum tötet mich« – entsprach er doch en miniature seinem persönlichen Drama.

Da Proust wußte, daß Laure de Chevigné, die er vor zwanzig Jahren unerwidert geliebt hatte, ebenfalls in der Rue d'Anjou Nr. 10 wohnte, stattete auch er Cocteau einige Besuche ab. Fast nie erschien er zu der vorher angekündigten Zeit, und so entschloß sich Cocteau an einem Abend, der Gräfin Gesellschaft zu leisten, und hinterließ in seiner Wohnung die Nachricht, Proust möge sich zu ihnen gesellen. Gegen Mitternacht kehrte er in seine Wohnung zurück und entdeckte den donquijotischen Freund auf einer Bank im Flur. »Marcel«, rief er aus, »warum sind Sie nicht wenigstens reingegangen, um auf mich zu warten? Sie wissen doch, daß ich die Tür nie abschließe!« Proust bedeckte den Mund halb mit der Hand und murmelte: »Lieber Jean, Napoleon hat einen Mann umgebracht, der in seiner Wohnung wartete. Natürlich hätte ich höchstens im Larousse gelesen, aber es hätten doch auch Briefe herumliegen können . . .«

Eine ganz spezielle Niederlage erlebten Proust, Lucien Daudet und Cocteau gemeinsam. Sie hieß Robert de Montesquiou. Jeder hatte den Grafen in aufeinanderfolgenden Dekaden hofiert, keinem war es gelungen, seine Begeisterung zu wecken. Proust hatte es beinahe geschafft, aber leider teilte er mit den beiden anderen Bewerbern einen angeborenen Defekt, den Montesquiou zwar zeitweise übersehen, nie jedoch ganz vergeben konnte: Vor dem Familiennamen fehlte die entscheidende Silbe »de«. Alle drei waren außerdem sensibel, benahmen sich zurückhaltend-kompliziert und befleißigten sich zudem noch einer Grazie, die ihrem Geschlecht nicht unbedingt eigen war – Montesquiou aber liebte nun einmal kraftvolle Männer. »Er ist der Typ des männlichen Päderasten«, schrieb Proust über Charlus alias Montesquiou, »verliebt in die Männlichkeit, verabscheut er effeminierte Männer, verabscheut er junge Männer überhaupt wie jeder Mann, der durch Frauen gelitten hat und dadurch zum Frauenhasser wird.« Proust, Daudet und Cocteau machten allerdings aus der Not eine Tugend und taten sich gerade wegen ihres gemeinsamen Stigmas zusammen. Da der Graf sie abwies, rächten sie sich, indem sie sozial Höherstehende aus der Ferne beobachteten, und zwar durch karikierende, aber ungemein scharfe Linsen. Ein Adelspartikel fehlte ihnen zwar, doch dafür besaßen sie beißenden Humor im Überfluß.

Auch *en famille* fehlte es nicht an ironisch-perfidem Schlagabtausch. Da war zum Beispiel die Geschichte mit dem Pelz. Als Cocteau Marcel eines Winterabends besuchte, klagte er, keinen gefütterten Mantel zu besitzen. Durch nichts wurde Prousts Mitgefühl so rasch erweckt wie durch die bloße Erwähnung des Wortes Kälte, und so wollte er ihm einen Smaragd schenken, mit dessen Erlös Cocteau sich einen Pelz kaufen sollte. Dieser lehnte das Angebot ab, aber Proust duldete keinen Widerspruch, und am nächsten Tag erschien ein Schneider in der Rue d'Anjou Nr. 10, das Maßband in der Hand, wurde aber wieder weggeschickt. Da war Proust beleidigt.

Ein anderes Mal, bei Larue, wo Cocteau und Proust oft mit den Mitgliedern des Russischen Balletts einen mitternächtlichen Imbiß einnahmen, war es Proust, der über Kälte klagte. Sofort holte Cocteau seinen Pelz aus der Garderobe, sprang auf den Sims hinter der Plüschbank, auf der die Gäste saßen, und legte Proust den Mantel über die Schultern. Zum Dank dafür erhielt er am nächsten Tag ein Poem, in dem sich Herz auf Nerz und Nijinsky auf Ski reimten.

Wie andere originelle Vorfälle, die Cocteau in späteren Jahren inszenieren sollte, war auch dieser nicht original – Bertrand de Fénelon, Prousts geliebter Busenfreund, hatte vor einigen Jahren denselben Sprung getan, zweifellos mit einem ähnlich fashionablen Kleidungsstück. In ihrer dritten Inszenierung gewann die Szene definitive Form: in *Auf der Suche nach der verlorenen Zeit,* wo Robert de Saint-Loup der beflissene Akrobat ist. »Das, lieber Jean, sind Sie bei Larue«, schrieb Proust in ein Exemplar, das er Cocteau schenkte.

Im September 1913 sandte Proust die korrigierten Fahnen von *In Swanns Welt* an Lucien Daudet und Cocteau. Bisher kannten sie beide nur kurze Passagen, die Marcel selbst vorgetragen hatte. Nun lasen sie das Werk ganz und begriffen plötzlich, weshalb sie Proust immer als »einen berühmten Mann« behandelt hatten; ihre begeisterten Komplimente beantwortete er mit der Bitte, sein Buch zu rezensieren. Daudets Artikel erschien in *Le Figaro,* Cocteaus im *Excelsior.* »Swann ist eine gigantische Miniatur voller Luftspiegelungen, Schichtungen von Gärten, Spielen über Raum und Zeit, dicken, kühlen Pinselstrichen im Stile Manets«, bemerkte Cocteau, dessen eigener Stil – als er vollendet war – die elliptische Umkehrung der Schreibweise Prousts darstellte.

Aber ohne Zweifel sah Proust in Cocteau schon 1912 mehr als einen bloßen Boulevard-Poeten; er protestierte gegen Ghéons scharfe Rezension von *La Danse de Sophocle.* Proust stand dem Jüngeren jedoch zu nahe und war gleichzeitig unendlich weit von ihm entfernt, um ihm adäquate Ratschläge erteilen zu können.

Cocteaus Abwendung von den gefallsüchtigen Posen seiner Jugend wurde nicht durch einen kreativen Geist, sondern durch einen großen Manager eingeleitet, durch Serge Diaghilew, dessen geistige Existenz von neuen Talenten abhing und der am glücklichsten war, wenn er die künstlerischen Konventionen seiner Epoche bekämpfen konnte.

Wer im Jahr 1909 den Vorschlag gewagt hätte, in der Pariser Oper (deren offizielle Bezeichnung »Nationale Akademie der Musik und des Tanzes« lautete) einen Abend ausschließlich mit Ballettvorführungen zu bestreiten, wäre für vollkommen verrückt gehalten worden. Natürlich gab es ein Corps de Ballett – aber seine Rolle entsprach der Funktion von Zirkusclowns. Die damals aufgeführten Opern wurden unterbrochen von kurzen Zwischenspielen, die man mit hübschen Tanz-Divertimenti ausfüllte, damit das Publikum sich etwas entspannen konnte. Keine Variation in dieser Routine, ebensowenig in den einzelnen Tanzschritten. Beim *Faust*, beim *Wilhelm Tell*, bei Meyerbeers *Hugenotten* konnten alle Eingeweihten beruhigt dahindösen, bis sie wie durch ein imaginäres Alarmzeichen aufgeschreckt wurden, um einen Blick auf irgendein Ballettröckchen zu werfen. Übrigens fielen Wagners Opern zunächst durch, weil sie derartigen Balletteinschüben keine Gelegenheit boten. Die Vorstellung von einer Tanzkunst, die mehr war als akrobatische Kraftakte, war jedenfalls in Frankreich ungefähr ein Jahrhundert zuvor gestorben.

Ihre Protagonisten kamen aus dem Ausland, zunächst – vereinzelt – aus Amerika, dann – scharenweise – aus Rußland. In den neunziger Jahren des 19. Jahrhunderts hatte Loïe Fuller (noch dazu auf der Bühne der Folies Bergères) das französische Publikum daran erinnert, daß Tanz auch *Ausdruck* sein kann. Sie hatte keinerlei spezielle Ausbildung genossen, war unfähig, einen Entrechat oder eine Plissée auszuführen, und begnügte sich damit, ihre unendlichen irisierenden Schleier durch die Luft zu wirbeln wie ein körperloses Wesen, das sich in imaginäre Sphären hüllt. Wenn sie tanzte, »stiegen und fielen ihre Gewänder, von der Luft modelliert, schwollen an und zogen sich wieder zusammen ... erinnerten an die flüssigen, fragilen Linien von Jugendstil-Designern mit ihrer Vorliebe für Kelche, die wie Tulpen geformt sind, für Bratroste, die Kletterrosen gleichen, für Tisch- und Rahmenbeschläge, die an Spalierbäume erinnern« (Allan MacDougall). Im Gegensatz zu den eher behäbigen Ballerinen der Pariser Oper kreierte Loïe Fuller die Illusion animalischer Grazie und schuf traumhafte Bilder wie »Die Orchidee«, »Das Feuer«, »Die Lilie«. Ihre Vorführungen übersetzten die gemalten Träume von Gustave Moreau, Edvard Munch, Gustav Klimt und Adolphe Appia auf spektakuläre Weise.

Es sollte jedoch Isadora Duncan vorbehalten sein, die Prophezeiungen der Schleierräusche von Loïe Fuller zu realisieren, mit nichts als dem eigenen Körper die Effekte der Lianenmuse noch zu übertreffen. Ihr erster Auftritt in Paris, der am 30. Mai 1903 stattfand, war jedoch alles andere als sensationell. Die französischen Kritiker waren von ihren theoretischen Äußerungen weit mehr angetan als von deren Umsetzung in die Praxis. Ein Jahr später kehrte sie zurück und zog nun das weitläufige Trocadéro dem Théâtre Sarah Bernhardt vor. Barfuß, den Körper in einen Gazeschleier gehüllt, bot sie ein Programm, das ausschließlich aus Beethovenmusik bestand, wand sich, beschrieb Spiralen, stellte alle Positionen eines attischen Frieses dar. »Endlose Akklamationen feierten diese Tänze, die durch ihre Grazie, ihre Harmonie, ihre edle Reinheit und Ausdruckskraft einmalig waren auf der Welt«, schrieb der Musikkritiker Louis Laloy. Nach zehn Vorhängen nannte sie die sechshundert Zuschauer, die den Saal immer noch nicht räumen wollten, »Isadorables«, und bei dieser Bezeichnung für Isadora-Fans sollte es bleiben.

Allmählich begann in Frankreich wieder so etwas wie Ballettkunst zu entstehen; die Schleier der Fuller wallten nun auch um den Körper der Duncan, und der Körper der Duncan sollte ein Vorbote des Russischen Balletts sein. Als Isadora Duncan im Jahr 1905 eine Tournee durch Rußland machte, gewann sie zumindest einen leidenschaftlichen Adepten, und zwar den jungen Tänzer Michail Fokine, der zum Petersburger Mariinski-Theater gehörte. Und als Diaghilew 1909 sein Russisches Ballett nach Paris brachte, begleitete Fokine die Truppe als Choreograph.

Am Abend des 17. Mai 1909 schwärmte das aufgedonnerte und mit Preziosen behangene aristokratische Paris aus, um Diaghilews Premiere beizuwohnen. Rodin, Ravel und Robert de

Montesquiou saßen in ihren Logen. Unter den wenigen anwesenden Schriftstellern befand sich auch Jean Cocteau. Die Gräfin de Greffulhe, deren Patronat den russischen Tänzern zumindest einen *succès de snobisme* garantierte, fürchtete das Schlimmste, denn als Diaghilew sie einige Tage zuvor bei einem Diner im Hotel Crillon den Mitgliedern seiner Truppe vorgestellt hatte, mußte sie zu ihrem Schrecken feststellen, daß nicht die erwarteten zartgliedrigen Sylphen, sondern robuste und ziemlich ungebildete Burschen aus der russischen Provinz angereist waren. Wie konnten die nur wagen, die Traumfiguren des »Pavillon der Armida«, der ersten auf dem Programm stehenden Choreographie, verkörpern zu wollen? Als der Vorhang hochging, wurden jedoch alle Befürchtungen der Gräfin zerstreut. Ein Publikum, das an nebulose Ausstattungen und dämmrige Bühnen gewohnt war, erblickte einen überdimensionalen, außerordentlich prächtigen Pavillon, den Alexandre Benois verschwenderisch mit Farben ausgestattet hatte; Augen, die durch Abziehbilder aus dem Rokoko abgestumpft waren, öffneten sich plötzlich weit und traten fast aus ihren Höhlen, als Nijinsky inmitten des Goldes, der Sèvres- und Gobelin-Tapisserien, inmitten eines Versailles, das die Russen nach Frankreich importiert hatten, einen atemberaubenden Pas de trois ausführte. Ein Wunder folgte auf das andere. Roza tanzte einen überwältigenden Hofnarren, und in der Polowetzer Lagerszene aus Borodins *Fürst Igor,* die auf den »Pavillon der Armida« folgte, brandete Welle auf Welle furienhafter Polowetzerinnen gegen den Bühnenrand. Man applaudierte frenetisch.

»Als ich die Loge betrat, in die man mich eingeladen hatte«, schrieb Anna de Noailles, »glaubte ich nicht ganz an die Offenbarung, die mir von Eingeweihten versprochen worden war; aber ich begriff sofort, daß da etwas Wunderbares geschah, daß ich Zeugin eines absolut einzigartigen Ereignisses wurde. Alles, was die Vorstellungskraft beleben, was trunken machen, verzaubern und erobern konnte, schien auf jener Bühne vereinigt zu sein.«

Zunächst wurde das Russische Ballett nur von solchen

Künstlern akzeptiert, die zum »Boulevard« zählten: Jacques Blanche, Reynaldo Hahn, Montesquiou und Cocteau. Die Rive gauche strafte Diaghilew mit Mißachtung, da man hier – nicht ganz zu Unrecht – der Meinung war, der Russe hätte nur eine weitere, für die High Society bestimmte Extravaganz geschaffen.

Die jungen Päpste der ernsthaften Literatur – allen voran Henri Ghéon – brauchten eine ganze Saison, bis sie die von Diaghilew hervorgerufene künstlerische Revolution akzeptierten. *Der Feuervogel,* Strawinskys erster Beitrag zum Repertoire des Russischen Balletts, besänftigte Ghéon etwas: *»Der Feuervogel«*, so schrieb er in der *Nouvelle Revue Française*, »ist das Ergebnis einer engen Zusammenarbeit zwischen Choreograph, Komponist und Maler und zeigt uns ein ganz außerordentliches Wunder aus Bewegungen, Tönen und Formen, die in unbeschreiblicher Harmonie zusammenwirken ... Wenn der Vogel erscheint, so ist er wirklich von der Musik beschworen worden. Für mich sind Strawinsky, Fokine [der Choreograph] und Golowin [der Ausstatter] ein einziger Name.« Also zeigte die Geschichte bereits 1910, daß Isadora Duncans Prophezeiung, der »Tänzer der Zukunft werde sich zu so großer Höhe erheben, daß alle anderen Kunstformen davon profitieren«, zumindest teilweise eingetroffen war. Der Russe zog junge Komponisten und Maler in seinen magischen Kreis und zeigte Frankreich auf diese Weise, welche Talente in den düsteren Behausungen des Montparnasse nach Anerkennung gedürstet hatten.

Aber die weltweite Wirkung des Russischen Balletts war weit größer als die Summe der Einzeloffenbarungen, als die Farbenräusche von Bakst, die Musik Strawinskys, die Choreographien Fokins, die »Musik in Bewegung« umsetzten, als Nijinskys außergewöhnliche Sprungkraft und die überirdische Grazie der Tamara Karsawina. Das Russische Ballett zeigte – obwohl noch versteckt und kontrolliert – die elementaren Ursprünge des Tanzes und schuf dadurch eine neue Kunst. Das Theater ging auf den Tanz zurück, und der Tanz auf das Fest des Dionysos. Benois drückte das Geheimnis dieser neuen, alten Kunst so aus:

»Der Erfolg der Ballette beruht auf der Tatsache, daß Russen noch fähig sind, an ihre Kreationen zu glauben, daß sie sich genügend Spontaneität bewahrt haben, um vollkommen gefesselt zu werden – wie Kinder, die ganz in ihrem Spiel aufgehen – von dem göttlichen Spiel, das die Kunst nun einmal ist. Auf den Bühnen des Westens hat man dieses Geheimnis verloren, hier ist alles Technik, Bewußtheit, Künstlichkeit, hier ist der mystische Reiz der Selbstaufgabe, der große dionysische Rausch, die ursprüngliche Antriebskraft der Kunst, allmählich verschwunden.«

Serge Diaghilew, der das Russische Ballett schuf und es allen Widrigkeiten zum Trotz zwanzig Jahre lang zusammenhielt, war ein Besessener. Ein angeborenes Kennzeichen – eine breite weiße Haarsträhne im schwarzen Schopf (seine Tänzer nannten ihn deshalb mit Spitznamen »Chinchilla«) – machte sein ansonsten eher feistes Gesicht interessant. Da er fest an Vorzeichen und geheimnisvolle Fingerzeige glaubte, trug er sein Haar in der Mitte gescheitelt, so daß der Scheitel Schwarz von Weiß trennte und die Strähne besonders gut zu sehen war.

Diaghilews Leben entsprach einer stetig ansteigenden Linie – 1895 schrieb er als Dreiundzwanzigjähriger an seine Stiefmutter:

Ich bin:

1. Ein munterer Scharlatan.
2. Ein großer Charmeur.
3. Ein Unverschämter.
4. Jemand, der viel Logik und wenig Skrupel besitzt.
5. Ein betrübtes Wesen, vielleicht wegen meines totalen Mangels an Talent.

Aber ich glaube, meine wahre Berufung gefunden zu haben: das Mäzenatentum.

Dafür habe ich alles, was ich brauche, bis auf Geld: Aber das wird kommen.

Seine Erscheinung ließ allerdings kaum an seine Armut glauben. Er war sehr groß und besaß einen Riesenschädel, mit dem alle Hutmacher ihre Mühe hatten. Seine Augen, immer feucht und geformt wie »portugiesische Austern«, verrieten selten eine Gemütsbewegung. Wenn er Larue betrat, gehüllt in einen Mantel mit Opossumkragen, machte er den Eindruck, als sei er dort geboren, auf dem Rücken Tausender von Leibeigenen, die ihm ein fürstliches Einkommen sicherten. Diaghilew stammte in direkter Linie von russischen Aristokraten ab, die – so Strawinsky – »die Bedeutung des Wortes wirtschaften nicht kannten und sich mit der größten Nonchalance und Achtlosigkeit unter Schulden begruben, nur um der Freude willen, auch die kleinste ihrer Launen befriedigen zu können«, und er hielt die Tradition seiner Vorfahren aufrecht. Wie Strawinsky feststellte, liebte er es, »sein Leben so großartig wie möglich zu inszenieren«, aber diese Großartigkeit schlug bald um in verschwenderische Selbstaufopferung. Diaghilew lebte nur für und durch das Russische Ballett und gab für jede neue Produktion unermeßliche Summen aus, so daß er einmal sogar seinen Kammerdiener entlassen mußte, da er nicht mehr genug Geld hatte, um ihn zu entlohnen. Je aufwendiger und luxuriöser die Kostüme von Bakst wurden, um so mitgenommener wirkte Diaghilews Opossum. Im Grunde war er prädestiniert für ein eher klösterliches Dasein, dachte aber nicht im entferntesten daran, seinem Appetit auf glänzende Dekorationen und kräftige junge Männer zu entsagen. Jedes seiner Ballette betrachtete er als eine Heilsbotschaft.

»Zwar schuf er selbst keine Choreographien«, schrieb Jacques Blanche, der das Russische Ballett von Anfang an bewundert hatte, »aber er war der Deus ex machina, der große Energiespender, der Wille, der den Konzeptionen anderer zum Leben verhalf. Er zog aus jedem das Beste, er wußte, wie man das Gold aus der Erde holt, die es bedeckt.«

Und in Paris fand Diaghilew ein ihm und seinen Werken absolut adäquates Publikum. In politischer Hinsicht befanden Frankreich und Rußland sich gerade in denkbar liebevollster

Umarmung. Tolstoi war der letzte Schrei an der Seine, und die High Society der Hauptstadt wimmelte nur so von Rußlandliebhabern, zu denen sich auch die Gräfin de Greffulhe zählte. Und unter ihrer Schirmherrschaft konnte Diaghilew denn auch in Westeuropa reüssieren – zunächst als »Manager« für russische Malerei und Musik. Im Pariser Herbstsalon von 1906 war er mit einer zwölf Säle füllenden Mammut-Gemäldeausstellung präsent, und 1908 brachte er eine ganze Karawane von Musikern und Sängern aus Rußland mit und ließ Fjodor Schaljapin im *Boris Godunow* singen. Acht Vorstellungen der Oper Mussorgskis fanden in Paris statt und entschieden über Diaghilews Zukunft: Dauernd behindert vom russischen Bürokratismus, würde er im Ausland ein anderes Rußland vorfinden, das von der Heimat verleugnet wurde. »Was wollte er?« fragte Robert Brussel, ein Diaghilew nahestehender Musikkritiker. »Folgende drei Dinge: Rußland sich selbst offenbaren; Rußland der Welt offenbaren; und sich, Serge Diaghilew, die Welt offenbaren. Und das auf die einfachste, direkteste und plausibelste Weise, nämlich durch Malerei und Musik, und nur wenig später: durch Tanz.«

Es war Benois, der Diaghilews Interesse für den Tanz weckte. Auf mehreren Reisen durch Rußland machte Serge sich dann seine angeborene Begabung, potentielle Genies im Embryonalzustand aufzuspüren, zunutze und rekrutierte so seine Truppe. 1909 war das Russische Ballett bereit zur Invasion Westeuropas.

Auf der Pariser Rive droite bedurfte ein Wagnis wie das Unternehmen Diaghilews, dessen Truppe ohne jede staatliche Förderung stets am Abgrund der Insolvenz tanzte, unbedingt einer Muse, und zwar einer von der reichen Sorte, einer Muse mit guten Verbindungen, die genug Geld herbeischaffen konnte. Diese Muse nahm 1908 Gestalt und Realität an – es handelte sich um eine sinnliche Polin, die Cocteau später als »Tigerin mit Schleifen« charakterisieren sollte. *Boris Godunow* hatte sie so beeindruckt, daß sie für alle acht Pariser Aufführungen sämtliche freigebliebenen Plätze aufkaufen ließ, eine Geste, die ihr durch

Alfred Edwards, ihren Gatten, den Hearst seiner Zeit, ermöglicht wurde. Einige Jahre später heiratete Misia, geborene Godebska, geschiedene Natanson, geschiedene Edwards, den spanischen Maler José Sert und kam so zu dem Namen, unter dem sie bekannt, ja, berühmt werden sollte: Misia Sert. In ihr fand Diaghilew nicht nur eine tatkräftige Schutzpatronin, sie stellte auch die gewünschte Verbindung zur französischen Kunst und Literatur her. Edwards gab Misia Millionen, aber Tadée Natanson, ihr erster Ehemann und Gründer der *Revue Blanche*, hatte sie mit den richtigen Leuten zusammengebracht. Bereits im Alter von siebzehn Jahren hatte sie Künstler wie Bonnard, Vuillard, Mallarmé, Debussy und Valéry empfangen. Nun bewohnte sie ein Penthouse am Quai Voltaire und stellte Diaghilew ihre materiellen und geistigen Verbindungen zur Verfügung. Hier lernte auch Cocteau den Zauberer aus Petersburg kennen.

Innerhalb kürzester Zeit war es Cocteau gelungen – er gehörte immer zu den ersten, die bei neuen modischen Gesellschaftsspielen mitmischten –, sich hinter der Bühne des Russischen Balletts häuslich einzurichten, wo er Tänzer und Impresario gleichermaßen amüsierte. Er plauderte brillant, flitzte während der Proben zwischen den Requisiten herum und wurde zum Hofnarren, dessen Streiche, fester Bestandteil seiner Berufung, ihn zu jedermanns Liebling machten. »Er sprang über die Bühne«, schrieb die Karsawina, »wie ein mutwilliger Foxterrier und mußte oft zurückgerufen werden: ›Cocteau, weg da, du bringst sie nur zum Lachen!‹ Nichts konnte seinen sprühenden Geist bremsen; er quoll über von witzigen Bemerkungen – Wunderkerzen, geistvolle Feuerräder. Jeder plötzliche Auftritt Cocteaus brachte ungewohnt fröhliche Stimmung in den Probenraum. Als ob er sich geschworen hätte, niemals irgendwo stillzusitzen, erklang seine Stimme hinter der Bühne, rief dann aus dem Garten und ertönte völlig unerwartet vom Schnürboden.« Tamara Karsawina erinnert sich aber auch daran, wie sie Cocteau auf seine Bitte hin das russische Märchen vom Feuervogel erzählte: »Er saß aufmerksam da wie ein Kind.«

Die Russen, natürliche Menschen und ehrliche Kumpel, bildeten ein willkommenes Gegengewicht zur stickigen Atmosphäre der literarischen Salons. Nach den Premieren versammelte sich die Truppe bei Larue, wo Cocteau zur Feier des Tages auf den Tischen zu tanzen pflegte. 1910 war er so sehr zum Maskottchen des Balletts geworden, daß Diaghilew sich manchen Spaß mit ihm erlaubte. Als der Russe eines Abends vor dem Hotel Mirabeau aus der Kutsche stieg, erteilte er dem Fahrer im Flüsterton Anweisung, Cocteau erst am Hôtel des Réservoirs in Versailles abzusetzen. Der entweder eingeschlafene oder träumende Jean wurde seiner Umgebung erst wieder gewahr, als der Wagen bereits über Landstraßen rumpelte. Er zahlte es Diaghilew jedoch mit doppelter Münze heim und karikierte ihn als das junge Mädchen aus dem *Spectre de la Rose* (»Geist der Rose«) mit Häubchen auf dem Kopf und Rosen in der Korsage. Ihre Zerstreuungen waren allerdings nicht immer so unschuldiger Natur. Cocteau und die Russen machten häufig Streifzüge durch »Sodom und Gomorrha«, wie das Viertel um die Madeleine allgemein genannt wurde, und besuchten mindestens einmal das Chambannais, das berühmte Bordell-Hotel, dessen Eingang, eine Muschelschalen-Grotte, ganz ihrer barokken Sensibilität entsprach. Bakst fand die dortigen Damen ganz »superb«, aber die hatten es nur auf Nijinsky abgesehen und kreischten: »Ich will die Jungfrau!«

Zu Cocteaus Freundeskreis gehörte auch weiterhin Reynaldo Hahn, der im Hôtel des Réservoirs wohnte und mit dem er während seiner Hofnarrenzeit bei Diaghilew ein neues Ballett schreiben wollte: *Le Dieu Bleu* (»Der blaue Gott«). Seine Außenseiterrolle genügte ihm nicht mehr, er wollte aktiv dazugehören. Also verkündete das Maskottchen der Truppe im Oktober 1910 seine szenarischen Intentionen. Ursprünglich sollte *Le Dieu Bleu* während der 1911 in London stattfindenden Krönungsfestlichkeiten für Georg V. aufgeführt werden, das Ballett wurde dann aber erst 1912 realisiert. Es erwies sich als Fiasko, und Diaghilew ließ es nach seiner Londoner Saison von 1913 für immer in der Versenkung verschwinden. »Diaghilew«, schrieb Grigoriew, sein Bühnenmanager, »hegte besonders hinsichtlich der Musik Hahns seine Zweifel, mußte sie aber aus Höflichkeitsgründen akzeptieren.« Vielleicht hoffte Diaghilew wegen der gesellschaftlichen Beziehungen von Hahn aber auch, der Pariser Creme zu gefallen, und hatte nur aus diesem Grund die schwache Partitur akzeptiert. Hahns Töne waren jedoch höchstens für ein Privatatelier geeignet und stiegen mitleiderregend dünn aus dem Orchestergraben auf, während es Nijinsky und der Karsawina trotz heftigster gemeinsamer Anstrengungen nicht gelang, dem pseudo-orientalischen Hokuspokus aus Cocteaus Szenarium Leben einzuhauchen. Bakst hatte sich selbst übertroffen, aber das Ballett klammerte sich vergeblich an die hervorragende Ausstattung.

Cocteaus Inhaltsangabe liest sich, als sei sie von einer Kurzwarenhändlerin erdacht und verfaßt worden: Es war einmal ein junger Mann, der Priester werden wollte. Nach sieben Tagen des Gebets und der Einsamkeit führte man ihn unter die im Tempel tanzende Menge, um ihm das rosafarbene Gewand der Diener des Lótos anzuziehen. Als er aber seine purpurrote Jacke und seinen hohen weißen Federbusch ablegte, stieß das junge Mädchen, welches ihn liebte, die Wachen beiseite und flehte ihn an, die Liebesspiele am Ufer des Ganges wiederaufzunehmen. Die Schöne kriegt ihn jedoch nicht herum. Im zweiten Akt zeigt die Bühne einen Kerker, und die Tempeltiere bereiten sich gerade darauf vor, das junge Mädchen zu verschlingen; da entsteigt eine Göttin dem Blütenstempel einer riesigen Lotosblüte und rettet es. Da Cocteau dringend einen Vorwand für die kraftvollen Sprünge Nijinskys benötigte, beschwört diese Göttin dann ganz unvermittelt aus den Tiefen eines Tümpels den Blauen Gott herauf.

Wie die Poesie, so war auch der Tanz für Cocteau nicht viel mehr als eine Nebenbeschäftigung, nicht das »göttliche Spiel, das die Kunst nun einmal ist«, sondern dessen modische Fälschung. Seit der Zeit, da er und René Rocher als Kinder im Hof des Hauses von Eugène Lecomte in der Rue La-Bruyère eine Miniaturbühne aufgezogen hatten, waren seine Ansichten kaum gereift. Auf Vorschlag von Bakst beauftragte Gabriel Astruck ihn, für den *Spectre de la Rose* ein Nijinsky-Plakat zu entwerfen – das Resultat bestand in einer Variation der Zeichnungen von Bakst. Cocteau verfaßte elegante Programmnotizen und publizierte gemeinsam mit Paul Iribe eine überaus schicke Broschüre auf japanischem Papier mit dem Titel »Waslaw Nijinsky«, die ein Poem von ihm enthielt, das aus sechs Versen bestand, zu denen Iribe je eine Illustration beigesteuert hatte. Plakate, Programmbeiträge, exotische kleine Märchen, der Ruhm Nijinskys, die Möglichkeit zur Selbstreklame und der riesige Society-Rummel, der von Diaghilew inszeniert wurde – das waren zu jener Zeit die Ingredienzen von Cocteaus Begeisterung für den Tanz. Nach und nach mußte er jedoch begreifen, daß alle seine Anstrengungen, die Bewunderung Diaghilews zu erringen, fehlgeschlagen waren, und eines Nachts auf der Place de la Concorde – kurz nach dem Desaster mit dem Blauen Gott –, als er Diaghilew und Nijinsky nach dem Abendessen begleitete, kam es zu folgender Szene: »Nijinsky schmollte wie gewöhnlich. Er ging vor uns her. Diaghilew mokierte sich über meine Geistreicheleien. Als ich ihn fragte, was er daran auszusetzen habe (ich war an Lobeshymnen gewöhnt), blieb er stehen, rückte sein Monokel zurecht und sagte: ›Setze mich in Erstaunen!‹ Auf die Idee, jemanden in Erstaunen zu versetzen, war ich bis dato noch nicht gekommen.«

Cocteau hatte, indem er alle, aber auch alle Modetrends mitmachte, sein Ziel erreicht. Nachdem er es erreicht hatte, fand er sich jedoch plötzlich in einem leeren Raum wieder und wurde von jenen, deren Achtung er gesucht hatte, gerichtet. Noch war er allerdings nicht so weit, Diaghilews unverhüllte Herausforderung auch annehmen zu können, er flüchtete sich in Selbstmitleid und spielte den Unverstandenen. Die Herausforderung machte erst Eindruck auf ihn, als er glaubte, ihr, unterstützt durch eine bereits vorhandene Inkarnation des Neuen, »Erstaunlichen«, auch begegnen zu können. Wie immer, so brauchte Cocteau auch jetzt ein vorgefertigtes Modell. Es wurde ihm durch Igor Strawinsky geliefert.

Die Premiere des *Sacre du Printemps* fand am 29. Mai 1913 im Théâtre des Champs-Elysées statt. Die Zuschauer wurden buchstäblich aus den Sesseln gerissen. Gleich zu Beginn des Balletts, als die etwas geschmäcklerisch-impressionistische Flötenpassage unversehens von dissonanten Hörnern überlagert wurde und dann Amok lief, erhob sich im Publikum höhnisches Gelächter. Im vorderen Parkett entstand ein Handgemenge, der Tumult breitete sich aus, die Demonstrationen führten zu Gegendemonstrationen. Vornehme Matronen der allerersten Gesellschaft kreischten wie die ordinärsten Fischweiber aus den Markthallen. Strawinsky flüchtete hinter die Bühne, wo der Choreograph Nijinsky auf einem Stuhl stand und den Tänzern den Takt zubrüllte, da Pierre Monteux seinem Orchester nicht mehr Gehör verschaffen konnte. Diaghilew hoffte, das völlig außer Rand und Band geratene Publikum würde im Scheinwerferlicht wieder zur Ruhe kommen, und befahl deshalb seinem Lichtmeister, die Hausbeleuchtung pausenlos an- und abzuschalten. Das Tohuwabohu war derart, daß man begeisterte Fans nicht mehr von Protestierenden unterscheiden konnte. »Die Orchestertöne verhallten ungehört«, schrieb Carl van Vechten, ein Augenzeuge, »bis auf ganz kurze Momente der Ruhe. Der junge Mann, der hinter mir in der Loge saß, erhob sich, um das Ballett besser sehen zu können. Bald verriet sich die außergewöhnliche Erregung, die sich seiner bemächtigt hatte, indem er mir rhythmische Faustschläge auf den Kopf versetzte. Meine eigene Bewegung war so groß, daß ich die Schläge erst nach geraumer Zeit realisierte. Die betagte Gräfin de Pourtalès, eine gefeierte Schönheit des Zweiten Kaiserreichs, schrie mit durchdringender Stimme, erhobenem Fächer und vollkommen verrutschtem Diadem: ›Zum ersten Mal seit sechzig Jahren hat man es gewagt, sich über mich lustig zu machen!‹«

Gegen zwei Uhr morgens hatten Strawinsky, Nijinsky und Diaghilew sich in Begleitung von Cocteau zum Bois de Boulogne fahren lassen, ohne ein Wort zu wechseln. Als ihre Droschke die mit Akazien bestandenen Wege bei den Seen entlangfuhr, begann Diaghilew zu weinen und stieß unter Tränen eine Zeile von Puschkin hervor: »Willst du zu den Inseln fahren?« In Rußland, so erklärte Strawinsky dem Franzosen, führe man zu den Inseln, wie man in Paris den Bois de Boulogne aufsuche, und in einer ganz ähnlichen Nacht wie heute hätten sie den *Sacre du Printemps* konzipiert. »Seit jener Kutschfahrt besteht eine echte Freundschaft zwischen Strawinsky und mir«, erinnerte sich Cocteau später. »Er kehrte zurück in die Schweiz. Wir korrespondierten.«

Es sollte allerdings nicht verschwiegen werden, daß Strawinsky später bei verschiedenen Gelegenheiten betont hat, eine solche Fahrt durch den Bois de Boulogne nach der Vorstellung des *Sacre du Printemps* habe nicht stattgefunden.

Drei Jahre zuvor, anläßlich einer Probe zum *Feuervogel,* hatten die beiden sich kennengelernt. Dann sahen sie sich zufällig auf der Straße wieder. Strawinsky hörte hinter sich plötzlich eine laute Stimme: »Sind Sie es, Igor?« Er drehte sich um und erkannte Cocteau, der alle Leute mit Vornamen anredete (oft sogar duzte), die er gerade eben, und sei es noch so oberflächlich, kennengelernt hatte. Man war sich gegenseitig nützlich. Strawinsky machte, offen gesagt, den Eindruck eines kleinen Provinzbeaus und brauchte jemanden, der ihn in Paris herumreichte, während der wetterwendische Cocteau für jede Abwechslung, seine schnelle Zunge für jedes neue Ohr dankbar war. »Seine Unterhaltung war eine höchst amüsante Vorstellung«, schrieb Strawinsky, »obwohl er zeitweilig eher einem kleinen Feuilletonisten glich, der darauf aus ist, Karriere zu machen.« Als der Komponist sich im Jahr 1912 im Hotel Crillon an der Place de la Concorde einmietete, wurde der ganz in der Nähe wohnende Cocteau sein ständiger Dinergast.

Cocteau erlebte den kometenhaften Aufstieg Strawinskys, eingeleitet durch den Skandalerfolg des *Sacre,* mit und hoffte, selbst auch von diesem neuen Ruhm zu profitieren: Also schlug er Strawinsky vor, mit ihm gemeinsam ein neues Ballett zu schreiben. Der Komponist hatte gerade eine Typhuserkrankung überstanden und war deshalb von Paris in die Schweiz gezogen, wo er auch besser für seine leidende Frau sorgen konnte. Im Januar 1914 machten Cocteau und der junge Maler Paulet Thevenaz sich auf nach Leysin und bezogen dort Zimmer im Grand Hôtel. Während Thevenaz das Ehepaar Strawinsky porträtierte, entwarf Cocteau den *David*, ein Ballett, das sterben sollte, ehe es überhaupt das Licht der Welt erblickte. Es war ganz offensichtlich von *Petruschka* inspiriert und sollte im Wanderzirkus-Milieu spielen, zunächst außerhalb der Manege, dann im Zelt selbst. Im schöpferischen Überschwang war Cocteau unvorsichtig genug, umgehend folgende Botschaft an den in Paris weilenden Gide zu senden: »Intensive Arbeit – Igor Strawinsky ist ein Dynamo. Er setzt uns in Erstaunen – ich glaube, *David* wird etwas ganz Besonderes werden, wie Sie es sich überhaupt nicht vorstellen können.«

Der bedauernswerte *David* gelangte allerdings nie über das Stadium der Kostümentwürfe und eines äußerst torsohaften Librettos hinaus. Als seine Nemesis fungierte Diaghilew, der eigens nach Leysin eilte, um das neue Projekt zu sabotieren. Doppelt beleidigt – durch Cocteaus »exzessive Vorliebe« für Nijinsky und dessen ziemlich eigenmächtige Zusammenarbeit mit Strawinsky –, fühlte der große Manager, sein eigener Anteil an der Produktion würde zu klein ausfallen, und als er auch noch erfuhr, daß man sogar plante, den *David* unter fremden Auspizien zu inszenieren, war es ganz aus. Absurderweise hatte Cocteau dabei Jacques Copeau im Sinn, den leitenden Herausgeber der *Nouvelle Revue Française* und Direktor des Théâtre du Vieux-Colombier, das seine erste Spielzeit soeben halb beendet hatte. Copeau konzentrierte sich ausschließlich auf Werke der dramatischen Kunst, aber es ist immerhin möglich, daß er damals noch bis zu einem gewissen Grad flexibel war. »Wenn Copeau ihn [den *David*] herausbringt«, meldete Cocteau Gide, »kann ich versprechen, daß er volle Häuser haben wird.« In seinen Erinnerungen macht er sogar altruistische Motive geltend:

»Für mich war es eine Übergangsperiode. Ich mauserte mich, ich befand mich in einer Zeit des Wachstums. Es war ganz natürlich, daß auf die Frivolität, die Zerstreuung, das Geschwätz ein exzessives Bedürfnis nach Nüchternheit, nach Methode und Schweigen folgte. Außerdem . . . fühlte ich genau, wie abscheulich Igors Genie die boshafte und intrigante Atmosphäre des Russischen Balletts hätte finden können, und ich wußte auch, wie schwierig es für einen Künstler sein mußte, sich innerhalb eines so großen Rahmens und eines so gewaltigen Apparates zu konzentrieren.«

Selbst wenn wir ihm seine Großmut abnehmen wollen, so spielte zweifellos auch die eigene Geltungssucht keine geringe Rolle, als er Strawinsky zum Kompagnon erkor. Zwei Jahre lang hatte Cocteau vergeblich versucht, die *NRF* für sich zu erobern, alle seine Schwüre, Schmeicheleien und Besserungsgelöbnisse konnten dort jedoch die Erinnerung an seine »unseriöse« Vergangenheit nicht auslöschen. Nun trug er Strawinsky wie einen Heiligenschein vor sich her und hoffte, auf diese Weise Zugang zu finden. »Für mich war es eine Übergangsperiode.« Aber schließlich verdienen sämtliche Abschnitte seines Lebens diese Bezeichnung. Diaghilew überredete Strawinsky jedenfalls, zunächst die Arbeit an der *Nachtigall* zu beenden, und Cocteaus Aufstieg verschob sich so um drei Jahre.

»Als ich Cocteau das letzte Mal besuchte, war er außerordentlich brillant«, berichtete T. S. Eliot im Jahre 1915 Strawinsky, »aber ich hatte durchaus den Eindruck, er probe nur für ein wichtiges Ereignis.«

Der Flop mit dem *David* konnte allerdings die Geburt des *Potomak* nicht verhindern. In Leysin legte Cocteau letzte Hand an ein Werk, das später nicht dem eigenen Zensorstift zum Opfer fallen sollte. Er widmete das Buch Igor Strawinsky und schreibt darin, offensichtlich als Anspielung auf den *Sacre:* »Eines Abends spielte man im Theater ein neues Meisterwerk. Man pfiff, man lachte, man miaute, man bellte. Oh! Wie neidisch war ich auf dieses Martyrium! Ich war neidisch auf das Martyrium und fürchtete es. Ich schämte mich, weil ich mich unwürdig fühlte.«

Das Buch war ein Jahr zuvor in Offranville (während der

Anwesenheit von André Gide) begonnen worden, als Cocteau phantastische Berichte über ein von ihm als »Potomak« getauftes Ungeheuer erfand, um einen der kleinen Neffen von Blanche zu unterhalten. Als das Kind nichts mehr vom Potomak hören wollte, zeichnete Cocteau ein weiteres Fabelwesen, das er »Eugène« nannte. »Der Eugène, der erste Eugène, der Abgesandte der Eugènes, faszinierte mich. Er hatte Ähnlichkeit mit einem Gürteltier, mit Maden, mit einer Sterndistel . . ., einem Himmelskreis, einem Brummkreisel.« Der Kopf des Eugène erinnert an einen Geschützturm, und die Figur erhielt bald einen Gefährten, dessen Gesicht außer fürchterlich schielenden Augen und einem Mund, der anscheinend vom Saugorgan eines Neunauges inspiriert war, vollkommen ohne Form schien. Cocteau stellte ein ganzes Album mit Zeichnungen zusammen, auf denen komplette Truppen kannibalischer Eugènes über die dicken Mortimers, ein bürgerliches Ehepaar, herfallen.

Was ist der Potomak? Eine »megoptera coelenterata«, die man aus dem Potomac zog und die nun, aus Amerika importiert, in einem Keller nahe der Place de la Madeleine im Aquarium ausgestellt wird, mit Augen, die »in Prismen schwimmen«, mit großen rosa Ohren, die wie Seemuscheln geformt sind, und ihre Nahrung besteht aus Öl, Handschuhen, falsch buchstabierten Worten, Wagnermusik, Aufführungen des Russischen Balletts, Alraunwurzeln und großen Montgolfieren. Da Potomak unter derselben Adresse zu erreichen war wie Cocteau, dürfen wir voraussetzen, daß er auch seinen Geist besitzt, daß er sein Geist *ist*.

Doch das Ungeheuer besitzt auch ausgeprägte Ähnlichkeit mit einem Filmprojektor – es speichert Träume und spuckt sie in Form von Zelluloidrollen wieder aus. Um 1913 war Cocteau ein äußerst eifriger Kinobesucher geworden und begab sich häufig in jene »Höhlen«, die ebenso dunkel und muffig waren wie die Behausung des Potomak, um »Rio Jim, New York, Fantomas, Captain Scott, das Aquarium von Boxern, die sich in Zeitlupe bewegen, und die einzelnen Stadien des Aufblühens von Rosen« zu sehen.

Im Nachwort zum *Potomak* erinnert Cocteau sich an *The Pickpocket* (»Der Taschendieb«), einen Film von Alfred Collins, bei dem er von dem Vorführungsapparat, jenem »Einpauker des Schweigens«, gefesselt wurde, der Lichtstrahlen projizierte, deren geheimnisvolle Bedeutung man erst auf der Leinwand entziffern konnte; »ich wollte die geheime Dimension entdecken, in der das Drama sich auf der Reise zwischen Lampe und Wand abspielt«. Cocteau hob das Medium des Films auf eine metaphysische Ebene und stellte sich vor, daß der Taschendieb hinter einer Wand außerhalb des Kinos wieder Gestalt gewann und, auf diese Weise neu exponiert, vor der Polizei fliehen mußte. Die Funktion des Projektors als Bindeglied zwischen Traum und Realität galt ihm gleichsam als Symbol für die eigene mißliche Lage. »Der Potomak macht mir Sorgen«, erklärt der Erzähler. »Welche wellenförmigen Bewegungen wirken in ihm, in seinem Wachen und Schlafen? Woran denkt er? Mein konfuses Leben und der Zusammenhang meiner Träume machen mich verwandt mit diesem Potomak. In uns fließt derselbe Saft ... Auch weiterhin lebe ich in meinen Träumen und träume während meines mechanischen Tageslaufs ... Das Traumleben läßt die Dimensionen des Menschlichen offenbar werden.«

Betrachtet man Potomak und den Erzähler unter diesem Gesichtspunkt – Potomak ist Fötus und zugleich Kamera-Projektor, der sein embryonales Frühstadium aufzeichnet; der Erzähler beobachtet diesen Vorgang und durchlebt so die eigene Kindheit –, wird eine Passage wie die folgende plausibler: »[Die Rolle] Potomaks besteht darin, Potomak zu sein, meine darin, zu reisen, zu lernen, ein Flugzeug zu besteigen, ein neues Dynamit zu erfinden. Sicher nehmen Sie mir übel [der Erzähler wendet sich an eine höchst nüchterne Freundin], daß ich Sie über die Mysterien Ihrer Kindheit aushorche und Sie über die meinen informiere.«

Nach seinen extrovertierten Exzessen machte Cocteau nun deutlich, sich fürderhin nur noch dem eigenen Innenleben widmen zu wollen. »Die Leiter des offiziellen Erfolgs hatte ich schnell erklommen; ich merkte, wie kurz, schmal und überfüllt sie war. Ich entdeckte die Leiter der geheimen Werte. Dort stürzt man ganz in sich selbst, zum Diamanten und zum schlagenden Wetter.«

Mit Strawinsky hatte er eine seiner Inspirationsquellen gefunden. Gertrude Stein war eine andere. »Eines Abends hörte ich, wie einige Freunde über das Gedicht einer Dame aus Amerika lachten. Ihre telegraphische Botschaft drang mir mitten ins Herz. In die Mitte einer weißen Seite hatte Gertrude Stein ganz einfach geschrieben: ›Nahrung ist im Westen‹.« Um dieses Urteils willen konnte Gertrude Stein es nie übers Herz bringen, Cocteau nicht zu mögen.

Der *Potomak* enthält bereits in nuce das gesamte zukünftige Werk Cocteaus. Die seltsam transparenten Charaktere dieses Buches, die einen Ausflug in ihre Kindheit machen, über den Tod diskutieren und sich benehmen wie Momentaufnahmen aus einem Film, kündigen schon Cocteaus spätere Träumer an. Das Aquarium des Ungeheuers, Zentralstück des Werkes, soll später zu jenen Räumen in *Kinder der Nacht, Nein, diese Eltern* und *Der große Sprung* werden, in denen rätselhaft-schöne Jugendliche auf ihr Ende warten. Ödipus hatte seine geistige Heimreise angetreten.

Vorerst war Cocteau jedoch außerordentlich zufrieden, etwas produziert zu haben, das man – wenn auch mit einigem Wohlwollen – in einem Atemzug mit den Werken Strawinskys und Gides nennen konnte, eine heidnische Hymne, die einen Abglanz von *Uns nährt die Erde* und *Le Sacre du Printemps* bot. Als Cocteau im März den letzten Schnee über Leysin fallen sah, widmete er Strawinsky sein Werk: »Igor, eigentlich wollte ich Ihnen ein Buch anbieten, und statt dessen gebe ich Ihnen jetzt meine alte Haut.«

Allerdings sollten noch ganze fünf Jahre vergehen, bevor der *Potomak* in die Setzerei gelangte. Am 1. August 1914 war der Krieg erklärt worden, und innerhalb von sechs Wochen hatten die Armeen des Kaisers Belgien überrannt. Als man Cocteau für dienstuntauglich erklärte, war er zutiefst enttäuscht – diese

»Katastrophe« paßte nur zu gut zu seinem persönlichen Drama und bot ihm plötzlich ungeahnte Möglichkeiten, seine neue Haut aufs Spiel zu setzen. Während also andere junge Männer alles unternahmen, um dem Einberufungsbefehl zu entgehen, bat er sämtliche Bekannte, ihm zur Teilnahme am Kriegsspiel zu verhelfen. Auch hier erschien bald ein Impresario, und zwar in der Person der unermüdlichen Misia Edwards.

Natürlich war Cocteau nicht der einzige, der dem militärischen Rausch erlag. Das Kriegsfieber hatte die gesamte Zivilbevölkerung ergriffen. Am 2. August 1914 war die Mobilmachung in vollem Gang, und die Pariser liefen Amok. Misia, die sich dieser menschlichen Flutwelle angeschlossen hatte, wurde von den tobenden Massen mitgerissen über die Boulevards und fand ihr lebensstrotzendes Ich plötzlich auf einen weißen Hengst gehoben, dessen Kürassier sie sogleich mit einem Blumenkranz schmückte. Fahrende Zigeuner mit künstlerischen Ambitionen verkauften Bildchen, auf denen ein Männeken Pis den deutschen Kaiser bepinkelte. Wer eine französische Uniform trug, wurde schon deshalb als Held betrachtet. In der Rue de Dunkerque belagerten Frauen die Militärkonvois und steckten Rosen in jedes erreichbare Gewehrrohr. Alle Theater mußten schließen, nur der große Rattenfänger durfte spielen, und zwar im Freien. In den ersten drei Augustwochen hatte er mehr als eine halbe Million Männer nach Osten in die Champagne und in den Norden nach Flandern gelockt. Das alte Volksmärchen sollte recht behalten, denn anstatt im Venusberg zu landen, wurden die Soldaten von schmutzigen Gräben verschluckt, und die meisten von ihnen sahen Paris niemals wieder.

Aus der Metropole war über Nacht eine Kriegsstadt geworden. Cafés und Restaurants schlossen bereits um acht Uhr abends. Verkäufer und Handwerker befanden sich an der Front, so daß Einkaufen zu einem taktischen Problem wurde. Man hatte den Eindruck, Paris sei unversehens von einem permanenten Nationalfeiertag heimgesucht worden. Die öffentlichen Verkehrsmittel fielen aus. Nachts bestand Verdunkelungspflicht, und die dünnen Finger der Suchscheinwerfer tasteten den Himmel nach deutschen »Tauben« und Zeppelinen ab; noch im gleichen Herbst sollten jene unförmigen Apparate in den Außenbezirken von Paris verheerende Zerstörungen anrichten. Am Quai de Billy warteten in kilometerlanger Schlange die Fahrzeuge der Kaufhäuser Galeries Lafayette und Bon Marché, der großen Modehäuser und der privaten Transportunternehmen auf die Beschlagnahmung. Der Cours-la-Reine glich einer Collage von Magritte, denn Straße und Bürgersteige wurden von unruhigem Vieh unsicher gemacht; auf den Rennbahnen von Auteuil und Longchamp weideten zweitausend Kühe, während der Parc de Bagatelle von der fünffachen Anzahl blökender Schafe abgegrast wurde.

Als die Nachricht vom Rückzug der französischen Truppen bis zur Marne-Linie in Paris eintraf, verlegte die Regierung umgehend ihren Sitz nach Bordeaux, und die Pariser folgten diesem Beispiel. Ende August erlebte die Hauptstadt einen veritablen Exodus, und innerhalb eines Monats hatte eine Million Menschen die zwanzig Arrondissements verlassen. Die Zurückbleibenden, die es sich nicht leisten konnten, sich in Sicherheit zu bringen, genossen dafür immerhin kostenlos Kriegsfeuerwerke und plünderten zum Zeitvertreib Geschäfte, die einen ausländischen Namen trugen, unter anderem die Räume der Schweizer Firma Maggi. Wenn am Himmel feindliche Flugzeuge gesichtet wurden, versammelten die neugierigen Pariser sich auf den Straßen. Cocteau imitierte nicht mehr Literaten, die gerade en vogue waren, sondern hatte sich die Kriegsmaschinen zum Objekt mimischer Anstrengungen auserkoren. Mit gekrümmtem Rücken und seitlich abgewinkelten Armen ging er auf Zehenspitzen und spielte Zeppelin. Seine Possen wurden von den oberen Zehntausend goutiert, stießen André Gide allerdings ab, der im Haus der belgisch-französischen Freundschaft als Krankenpfleger arbeitete. Kurz nach dem Fall von Mülhausen trafen sich die beiden in einem Teesalon, und Gide notiert unter dem Datum des 20. August:

»Es hat mir kein Vergnügen gemacht, ihn wiederzusehen, trotz seiner außerordentlichen Nettigkeit; er ist aber keines Ernstes fähig, und seine ganzen Einfälle, seine Geistreicheleien, seine Sensationen, das ganze außergewöhnliche Brio seiner gewohnten Sprechweise schockierten mich wie ein in Hunger- und Trauerzeiten ausgestellter Luxusartikel. Er hatte sich fast als Soldat verkleidet, und der Peitschenhieb der Ereignisse gibt ihm gesündere Farben; er verzichtet auf nichts, färbt lediglich seine unbändige Art etwas martialisch. Um von der Metzelei bei Mülhausen zu sprechen, erfindet er amüsante Beiworte und Gesten; er ahmt den Klang der Clairons nach und das Pfeifen der Schrapnells. Dann sagt er von sich, das Thema wechselnd, da er spürt, daß er nicht amüsiert, er sei traurig; er will aber auf dieselbe Art traurig sein wie wir, eignet sich plötzlich unsere Gedanken an, erklärt sie uns; spricht dann von Blanche, äfft Madame R. nach ... Das Merkwürdige ist, daß ich glaube, er wäre ein guter Soldat. Er behauptet es jedenfalls, auch daß er Mut habe.«

Obwohl Cocteau dienstuntauglich war, trug er eine blaue Offiziersmontur, die natürlich weit eleganter aussah als die reguläre Uniform. Hier muß jedoch zu seiner Entschuldigung gesagt werden, daß jedem erwachsenen Mann, der sich damals in Paris noch in Zivilkleidung zeigte, das Leben zur Hölle gemacht wurde. Die Leute machten lauthals giftige Bemerkungen über den vermeintlichen Drückeberger oder, schlimmer noch, Spion. In seinem Kriegstagebuch berichtet Paul Morand über einen bezeichnenden Vorfall, der seinem Freund, dem Dichter Francis de Miomandre, widerfuhr. Als dieser mit dem Bus zur Arbeit fahren wollte, fuhr ihn eine streitbare Schaffnerin an: »Es gibt Leute, die den Boulevard einem Schützengraben vorziehen ... Ein Federhalter ist nun mal leichter als ein Gewehr!« Als er sich verteidigen wollte, versetzte sie ihm mit ihrem Fahrkartenknipser einen heftigen Schlag auf den Kopf. Er lief in eine Apotheke und ließ die Wunde verbinden. Abends kehrte er von der Arbeit zurück, stieg ausgerechnet in denselben Bus und wurde von der Schaffnerin nicht wiedererkannt, da er einen großen Verband trug. Sie ließ den vermeintlichen, blessierten Vaterlandsverteidiger als ersten einsteigen: »Der verwundete Held zuerst«, schrie sie. »Kommen Sie, Herr Offizier!«

Im Grunde führte der fieberhafte Patriotismus jedoch zu politischer Apathie. Nach den Militärhandbüchern grüßt man nicht den Mann, sondern die Uniform, in der er steckt. Das zivile Frankreich paßte sich dieser Übereinkunft stillschweigend an und vertauschte auf diese Weise sein Gewissen mit einem Fetisch. Dieses vorsichtigste aller Völker ließ sich en masse einberufen. Problematische Fragen wurden ausnahmslos umgangen, und man gefiel sich in sinistrer Harmonisiererei. Hinter der Frontlinie, in Paris, gewann der Ausdruck »Kriegstheater« buchstäbliche Bedeutung.

Wenn Cocteau sich ein Kostüm entwerfen ließ, das er für die Uniform eines Piloten hielt, so hatte er dafür auch noch verschiedene höchst persönliche Gründe. Ganz gewiß war quälende Eifersucht eines seiner Motive, denn sein älterer Bruder Paul war gleich nach Kriegsausbruch als Pilot eingezogen worden. Außerdem galt es als außerordentlich schick, zur fliegenden Truppe zu gehören, da deren mit überdimensionalen Schutzbrillen ausgerüstete Angehörige den mystischen Ruf erbten, der in vergangenen Zeiten den Kürassieren vorbehalten war. Nach 1910 entstanden in der Umgebung von Paris zahlreiche Flugplätze, die Leute aus allen Schichten, besonders aber die wohlhabenden Müßiggänger, geradezu magisch anzogen. Brennpunkte des neuen Kults waren Issy und Buc.

Im Juli und August begann Cocteau – gleich Agostinelli, Prousts geliebtem Chauffeur – den Flugplatz von Buc zu frequentieren, begleitet von Louis Gautier-Vignal, durch den er Roland Garros, den waghalsigen jungen Flieger, kennenlernte, der nach einer Alleinüberquerung des Mittelmeers im Jahr 1913 rasch zu Ruhm gekommen war. In der zweiten Hälfte des Jahres 1914 ließ Garros, ein freundlicher und verträumter Südfranzose, Cocteau in unregelmäßigen Abständen mitfliegen, obwohl ständig die Gefahr bestand, deutschen Flugzeugen zu begegnen. Die Fürstin Bibesco notierte im Januar 1915 in ihr Tagebuch:

»Verabredung mit Jean zum Mittagessen bei Larue, wo wir unseren Tisch haben. Jean hat seine ›Affektation‹ gewechselt, wie er sich auszudrücken beliebt. Der Poet, der einen Stern zum

Emblem erkor, ist zum Gefährten des Himmelsgewölbes geworden: Er begleitet jetzt Roland Garros bei dessen Erkundungsflügen über den feindlichen Linien ... Jean schildert uns, was sich im Reich des ewigen Morgens abspielt: Über den blitzgeschwängerten Wolken, die Frankreich und Deutschland mit ihren tödlichen Schatten bedrohen, herrscht in tausend Metern Höhe ein alpiner Frühling ... Jean vom Stern hat seinen Freund Garros um Erlaubnis gebeten, aus der Pilotenkanzel auszusteigen, um ein paar Anemonen zu pflücken. Er bringt sie mir. Es ist der Strauß der Persephone. Am nächsten Tag kommt er in Begleitung von Roland Garros ...«

Zusammen mit einem Nationalhelden gesehen zu werden – und die beiden aßen oft gemeinsam bei Larue und verkehrten in Misias Salon –, verzehnfachte das Ansehen Cocteaus, denn Garros' Berühmtheit war nur mit der Glorie vergleichbar, mit der man einige Zeit später Lindbergh umgab. Cocteaus Begeisterung für »Engel« rührt aus der Zeit seiner Loopings über Frankreich her: *Le Cap de Bonne-Espérance* (»Das Kap der Guten Hoffnung«), ein Poem von Buchumfang, widmete er Roland Garros. Cocteau ließ keine Gelegenheit aus, den Flieger in aller Öffentlichkeit zu loben, und als Garros, 1915 über Deutschland abgeschossen, mehrere Monate in einem Kriegsgefangenenlager in Schlesien verbringen mußte, las er das Gedicht des Freundes immer wieder. 1917 starb Garros, und man entdeckte, daß er das Cockpit seiner Maschine mit Manuskriptseiten des Werkes vollgestopft hatte – behauptete jedenfalls Cocteau.

Durch den Kriegsausbruch war die Pariser Saison ernstlich in Frage gestellt. Salontreffen wurden ersetzt durch bescheidene Teegesellschaften. Die Damen der Rive droite hatten nicht mehr genug Männer um sich und wandten ihre Aufmerksamkeit deshalb den Verwundeten zu. Sogar Anna de Noailles besuchte Hospitäler, paradierte und rezitierte vor den Soldaten, die sie allerdings eher verärgert zurückließ (die meisten warteten nur ungeduldig darauf, daß Anna ihre Tiraden beendete, um endlich die versprochene Tabakration zu verteilen).

Misias Phantasie allerdings bewegte sich in anderen Dimensionen als die der übrigen Pariser Damen. Sich mit verwundeten Kriegern zu trösten, paßte nicht zu ihrem Stil. Da sie sich in dieser Kriegssituation mit ihren zahlreichen ausländischen Namen – Godebska, Natanson, Edwards und Sert – nicht ganz wohl in ihrer Haut fühlte, plante sie einen Schachzug, dessen glänzende Durchführung ihren Patriotismus bestätigen, ihre logistische Begabung beweisen und ihr die Teilnahme am Kampf erlauben sollte. Dann endlich würde Frankreich nicht mehr auf sie verzichten können. Da es dem Roten Kreuz an ausreichenden Mitteln fehlte, beschloß sie, in eigener Initiative ein ambulantes Hilfskorps zu gründen. Die dazu notwendigen diplomatischen Demarchen mußte ihr Freund Philippe Berthelot wohl oder übel auf sich nehmen. Wiederholt begab er sich zum Quai d'Orsay und belästigte dort vor allem die Abteilungen für Zensur und Propaganda. Misia setzte all ihre Reize ein und erhielt von General Galliéni, dem Helden der Madagaskar-Kampagne und jetzigen Militärgouverneur von Paris, den offiziellen Segen für ihr Unternehmen.

Dann hatte sie die glorreiche Idee, Razzien in einigen Hotels durchführen zu lassen, die sich in deutschem Besitz befanden. So kam sie zu dem notwendigen Bettzeug. Ein kurzer Blick auf die Gefährte der Modehäuser auf dem Quai de Billy zeigte ihr, woher sie ihre Ambulanzen nehmen sollte. Bei welcher Sache auch immer sie mit ihrem Namen zeichnete – für die Modeschöpfer bedeutete es klingende Münze. Hatte ihre Brautausstattung allein nicht schon eine Viertelmillion Mark gekostet und hatte sie nicht als Madame Edwards ein Vermögen für ihre berühmten pastellfarbenen Gewänder ausgegeben? Also stellte ihr die Modeindustrie, dankbar und zugleich künftige Gewinnchancen anpeilend, umgehend vierzehn Lieferwagen zur Verfügung, die der Karosseriebauer Saoutchik in Krankenfahrzeuge verwandelte. Die Rekrutierung von Helfern gestaltete sich allerdings schwieriger als das Organisieren von Bettwäsche und Fuhrwerken. Verständlicherweise schreckten alle Freunde Misias davor zurück, ihr Schicksal in die Hände der schönen Polin zu legen. Unter den Leuten, die sich ihr schließlich doch anschlossen, befand sich auch ihr Liebhaber José Sert, dem keine andere Wahl blieb. Saoutchik erklärte sich bereit, eigenhändig zu fahren, und Paul Iribe und Jean Cocteau machten mit, weil sie davon träumten, Heldentaten zu vollbringen. Der Zusammenschluß dieser Heroen der Caféhaus-Society zeugte von absoluter Naivität, und die Gruppe sollte ein ziemlich ernüchterndes Schauspiel erleben. Als die Sache endlich losging, sah man schon auf den ersten Blick, daß der ganze Konvoi für Hilfsaktionen vollkommen ungeeignet war. Die Vorhut hatte in Misias riesigem Mercedes Platz genommen. Iribe trug ein Kostüm, das an die Ausrüstung eines Tiefseetauchers erinnerte. Cocteaus Krankenschwestern-Ausstattung war vom Modepapst Paul Poiret persönlich entworfen worden, Sert hatte hellgraue Knickerbocker gewählt und hielt auf dem Rücksitz seine riesige Kamera umarmt. Man schrieb die letzten Tage des August. Die Ile de France machte einen vollkommen friedlichen Eindruck; die Bäume und Sträucher sahen aus wie immer; die mit weißem Staub bedeckten Straßen führten durch Felder, auf denen Rüben und Raps standen. Konnte die bunt zusammengewürfelte Schar ahnen, daß Marschall Joffre soeben zum allgemeinen Rückzug hatte blasen lassen?

Auf der Straße von Varèdes merkten sie endlich, daß irgend etwas nicht in Ordnung sein konnte. Viehkadaver hingen in den Bäumen, wohin sie offensichtlich von Artilleriegeschossen geschleudert worden waren, und bei L'Hay-les-Roses wurden sie Zeugen eines noch grauenvolleren Schauspiels. »Ich glaubte«, schreibt Misia, »aus einiger Entfernung eine Gruppe Neger in jammervollem Zustand zu sehen. Doch beim Näherkommen stellte ich fest, daß es deutsche Kriegsgefangene mit Kopfverletzungen waren. Ihre Gesichter waren vollkommen mit schwarzen Fliegen bedeckt, die an den noch nicht verbundenen Wunden klebten.« In Reims schließlich offenbarte sich ihnen das volle Ausmaß der verheerenden Auswirkungen moderner Kriegführung. Der Konvoi traf aus westlicher Richtung ein, als im Osten der Stadt gerade die Beschießung durch die Deutschen begann. Männer wurden ohne Narkose amputiert. Ein Priester eilte von Strohlager zu Strohlager und verabreichte Toten und Sterbenden die letzte Ölung; Münder, die durch den Wundstarrkrampf fest verschlossen waren, öffnete er mit einem Messer, um die Hostie hineinzupraktizieren. Inzwischen explodierten die deutschen Bomben in immer geringerer Entfernung von den Treibstofflagern, »wie ein Blinder, der sich an den Türdrücker herantastet« – so Cocteau. Als Misias Gefährten die Medikamente abgeladen hatten, fuhr man wieder nach Hause zurück und passierte Meaux, wo die Truppen des Generals Manoury bereits der deutschen Armee unter von Kluck gegenüberstanden. Die erste Schlacht an der Marne hatte begonnen.

Gides Vermutung war richtig gewesen. Während der harten Tage von Reims bewies Cocteau einigen Mut. Seine Zunge stand auch dann nicht still, wenn in zehn Schritt Entfernung die Mörsergeschosse detonierten. Sein Esprit ließ ihn nicht im Stich, und er blieb standhaft, als befände er sich in einem literarischen Salon – die Engel schienen ihm Schutz und freies Geleit zugesichert zu haben. Als sein Unterschlupf von einer Bombe getroffen wurde, entstieg er dem Keller zwar leicht stöhnend, aber sonst wohlbehalten. Misia wollte General Février, als Chef des Sanitätskorps auch ihr Vorgesetzter, unbedingt beweisen, daß alle ihre Helfer unbeschadet überlebt hätten, und bestellte sie zu ihrer Unterkunft. Cocteau erschien auf Krücken. Sert bezeichnete ihn als Simulanten, aber Cocteau protestierte und gab an, unter einer verrenkten Hüfte zu leiden. »Ich bekomme nun«, schrieb er Misia wenig später, »die Nachwirkungen und das Wundfieber zu spüren nach meinem trotz allem recht ernsten Unfall in Reims. Während der Verrücktheiten verwehrt man es sich, sie zu unterbrechen. Aber jetzt beunruhigt mich der Stabsarzt, ich hinke wirklich . . . Sert hat mich ausgezankt, sicher glaubt er, daß ich Theater spiele . . . Er kennt mich schlecht!« Misia ließ einer schönen Geste die nächste folgen und schenkte ihre Ambulanzen der Zarin von Rußland. Diesen Anlaß benutzte man zu einer äußerst schicken Festzeremonie im Hôtel des Invalides.

Wie gesagt, war Ende August die große Welt aus Paris verschwunden und hatte sich in den Süden des Landes begeben. Bordeaux machte plötzlich den Eindruck einer mondänen Hauptstadt. Die Cafés waren überfüllt mit Pariser Dandys, die das Larue gegen den Chapon Fin vertauscht hatten. Am Abend wurde es auf den Quais der Gironde lebendig: Bankiers, Minister, Müßiggänger, alle warteten auf die neuesten Kommuniqués. Nach dem französischen Sieg an der Marne fiel die Stadt jäh in die alte Provinzialität zurück. Die *septembrisards*, wie sie später genannt wurden, hatten ihre Hotels über Nacht geräumt.

Die Theater durften wieder spielen, aber ihre Programme entsprachen genau dem allgemeinen Chauvinismus. In der Comédie Française wurden die subtilen Seelendramen Racines durch die kämpferischen Tragödien Corneilles verdrängt. Die Music-Halls schienen allen Sinn fürs Komische verloren zu haben. Als Italien dem Deutschen Reich den Krieg erklärte, unterbrach man in der Opéra Comique (der ehemaligen Italienischen Oper) die Vorstellung und ließ Sänger und Publikum gemeinsam die italienische Nationalhymne singen. Wie zutreffend war doch Stendhals Bild von der Politik gewesen, die »wie ein Pistolenschuß im Konzertsaal« in die Literatur eingreife! Ganz Frankreich glaubte die Große Armee Napoleons aus hundertjährigem Schlaf zu neuem Leben erweckt und feierte sich wieder mit imperialen, säbelrasselnden Lobhudeleien, die jedoch bald vom tatsächlichen Geschehen übertönt wurden.

Frankreich schritt um ein volles Jahrhundert zurück, und seine Zeitungen paßten sich diesem Infantilismus vollkommen an. Ganz nach Belieben manipulierte oder verschwieg man die Wahrheit. Sentimentalitäten und schmalzige Hymnen auf den Krieg passierten jede Zensur, jeden Verlegerschreibtisch. Zeitungen wie *Le Divan* veröffentlichten jeden Fetzen Manuskript, jedes noch so einfältige Geschreibsel, wenn es nur aus den Schützengräben stammte. Auch Cocteau beteiligte sich an diesem Treiben. Nach der Rückkehr von der Front gründete er mit Paul Iribe ein Kolportageblatt namens *Le Mot*. Die erste Ausgabe erschien am 28. November 1914.

Cocteau wurde rot-weiß-blau. Die Werbung für sich selbst und Berichte über Mode hatten ihn fit gemacht für Propaganda aller Art. Er verfaßte ästhetische Proklamationen, schrieb patriotische Verse, zeichnete Karikaturen, die er mit »Jim« signierte, und beherrschte *Le Mot* durch seine unermüdliche Aktivität von der ersten bis zur letzten Seite. Unerwartet durften seine Eugènes wieder in Erscheinung treten. Sie schwollen an zu Zeppelinen oder wurden auf Pferde gestülpt wie unheilschwangere Monstren und personifizierten alle Formen des Hasses gegen die »Boches«. Da Cocteau sich aber nie mit einer Sache zufrieden gab, nahm er andererseits auch den Fremdenhaß als solchen aufs Korn, denn die Mortimers in Frankreich boten ein womöglich noch lohnenderes Angriffsziel als ausländische Eugènes; überdies bildeten Mortimers und Eugènes fast den Januskopf eines einzigen Ungeheuers. Schon immer haben die französischen Konservativen den Hang gehabt, angebliche verräterische Beziehungen zu Deutschland anzuprangern, wenn es galt, die Unterdrückung ihrer Gegner im eigenen Lande zu rechtfertigen. So wurde im Jahre 1914 der Kubismus verfolgt, weil er angeblich aus München stammte. Cocteau zog über den deutschen Nachbarn her und ließ dabei doch keinen Moment lang die heimatliche Front aus den Augen. »Ein befreundeter Künstler«, schrieb er und spielte dabei zweifellos auf Albert Gleizes an, »schreibt mir: ›Ich bin sicher, daß dieser Krieg einen Rückschlag bringen wird. Scharfsichtige Geister wird man für geltungssüchtig halten, Kunstwerke wird man unter sentimentalen Gesichtspunkten beurteilen ... und sich dabei auf das 18. Jahrhundert beziehen anstatt auf die ursprünglichen Quellen zurückzugehen.‹«

Dann zettelte Cocteau einen Streit mit Saint-Saëns an, der in seinem Haß auf die Ausländer nicht einmal vor Shakespeare haltmachte. Cocteau selbst jedoch war in Wirklichkeit nur um einen winzigen Grad weniger intolerant als der leicht senile Komponist, denn ironischerweise sollte der Brief des »befreundeten Künstlers« Cocteaus eigene Haltung nach dem Krieg charakterisieren, als er, inzwischen Anführer der Komponistengruppe »Les Six«, die Rückkehr zur »französischen Tradition« feierte. Trotz seines aufgeklärten Geistes konnte Cocteau nicht über den eigenen Schatten springen. »Schönberg«, verkündete er in *Le Mot,* »klopft mit seinem Schädel gegen alte Noten; während Strawinsky sich durch hellsichtige Kühle von orientalischer Poesie befreit, rechnet Schönberg, verrenkt sich, verbarrikadiert sich alle Auswege, kann sich seine Liebe zu *Tristan und Isolde* nicht verzeihen, komponiert wie eine Maschine und rückt die Brille des Intellektuellen, des Herrn Professors, zurecht.« Und einige Zeit darauf, als Cocteau Herausgeber der *Editions de la Sirène* geworden war, schlug er seinem Freund Gautier-Vignal vor, ein Kompendium über Nietzsches deutschfeindliche Äußerungen zusammenzustellen.

In der französischen Bevölkerung entstand ein Riß. Soldaten, die vom Schlachtfeld heimkehrten, entdeckten, daß man – wenn auch auf patriotische Weise – mit dem Krieg Possen trieb. Ein Innenarchitekt verwandelte sein Büro in einen Schützengraben. Die Salons gingen buchstäblich in den Untergrund: Nachdem sie eine Zeitlang ganz verschwunden waren, feierten sie in bunkerähnlichen Gelassen Auferstehung. Selbst die Gastronomie überwand die zahlreichen Fußangeln des Notstands. Die Gesellschaft hatte sich also, wenn überhaupt, nur höchst oberflächlich geändert, und die Veteranen, die durch den Krieg die abgeklärte Weisheit altersschwacher Greise erlangt hatten, galten oft nicht mehr als dekorierte Parias. Es war, als hätte die dauernde Todesgefahr eine manisch-depressive Allianz zwischen Poilus und Boches geschaffen, und diese richte sich nun gegen den gemeinsamen Feind, die Zivilbevölkerung. Frankreich war in zwei Lager gespalten. Den Luxus des Patriotismus leistete sich im Grunde nur die Etappe. Gegen 1916 versuchten Generäle ihre Truppen aufzustacheln, indem sie heuchlerisch-bourgeoise Reden hielten und chauvinistische Music-Hall-Songs singen ließen. Das folgende, bisher unveröffentlichte Dokument bedarf keines weiteren Kommentars. Es ist datiert auf den 18. Oktober 1916 und wurde geschrieben von General Brissaud, dem Kommandeur der 12. Infanteriedivision.

Nach den Beobachtungen des Kommandierenden Generals wird der militärische Gruß von der Truppe nicht ordnungsgemäß ausgeführt und von den Offizieren unangemessen erwidert. In Zukunft ist der militärische Gruß von der 12. Infanteriedivision entsprechend den folgenden Vorschriften auszuführen:

Der Gruß des wahren Poilu

Drei Phasen

ERSTE PHASE. – Stehe auf deinen Füßen wie ein echter gallischer Hahn und schlage kräftig deine Hacken zusammen: Bringe deine rechte Hand schnell in die Position des Regimentsgrußes, spanne alle Muskeln, halte den Atem an, ziehe die Schultern zurück und den Bauch ein; die linke Hand bleibt gestreckt, und der Daumen berührt die Hosennaht; blicke deinem Offizier fest in die Augen, erhebe das Haupt und sage dir innerlich: ICH BIN STOLZ, EIN POILU ZU SEIN.
ZWEITE PHASE. – Senke unmerklich den Kopf, laß deine Augen lachen und rede deinen Offizier innerlich wie folgt an: DU BIST EINER VON UNS, AUCH DU. DU MECKERST MANCHMAL, ABER DAS MACHT NICHTS, DU KANNST AUF MICH ZÄHLEN.
DRITTE PHASE. – Erhebe dein Haupt, mache dich größer, indem du deinen Körper streckst, denke an die Boches und drohe ihnen innerlich: WIR WERDEN EUCH SCHON KRIEGEN!

Der Gruß des Offiziers

Zwei Phasen

ERSTE PHASE. – Blicke den Soldaten herzlich an, erwidere seinen Gruß, indem du ihn fest anschaust, ihm zulächelst und innerlich sagst: TROTZ DEINES SCHMUTZES BIST DU SCHÖN!
ZWEITE PHASE. – Erhebe dein Haupt, denke an die Boches

und sage innerlich: DANK DIR WERDEN WIR DIE SCHWEINE SCHON KRIEGEN!

Alle Angehörigen der Division mußten diesen erhebenden Text auswendig lernen.

Als das gesellschaftliche Leben in Paris neu aufzuflackern begann, fühlte auch Cocteau sich wieder zu den wärmenden Flammen hingezogen. Oft dinierte er bei Philippe Berthelot und Etienne de Beaumont, bei Misia in ihrem turmähnlichen Penthouse an der Seine und bei der Fürstin Soutzo in ihren Gemächern im Ritz. In Begleitung von Freunden, die seine Begeisterung für Clowns wie die Brüder Fratellini teilten, besuchte er den Zirkus Médrano auf dem Montmartre. Er war im Grunde selbst ein Possenreißer, besaß eine hektische Virtuosität, die eines Akrobaten würdig gewesen wäre, und blühte im Médrano geradezu auf. Auch Filme spielten jetzt eine wichtige Rolle in seinem Leben. Die Nächte waren lang, und nichts konnte die Fasten-Atmosphäre im Paris der Kriegszeit vor 1917 besser vertreiben als *The Mysteries of New York* mit der göttlichen Pearl White.

Cocteau schwankte heftig zwischen seiner Abneigung gegen den Krieg, die sich seit kurzer Zeit immer wieder bemerkbar machte, und der schicksalhaften Verstrickung in heroisches Geschehen, schrieb eine *Ode à Joffre,* brachte wenige Minuten später Generale in Verruf und schien nach Meinung seiner Freunde am Rand eines Nervenzusammenbruchs. Seine gewohnte Selbsttherapie bestand darin, sich an den eigenen Worten zu berauschen. »Als wir von einem Diner in der Rue Duroc kamen«, schrieb Bernard Faÿ, »hielt er uns auf der Place de la Concorde eine oder zwei Stunden auf und imitierte für uns den General de Clapiers, dessen Platitüden er mit genialer Ironie parodierte, so daß wir vor Lachen und Müdigkeit erschöpft, aber auch etwas ärgerlich nach Haus gingen.«

Leider half die Therapie nicht immer. In seinen Träumen war Cocteau auch weiterhin an der Front. Er wurde hin- und hergerissen zwischen der Rue d'Anjou und den Jagdgründen der Gesellschaft, wohnte immer noch (und auch während der folgenden Jahre) unter dem Dach seiner Mutter und sehnte sich nach den Schützengräben, den Schlachtfeldern, dem lunatisch-verworfenen Chaos, das er in nicht allzu weiter Ferne wußte. Man weiß, daß viele Menschen erst im Zustand allgemeiner Unordnung zu sich selbst finden. Das gilt sicher auch für Kinder, die in Kriegsruinen spielen und sich freuen, wenn neue Bombeneinschläge ihnen noch bessere Versteckmöglichkeiten bieten. Ganz ähnlich sah auch Cocteaus Lieblingslandschaft aus. In *Orphée,* dem viele Jahre später entstandenen Film, wird der Titelheld von einem Engel unter die Erde geführt und trifft dort auf eine zerbombte Stadt, aus der sein wahres Ich ihm auf telepathischem Wege Erleuchtungen übermittelt hatte.

Unter seinen Kriegsgedichten, denen er den Sammeltitel *Discours du Grand Sommeil* (»Rede über den großen Schlaf«) gab, befindet sich auch das Gedicht *Fluch des Lorbeers:*

In alle Winde breitest du die Zweige,
Kirschbaum in Blüte, abendliche Sonne.

In uns ist Mars und März und ihm entströmen
Den Dünen unbekannte Liebesnebel.

Hier wurde nur blauhäutig Volk gesät.
Das schießt nun jäh zum Himmel auf ins Kraut.
. . .

Scheinwerfer, blind, mit Automatengesten,
So tasten sie die Wolkenwinkel ab.

Nichts bleibt zurück uns als ein Block aus Frost,
Ein flinkes Flintenknattern und als diese

Französischen und deutschen Jungen, Statuen,
Die, Aug in Aug, ein Hammerschlag zertrümmert,

Und dieser Lorbeer nur, der freudlos wuchert
Und gierig sich von kaltem Marmor nährt.

Daß dich ein Frühlingswetterstrahl vernichte,
Unmenschliches Gewächs des Ruhms!

Im Dezember 1915 gewann Cocteaus »Frühlingswetterstrahl« Gestalt in Etienne de Beaumont, dem es nach endlosen Verhandlungen gelang, mit offizieller Zustimmung ein Ambulanzkorps zu gründen. Ohne Schwierigkeiten brachte er eine bunt zusammengewürfelte Hilfstruppe von Literaten zusammen, darunter Bernard Faÿ und Cocteau. Im Zustand außergewöhnlicher Exaltation machten sie sich an einem frühen Wintermorgen auf und trugen so verschiedenartige Uniformen, daß sie einer fahrenden Zirkustruppe glichen. Die Expedition begann so, wie sie rund vier Monate später enden sollte: katastrophal.

Aufgehalten durch pausenlos platzende Reifen, in die Irre geführt durch ihre ganz und gar voneinander abweichenden Ansichten über den richtigen Weg nach Flandern, hatten Beaumont und seine Begleiter noch nicht einmal zweihundert Kilometer zurückgelegt, als sie von der Nacht überrascht wurden. Stundenlang suchten sie in Graupelregen und dichtem Nebel herum, bis sie endlich auf ein Dorf stießen, sofort in das einzige Gasthaus am Ort eindrangen und sich trotz der Proteste des Wirts in den leeren Zimmern niederließen, während Faÿ, der Benjamin der Gruppe, einen Tisch im Speiseraum mit Beschlag belegte. Als er gerade dabei war, einen Dubonnet zu schlürfen, trat einer, dann noch einer, schließlich eine ganze Reihe britischer, mit Monokel und bunten Litzen geschmückter Offiziere ein. Den letzten identifizierte Faÿ als Sir Douglas Haig, Oberkommandierender der Britischen Expeditionstruppen. Nun begriff er, weshalb der Wirt davor zurückschreckte, Beaumonts seltsames Miniregiment einziehen zu lassen. Ihm wurde plötzlich ganz blümerant vor Angst, weil er ahnte, daß seine Kameraden oben planten, sich am ungastlichen Besitzer zu rächen, und diese Furcht war nicht unbegründet. Beaumont, der einen schwarzen Seidenpyjama angelegt hatte, schritt im nächsten Augenblick majestätisch die Treppe hinunter, gefolgt von einem affektierten Cocteau, der sich in rosa Tüll gehüllt hatte. Beide trugen an den Fußgelenken Goldketten, deren Klirren – so Faÿ – in der erstarrten Atmosphäre wie Säbelrasseln klang. Am nächsten Morgen setzte der Konvoi des Grafen de Beaumont seine Reise nordwärts fort, nachdem man den Wirt für seine Verschwiegenheit höher entlohnt hatte als für seine Räume und die Seite des Gästebuchs, auf der ihre Namen standen, herausgerissen war.

Als Ziel der Reise hatte die Gruppe sich Nieuport an der belgischen Küste ausgesucht, wo britisch-französische Truppen mit der äußersten Nordflanke der deutschen Streitkräfte zusammengestoßen waren. Mit einbrechendem Winter hatte man die Angriffe so gut wie eingestellt. Dafür schossen die Artillerien mit verdoppelter Wut aufeinander. Tag und Nacht schleuderten britische Kriegsschiffe, die entlang der gesamten belgischen Küste vor Anker lagen, Granaten und Bomben über die Truppen hinweg, und der Himmel sah aus wie »die Decke eines Raums, der nur von einer flackernden Kerze beleuchtet wird«. Hier verbrachte Cocteau den Winter 1915/16.

Die Ambulanzeinheit schlug ihr Lager an der Küste des Frontabschnitts 131 auf, der Nieuport-Ville, Nieuport-Bains, Coxyde-Ville und Coxyde-Bains umfaßte – früher elegante Badeorte, die sich darüber stritten, wer wohl über die »vornehmeren« Gäste verfügte. Nun waren die Villen zum größten Teil zerbombt und dienten den verschiedenen, in der Umgebung stationierten Einheiten als Vorpostenstellung. Zuaven, Fremdenlegionäre, berockte Schotten, französische Marinesoldaten und englische Infanteristen suchten hier Zuflucht – Mollusken, die in die verlassenen Gehäuse toter Krustentiere geschlüpft waren.

Cocteau hatte allerhand zu tun. Da die Kunst der Scharfschützen täglich neue Opfer forderte, galt es, pausenlos in dem weitläufigen Layrinth von Schützengräben hin- und herzueilen und verwundete Soldaten zu bergen. Der Winter war außergewöhnlich mild und feucht, und es sollte sich bald zeigen, daß die ständigen Regenfälle fast noch mehr Schaden anrichteten als der Feind. Die Soldaten hockten durchnäßt und trübselig im

Morast. Cocteau half nach Kräften. »Hier«, so schreibt Pierre de Lacretelles von der Front, »ist Jean die Sonne, dank derer man den Schmutz, die Mühsal, die Trauer und das Grauen miterlebter Leiden vergißt.«

Cocteaus Kritiker – Gide beispielsweise – waren der Ansicht, der Krieg bedeute für ihn lediglich Anlaß zu neuen hektischen Umtrieben, aber die Wirklichkeit sah etwas anders aus. An der Front konnte er endlich einmal von den natürlichen, wilden Freuden kosten, nach denen er schon lange hungerte. »Wir liebten den Krieg wie eine Negerin«, schrieb er später an Aragon. Wenn man statt »Negerin« Neger sagt, kommt man der keineswegs nur metaphorischen Wahrheit sicher näher. Cocteau mußte seine Nächte an allen möglichen Orten verbringen: unter Zelten, in den Hängematten der Mariner, auf Brettern bei den Zuaven, auf seiner eigenen Sanitäterbahre, wenn er nachts plötzlich im Schützengraben von Erschöpfung und Schlaf übermannt wurde. Die Gräben boten ihm ähnliche Zerstreuungen, wie er sie einst in Marseille erlebt hatte (und auch später noch genießen sollte), als er inkognito unter Zuhältern, Prostituierten und Ganoven lebte. War dies nicht das wahre Leben? Cocteau liebte die Hochland-Schotten und die bisexuellen Senegalesen, für die übrigens auch Gide eine gewisse Schwäche hatte; trotzdem ließ er sich nicht zu einem Besuch verlocken: »Es würde Ihnen hier sehr gefallen – venezianisch-maurische Gelasse wie in einem Luna-Park –, die marokkanischen Scharfschützen führen Bauchtänze vor, und die Zuaven schenken mir prähistorische Stöckchen. Ich werde Ihnen über meine nächtliche Weihnacht berichten, nur zehn Meter von den Boches entfernt, und neben mir lagen die Drei Könige und über mir strahlten die Sterne.«

Zur gleichen Zeit schrieb er Gleizes, er fühle sich unsäglich einsam unter all den Verrückten, die »die alten Märchen zerstören und die neuen mit Füßen treten«, während er Madame Simone folgende Zeilen sandte: »Der Mond hüpft, und der Himmel wird zerstückelt. Man hält sich die Ohren zu und denkt an den Wilden Westen – ein Schauspiel der Zerstörung, das uns endgültig den Glauben nimmt, noch den alten schöpferischen Instinkt zu besitzen.« Sicher paßte er seine verschiedenen Empfindungen dem jeweiligen Briefpartner an, aber seine ambivalente Einstellung dem Krieg gegenüber scheint doch echt gewesen zu sein. Der Krieg machte ihn traurig und erregte ihn zugleich. Nur wenige seiner Gedichte klingen so wahr wie *Tour du Secteur Calme* (»Runde im ruhigen Abschnitt«) aus dem *Discours du Grand Sommeil*, in dem ein Soldat das Leben aushaucht, während er vom Sanitäter durch die Schützengräben getragen wird.

Cocteau schloß sich zunächst einer Truppe nordafrikanischer Sidis an und trat dort an die Stelle eines jungen Mannes, der wegen irgendwelcher »dunklen Machenschaften« versetzt worden war. Diesen Vorgänger hatten die Sidis »angebetet« und ließen nun ihre Rache an dem Neuen aus, indem sie ihn auf gefährliche Missionen in den »dreieckigen Wald« schickten, von denen Cocteau aber zu ihrem größten Ärger jedesmal lebend zurückkehrte. Als das arabische Bataillon an die Somme verlegt wurde, ließen die Offiziere Cocteau zurück, damit er das Material bewachte. Zwei Tage später erschien ein Engel in Gestalt eines Marinekapitäns und entdeckte Jean, der im wassergefüllten Schützengraben mehr schwamm als stand. »Hören Sie«, sagte der Engel, »es hat keinen Sinn, daß Sie hier ein WC bewachen! Ich werde Sie mitnehmen.« Daraufhin wurde Cocteau zum Maskottchen einer Marineeinheit, die in einer zerstörten Villa in Coxyde-Bains Stellung bezogen hatte – und deren Hauptfeind die Langeweile war. Die Männer wurden aber bald aufgemuntert durch ihren Kobold aus Paris, der herumsprang wie ein begeisterter Tourist im Herculaneum, Spiele erfand und nach günstigen Durchbruchmöglichkeiten Ausschau hielt.

Nachdem ein Admiral ihn für den Orden »Croix de guerre« vorgeschlagen hatte, kam heraus, daß Cocteau gar kein richtiger Soldat war. Zwei Militärpolizisten brachten ihn von Coxyde-Bains nach Coxyde-Ville, wo er unter dem Vorwand, noch ein paar persönliche Habseligkeiten aus einem Keller holen zu wollen, durch das Oberlicht entkam. Als er dann ziellos durch

Coxyde lief, traf er zufällig auf seinen Freund Louis Gillet, den Adjutanten von General Elie Boissel, der im Auto seines Vorgesetzten nach Dünkirchen unterwegs war. Gillet nahm ihn mit, und als sie durch Coxyde-Bains kamen, wo Cocteau von den Marinesoldaten, die noch ein paar Stunden zuvor seine Epauletten abgerissen hatten, wiedererkannt wurde; aber mit frecher Stirn fuhr er an ihnen vorbei.

Die üblen Gerüche, die in seine Nase drangen, alles Elend, Blut und Leid, das er tagtäglich zu Gesicht bekam, wurden in seiner Mythenmaschine gefiltert und gelangten heraus als duftende, dekorative und beinahe heitere Gebilde. In Cocteaus Phantasie besaß der Krieg alle Attribute des aristokratischen Lebens: Geld spielte keine Rolle, man kümmerte sich nicht um Konventionen, und die Uniform heiligte die Anonymität des Individuums (seine eigene hatte ihn allerdings verraten).

Wenn man die Bruchstücke aus verschiedenen schriftlichen Erinnerungen zusammenfügt, klingen Cocteaus Berichte über seine Abenteuer an der Front fast wie Märchen aus dem Sagenkreis vom Artushof – Übertreibungen, kleine Schwindeleien, verwirrende Sprünge und Auslassungen kennzeichnen sie.

Dieser Hang zum »Manipulieren der Tatsachen« war ihm durchaus bewußt, und so machte er aus der Not eine Tugend, indem er erklärte: »Ich bin eine Lüge, die immer die Wahrheit sagt.« Es sieht so aus, als sei dieser durch irgendeine Enttäuschung oder Niederlage seiner Kindheit hervorgerufene Charakterzug für Cocteau zu einer Manie geworden, die Selbstdeutung auf Selbstdeutung, Vorwort auf Vorwort, Verkleidung auf Verkleidung und ein ganzes System ineinander verwobener Lügen nach sich zog. Der Preis für die zweifelhafte Freiheit, die er dadurch gewann, bestand in einer unendlichen inneren Einsamkeit.

Als das Ambulanzkorps der Pariser Snobs in ein anderes Gebiet verlegt wurde, begab Cocteau sich schnell wieder in die Hauptstadt. Das war im März, aber im Mai schloß er sich noch einmal einer beweglichen Einheit an, die mit einer Bibliothek und einer Röntgenausrüstung an die Front fuhr. Einige Monate pendelte er so zwischen Paris und Flandern. Am 29. Juli gelang ihm dann ein »ehrenvoller Rückzug«. Philippe Berthelot sicherte ihm einen Posten in der dem Außenministerium unterstellten Abteilung für Propaganda und Zensur, der sogenannten »Maison de la Presse«, deren Angestellte zum großen Teil Künstler und Schriftsteller und offiziell der »22. Division« zugeteilt waren. Durch diesen Trick verschaffte Frankreich seinen begabteren Bürgern eine Sinekure, die nicht allzu peinlich war und sie von aktiver Beteiligung an militärischen Aktionen befreite (Milhaud gehörte ebenfalls zu den Angestellten der Maison de la Presse). Außerdem gelangte Cocteau auf diese Weise in den engeren Kreis um Philippe Berthelot, einer der außergewöhnlichsten Diplomaten seiner Zeit.

Er war in die Fußstapfen seines berühmten Vaters Marcelin Berthelot – Chemiker und Politiker, Unterrichtsminister und 1895/96 französischer Außenminister – getreten und entsprach im wahrsten Sinne des Wortes dem Renaissance-Ideal des Universalmenschen. Als Diplomat war ihm niemand ebenbürtig. Er überlebte zahlreiche Politiker und stand als graue Eminenz hinter verschiedenen Ministerpräsidenten und Außenministern, die seine unsterblichen Aphorismen plagiierten. Der Ausspruch »Kriege sind eine zu ernste Angelegenheit, um Generälen anvertraut zu werden«, stammt von ihm und nicht von Clemenceau.

Eine Art geistige Aufrüstung zeichnete die von ihm und seinem Kreis aufgesuchten Salons aus, die zwar nicht mehr so gut besucht waren wie einst, aber ebenso aktiv, und die nach wie vor von Aristokraten und Mitläufern frequentiert wurden. Natürlich erschien auch Cocteau, dessen Konversation den Kohlensäureblasen im Sodawasser glich – sprudelnd, aber schnell verpuffend. »Es ist unmöglich«, schrieb Paul Morand, »eine Geschichte Cocteaus wiederzugeben . . . Wenn man sein Mienenspiel, seine sprechenden Handbewegungen und sprühenden Augen beobachtet hat, scheint die Gestik anderer Leute plump und unelegant; aber am nächsten Tag erinnert man sich an nichts mehr. Die Großherzogin Anastasia pflegte zu sagen: ›Er ist ein richtiger Joker, der junge Monsieur Cocteau; leider vergesse ich alles, was er sagt; ich werde mir ein kleines Heft für Notizen kaufen müssen.‹« Cocteau reüssierte in der Gesellschaft, aber so wie die Gesellschaft sich nicht im geringsten um sein privates Unglück kümmerte, ließen ihn die Mißgeschicke der Gesellschaft kalt. Höchstens Gide vertraute er sich gelegentlich an, wie etwa in folgendem Brief, den er im Winter 1917 schrieb:

»Eine Zeit der Verwirrung! Welche Qual! Und nun welche Bitternis – mein Elend wächst von Tag zu Tag – Es tat mir gut, Sie wiederzusehen – Mir geht es ziemlich schlecht. Ich leide. *Ich taste herum im düsteren Zwielicht.* Man versucht, ein geliebtes Wesen zu halten, und erreicht nur, daß man verlassen wird. Ersticke an Enttäuschung, Versagen, Überdruß, Einsamkeit etc. etc. Die Gleichgültigkeit eines Auges, das uns jetzt nur kühl mustert, während es uns einst verschlang. Die Kraftlosigkeit einer Hand, die früher die unsere suchte – Es ist furchtbar.«

Berücksichtigen wir Gides strenge, fast ablehnende Haltung ihm gegenüber, so scheint es seltsam, daß Cocteau sich derart ungehemmt Luft machte. Der intime Tonfall seiner Briefe war allerdings häufig kein Beweis für Vertrautheit, sondern vielmehr eine Bitte um Vertrautheit, die dem Empfänger gewissermaßen im Telegrammstil und möglichst unbestimmt Berichte über irgendwelche physischen oder psychischen Leiden zumutete. Seine Korrespondenz stand mit seinem wirklichen Leben nur in einer vagen Beziehung, und deshalb konnte er auch pro Tag bis zu zwanzig Briefe schreiben, die fast immer nach dem gleichen Muster aufgebaut scheinen: zuerst ein massives Kompliment, dann Klagen über Schmerzen, die zum Teil echt waren, zum anderen Teil zur Routine gehörten, und schließlich das oft erfolgreiche Manöver eines Kindes, das vor der Welt der Erwachsenen den Unschuldsengel spielt, weil es irgend etwas verbrochen hat. Diesem Schema folgte Cocteau fast sein ganzes Leben lang. Es gibt kaum eine Korrespondenz, die so beharrlich nach einem einzigen Muster angelegt ist, die so monoton ist wie der Briefwechsel von Cocteau. Seine Handschrift wechselte mit seinen Vorbildern und Idolen, die Ingredienzen seiner Schreiben aber blieben die gleichen.

Seine bürgerliche Existenz spielte sich zwischen dem Zirkus Médrano und dem Ritz ab. Während des Krieges war das Ritz zu einem Refugium geworden, wo die verstörte große Welt abends zusammenkam. (Proust hatte inzwischen eine neue Phase seines Lebens erreicht und dinierte dort so regelmäßig, daß er als »Proust vom Ritz« bekannt wurde.) Wenn man wegen der Polizeistunde das Licht schon um acht Uhr löschte, beendeten die Aristokraten schnell ihr Souper und zogen sich in die oberen Räume zurück, denn viele hatten ihre Stadtpalais mit Hotelsuiten vertauscht, da das Leben hier weit bequemer war.

Gegen 1917 hatte man auch in den »vornehmeren« Kreisen begonnen, von der Existenz des Kubismus Notiz zu nehmen. Madame Errazuriz, eine reiche und intelligente Chilenin, deren aristokratisches Auftreten ihre reichlich exzentrischen Gewänder rechtfertigte, besuchte den Salon von Misia – damals noch Mrs. Edwards – in einem Matrosenanzug, der mit kleinen schwarzweißen Karos bedeckt war, und bekundete so in aller Öffentlichkeit ihre Begeisterung für Picasso. Am Neujahrstag kam es zwischen Cocteau und André Saglio-Dresa, dem für Ausstellungen französischer Kunstwerke im Ausland verantwortlichen Funktionär, im Anschluß an einen Streit über den Kubismus fast zu einer Schlägerei – wiederum bei Misia. Cocteau verteidigte mit aller Kraft eine Richtung, die er noch vor wenigen Jahren (in *Le Mot*) scharf angegriffen hatte. Auf den Auktionen stiegen die Preise für Picasso-Bilder unaufhaltsam, während der bedauernswerte Jacques-Emile Blanche in der Gunst der Käufer immer weiter fiel. Einmal stellte er Cocteau zur Rede und giftete über Picasso, den er als einen opportunistischen Hans-Dampf-in-allen-Gassen betrachtete. »Cocteau hat Perioden«, meinte er später verächtlich. »Er ist zyklisch angelegt. Vor sechs Jahren habe ich die Phase von Anna de Noailles miterlebt; Jean redete so viel von ihr, daß wir alle ihren Namen nicht mehr hören konnten, obwohl wir sie sehr mochten! Heute ist er in der Pablo-Picasso-Phase. Ich habe in Barcelona Freunde von Picasso besucht und bin über ihn informiert! Er ist ein geschickter Bursche, der die Leute mit seinem Aussehen eines harmlosen Farbenklecksers vom Montmartre ganz schön ausnutzt. Er nutzt auch Cocteau nur aus.«

Obgleich Blanches Urteil über Cocteau im großen und ganzen durchaus zutraf, übersah er doch ein bezeichnendes Detail: Wenn Picasso Cocteau ausnutzte, so benutzte Cocteau den Maler ebenfalls. Außerdem war er nicht »zyklisch« angelegt, sondern simultan. Misia kam der Wahrheit schon näher, als sie, natürlich in Cocteaus Abwesenheit, erklärte, er stünde offensichtlich unter dem Zwang, allen Leuten gleichzeitig zu gefallen, alle gleichzeitig zu verführen – Picasso, Madame de Chevigné und das Marinekorps beispielsweise –, wobei sie lässig eines ihrer patentierten Aperçus fallenließ, die so maliziös waren, daß sie schon deshalb Daseinsberechtigung genossen: »Wie kann man bloß seine schönsten Jahre durch Gefallsucht verhunzen, statt zu versuchen, Mißfallen zu erregen!«

Kurz nach seiner Rückkehr aus Leysin im Jahre 1914 hatte Cocteau einer Probe des Russischen Balletts im Théâtre des Champs-Elysées beigewohnt. In diesem Jahr sollte die Truppe ihre letzte vollständige Saison erleben, denn der Krieg zerstreute die Tänzer über drei Kontinente, und noch vor September 1914 machten sich die ersten Auflösungserscheinungen bemerkbar. Im vergangenen Sommer hatte Diaghilew kurzerhand Nijinsky entlassen, als er erfuhr, der Tänzer habe in Buenos Aires seine Romola geheiratet. Solche eigenmächtigen Schritte konnte er nicht dulden. Als Ersatz holte er sich aus dem Moskauer Großen Theater Leonid Fjodorowitsch Mjassin, der aber nicht das Format von Nijinsky hatte, und noch war er auch nicht der große Choreograph, der er später unter dem Namen Léonide Massine werden sollte. Außerdem schien das Repertoire der Truppe ziemlich konzeptlos geworden zu sein. Am Abend von Cocteaus Anwesenheit probte das Russische Ballett gerade *Eine Josephslegende*, eine von Richard Strauss, Hugo von Hofmannsthal und José Sert ausgeheckte Extravagenz. Cocteaus Aufmerksamkeit erregte allerdings weder das Ballett noch der Graf Keßler, dessen Geld die Aufführung finanzierte. Er beobachtete ausschließlich Valentine Gross, eine junge Frau, die neben dem Grafen saß. Den ganzen Abend strich er um sie herum und suchte fieberhaft nach einem Vorwand, um ihre Bekanntschaft zu machen. Als der Graf die beiden schließlich einander vorstellte, reichte sie ihm eine müde und gleichgültige Hand, die jegliche weiterführende Konversation zu verbieten schien. Warum überhaupt war er so erpicht darauf, sie kennenzulernen?

Teilweise irritierte ihn wohl ihre Gleichgültigkeit seiner Person gegenüber. Normalerweise stießen die Frauen sehnsüchtige Ohs und Ahs aus, wenn Cocteau, der *joli garçon*, dessen Engelsgesicht jedermann an den entschwundenen Glanz des Fin de siècle denken ließ, seine Pirouetten drehte. Mademoiselle Gross hingegen warf ihm nur einen kurzen, kühlen Blick zu. Was jedoch entscheidender war – sie verkehrte mit Leuten, die Cocteau unbedingt kennenlernen wollte.

Die Eltern von Valentine Gross stammten aus dem Elsaß und lebten in Boulogne-sur-Mer. Ihre Tochter kam 1909 nach Paris, als Diaghilew gerade seine erste Saison eröffnete, und hatte die Absicht, sich in der Ecole des Beaux Arts einzuschreiben. Hingerissen vom Russischen Ballett, versäumte sie keine einzige Vorstellung und begriff sofort das Neue, das da auf der Bühne vor sich ging. Im Châtelet und der Opéra hielt sie trotz schlechter Beleuchtung blitzschnell alle Phasen der Tanzschritte mit dem Bleistift fest und trug auf diese Weise ein wenig zur Ballett- und Musikgeschichte bei. Diese Skizzen sowie ihre Holzbilder in chinesischer Wachstechnik und Pastellzeichnungen erregten die Aufmerksamkeit Diaghilews. Er gestattete ihr, die Proben zu besuchen, wo sie ungestört zeichnen konnte, und als im Jahre 1913 die neue Residenz des Russischen Balletts, Astrucs Théâtre des Champs-Elysées, eröffnet wurde, zeigte man im Vorraum eine Ausstellung ihrer Werke.

Ab 1915 besaß sie ihren eigenen Salon, in dem sie jeden Mittwoch Leute empfing. Auch einige Literaten von der *Nouvelle Revue Française* verkehrten bei ihr, aber die meisten Gäste hatten mit Musik zu tun wie der Komponist Edgar Varèse, der berühmte spanische Pianist Ricardo Vines und vor allem Erik Satie, der seit zwölf Jahren geschwiegen hatte, und nun, als Achtundvierzigjähriger, wiederentdeckt wurde.

Satie, der in einem ziemlich ärmlichen Vorort von Paris wohnte, erschien zu fast jedem der Treffen in den Räumen von Valentine Gross auf der Ile Saint-Louis. Die beiden hatten sich 1914 bei einem Komponisten namens Roland Manuel kennengelernt, dessen Begeisterung für Saties frühe »rosenkreuzerische« Stücke nicht nur seine Einrichtung, sondern auch seine Kleidung – wallende asiatische Gewänder – beeinflußt hatte.

In den achtziger und neunziger Jahren des vorigen Jahrhunderts hatte Satie aufgrund seiner *Gymnopédies* und *Gnossiennes* eine gewisse esoterische Reputation erworben, 1898 beschloß er jedoch aus unbekannten Gründen, sein Leben radikal zu ändern. Er hatte zu den kleineren Stützen des Montmartre gehört und verließ nun Paris, um ein schmutziges Zimmer in Arcueil-Cachan zu beziehen. Während Debussy, sein bester Freund (den er vom musikalischen Einfluß Wagners befreit hatte), und sein früherer Schützling Ravel überall gefeiert wurden, vergrub sich Satie, der ebensoviel Stolz wie Humor besaß, in Arcueil. Er wählte die Anonymität und revanchierte sich so bei einem Publikum, das ihm nicht das hatte geben können, was es ihm, wie er meinte, schuldig war. Seinen Lebensunterhalt verdiente er, indem er Lieder für Music-Hall-Sänger vom Montmartre schrieb – den zehn Kilometer weiten Weg legte er jeden Tag zu Fuß zurück, um das Geld für den Bus zu sparen. Er kümmerte sich nicht um den Rat Debussys (»In unserem Alter sollte man nicht mehr die Haut wechseln«), schrieb sich aus Gründen, die nur er kannte, wieder in seiner alten Ausbildungsstätte, der Schola Cantorum, ein und studierte allen gerade gängigen musikalischen Experimenten zum Trotz Kontrapunktik. Erst später begriff man die Bedeutung Saties und betrachtete ihn als

Vorbild: Nach dem Krieg lehnten die jungen französischen Komponisten die harmonischen Bögen des Impressionismus zugunsten klarer, humorvoller und polytonaler Stücke ab, und diese Merkmale kennzeichneten ausnahmslos auch die Musik von Satie.

Immerhin jedoch machten Debussy und Ravel, die der Erfolg zu Philanthropen veredelt hatte (allerdings nicht zu wechselseitigen), ihren Einfluß noch vorher geltend, um Satie wieder die ihm gebührende Anerkennung zu verschaffen. Im Januar 1911 spielte man auf Ravels Vorschlag bei der Société Indépendante Musicale drei Stücke, die Satie vor rund zwanzig Jahren komponiert hatte, und wenige Monate darauf dirigierte Debussy im Cercle Musical zwei *Gymnopédies*.

1911, als Fünfundvierzigjähriger, vertauschte Satie seine Tonpfeife und die Cordanzüge (zwölf, alle in der gleichen Farbe und im gleichen Schnitt) mit Zigarren und dem Anzug eines Bankangestellten, der so extrem korrekt war wie die frühere Ausstaffierung bohemienhaft. Sein Kneifer allerdings saß immer schief, und sein Fauns-Gesicht wurde durch einen frechen Ziegenbart verlängert; die Hände waren peinlichst sauber (denn entsprechend seinen äußerst rigiden und ziemlich exzentrischen Hygienevorstellungen benutzte er statt Seife nur Bimsstein), und das ganze neue, professorale Gehabe sollte zweifellos nur ein im Grunde kindliches Gemüt kaschieren, das zwar heiter, aber auch schüchtern und ungewöhnlich sensibel war. Valentine Gross gegenüber, deren sanfte Besorgnis die Abwehrhaltung des Kindes überwand, konnte er sein Ich etwas freimütiger offenbaren. Er nannte sie »mein liebes, großes Mädchen« und vertraute ihr, wie im folgenden Brief, seine innersten Sorgen und Wünsche an:

Liebe Valentine!
Ich leide zu sehr. Es scheint mir, als sei ich verflucht. Dieses Leben eines »Berufsbettlers« stößt mich ab.
Ich suche und möchte einen Platz finden – eine Stellung –, wie unbedeutend er auch sei. Ich *scheiße* auf die Kunst: Ich

verdanke ihr zu viele »Halsabschneidereien«. Künstler zu sein, ist, wenn ich so sagen darf, ein Scheißberuf.
Verzeihen Sie mir, liebe Freundin, diese zutreffenden Ausdrücke – sehr zutreffend.
Ich schreibe an alle. Niemand antwortet, nicht einmal mit einem freundlichen Wort. Mist!
Sie, liebe Freundin, die immer gut gewesen sind zu ihrem alten Freund, sehen Sie zu, ich flehe Sie an, ob es nicht möglich wäre, ihn irgendwohin zu stecken, wo er sein Brot verdienen könnte.
Ganz gleich wo. Auch die niedrigsten Dienste würden mich nicht abstoßen, das gebe ich Ihnen schriftlich.
Schauen Sie so schnell wie möglich danach: Ich bin am Ende und kann nicht warten.
Die Kunst? Es ist jetzt einen Monat und länger her, daß ich keine Note schreiben kann.
Ich habe keine einzige Idee mehr und *will* auch keine mehr haben. Na und?
Ihr alter Kamerad,

Erik Satie.

Dieser Brief aus dem Jahre 1918 wurde während einer Phase der Enttäuschung und Depression geschrieben. Satie hatte vor kurzem zwei größere Werke beendet, und zwar die Musik zu *Parade* und ein sinfonisches Drama, *Socrate*. Wieder unbeachtet und ohne Aufgabe zu sein, war um so härter, als er soeben ein kurzes Zwischenspiel des Ruhms hinter sich hatte, und (durch Diaghilew vermittelte) Aufträge von Misia Edwards und Winnie de Polignac, geborene Singer, es ihm ermöglichten, jede Woche einen neuen Regenschirm zu kaufen.

Cocteaus Interesse für Satie, den Valentine ihm vorstellte, hatte ganz bestimmte (Hinter-)Gründe. Im Frühjahr 1915 hatte sich die Idee zu einem neuen Ballett in ihm festgesetzt, wobei er sich diesmal jedoch nicht von der Bibel inspirieren ließ, sondern von dem Dichter, der gleich nach der Heiligen Schrift kam: von Shakespeare. Wie der *David*, so sollte auch in Cocteaus Bearbeitung vom *Sommernachtstraum* eine Zirkusarena im Mittelpunkt stehen; statt sie allerdings auf irgendeiner Bühne zu simulieren, schlug er vor, gleich den Médrano selbst zu benutzen. Die drei Fratellinis, die großen Clowns, sollten den Schnauz, den Flaut und den Schlucker mimen, Edgar Varèse würde das authentische Zirkusorchester dirigieren, und Cocteau hatte den inzwischen in New York residierenden Albert Gleizes überredet, Requisiten zu entwerfen, die er sich irgendwie kubistisch vorstellte.

Als Cocteau seine Idee Gabriel Astruc erläuterte, war der Manager sofort begeistert; zu Beginn seiner Laufbahn hatte er einmal eine Zirkusshow finanziert und erinnerte sich jedesmal, wenn er den Médrano besuchte, voll Sehnsucht an diese Vagabundenjahre. Schnell brachte man die nötigen Vorbereitungen hinter sich, mietete den Zirkus, entdeckte einen wohltätigen Zweck und projektierte eine patriotische Ouvertüre. Sämtliche Einnahmen sollten dem Hilfswerk der Pariser Theaterleiter zugute kommen, und beim Einzug Oberons würde das Orchester *Tipperary* spielen. Außerdem brauchte man allerdings noch ein paar Klänge, die ballettgemäßer waren. »Die szenische Musik entliehen wir den *Gymnopédies* von Erik Satie«, schrieb Astruc, aber höchstwahrscheinlich hat seine Erinnerung ihn hier im Stich gelassen, denn die *Gymnopédies* passen ebensowenig zum *Sommernachtstraum* wie gregorianische Choräle auf einen Rummelplatz.

Übrigens hatte man sich zunächst an verschiedene andere Komponisten, darunter Debussy, Strawinsky und Ravel gewandt, aber Cocteau war ganz fasziniert von den *Trois Morceaux en Forme de Poire* (»Drei Stücke in Birnenform«), die er im April 1915 – höchstwahrscheinlich bei den Godebskis in der vierhändigen Interpretation von Vines und Satie persönlich – kennengelernt hatte, und wollte sich unbedingt die Mitarbeit des Genies aus Arcueil sichern. Und Satie komponierte wirklich einige Passagen für das geplante Ballett. Trotzdem löste sich das Projekt aus Gründen, an die sich nicht einmal Astruc mehr erinnern kann, in nichts auf, und sofort hatte Cocteau einen neuen

Einfall. Aus dem einen oder anderen Grund (er stand Satie noch nicht nahe genug oder auch schon zu nahe, um sich mit ihm streiten zu wollen) bat er Valentine Gross um Vermittlung. Als Cocteau ihr 1914 vorgestellt wurde, war sie noch ein Eisberg gewesen, begann dann aber ziemlich rasch zu schmelzen, so rasch, daß er bereits im folgenden Sommer eine Woche seines »Fronturlaubs« mit ihr zusammen in Boulogne-sur-Mer verbrachte. Außerdem war Satie – verständlicherweise – nicht gerade begeistert von der neuen Idee, denn Cocteau schien allzusehr zu Fehlgeburten zu neigen. Der Komponist zierte sich wie eine widerspenstige Jungfrau, willigte aber schließlich doch ein, den Freier im Hause seiner Anstandsdame zu treffen. Bei dieser Begegnung, die am 18. Oktober 1915 am Quai de Bourbon stattfand, entstand der erste Plan für *Parade*, ein Werk, das aus Teilen des *Potomak* (der noch nicht veröffentlicht war) und Überresten des *David* sowie des *Sommernachtstraums* zusammengesetzt war – Narren, kubistisches Dekor, Stimmen aus dem Phonographen etc. Bevor Cocteau sich im Mai 1916 wieder an die Front begab, überreichte er Satie einen Zettel mit Notizen als »Gedächtnisstütze«.

Von der Front aus hielt Cocteau, der bereits eine Beteiligung Diaghilews vorausplante, Misia Edwards über seine Zusammenarbeit mit Satie auf dem laufenden, denn ihr konnte Diaghilew nicht widerstehen.

Aber Misia hielt ihre Hand auf dem Beutel, und sie sollte den Griff nicht eher lockern, bis sie sicher sein konnte, daß ihr Geld gut angelegt sein würde. Die Idee schien ihr zunächst zu abstrakt. »Denken Sie an das Publikum«, warnte sie Cocteau.

Cocteaus Libretto überstand denn auch die Phase der Planung nicht, nur einige Verse überlebten im *Cap de Bonne-Espérance*. Seine Jahrmarkt, Kunst und Technik miteinander vermischenden Ideen inspirierten Satie allerdings ungemein, denn sein eigener, aus Music-Hall-Melodik und Kontrapunktik zusammengesetzter Stil paßte im Grunde blendend zu den Vorschlägen Cocteaus. Das Ballett verlangte nach jener Mischung aus Humor und Pathos, nach den Gesten des »Grand Guignol«, nach der inneren Haltung der Tragikomödie, die für jede Jahrmarktsschau charakteristisch ist, und diesen Ton hatte Satie in Werken wie *Sports et Divertissements* genau getroffen. Seine Musik ist mit sanfter Ironie erfüllt, Musik, die – wie Cocteau – spricht und sich zur gleichen Zeit selbst zitiert. Zwei verwandte Geister hatten einen Vorwand gefunden, ihre Maske gemeinsam einem einzigen Objekt aufzusetzen; aber es gab doch Unterschiede, wenn sie auch auf einem anderen Gebiet lagen. Die beiden kamen voran wie die Schildkröte und der Hase – Cocteau hüpfte behende davon und mußte dann warten, bis Satie langsam nachgekrochen kam. Der eine vollführte bereits alle möglichen Pirouetten, während der andere ihm noch aus großer Entfernung Beifall spendete.

»Lieber Freund«, schrieb Satie am 25. April 1916, »Entschuldigen Sie, krank, hatte Grippe. Der einzige Weg, Sie zu benachrichtigen, wäre die Telepathie gewesen. Morgen, einverstanden. Valentine Gross erzählt mir wunderbare Geschichten. Sie sind der Mann *mit Ideen.* Bravo! Immer Ihr alter, Erik Satie.« Eine Woche darauf schrieb er abermals: »Lieber Freund, ich erhielt das Manuskript. Ganz erstaunlich! Ich ordne meine Gedanken. Schreiben Sie mir, ja? Zu tun ist noch die Arbeit eines Ackergauls. Ich gehe alles noch einmal durch.«

Trotz aller vereinten Anfeuerungen von seiten Cocteaus und Misias (die sich nach ihrem Entschluß, das Werk doch zu finanzieren, als ungemein anspruchsvolle Mäzenin erwies) kam Satie nicht schneller voran.

»Lieber Freund«, schrieb er am 8. Juni leicht verärgert, koboldhaft wie immer und vollkommen unerbittlich, »seien Sie nicht ängstlich oder nervös: Ich arbeite. Lassen Sie mich nur machen, alter Junge. Nehmen Sie zur Kenntnis, daß ich Ihnen das Werk erst im *Oktober* überreichen kann. Vorher werden Sie *keine einzige Note* erhalten. Das kann ich Ihnen versprechen! – Werden Sie mir erlauben zu sagen, daß Sie der Autor des Werks sind? Das muß ich. Madame Edwards steht hinter dem Projekt. Ich sagte ihr, sie müsse bis *Oktober* warten. Ich will es *gut* machen, *sehr; Sie müssen* mir vertrauen – Wenn Sie nach Paris kommen, geben Sie Nachricht – Viele Grüße an Valentine Gross und Sie selbst.«

Seit Mai befand Cocteau sich an der Front und verging fast vor Angst, daß Satie das Interesse an der Zusammenarbeit verlieren könnte. Er versuchte, jedes Wort in den Briefen des Komponisten auf alle nur erdenkliche Weise zu interpretieren und fragte Valentine: »Meint er in seiner Faunssprache ›erstaunlich‹ nun echt oder ironisch?« Es blieb ihm jedoch nichts anderes übrig als abzuwarten, wobei ihm immerhin die Anwesenheit von Valentine Gross Trost verschaffte. Da sein Ambulanzkorps im Juni nach Boulogne verlegt worden war, sah er sie oft, denn Valentine besuchte ihre Mutter, die im Ort wohnte, und er hatte gleich um die Ecke ein Hotelzimmer genommen.

Inzwischen war eine andere Person in Cocteaus Leben getreten, eine Person, die den Kurs der *Parade* ändern und Cocteau zu ihrem lebenslänglichen Verkünder machen sollte: Pablo Picasso.

»Parade« mit Picasso

Kurz vor dem Ersten Weltkrieg war Picasso auf den Montparnasse gezogen. Der Winter 1911/12, als er bereits berühmt genug war, um Epigonen zu haben, und der Kubismus schon das Alter erreicht hatte, um sich in streitende Parteien aufspalten zu können, war für Picasso eine Zeit des Neubeginns. In diesem Jahr verliebte er sich in eine zerbrechliche junge Frau namens Marcelle Humbert, geborene Gouel. Er taufte sie auf den symbolträchtigen Namen Eve, denn sie verkörperte für ihn die neue Schaffensperiode. Wie die verschiedenen »Perioden« Picassos überhaupt im großen und ganzen je verschiedenen Geliebten entsprachen (und ebenso wechselnden Hunden und Lieblingsdichtern). Mit Eve, die – laut Gertrude Stein – »klein und perfekt« war, den Eindruck einer chinesischen Puppe machte und vorher die Geliebte von Marcoussis, einem französischen Maler polnischer Herkunft, gewesen war, verließ Picasso den Montmartre. Zusammen machten sie sich auf nach Süden und reisten herum, mal hierhin, mal dorthin, ganz nach Lust und Laune – sie fuhren von Avignon nach Céret in den Pyrenäen, von Céret zurück nach Avignon, von Avignon in einen winzigen, elf Kilometer nördlich der Stadt liegenden Flekken, der Sorgues hieß und wo Braque nebst Gemahlin sich ihnen anschloß.

Picasso arbeitete wie ein Besessener und malte oder bemalte alles, was ihm unter die Augen kam. Auch die weißgetünchten Wände des in Sorgues gemieteten Landhauses erwiesen sich als unwiderstehlich. Auf die eine malte er ein kubistisches Stillleben, in das er sich derart verliebte, daß Kahnweiler – um ihn bei Laune zu halten – die Wand abtragen ließ und das bemalte Fragment in seine Pariser Galerie transportierte. Als auch Picasso zurückkehrte, bezog er ein Atelier am Boulevard Raspail auf dem Montparnasse, wo dank seines Kunsthändlers, Freundes und Faktotums Kahnweiler schon die Relikte seiner diversen Montmartre-Ateliers auf ihn warteten.

Um das Jahr 1912 begann der Montparnasse mehr und mehr zu jenem »Künstlerviertel« zu werden, als das einst der Montmartre gegolten hatte. Tatkräftige Unterstützung bei dieser Selbsterhöhung des Montparnasse leistete das Café Rotonde. Es wurde 1911 eröffnet und sollte bald mehr Anziehungskraft ausüben als das Dôme, sein älterer Rivale jenseits des Carrefour Vavin – auf jeden Fall war es für Maler und Bildhauer aus dem Mittelmeerraum attraktiver (Deutsche und Skandinavier zogen das Dôme vor), denn die Terrasse lag nach dem sonnigen Süden, attraktiver auch für arme Künstler, denn der Besitzer, »Le père Libion«, verlangte für die Croissants keinen Sou.

Im Jahre 1913 war der hintere Raum des Cafés zu einem Treffpunkt nicht nur der künstlerischen, sondern auch der politischen Revolutionäre geworden; außer Vlaminck, den Kubisten und ihrem Impresario Apollinaire, Diego Rivera und jüdischen Malern aus Osteuropa, die sich unter Zuhälter, Arbeiter, Huren, Angestellte und Modelle des Viertels mischten, gab es auch eine Gruppe von Russen – unter ihnen zum Beispiel Lenin, Trotzki, Ehrenburg und Lunatscharski –, die sich meist in ausländische Zeitungen vertieften oder unermüdlich Schach spielten. Nur Trotzki, der mit Diego Rivera befreundet war, interessierte sich auch für Kunst (gegenüber Vlaminck verteidigte er heftig den sozialistischen Realismus), während Lenin sich kaum um diese Dinge kümmerte. Zwar versuchte er ab und zu, sich etwas Geld als Modell zu verdienen, doch war seine kleine Statur dafür absolut ungeeignet, und so erbettelte er sich manche Mahlzeit von Aisha, der Negerin, einem kreolischen Modell. Ihre Großzügigkeit wurde später nie vom Sowjetstaat anerkannt.

Es ist schon bemerkenswert, wie diese Exil-Russen mit untrüglichem Instinkt in jeder Stadt die bedeutendsten und interessantesten Cafés zu ihrem Domizil wählten: 1914, in Paris, das Rotonde; 1916, in Zürich, das Café Voltaire, wo Dada das Licht der Welt erblickte. Es ist, als sei das große Ereignis, das am Ende ihres Trecks nach Osten stattfinden sollte, schon vorher von kleineren Böllerschüssen angekündigt worden.

Picasso allerdings liebte es nicht, sich im Hinterzimmer unter das Volk zu mischen. Seine neue Phase bedeutete glückliche Häuslichkeit und Arbeit, deretwegen er mit seiner Energie haushalten mußte, während andere sich im Gespräch verausgabten. »Er war zu jener Zeit ein hübscher Bengel«, schrieb ein Stammgast des Rotonde, »ein hübscher Taugenichts mit glänzenden Zähnen und schönen, lackschwarzen Augen.« Mit seinem schäbigen Regenmantel und der alten Jockeymütze blieb er nur so lange im Rotonde, bis er seinen *café-crème* ausgetrunken und etwas herumgehorcht hatte, ohne sich selbst auf irgendeine Diskussion einzulassen. Kurz vor Ausbruch des Krieges vertauschte er sein Atelier am Boulevard Raspail mit einem anderen in der Rue Schoelcher, aus dessen Fenster man über die Grabsteine des Friedhofs Montparnasse sah.

Da er Spanier war, blieb Picasso vom Krieg – in seinen Augen eine stupide Verirrung, die absolut nicht seine Angelegenheit war – verschont. Während fast alle seine Freunde sich freiwillig meldeten (Braque, Derain, Léger, Kisling, Apollinaire u. a.), fuhr er fort, quasi von der Welt abgeschlossen zu malen.

Aber auch diese häusliche Idylle blieb von den Einwirkungen des Krieges nicht unberührt. Eves Gesundheit, die schon immer recht labil gewesen war, wurde durch die Lebensmittelknappheit und vor allem durch die furchtbare Kälte, die auch später die schlimmste Kriegserinnerung der meisten Pariser bleiben sollte, völlig zerstört. Im Winter 1915/16 erkrankte sie schwer und starb nach kurzem, qualvollem Leiden. »Meine arme Eve ist tot«, schrieb Picasso am 8. Januar 1916 an Gertrude Stein; »... ein großes Leid für mich ... sie ist immer so gut zu mir gewesen.« Als er den Montmartre verließ, erinnert sich Gertrude Stein, hatte er sein »hohes, wieherndes, spanisches Kichern« verloren. Eine Fotografie jener Zeit zeigt ihn in seinem Atelier, angetan mit den Kniehosen eines Boxers, die Fäuste geballt, die Beine gespreizt, daß sie einem umgedrehten Ypsilon gleichen. Seine männlich-gedrungene Gestalt wirkt wie eine Herausforderung an die ganze Welt.

Cocteau lernte Picasso im Herbst 1915 während eines »Heimaturlaubs« kennen, Varèse stellte ihn dem Meister vor. Cocteau behauptet, Varèse habe ihn im Frühjahr 1916 in Picassos Atelier in der Rue Schoelcher gebracht. »Ein Gipsabguß der Reiter des Parthenon-Frieses«, schreibt er, »zog sich zu meiner Linken im Treppenhaus empor. Deine Fenster sahen auf die Gräber des Friedhofs Montparnasse. Wie könnte ich diesen Besuch jemals vergessen? Kaum hatte ich einen kurzen Blick auf die Unordnung eines Raumes geworfen, in dem noch das kleinste Detail gegen die Dummheit kämpfte – da wurdest Du mein Führer, schon durfte ich mich nie mehr einer verdrehten Ansicht schuldig machen, ohne den schwarzen Pfeil Deines Blickes zu fürchten.« Es handelte sich, wie er hinzufügte, um ein »Treffen, das in den Sternen geschrieben stand«.

In Wirklichkeit aber fand diese Begegnung keineswegs im Frühjahr statt – Ende des vorangegangenen Jahres hatte Varèse sich nach Amerika aufgemacht –, sondern im Herbst 1915, und zwar in der Rue d'Anjou Nr. 10, wo Cocteau mit einer schweren Erkältung das Bett hütete. Varèse brachte Picasso mit. Aus welchem Grund änderte Cocteau Ort und Zeit, wenn nicht, um der Nachwelt auf keinen Fall die Vorstellung zu erlauben, er habe an einem »Treffen, das in den Sternen geschrieben stand«, im Pyjama und mit triefender Nase teilgenommen? Dafür zog er für seinen zweiten Besuch bei Picasso unter dem Trenchcoat das Kostüm eines Harlekins an – malte doch der Meister damals gerade eine ganze Reihe kubistischer (und nichtkubistischer) Harlekine, und der eventuell »unwürdige« Eindruck der ersten Begegnung konnte so glanzvoll wieder wettgemacht werden.

Schon kurz nachdem die beiden sich kennengelernt hatten, forderte Cocteau den Maler auf, mit ihm und Satie an *Parade* mitzuwirken. Picasso hatte bisher noch nie für die Bühne gearbeitet und stellte sich dieser neuen Herausforderung. Gegen September 1916 versuchten die drei, ihre verschiedenen Perspektiven in einem Blickwinkel zu vereinigen, und trafen sich zu diesem Zweck in der Rue d'Anjou Nr. 10, wo Madame die etwas seltsamen Freunde ihres Sohnes mit uneingeschränkter Freundlichkeit empfing. Vor allem Satie hatte es ihr angetan, der altersmäßig mehr ihr entsprach als ihrem Sohn, und bei den häufigen Streitereien der beiden versuchte sie, die Gegner zu versöhnen. Sogar in späteren Jahren lud sie Satie noch zum Essen ein, auch wenn Jean sich nicht in Paris aufhielt. Picasso, der jetzt wieder in Cafés und fremden Ateliers verkehrte, nahm oft den einen oder anderen seiner beiden Mitarbeiter ins Schlepptau. Gingen sie gar zu dritt aus, so bildeten sie ein mindestens ebenso skurriles Trio wie die Marx Brothers.

»Auf dem Montparnasse«, schrieb Cocteau, »trug ich ebenfalls meine Rive-droite-Kleidung oder meine Uniform ... Wenn ich besonders auf die Kleidung hinweise, so wegen der Sachen, die man auf dem Montparnasse anzog und die legendär wurden.« Cocteau konkurrierte mit Granowsky, dem »falschen Cowboy«, der im Dôme erschien mit Lederkleidung, einem Zehn-Gallonen-Hut, Sporen und kariertem Hemd. Cocteaus Uniform bestand aus hohen, gelben Flieger-Schnürstiefeln, einer krapproten Reithose, einem schwarzen Waffenrock und der *bourguignotte*, dem Stahlhelm, den ein Künstler namens Marcel Mouillot für ihn rosa angemalt hatte. Welchen Eindruck auch immer das auf die mit Schnürsandalen angetanen Bohemiens vom Montparnasse machte – sicher waren sie noch weit verblüffter, als Cocteau eines Tages mit Paquerette, dem Starmannequin von Poiret, im Rotonde Einzug hielt: sie in grünen Hausschuhen und einem schockierenden rosafarbenen Nachthemd. Auf jeden Fall entsprach der Eindruck, den er wirklich machte, nicht ganz den romantisierenden Berichten, die er ins Ausland an Gleizes schickte oder der Nachwelt überlieferte. Das Rotonde, schrieb Cocteau 1950, »war unsere Promenade, unser Hafen, unser Reservat. Ich kam vom anderen Ufer. Man akzeptierte mich. Denn damals war es noch notwendig, von den Eingeborenen akzeptiert zu werden.« Er hielt Gleizes über alle seine Umtriebe auf dem laufenden und schrieb ihm 1916: »Picasso ist ein sentimentaler Mandolinenspieler und ein grausamer Picador. Gewaltsam schleppt er mich ins Rotonde, aber ich weiche aus, obwohl seine junge Clique mich mit offenen Armen willkommen heißt. Ich nehme es den Kubisten übel, daß sie im Rotonde oder im Dôme ›eine Gruppe bilden‹ ...«

Allerdings kritisierte Cocteau nur jene Zirkel, in denen er nicht verkehrte oder verkehren konnte. Man darf bezweifeln, daß der Montparnasse ihn mit offenen Armen aufnahm: Seine Einwände zeugen lediglich von Unsicherheit. »So wie Picasso mich mit feuchten Augen betrachtet«, fuhr er fort, »so spricht die ›Gruppe‹ nur auf neugierig-respektvolle Weise mit mir. Sie würden viel Spaß daran haben, wenn Sie die Einfalt dieser hemdsärmeligen Künstler sähen, die die Szene nur aus der Ferne beobachten und die immer glaubten, der gute Geschmack, ein Spazierstock und ein Kragen seien Zeichen von Beschränktheit.« Diese Bemerkung läßt sich nicht ganz mit Cocteaus vorhergehender Äußerung in Einklang bringen, denn wenn man sich auf »neugierig-respektvolle Weise« mit jemandem unterhält, hat man ihn wohl kaum mit »offenen Armen« willkommen geheißen.

Einige der Maler, »die immer glaubten, ... ein Spazierstock und ein Kragen seien Zeichen von Beschränktheit«, hielten sicher an dieser Meinung fest. Sie akzeptierten ihn höchstens mit Widerwillen, nur deshalb, weil Picasso es befahl, und vielleicht müssen wir auch Kislings Cocteau-Bild entsprechend deuten: Im Hintergrund sitzt eine Gestalt am Arbeitstisch, Picasso, gleich dem Auftraggeber, den Maler der Renaissance in einer Gruppenszene ihres Werkes mit darzustellen pflegten. Auf dem Montparnasse beurteilte man Cocteau so wie Picasso auf dem rechten Seine-Ufer. Jacques Blanche hatte behauptet, Picasso nutze Cocteau aus, und Picassos Freunde waren der festen Überzeugung, Cocteau führe ihr Idol vom rechten Weg ab, und als sie auch noch erfuhren, daß die beiden sich nach Rom aufmachten, um mit Diaghilew zu proben, schnalzten sie besorgt mit der Zunge.

Modigliani, der trotz abgetragener Kleidung seine Eleganz nie verleugnen konnte, bildete allerdings eine Ausnahme. Er hatte nicht nur einen kultivierten Familienhintergrund mit Jean gemeinsam, sondern auch den Ruf, im Grunde ein Dilettant zu sein. Im Atelier von Kisling malte er Cocteau und trank Gin mit Aqua-Seltzer, Angebinde von Cocteau, der sicher glaubte, man müsse die »Eingeborenen« mit Glaskugeln ködern. »Wenn ich die Augen schließe, was sehe ich?« – so erinnerte Cocteau sich später – »Unseren Exerzierplatz. Modigliani, stehend, führt eine Art Bärentanz auf. Kisling erklärt ihm pausenlos: ›Nach Haus, marsch nach Haus!‹ Er weigert sich. Er schüttelt seinen schwarzgelockten Kopf: ›Nein, nein.‹ Wir versuchen, ihn zu überreden. Kisling wendet Gewalt an. Er packt den roten Gürtel und zieht. Da ändert Modigliani seinen Tanzrhythmus. Auf spanische Art hebt er die Arme, schnippt mit den Fingern und dreht sich um die eigene Achse. Der rote Gürtel, unendlich lang, rollt ab. Und Kisling geht. Modigliani bricht in ein unbändiges Gelächter aus und stampft noch mehr.«

Satie war sich – oder seiner Maske – treu geblieben und fühlte sich durchaus wohl auf dem Montparnasse, wo es im Vergleich zum Montmartre, wo er früher gewohnt hatte, noch zahm herging. Er pflegte kurz im Rotonde einzukehren, legte seinen kleinen steifen Filzhut diskret neben sich, rauchte die unvermeidliche Zigarre und bewunderte die Rauchkringel, die er offensichtlich ganz nach Belieben formen konnte. Im übrigen bevorzugte er jedoch ein anderes Café, das am Rand des Montparnasse lag, ein *café-tabac* auf der Place Denfert-Rochereau. Wenn er nicht gerade mit Kisling und anderen bei starken Mixturen wie Bier mit Calvados in endlose Diskussionen verstrickt war, schrieb er dort einen großen Teil der Musik zu *Parade*.

Bis zum Herbst 1916 hatte man deren Grundkonzeption diversen größeren Änderungen unterzogen, von denen jede einzelne das Boot, in dem Cocteau, Picasso und Satie sich den Wellen anvertraut hatten, schwer erschütterte. Diese drei Persönlichkeiten zusammenzubringen, glich einer schwierigen Geburt, bei der drei Hebammen von ganz verschiedenem Temperament assistieren und nacheinander drohen, das Kind mit dem Bade auszuschütten. Jeder glaubte, sein kostbares Ich stünde auf dem Spiel. Paranoia wechselte ab mit überschwenglicher und begeisterter Zustimmung. Bald taten sich zwei zusammen und machten Front gegen den Dritten – Cocteau, der dritte, verteidigte sein Kind gegen Amputation und Gesichtsoperation, die von seinen Genossen vorgeschlagen wurden.

Cocteau neigte dazu, Satie etwas herablassend zu behandeln. So nahmen zum Beispiel er, Diaghilew und Strawinsky den Komponisten mit auf ihre Erkundungsgänge im Viertel um die Madeleine, wo rudelweise anschaffende Homosexuelle auf der Lauer lagen. Um den seiner Ansicht nach hoffnungslos naiven Satie aufzuziehen, tat er so, als sei er in höchstem Grade erstaunt über die vielen hier herumschwirrenden schönen jungen Männer. In .Wirklichkeit war der Komponist, den man nur als brillanten Primitiven, als eine Art musizierenden Zöllner Rousseau betrachtete, jedoch außerordentlich gewitzt, gebildet und schlagfertig, und die Sticheleien verletzten seinen Stolz derart, daß er Cocteau einmal im Foyer des Hotel Edouard VII unterbrach und anschrie: »Ich bin doch nicht euer Lieferant!« Und das Publikum im allgemeinen in seine Verachtung miteinbeziehend nannte er schlicht und ergreifend einen »Schwanz«. Die Streitigkeiten verliefen so erbittert, und man hatte so wenig Hemmungen beim Erfinden gegenseitiger Schimpfnamen, daß es geradezu einem Wunder gleichkam, daß sie überhaupt wieder ein Wort miteinander wechselten, aber die Wunden heilten über Nacht.

Picasso reduzierte Cocteau auf einen marionettenhaften Anbeter und erklärte gar, der eigenen Position am Künstlerhimmel gewiß: »Ich bin der Komet, Cocteau ist ein Funke in meinem Schweif.« Nach einem weiteren kritisch verlaufenen Zusammentreffen weigerte Satie sich, auch nur noch eine einzige Note zu schreiben, während Cocteau zu Hause Trübsal blies, mit Selbstmord drohte und die ganze Welt, seine Mutter nicht ausgenommen, anklagte, ihn zu hintergehen.

Der Ärger kündigte sich schon früh an, als Picasso sich nicht damit begnügen wollte, nur eine Nebenrolle zu spielen, und drohte, das gesamte Libretto von *Parade* neu zu schreiben, wobei er von Satie unterstützt wurde. »Wenn Sie bloß wüßten, wie traurig ich bin«, schrieb Satie an Valentine Gross. »*Parade* ändert sich zu ihrem Vorteil, hinter Cocteaus Rücken! Picasso hat Ideen, die mir mehr gefallen als die unseres Jean! Und Cocteau weiß es nicht! Was soll man tun! Picasso sagt mir, ich solle mit Cocteaus Text weitermachen und er, Picasso, wolle an einem anderen Text arbeiten, *seinem eigenen* – der ganz verblüffend ist! Fabelhaft! Ich rase und bin traurig! Was soll man tun? Da ich die wunderbaren Ideen von Picasso kenne, tut es mir im Herzen weh, dazu verpflichtet zu sein, nach denen des guten Jean zu komponieren, die viel weniger wunderbar sind – oh! Ja! Sehr viel weniger wunderbar! Schreiben und raten Sie mir. Ich rase.« Man braucht nicht zu betonen, daß er längst nicht so sehr raste wie Cocteau, als dieser Wind bekam von dem heimtückischen Komplott. Da er aber Picasso einfach nicht widerstehen konnte und *Parade* unbedingt retten wollte, beruhigte er sich wieder. Nur eine Woche nach seinem »rasenden Brief« konnte Satie Valentine Gross melden, daß »die Sache erledigt ist. Cocteau weiß alles. Er und Picasso haben sich verständigt. Welch ein Glück!«

Es war Picassos Idee, die Stimmen von überlebensgroßen Figuren, den »Managern«, sprechen zu lassen. Diese Manager sollten in riesigen, kubistisch bemalten Schachteln erscheinen, so daß die darin eingeschlossenen Schauspieler nicht sichtbar waren und der Eindruck entstand, es lösten sich Teile des hinteren Bühnenbildes heraus und setzten sich in Bewegung. So führte Picasso eine Dimension ein, deren Bedeutung Cocteau schließlich akzeptieren konnte, da durch sie seine ursprüngliche Absicht, Illusion und Wirklichkeit gegeneinander abzugrenzen, verstärkt wurde – und gerade um diesen Gegensatz geht es in *Parade* ja vor allem. »Als Picasso uns seine Entwürfe zeigte«, schrieb Cocteau, »begriffen wir, wie interessant es sein mußte, drei bunte Relief-Poster mit unmenschlichen, übermenschlichen Zügen auszustatten, die letzten Endes die falsche szenische Realität so sehr verkörpern sollten, daß die wirklichen Tänzer nur noch den Eindruck von Puppen machten.«

Es ist geradezu unheimlich, wie Picasso, der vom Theater überhaupt keine Ahnung hatte, sondern höchstens mal im Zirkus gewesen war, so genau das Wesentliche der modernen Bühne erfaßte, wo die Symbolisten, wo Theaterschriftsteller von Jarry bis Genet sich bemüht haben, den Wundertüten-Illusionismus, die psychologisierende Scheinwahrheit des Dramas aus dem 19. Jahrhundert durch marionettenhafte Charaktere und typisierte Masken zu verdrängen. Die Manager *sind* Dekoration, darin besteht ihre eigentliche Funktion. Mit der Bühnenausstattung bekleidet, werden sie zu Symbolen für die Illusion und gewinnen dadurch eine intensive Realität, die sie, auf realistische Weise dargestellt, niemals hätten. Der Prospekt schiebt sich bis zum Bühnenrand vor und verklammert so die »Vorstellung« mit einem imaginären Bild. Gleich der kubistischen Malerei soll auch das Ballett eine Wirklichkeit in anderer Zusammensetzung schaffen. Es berichtet dem Zuschauer, was es ist – eine Parade, die das wahre Drama »vorstellt«, das sich vor oder hinter den Narren abspielt: hinter ihnen, da sie auf der Bühne erscheinen als ihre eigenen Stellvertreter und das Publikum auffordern, in das »Innere« zu gehen und zu sehen, was sich *vor ihnen* abspielt.

Satie hielt sein Versprechen, erst im Oktober – und keinesfalls vorher – Musik zu liefern. »Lieber Freund«, schrieb er Cocteau am 19. Oktober, »ich habe an unserem ›Ding‹ gearbeitet, *sehr hart*. Die ›kleine Amerikanerin‹ macht sich gut. Der ›Rag‹ ist bei bester Gesundheit; er ist gut placiert. Ich kann ihn Ihnen aber morgen noch nicht zeigen, da ich heute nachmittag nicht an ihm arbeiten kann. Sie werden ›gebügelt‹ sein, wenn Sie ihn hören . . . Ich habe *eine Menge* für unser ›Ding‹ geschrieben. *Eine Menge*. Glauben Sie mir, lieber Freund. Bis morgen und meine besten Grüße an Madame Cocteau.« Am 12. Dezember teilte er Valentine Gross voller Freude mit, seine Arbeit sei beendet. Auch Picasso hatte inzwischen eine Mappe mit Entwürfen fertig. Jetzt mußte man das Ganze nur noch zu einem Ballett zusammenfügen, das hieß, man mußte nach Rom fahren, wo die

Truppe von Diaghilew ihre Spielzeit im Teatro Constanzi erst zur Hälfte abgeleistet hatte.

Seit August 1914 trat das Russische Ballett, von Frankreich und England ausgestoßen, meist in den Randstaaten Europas auf und zog sogar bis nach Südamerika und in die Vereinigten Staaten. Fünf Jahre lang, bis 1919, wurde die Karsawina durch den Krieg in Petersburg festgehalten, und Nijinsky war von den österreichischen Behörden in einem Lager interniert worden, aus dem Diaghilew ihn schließlich herausholen konnte, da er den Tänzer unbedingt für seine New Yorker Saison brauchte. Die Fahrt über den Atlantik ließ Diaghilew sichtlich altern. Da er tödliche Angst vor deutschen U-Booten hatte, weigerte er sich, seine Kabine zu verlassen, und hockte dort während der gesamten Reise in seinen Mantel gehüllt, mit drei Rettungswesten versehen und wehklagend wie eine irische Witwe. Das Publikum von New York lohnte ihm jedoch die erlittenen Martern. Nach fünf unwahrscheinlich erfolgreichen Monaten an der Metropolitan Opera kehrte Diaghilew mit seiner Truppe wieder nach Europa zurück, um einen Sommer lang im Königlichen Theater von Madrid aufzutreten, denn in Alfons XIII. von Spanien hatte das Russische Ballett einen begeisterten Bewunderer gefunden. Im September 1916 begab sich die Truppe abermals nach Amerika und absolvierte dort unter der etwas unsicheren Leitung von Nijinsky eine fünf Monate dauernde Tournee, die sie kreuz und quer durch die Vereinigten Staaten führte, während sich Diaghilew mit einem kleinen Kern des Balletts, der aus acht Tänzern – darunter Massine und Wozikowsky – bestand, in Rom niederließ. Dort gesellten sich ihnen im Februar 1917 Cocteau und Picasso zu. Satie hatte Paris selbst in diesem kältesten Winter des Ersten Weltkriegs der Ewigen Stadt vorgezogen und war zu Hause geblieben.

An *Parade* begann man allerdings erst einige Wochen nach Ankunft von Cocteau und Picasso ernsthaft zu arbeiten. Picasso schlug sein Lager gegenüber der Villa Medici auf und konstruierte dort Modelle für die *carcasses*, die Gestelle der Manager. Er entwickelte eine ausgesprochene Vorliebe für Hosen aus weißem Segeltuch und schmalrandige Strohhüte und war bald bei jedermann beliebt: bei den Bühnenarbeitern, bei Diaghilew, bei den Tänzern, die im Hotel Minerva wohnten und in einem Gelaß probten, das man den »Keller der Taglioni« nannte. »Wir gingen im Mondlicht mit den Tänzerinnen spazieren, wir besuchten Neapel und Pompeji«, schrieb Cocteau. Die Atmosphäre war derart romantisch, daß sie Picasso geradewegs in die Ehe trieb – mit Olga Kohklowa, einer Tänzerin von Diaghilew.

Unterdessen wurde ständig an der *Parade* gearbeitet, geschrieben, umgeschrieben, entworfen, verworfen. Als schließlich alle Ungereimtheiten ausgebügelt waren, enthielt das Ballett von Cocteau selbst nur noch wenig, was ihn nicht hinderte, Anfang April, nach Paris zurückgekehrt – ein paar Wochen vor den anderen –, sofort die Reklameshow für das Stück anzukurbeln. Aus der Rue d'Anjou Nr. 10 ergoß sich eine Flut von Briefen. An Gide (der dann doch nicht erschien) schrieb er: »Wollen Sie nicht kommen und unsere *Parade* sehen? Es ist ein gutes Stück Eugènismus, aufbereitet von Picasso.« Apollinaire wurde aufgefordert, nicht nur seine Anwesenheit, sondern auch ein Manifest dem Programm beizusteuern. War es doch nur natürlich, daß er, der »Impresario der Avantgarde«, ein Schauspiel protegierte, das nun endlich das Licht der Welt erblicken und seine Feuerprobe bestehen sollte.

Und doch schien es einigermaßen seltsam, daß man ihn um seinen Segen bat, als sei er ein Geistesverwandter, den die junge Generation sich aus der älteren erwählt; Apollinaire war nämlich fast gleichaltrig mit Picasso. Der Krieg hatte den normalen Verlauf der Ereignisse sichtlich beschleunigt und – gewissermaßen eine historische Synkopierung – die Menschen vorzeitig altern lassen. Als Apollinaire 1916 von der Front zurückkam, physisch, aber auch seelisch mitgenommen durch eine Kopfverletzung, hießen seine Mitbrüder ihn willkommen wie den großen alten Mann der Avantgarde. Am 31. Dezember gaben sie ihm zu Ehren ein Bankett, an dem neunzig Gäste teilnahmen und das an das Festessen erinnerte, das man vor einigen Jahren für den Zöllner Rousseau veranstaltet hatte.

Der Krieg beseitigte nicht nur die sozialen Schranken, sondern machte auch fast alle Manifestationen des menschlichen Geistes – einschließlich der Dichtung, der Musik und Malerei – zu einem politischen Akt. Diese Vereinigung von Kunst und Tat, deren Wirkung brillant und verheerend zugleich sein sollte, beeinflußte vor allem die französische Literatur bis in die folgende Generation in beträchtlichem Maße. Man kann durchaus behaupten, daß die Schöpfer von *Parade* die Zukunft antizipierten, obwohl sie im Grunde gar nicht diese Absicht hatten; mit ihrem Ballett kam jedenfalls der »Neue Geist« in die Welt, und die daraus resultierenden Konsequenzen mußten getragen werden. Auf dem Montparnasse war die Kunst vor der Einteilung in »rechts« und »links« stets sicher gewesen, aber diese Zeit näherte sich jetzt ihrem Ende. Cocteau hatte *Parade* als »realistisches Ballett« bezeichnet, doch Apollinaire ging noch weiter, indem er in seinem Beitrag für das Programmheft *Parade* zu einem surrealistischen Ballett machte:

»Aus der neuen Vereinigung – denn bisher waren Ausstattung und Kostüme einerseits, die Choreographie andererseits nur künstlich miteinander verbunden – ergibt sich in *Parade* eine Art von Sur-Realismus, in dem ich den Ausgangspunkt einer Reihe von Kundgebungen jenes Esprit Nouveau erblicke, der nunmehr Gelegenheit findet, sich darzutun, die Elite zweifellos entzückt und sich zur Aufgabe stellt, in umfassender Schaffenslust die Künste und die Sitten grundlegend umzuwandeln, denn der gesunde Menschenverstand will, daß sie mindestens auf der gleichen Höhe stehen wie Wissenschaft und Industrie.«

Am 18. Mai fand im Théâtre du Châtelet vor einem durchaus heterogenen Publikum, das sowohl von der Rive droite als auch von der Rive gauche herbeigeeilt war, die Premiere von *Parade* statt – und als der Vorhang fiel, war die Enttäuschung groß. »*Parade*«, schrieb Cocteau, »war so weit davon entfernt, das zu sein, was ich mir gewünscht hätte, daß ich sie nicht von vorn sehen wollte und mich nur an den Seiten aufhielt, wo ich die Schilder mit den Nummern für jeden Wechsel zurechtrückte.«

Vor allem aber führte *Parade* längst nicht zu jenem Skandal, den Cocteau später daraus gemacht hat. Sicher, ein paar Schreihälse tönten ihr »sales boches« (»dreckige Boches«) in den Saal, die drei Meter hohen »Manager« in kubistischen Kostümen und vor allem das von zwei Tänzern dargestellte Pferd mit seinem karikierten Kopf riefen Verblüffung, ja, laute Ablehnung hervor, aber ansonsten herrschte unter den Zuschauern nicht die Spur des Aufruhrs, den man bei Strawinskys *Sacre du Printemps* verzeichnen konnte. Einerseits war das Publikum diesmal etwas reifer als die Zuschauer von ehedem, andererseits hatte man die Gäste der *Parade*-Premiere zu einem weit größeren Teil gezielt ausgewählt. Außerdem wurde die Aufführung durch andere aufregende Ereignisse in den Schatten gestellt. Am 16. März trafen die ersten Nachrichten über die russische Revolution im Westen ein, und im April hatten die Deutschen ihre neue Superkanone, die Dicke Berta, in Richtung Paris rollen lassen und beschossen die Metropole aus einer Entfernung von rund hundertsiebzig Kilometern. Beim Kampf um Verdun verloren eine Million Menschen das Leben. Dem Publikum fehlte einfach der Schwung zu heftigen Demonstrationen.

Parade endete nicht mit einem Eklat, sondern verpuffte in einem halb amüsierten, halb geringschätzigen Raunen. Jean Poueigh, Musikkritiker des *Carnet de la Semaine*, hatte ein besonders vernichtendes Urteil abgegeben, und Satie schickte ihm daraufhin eine Postkarte folgenden Inhalts:

> Monsieur und lieber Freund!
> Sie sind nichts als ein Arschloch, und noch dazu ein unmusikalisches Arschloch.
>
> Erik Satie.

Poueigh verklagte ihn, und Satie wurde vor Gericht zitiert. Der Komponist wurde zu einer Woche Gefängnis verurteilt. Als der Staatsanwalt den Gerichtssaal verließ, sprang Cocteau von der Zuschauerbank hoch und schrie: »Ich werde ihm das Gesicht massakrieren, diesem Schwanz!« Dann holte er aus und versetzte dem Verblüfften eine Ohrfeige, woraufhin man ihn prompt nach unten ins Polizeipräsidium führte und dort ziemlich unsanft behandelte. Satie war bestürzt über die prozessualen Konsequenzen einer harmlos-obszönen Postkartenzeile und flehte die Beamten an, Cocteau freizulassen, er allein trage die Schuld an allem.

Aber das hatte Cocteau nicht beabsichtigt. *Er* allein wollte schuldig sein, vielleicht nur aus dem Grunde, um anschließend auch den Ruhm davontragen zu können. Seine Ausbrüche sahen immer nach genauer Kalkulation aus; er brachte es todsicher fertig, gerade dann die Selbstbeherrschung zu verlieren, wenn sich ein Reporter in der Nähe befand, manipulierte auf diese Weise die öffentliche Meinung, das heißt die Pressevertreter, die, für jeden Aufmacher dankbar, großzügig ihm die Hauptrolle zusprachen. Er war ein Meister der Nachrichtenmache, und wenn man um jeden Preis Nachrichten produzieren will, ist man fast immer gezwungen, der historischen Wahrheit Gewalt anzutun. Ein neuer Trend, eine »Bewegung«, an der mehrere Leute mitgewirkt haben, wird in gewissem Sinne erst in dem Augenblick geboren, in dem das Publikum davon erfährt. Sein Schöpfer ist der Presseagent. *Parade* ist ein Paradebeispiel dafür. Sicher, die ursprüngliche Idee stammte von Cocteau, aber das war auch schon so ziemlich alles. Jedes »ich« in der Schilderung der Zusammenarbeit ist in Wirklichkeit ein transponiertes »wir« oder, mehr noch, ein »sie«, jede seiner Übertreibungen oder Erfindungen für ihn eine Notwendigkeit, die er post factum rechtfertigt. Ein Brief, den er im April 1917 an Léonide Massine geschrieben hatte, nachdem er vor den anderen aus Rom zurückgekehrt war, offenbart dieses Phänomen auf beinahe mitleiderregende Weise:

> Mein lieber Massine!
> Warum schreibt Diaghilew ... niemals direkt an mich? Ich würde ihm am liebsten raten, meinen Namen völlig zu unterdrücken, sogar auf dem Programmzettel von *Parade* – mein Ziel ist, ebenso wie Ihres übrigens, nicht die Publizität. Das Libretto diktierte ich Satie Note für Note. Ich schleppte Pi-

casso trotz seiner Skrupel an, auch wenn er jetzt das Gegenteil behauptet. Ich arbeitete freundschaftlich, freudig und loyal mit Ihnen zusammen und achtete darauf, daß die Ideen, die mir teuer waren, in Ihrem großartigen Werk nicht fehlten – *mehr will ich nicht.*

Wenn ich erstaunt bin, so aus Gerechtigkeitssinn, nicht aus Neid. Nur eines bereue ich, daß nämlich diese »Szenen« wahrscheinlich zukünftige Gemeinschaftsprojekte verhindern, die ebenso wirksam wären wie *Parade.*

Jean Cocteau

Massine erzählte er also, daß er Satie jede Note diktiert hätte, und Satie seinerseits bekam kurz darauf zu hören, er, Cocteau, hätte Massine jeden Schritt der Choreographie vorgeschrieben. Wenn wir diese vertraulichen Äußerungen zusammennehmen, müssen wir unweigerlich zu dem Schluß kommen, Cocteau habe *Parade* eigenhändig geschaffen. Und das behauptete er auch dem großen Publikum gegenüber und glaubte allem Anschein nach sogar noch selbst an diese Eigenreklame. Gide, der die erste Vorstellung von *Parade* 1917 nicht gesehen hatte, besuchte Cocteau anläßlich der Wiederaufnahme im Dezember 1920 hinter der Bühne: »Vor meiner Abreise *Parade* gesehen – man weiß nicht, was man mehr bewundern soll, die Anmaßung oder die Armseligkeit. Cocteau stolziert in den Kulissen umher, wo ich ihn besuche; gealtert, eingefallen, leidend. Er weiß wohl, daß Dekoration und Kostüme von Picasso sind, daß die Musik von Satie ist, aber er fragt sich, ob Picasso und Satie nicht von ihm sind.« Satie und Picasso boykottierten die Wiederaufnahme der *Parade*, da ihnen Cocteaus Identifikation mit dem Werk peinlich war. »Ich werde niemals wieder etwas mit Cocteaus Humbug zu tun haben!« schrieb der Komponist.

Parade fand enormen Widerhall. Das Werk katapultierte Picasso endgültig aus der Künstlerboheme heraus und markierte den Beginn seines Weltruhms. Satie war etabliert. Diaghilew konnte eine zweite Phase seiner Karriere einleiten, in der er sich mehr auf französische Maler und Komponisten stützte als auf russische. Schließlich bildet *Parade* in Cocteaus Laufbahn einen Fixpunkt: Der Ruf des obskuren Dilettanten machte allmählich dem Ruhm Platz.

Parade war nur der erste Schritt. Zwischen der Premiere und der dreieinhalb Jahre später stattfindenden Wiederaufführung eignete Cocteau sich nicht nur ein Ballett, sondern dazu eine ganze musikalische Schule an. Um 1919 war er zum Sprachrohr und *Ex-post-facto*-Organisator einer Gruppe junger Komponisten geworden, die man später »Les Six« nennen sollte.

Der Erste Weltkrieg brachte der Avantgarde Glück im Unglück. Die Theater wurden 1914 geschlossen, und ein Jahr später hatten nur die größeren Häuser die Mittel, die Spielzeit neu zu eröffnen. Aus Mangel an Käufern schlossen zahlreiche Galerien; die oberen Zehntausend hatten ihr Mäzenatentum radikal eingeschränkt. Die jungen Künstler lebten mehr denn je von der Hand in den Mund. Sie legten ihre letzten Francs zusammen, um auf der Rive gauche einige bescheidene Wohnungen zu mieten, die sie in gemeinnützige Salons verwandelten. 1915 gründete die junge Adrienne Monnier ihre Buchhandlung. Adriennes inbrünstige Hingabe an Dichter und Literatur war beispiellos auf Rive gauche und Rive droite. Sie schuf eine Atmosphäre, die zugleich intim, weihevoll und alltäglich war: Hier konnten die Künstler frei atmen. Zu ihren Rezitationsveranstaltungen kam man nicht als gehätscheltes und subventioniertes Genie, sondern als Professional. Es ist bezeichnend, daß Satie Proben aus seinem sinfonischen Drama *Socrate*, einer Auftragsarbeit für die Fürstin de Polignac, im Hinterzimmer des Buchladens von Adrienne Monnier zum besten gab, denn sogar die Musik, bisher noch weit enger als die anderen Künste mit aristokratischen Förderern verbunden, verlagerte ihr Zentrum jetzt allmählich auf die Rive gauche.

Hier begann die Avantgarde jetzt auch, sich selbst zu fördern; Jeanne Bathori war Polyhymnia, die Muse des Gesangs, während die für die Dichtung zuständige Adrienne Monnier den Part der Kalliope übernahm. Die Bathori war eine begabte

Sängerin und sollte bald beweisen, daß sie als Managerin keine geringeren Talente besaß. Im Théâtre du Vieux-Colombier organisierte sie eine Reihe von Konzerten, um jungen Komponisten wie Honegger, Francis Poulenc, Darius Milhaud und Georges Auric ein Auditorium zu verschaffen.

Die interessanteste aller Ad-hoc-Institutionen war jedoch zweifellos ein Maleratelier in der Rue Huyghens Nr. 6 auf dem Montparnasse, wo sich die Mitglieder der künstlerischen Avantgarde aller Gattungen und Richtungen treffen konnten. Hier formierten sich beispielsweise »Les Six«. Als Cocteau 1919 einige Artikel für *Paris-Midi* schrieb, rührte er die Trommel für eine Gruppe, die schon äußerst lebendig gewesen war, als er noch keinen einzigen Fuß auf den Montparnasse gesetzt hatte – auch wenn er das nicht wahrhaben wollte.

Das ungewöhnlich geräumige Atelier in der Rue Huyghens Nr. 6 gehörte einem Maler namens Emile Lejeune, der 1910 aus der Schweiz nach Paris gekommen war. Zunächst hatte er geplant, eine Art Kunstakademie daraus zu machen, und hatte sein Atelier vormittags an einen gewissen Devallières vermietet, der Malkurse abhielt. Mit Ausbruch des Krieges allerdings gab diese »Akademie« ihren Geist auf, und Lejeune, nunmehr ernsthaft in finanzieller Bedrängnis, fand einige dollarschwere Amerikaner, die das Atelier übernahmen. Auf dem Montparnasse herrschten ausgesprochen harte Zeiten. Maler, die später berühmt wurden, verkauften ihre Werke zum Preis einer Mahlzeit oder überlebten nur dank gemeinnütziger Suppenküchen. Die russische Malerin Maria Wassilieff machte eine Künstlerkantine auf, wo unter anderem auch Modigliani, Soutine, Lenin und Trotzki, der als Geliebter von Maria galt, für ein paar Groschen essen konnten. Um die Qualität der Suppe zu heben, hatte Lejeune den genialen Einfall, die notwendigen Mittel mit Hilfe einer Konzertreihe zusammenzubringen, außerdem wollte man auf diese Weise neben den Malern auch gleich den Musikern und Komponisten helfen. Der Konzertagent Arthur Dandelot unterstützte das Projekt, und im Spätherbst 1914 fanden die ersten Veranstaltungen statt.

Sie hatten so viel Erfolg, daß im Sommer 1915 beschlossen wurde, eine Gesellschaft ins Leben zu rufen. Paul Morisse vom *Mercure de France* wurde Vorsitzender, Edouard Vidondez Schatzmeister und Dandelot künstlerischer Leiter. Nur Mitglieder und deren Gäste durften die Konzerte besuchen. Am Eingang betätigte Lejeune sich als Verkäufer und Abreißer der Eintrittskarten, und die Nettoeinnahmen flossen der Wohltätigkeitsorganisation für französische Maler zu. Inzwischen hatte sich die Suppenküche der Maria Wassilieff zu einem Konzertsaal gemausert, wo ein Schwede namens Melchers Vorstellungen gab. Die beiden Unternehmen fusionierten und nannten sich »Lyre et Palette«. Die Lyra gab den Ton an – im April veranstaltete man einen Debussy-Abend (für das Programmheft steuerte Picasso eine Zeichnung bei) und zwei Wochen darauf ein Festival Satie-Ravel. Erst im Herbst 1916 wurde die Palette deutlicher sichtbar, als Ortiz de Zarate, Nachbar von Lejeune und Mitläufer von Picasso, vorschlug, man möge ihm und anderen Malern erlauben, ihre Werke in der »Salle Huyghens« auszustellen. Im vergangenen Jahr hatten sie beim Café Rotonde Ausstellungen unter freiem Himmel organisiert, waren von der kalten Witterung aber bald unter Dach getrieben worden. Ortiz machte Lejeune mit Picasso und Kisling bekannt, und letzterer, ein äußerst energisches und geselliges Mitglied der Bohemegemeinde, ergriff sofort die Gelegenheit, um auch Modigliani auszustellen und ihn damit zum ersten Mal ans Licht der Öffentlichkeit zu bringen.

Das Resultat war eine Art allumfassendes Kunstfestival, das vom 19. November bis 15. Dezember dauerte und einen Wendepunkt in der Geschichte der Avantgarde bedeutete; denn hier wurden Künstler vorgestellt, deren Stern zwischen den beiden Weltkriegen kometengleich aufgehen sollte, hier begann sich ein Publikum zu sammeln, das in den zwanziger Jahren den Montparnasse prägte. Die Ausstellung zeigte zum größten Teil Werke von Modigliani, aber auch von Picasso, Kisling und Matisse. Der Kunsthändler Paul Guillaume stellte fünfundzwanzig afrikanische Masken und Schnitzereien aus seiner Sammlung zur

Verfügung. Im Programmheft fanden sich Gedichte von Cendrars und Cocteau, der sein Poem Erik Satie gewidmet hatte. Zwei Tage später veranstaltete man ein Satie-Festival – »Instant Musical« (Musikalischer Augenblick) –, zu dem Cocteau Diaghilew und Ernest Ansermet mitbrachte. Und schließlich, am 26. November, fand in der Salle Huyghens ein Rezitationsabend statt, den Paul Morand in seinem Tagebuch folgendermaßen schildert:

»Ein Montparnasse-Atelier in der Rue Huyghens besucht, bei den Kubisten. Dreihundert Leute in einem kleinen Saal; kubistische Bilder an den Wänden; Jean Cocteau, Madame Errazuriz, Erik Satie, Godebski und Sert in schweren Automänteln, die Kragen bis über die Nase hochgeschlagen wie an einem verrufenen Ort. Zum ersten Mal sehe ich Apollinaire, in Uniform, mit bandagiertem Kopf. Das einzig Lustige sind die Verse der kleinen Durand-Vieil, die fünf Jahre alt ist, Cocteau rezitiert sie ganz ernsthaft und mit großer Selbstsicherheit. In diesem für mich ganz neuen Milieu fühlt er sich vollkommen zu Haus.«

Also hatte sich Cocteau, der den Weg in die Rue Huyghens erst ziemlich spät fand, im Dezember 1916 schon bis zur vordersten Reihe und aufs Podium geboxt, wo er nicht nur die eigenen Gedichte, sondern auch die Produkte seiner Nichte Françoise Durand-Vieil und seines Freundes Jean Leroy (der 1918 im Krieg umkam) zum besten gab. Für kurze Zeit okkupierte er das Zentrum des künstlerischen Geschehens auf dem Montparnasse und brachte vom rechten Seineufer seine persönliche Claque mit, die außerordentlich zahlreich war. Etwas ungläubig betrachtete man die langen blitzenden Limousinen, die in der Rue Huyghens vorfuhren; verwundert starrte man die eleganten Damen an, die ausstiegen und sich todesmutig einen Weg in das von einem rundbäuchigen Kohlenofen nur äußerst unzulänglich geheizte Atelier bahnten, wo sich schon ein bunt gemischtes Völkchen versammelt hatte.

Dieselben Besucher sollten auch im Mai das Châtelet füllen, um der Wiederaufführung von *Parade* beizuwohnen. Die große Welt war durch eine Kombination von Musik und Cocteau zum

Montparnasse gezogen worden. Das November/Dezember-Universal-Festival gab Anlaß zu größeren Dichterlesungen, zu Konzerten und zu Kunstausstellungen, und »Sonnabend abend auch in der Rue Huyghens?« wurde – jedenfalls laut Cocteau – zu einer stereotypen Wendung auf der Rive droite. »In dieser Krippe wurden im Krieg viele Dinge geboren, die schnell wuchsen«, schrieb er. »Man stellte dort aus, deklamierte, sang, spielte. Die Künstler aus dem Café La Rotonde an der Ecke von Boulevard Raspail und Boulevard du Montparnasse rauchten dort in Pullover und Schlagmütze neben den schönen Damen ihre Pfeife. Was taten wir (durch organisatorische Mängel) nicht alles, um das Publikum zu entmutigen? Die Programme dauerten nicht lange genug, es fehlte an Stühlen, kalte Füße etc. etc. Die Salle Huyghens wurde jedoch unter einem guten Stern errichtet ... und das Publikum zeigte niemals schlechte Laune.«

Im Januar rezitierte Max Jacob Gedichte von Paul Reverdy, den bis dahin nur die *sehr* Auserwählten kannten. Bei einer anderen Gelegenheit lasen Apollinaire, Cendrars, Cocteau, Max Jacob und Reverdy gemeinsam. Am 26. Januar 1917 wurde eine zweite Kunstausstellung eröffnet, die unter anderem auch Werke von Vlaminck, Othon Friesz, Severini und Lhote zeigte. Zu den Samstag-Konzerten schleppte Cocteau seine luxuriösen und snobistischen Bekannten en masse herbei, um der Aufführung von Werken einer Gruppe junger Komponisten beizuwohnen, die Satie zusammengebracht hatte – unter anderen Georges Auric, Louis Durey, Germaine Tailleferre und Arthur Honegger.

»Les Six« – die Bezeichnung wurde 1920 von dem Musikkritiker der *Comoedia*, kreiert – kamen zusammen durch zufällige Umstände wie Zeit, Ort und Konzertrepertoire, durch Cocteaus gesellschaftliche Ambitionen, durch einige verschwommene Vorlieben und Ärgernisse, die sie verbanden, sowie natürlich durch ihr von Collet verliehenes Emblem, und sie blieben nur für kurze Zeit zusammen, solange nämlich, bis die Umstände (und Vorteile), dank derer ihre Verbindung zustande gekommen war, dahinschwanden und ihre persönliche Entwicklung wirklich eigenständige Komponisten aus ihnen gemacht hatte.

Einige Mitglieder der späteren »Six« kannten sich bereits, ehe Satie sie nach einem Konzert, das Cendrars im Juni 1917 in der Salle Huyghens veranstaltete, zusammenbrachte und vorschlug, sich »Les Nouveaux Jeunes« (Die neuen Jungen) zu nennen. Milhaud lernte Honegger und Auric kennen, als man gemeinsam am Pariser Conservatoire Kontrapunktik studierte. Dreimal in der Woche kam Honegger aus Le Havre herüber, und dann versammelten die drei sich in der Wohnung von Auric, um dort einander ihre Kompositionen vorzuspielen. Auric war ein unheimlich belesenes, geistreiches und eigenwilliges Wunderkind. Als der Krieg ausbrach, zählte er erst fünfzehn Jahre, aber seine Jugend hinderte ihn nicht, mit wesentlich älteren Komponisten und Musikern zu verkehren, von denen einige bereits Berühmtheit genossen. Neben diesem brillanten Bürschchen wirkte Honegger noch feierlicher, verinnerlichter und schweizerischer als sonst, während Milhaud, der aus einer wohlhabenden, kultivierten Familie provenzalischer Juden stammte, keinem der beiden ähnelte.

Milhaud machte einen seriösen und selbstsicheren Eindruck und war in der Pariser Salonwelt sehr beliebt. Bevor er sich 1916 als diplomatischer Sekretär Paul Claudels nach Rio de Janeiro begab, verkehrte er bereits regelmäßig in den Häusern von Madame Daudet, der Fürstin de Polignac und bei Philippe Berthelot. In den Jahren, die er im Ausland verbrachte – 1917 und 1918 –, spielte man seine Kompositionen häufig in den Konzerten der »Nouveaux Jeunes«, zu denen jetzt auch Francis Poulenc gehörte.

Über seine erste Begegnung mit Satie schrieb Milhaud: »Ich stolperte über ihn bei einem Empfang zu Ehren der Königin von Rumänien ... Das erste, was er mir erzählte, war, daß er mich im Sommer 1916 oft üben gehört hatte. Jedesmal, wenn er Freunde besuchte, die auf der anderen Seite der Straße wohnten, hörte er (da meine Fenster weit geöffnet waren), wie ich unermüdlich dieselben Motive auf dem Klavier wiederholte, was ihn außerordentlich fesselte, da er nicht wußte, wer in der Wohnung lebte.« Als Milhaud zurückkehrte, hatte man ihm bereits einen Sitz in dem Musikheiligtum reserviert, das Jeanne Bathori, ohne diese musikgeschichtlichen Konsequenzen auch nur ahnen zu können, geschaffen hatte. Ihre Veranstaltungen im Théâtre du Vieux-Colombier enthielten zum ersten Mal im November 1917 jene sechs Namen: Honegger, Durey, Poulenc, Tailleferre, Auric und Milhaud. Cocteau benutzte nur das Fundament der Bathori und errichtete darauf die oberen Stockwerke sowie die Fassade.

Im Herbst und Winter nach der *Parade*-Premiere flitzte Cocteau zwischen Paris und Südfrankreich hin und her, und diesen Weg sollte er in seinem späteren Leben noch oft zurücklegen – zur Aufrechterhaltung seines emotionalen Gleichgewichts. Für ihn war die Côte gleichzeitig der Ort, wo er sein Arthritisleiden auskurierte, wo er ungestört schreiben konnte und vor seinen privaten Querelen in Paris Zuflucht suchte, Querelen, die er haßte und doch brauchte. Daß manche Leute es irgendwie schafften, auch ohne seine Anwesenheit zu leben und zu arbeiten, wertete er unweigerlich als infame Verschwörung.

Da er ahnte, daß man ihn nicht allzusehr vermißte, informierte er jedermann über seine Krankheit und seine Depressionen. Im Oktober 1917 schrieb er aus einem winzigen Ferienort im Norden von Bordeaux an den Grafen Louis Gautier-Vignal und befreite seine Seele von drückender Last: »Sehr traurig, nehme Sonnenbäder, schwarz außen und innen an dieser Negerküste, im Flußgebiet von Arcachon, zu krank für Meere, und so verschreiben die Ärzte mir dieses Pseudo-Meer – mein Bart schießt ins Kraut – wohne in Onkel Toms Hütte . . . Arbeite nicht – seltsame Landschaft von Mimosen, Pinien und fleischigen Pflanzen.«

Im folgenden Januar verreiste er mit Francis de Croisset und dessen Gattin, deren Tochter aus erster Ehe jene Marie-Laure de Noailles war, die im Leben Cocteaus noch eine bedeutende Rolle spielen sollte. Sie finanzierte *Le Sang d'un Poète* (»Das Blut eines Dichters«), seinen künstlerisch wohl wichtigsten Film.

Die Croissets und Cocteau fuhren nach Grasse, wo Olivenbäume und sanfte Terrassen die Pinien des sandig-flachen »Landes« von Piquey ersetzten, aber Cocteaus innere Landschaft hatte sich nicht geändert. »Renoir, ja, natürlich«, schrieb er an Gleizes nach Amerika, »aber ich sage ›nieder mit Renoir wie nieder mit Wagner‹. Was für ein Aufruhr im Affenkäfig, in dem die Affen gerade erst das Stadium erreicht haben, ihre Nerven auf den Impressionismus einzustellen ... Bringen Sie mir soviel Neger-Ragtimes und soviel große russisch-jüdisch-amerikanische Musik mit, wie Sie können.«

Denn Cocteau war inzwischen auch ein Bewunderer von Gaby Deslys geworden, dem singenden Glamour-Girl, das von 1917 bis zu seinem Selbstmord 1921 sogar die Mistinguett in den Schatten stellte. Einen Teil des Krieges verbrachte die Deslys in New York, wurde dort von amerikanischen Millionären mit Juwelen überschüttet und erhielt von König Manuel von Portugal das Angebot, seinen Thron mit ihm zu teilen. Als sie 1917 ins Casino de Paris zurückkehrte, brachte sie die erste Jazzband mit nach Paris, die sofort zum letzten Schrei wurde. Bald schwärmten die Leute nur noch von Negern. Cendrars schrieb eine *Anthologie Nègre*, Poulenc komponierte eine *Rhapsodie Nègre*. Die Stadt wand sich in konvulsivischen Zuckungen. Selbst die feinen Viertel vibrierten, denn im gleichen Jahr, also 1917, hatte Etienne de Beaumont, der es ungemein liebte, Spektakel der Avantgarde zu finanzieren, die gesamte Band der American Army angeheuert. Sie spielte auf dem Rasen hinter seinem Palais und schreckte den steifen und eleganten Faubourg Saint-Germain durch die Schlagzeugrhythmen der neuen Ära hoch.

Um die harten Schläge zu kompensieren, die das literarische Leben von Paris ihm nicht erspart hatte, versuchte Cocteau, »Les Six« und ihren Pflegevater Satie zu beherrschen. Gemeinsam mit Blaise Cendrars leitete er einen kleinen Verlag, die Editions de la Sirène, die unter anderem auch den *Socrate* von Satie publizierte. Obgleich mit der Veröffentlichung durchaus einverstanden, fürchtete Satie, Cocteau hätte begonnen, ihn als persönliches Eigentum zu betrachten, und um zu verhindern, daß Cocteau das obligatorische Vorwort zu dem Band schrieb, bat er den Schriftsteller und Musikwissenschaftler René Chalupt, diese Aufgabe zu übernehmen. »An dem Tag jedoch«, schreibt Chalupt, »an dem Satie mich besuchte, um sich mit mir über das Vorwort zum *Socrate* zu unterhalten, hatte er sich noch nicht ganz hingesetzt, als es an der Wohnungstür läutete. Es war Jean Cocteau! Sofort wechselten wir das Gesprächsthema. Ich konnte mich des Gedankens nicht erwehren, daß dieser unerwartete Besuch durchaus kein Zufall war.«

Saties Verfolgungswahn übertraf den Cocteaus noch bei weitem. Seine Beziehung zu ihm und zu den Musikerkollegen schwankte von einem Extrem zum anderen. Obgleich »Les Six« ihn verehrten, hielt er zu ihnen Distanz, da er lästige Verpflichtungen fürchtete. Außerdem schien ihm Auric ziemlich suspekt, denn der junge Komponist hatte einst seinen Regenschirm in denselben Ständer getan wie Satie den seinen und dabei den Fetisch des Meisters aus Arcueil durchlöchert. Dahinter vermutete Satie natürlich eine perfide Absicht, und er vergab niemals.

Gegen Cocteau hegten »Les Six« keine Ressentiments, und seine kurze Herrschaft als Ästhet, Reklameagent, Freizeit-Zymbalist und Publikumsquirl sollte sich als eine der weniger neurotischen Episoden in seiner Laufbahn erweisen. Bis zum Frühjahr 1919 hatte er sich so fest als Lautsprecher der sechs Komponisten etabliert, daß er den Einführungsvortrag halten mußte, als die Gruppe auf Einladung der Gattin des belgischen Ministers für Bildende Künste ein Konzert in Brüssel gab; und bei einem größeren Konzert, das am 19. Juni 1919 veranstaltet wurde und in dem man zum ersten Mal die *Libations* (»Trankopfer«) von Milhaud zu Gehör brachte, konnte das Publikum am Schlagzeug Cocteau entdecken, wie er das Zymbal schlug und den Triangel bediente – Seite an Seite mit Honegger, Auric, Poulenc und Lucien Daudet, seinem eleganten und zerbrechlichen Schatten.

Allmählich nahmen die musikalischen Späße den Charakter einer Bewegung an. Aus den Samstags-Konzerten auf dem

Montparnasse wurden Samstags-Gelage auf dem Montmartre. Man traf sich in Milhauds Wohnung in der Rue Chaptal. Paul Morand mixte die Cocktails, man kam in Hochstimmung, und Poulenc spielte, wie jede Woche, seine *Cocardes*, die auf Gedichten von Cocteau basierten. Zu fortgeschrittener Stunde zogen die Musiker, Freunde und Freunde von Freunden die Rue Blanche hinauf und besetzten das Petit Bessonneau, ein kleines Restaurant.

Sobald das vielmäulige Ungeheuer seinen Appetit gestillt hatte, verlangte es nach Klamauk und Krach. Im Gefolge von Musen wie Marie Laurencin, Valentine Gross und Irène Lagut vergnügten sich die Männer auf dem Jahrmarkt vom Montmartre beim kreischenden Konzert mechanischer Harmoniums, Dampfpfeifenorgeln und beim Gebell der Phonographen.

»Les Six« schienen ewig auf Wanderschaft. Nach dem Petit Bessonneau wählten sie eine andere Lokalität, das Chez Delmas auf der Place de la Madeleine und dinierten hier fast jeden Samstag in den frühen zwanziger Jahren. Dann wurde ihrem Zigeunerdasein ein Ende gemacht. Ein großgewachsener, unternehmungslustiger junger Mann namens Louis Moysès, der vor kurzer Zeit aus Charleville nach Paris emigriert war, hatte in der Rue Duphot einen leeren Laden gemietet, der zufällig in einem Gebäude lag, das dem Vater von Jean Wiener gehörte. Wiener, ein ausgezeichneter Pianist, der seinen Lebensunterhalt mit Engagements in Kabaretts verdiente, schlug Moysès vor, ein Restaurant-Kabarett zu eröffnen, und garantierte ihm einen festen Besucherstamm. Moysès ließ sich von der Idee begeistern, und bald darauf erblickte die Bar Gaya – ein weißgekacheltes Gelaß, kaum größer als ein Waschraum – das Licht der Welt.

Cocteau brauchte nur seinen Telefonhörer abzuheben, um einen perfekt funktionierenden Nachrichtendienst in Bewegung zu setzen. Am Eröffnungsabend erschienen mehr Leute, als die Bar Gaya aufnehmen konnte, ein gutes Omen für die Zukunft des Etablissements. Moysès hatte seine Goldgrube, Wiener seinen Jazzclub, »Les Six« ein Heim, und Cocteau genoß hier, nur wenige Häuserblocks von der heimatlichen Rue d'Anjou Nr. 10 entfernt, die Treibhausatmosphäre von Jazz und Rive-droite-Intrigen. Inzwischen hatte er ein schmales Opus namens *Hahn und Harlekin* veröffentlicht, das seine Reputation als Sprecher der Gruppe weiter festigte; nicht ohne Grund wurde es von seinen Lesern als Manifest aufgefaßt. Es ist Georges Auric gewidmet, und seine Philosophie stammt aus den Aphorismen von Erik Satie.

»Die Revuen des Zirkus, die amerikanischen Negerorchester befruchten den Künstler ebenso wie das Leben«, schrieb er. »Sich der Gefühle bedienen, die solche Schauspiele erwecken, läuft nicht darauf hinaus, Kunst nach Kunst zu machen. Diese Schauspiele sind keine Kunst. Sie regen an wie Maschinen, Tiere, Landschaften, Gefahren.«

Besonders gern »arbeiteten« die sechs mit populären Melodien, denen sie ihre eigenen Kompositionen einfügten; sie bemühten sich um die Kratzklänge des Grammophons, um die Effekte der Dampforgeln, des elektrischen Klaviers, des Leierkastens. Sie produzierten schrille Klänge, eine Musik, deren diatonische, in verschiedenen Schlüsseln gesetzte Akkorde gegeneinander schlagen und knirschen wie Feuersteine und deren kontrastreiche Motorik dem Zuhörer unwillkürlich eine Gänsehaut über den Rücken jagt.

In *Hahn und Harlekin* transponierte Cocteau die symbolistischen Maximen von Verlaine auf das Gebiet der Musik: »Musik über alles«, schrieb er, »und wenn du komponierst, so wähle das Schlichte: schwerer und weniger luftlöslich.« Der Hahn ist der gallische Hahn, sein Gegenspieler der Harlekin, den Cocteau mit Larousse als »ein Ragout aus verschiedenen Überresten« definiert. Da die Russen und besonders die Deutschen die französische Musik verdorben haben, ruft Cocteau seine Landsleute auf, zu sich selbst zu finden. Wenn sie das tun, werden sie Cocteau entdecken: »Ich bewundere zwar die Harlekine Cézannes und Picassos, aber den Harlekin liebe ich nicht. Er trägt eine Samtmaske und ein *in allen Farben schillerndes Kostüm*. Nachdem er sich beim Hahnenschrei verleugnet hat, verbirgt er sich.

Er ist der Hahn der Nacht. Dagegen liebe ich den echten Hahn, *den durch und durch bunten.* Der Hahn kräht zweimal Cocteau und haust in seinem Bauernhaus.« Eklektizismus und Paradoxa, so fährt er fort, seien der neuen Generation verhaßt, denn diese »verachtet ihr Lächeln, ihre welke Eleganz. Sie fürchtet auch das Enorme.«

Eleganz, schnelle Tempi und Humor wurden zu den wesentlichen Elementen des Stils der Gruppe. Sie schrieben zahllose Pastoralen, Suiten und Serenaden für weniger als zehn Instrumente. Ihre Kompositionen sind häufig sehr kurz; sie haben die begrenzten Dimensionen eines Bonmots, die aufdringliche Beiläufigkeit einer »mechanischen Musik«, die mit großer Lautstärke darum bittet, nicht gehört zu werden. Offensichtlich reflektiert eine solche Musik mehr als nur sich selbst, nämlich auch den Untergang absoluter Wahrheiten und deren Entsprechungen im Bereich des Theatralischen. Sie gibt sich zufrieden mit dem Sichtbarmachen, der Präzisierung eines Details, eines grausamen, nackten, schnellen, harmonischen Schachzugs; ihre Bemühungen um klassische Formen erinnern an ein zerbrechliches Boot, das auf stürmischen Wogen Balance zu halten versucht.

Wenn »Les Six« schamlos plagiierten, so fixierten sie damit die Vergänglichkeit des Augenblicks und deckten zugleich die eigenen Grenzen auf. Diese Wiedergeburt des Interesses an der Form um der Form willen ist zu verstehen als Reaktion auf Wagners Klangformationen, auf den amorphen Ballast deutscher Musik und auf die Sentimentalität, die »Les Six« sogar noch bei Strawinsky feststellten. »Das Theater korrumpiert alles, sogar einen Strawinsky«, behauptete Cocteau. »Ich betrachte *Le Sacre du Printemps* als Meisterwerk, aber ich entdecke in der durch seine Aufführung geschaffenen Stimmung eine religiöse Anteilnahme der Eingeweihten, einen Bayreuther Hypnotismus. Wagner hat das Theater gewollt; Strawinsky ist durch die Umstände hineingezogen worden . . . Wagner macht uns auf die Dauer weich; Strawinsky läßt uns nicht einmal Zeit, um ›Uff‹ zu sagen; aber der eine wie der andere geht uns auf die

Nerven. Bei beiden handelt es sich um Gefühlsmusik; sie sind Tintenfische, vor denen man fliehen muß, wenn man nicht von ihnen verschlungen werden will. Das ist die Schuld des Theaters.«

Cocteaus literarische Arbeiten tendieren zum Universalen, zum Aphoristischen in der pikaresken Tradition des 18. Jahrhunderts, und die, wie er sich später ausdrücken wird, »emblematische Psychologie« seiner Dichtungen und seiner Dramen, die Geschwindigkeit, mit der sie verströmen, die glitzernden Bilder, die im Grunde nur sich selbst spiegeln, bedeuten eine Flucht vor der »Tiefe«, die Cocteau allerdings mit den kunstvollen Insignien einer Ästhetik verbrämt.

Er war ein kultivierter Bourgeois, der sich als literarischer Jakobiner maskierte. Zwar schwang er das Banner des Fortschritts, fühlte sich jedoch unter arrivierten Vorbildern weit mehr zu Haus. Jahre später gab er das in *Die Schwierigkeit, zu sein* zu, wenn auch ziemlich verblümt: »Wenn ich ein Buch lese, wundere ich mich über den Reichtum an Wörtern, denen ich darin begegne, und dann träume ich davon, sie gleichfalls zu verwenden. Ich schreibe sie mir heraus. Aber während der Arbeit denke ich nicht mehr daran. Dann beschränke ich mich auf mein Vokabular. Mir gelingt nicht, von ihm abzuweichen, und es ist so unzureichend, daß mir die Arbeit manch harte Nuß zu knacken gibt.«

Während er sich in seine klassizistische Nische zurückzog, versicherte er dem Publikum wiederholt, er täte es als künstlerische Herausforderung. Mit seinen Händen und seinem Hinterteil beschrieb Cocteau preziöse Schnörkel und kurvte auf diese Weise unsicher durchs Leben, war nicht fähig, sich zu seinem Ich zu bekennen. In den zwanziger Jahren galt es als avantgardistisch, »klassisch« zu sein. 1930 inszenierte man an der Comédie Française *Die geliebte Stimme*, ein bewegendes Melodram, das in der Tradition von Henri Bernstein stand (von dem Cocteau auch tatsächlich die Idee bezogen hatte), und jetzt rückte er sowohl von der literarischen Linken als auch von der Rechten ab, als wolle er sagen: »Ich stehe ebenso weit rechts wie Bernstein – aber das ist nur eine optische Täuschung: Die Avantgarde ist kugelförmig, und ich bin weiter nach links gegangen als jeder andere.« Tatsächlich sagte er dann folgendes:

»Ich bin unfähig, ein Stück zu schreiben und es für oder gegen irgend etwas aufzuziehen, aber ich beglückwünsche mich dazu, daß ein Instinkt der Auflehnung sowie der Widerspruchsgeist, der im Dichter lebt, mir ein Schauspiel voll Einheitlichkeit und Gleichgewicht eingegeben haben, einen völligen Widerspruch zu den Synkopen des Jazz und des Kinematographen von heute.«

Cocteaus Rolle als Musikimpresario war eine Art Trostpreis, den er sich als Ausgleich für eine Reihe literarischer Niederlagen selbst zuerkannte. Seit 1917 hatte er versucht, sich auch bei den avantgardistischen Dichtern hervorzutun, war jedoch von André Breton in seine Schranken verwiesen worden.

1916 betrat der zwanzigjährige André Breton zum ersten Mal die Buchhandlung von Adrienne Monnier, die diesen Moment nie vergessen sollte. Schon damals besaß er Aussehen und Auftreten eines Oberpriesters: »Er war hübsch, aber nicht von engelhafter, sondern von erzengelhafter Schönheit ... Das Gesicht war massiv, gut geschnitten; die Haare, die er ziemlich lang trug, warf er immer wieder mit elegantem Schwung nach hinten; sein Blick blieb fremd für die Welt und sogar fremd für sich selbst, er lebte kaum und war ganz jadefarben. Breton lächelte nie, aber manchmal brach er in ein kurzes, sardonisches Lachen aus, mitten im Gespräch, ohne seine Gesichtszüge zu verändern – wie eine Frau, die sich Sorgen um ihre Schönheit macht ... Aber das Bemerkenswerteste an Bretons Gesicht war vielleicht der schwere und außergewöhnlich fleischige Mund. Die Unterlippe war beinahe anomal entwikkelt und offenbarte eine starke Sinnlichkeit.«

Mit zunehmendem Alter und Ruhm traten diese Charakteristika immer stärker hervor. André Massons Bild von Breton, das fünfundzwanzig Jahre später entstand, zeigt ihn, adlerähnlicher denn je, mit einem Gesicht, das scheinbar in scharfe Facetten aufgeteilt ist, mit einem Wust gelockten Gorgonenhaares und mit Augen, die abwesend und unerbittlich zugleich schauen. Ein Gesicht, das sich dem Alterungsprozeß widersetzte, als erhalte es Kraft und Leben von dem kristallinen Ego, das es umschloß. Auch sein nüchtern-klassischer Stil änderte sich im Laufe der fünfzig Jahre, von der Zeit, wo er als Schüler des Lycée in seinen Gedichten Mallarmé imitierte, bis zu seinem Tod, kaum.

Als Adrienne Monnier ihn zum ersten Mal sah, trug Breton die himmelblaue Uniform eines Sanitätshelfers. Vor dem Krieg hatte er Medizin studiert und war dann dem Armeehospital von Nantes zugeteilt worden. Der Surrealist Breton sollte sich erst noch entwickeln. Von 1916 bis 1920 trieb der Meister seine literarische Karriere voran, verkehrte mit den Vorreitern der Avantgarde und war mit Werken in den beiden größeren, während des Krieges gegründeten Literaturzeitschriften vertreten: in *Sic* von Albert Birrot und *Nord-Sud* von Paul Reverdy.

Trotz aller Unterschiede zwischen den beiden Männern verehrte Breton Apollinaire, dessen Rückkehr von der Front zu einer raschen Belebung des Pariser literarischen Lebens geführt hatte und auf dessen Protektion kein junger Dichter verzichten konnte, der sich einen Namen machen wollte. Einen Tag nach Apollinaires Kopfoperation am 10. Mai 1916 besuchte Breton ihn im Krankenhaus. Als der Leidende sich so weit erholt hatte, daß er das Hospital verlassen konnte, trafen Breton und alle, die zum Kreis des *Nord-Sud* gehörten, ihn regelmäßig dienstags im Café de Flore auf dem Boulevard Saint-Germain, wo Apollinaire mit Kopfverband, den aufgedunsenen Körper in artillerieblaues Zeug gezwängt, den berühmten Nachmittagen präsidierte.

Apollinaire schätzte Breton so sehr, daß er den erst zwanzigjährigen Dichter bat, im *Mercure de France* alle seine bisher veröffentlichten Werke zu rezensieren, nachdem im Frühjahr 1918 die *Kalligramme* erschienen waren. »Ich habe daran gedacht, Sie um einen Gefallen zu bitten«, schrieb er an Breton. »Ich kenne niemanden, der über das, was ich gemacht habe, so gut sprechen kann wie Sie.«

Gegen 1918 freundete Breton sich auch mit Philippe Soupault an, einem jungen Dichter, der am Vermögen der Familie Renault partizipierte. Zusammen mit Louis Aragon, den Breton im Herbst 1917 im Buchladen Adrienne Monniers kennengelernt hatte, bildeten sie bald ein unzertrennliches Dreigespann. Fast jeden Morgen trafen sie sich im Militärkrankenhaus Val-de-Grâce (dem Aragon, der ebenfalls Medizin studierte, zugeteilt war) und frühstückten gemeinsam auf dem Boulevard Saint-Germain. So entstand in den düstersten Tagen des Ersten

Weltkriegs eine neue Literatur-Religion, deren geheime Götter Rimbaud, Lautréamont und Jarry hießen. Da ihre Anhänger noch kein Café für die neuen Laren wußten, gingen sie spazieren, und auf einem dieser Spaziergänge beschlossen Breton, Aragon und Soupault, eine Literaturzeitschrift zu gründen. Aragon schrieb:

»Ich erinnere mich an das erste Mal, da wir uns über die Idee unterhielten ... Es war im Winter 1917/18 auf dem Boulevard Flandrin, als ... wir unsere schmutzigen Uniformen durch den Lokomotivdampf der Außenbezirke schleppten, Offiziere zu grüßen vergaßen, alle Haltung vergaßen, die Zeit, uns selbst und die bittere Kälte vergaßen. Gewißheit eines wirklich neuen Geistes, eines, der uns so nahestand, gewiß auch der Feindseligkeit, auf die dieser Geist treffen würde, und der Unmöglichkeit, ihn irgendwo zu demonstrieren. Damals gab es nur eine lebendige Zeitschrift, *Nord-Sud*, und trotz unserer Liebe zu Reverdy waren wir ziemlich sicher, daß *Nord-Sud* das neue *Faktum* nie zulassen würde.«

Zunächst plante man, die Zeitschrift *Le Nègre* (»Der Neger«) zu nennen, gab diese Idee aber schnell wieder auf. Reverdy schlug *Carte Blanche* (»Vollmacht«) vor, was man jedoch zu naiv fand. Schließlich konsultierte man Valéry und beschloß, das neue Blatt *Littérature* zu nennen.

Die erste Ausgabe erschien im März 1919, und ihr Inhaltsverzeichnis tat niemandem weh. Es enthielt so etablierte Avantgarde-Namen wie Gide, der ganz entzückt war, endlich auch bei der jüngeren Generation in (allerdings sehr kurzlebiger) Gunst zu stehen, und Valéry, der zwar schon ziemlich bekannt war, aber erst jetzt, mit fünfzig Jahren, ernsthaft zu publizieren begann und sich trotz seines Alters der Jugend verbunden fühlte. Erst in den letzten Monaten des Jahres 1919 sollten einige Proben der »automatischen Schreibweise« erscheinen, aber selbst diese wurden, wie Bretons Manuskriptnotizen beweisen, sorgfältig redigiert, damit sie sich wie Mallarmé anhörten.

Littérature und ihre Herausgeber befanden sich in Gefahr: Die Zeitschrift drohte literarisch zu werden, und die jungen Männer liefen ernstlich das Risiko, zu Wunderkindern des literarischen Establishments zu degenerieren. Sie begriffen ihre offensichtliche und prickelnde Macht, fühlten sich in ihrer Rolle als Sprößlinge des *Esprit Nouveau* Apollinaires, aber auch als Verräter. In seinem kleinen Hotelzimmer an der Place du Panthéon saß Breton, ganz krank vor *ennui*, vor Langeweile, Lebensekel und Enttäuschung über sich selbst.

Soupault amüsierte sich derweil, so gut er konnte, damit, an sonnigen Tagen gutaussehenden Damen seinen Regenschirm zu offerieren, einen Bus anzuhalten und sich bei den Fahrgästen zu erkundigen, ob sie die Adresse von Philippe Soupault wüßten, einen Blumenhändler um eine schnell wachsende Weinrebe zu bitten, da er noch am selben Nachmittag mit einer Dame auf dem Balkon über dem Laden eine Verabredung hätte. Lediglich Aragon, der noch kriegsdienstverpflichtet war und zwischen dem Elsaß und Paris hin- und herpendelte, schien etwas Neues entdeckt zu haben, denn in Saarbrücken galt seine Hauptaufgabe als Sanitätsoffizier der Inspektion zweier städtischer Bordelle ...

Wie elektrisiert muß Breton also gewesen sein, als er in einem Brief von Tristan Tzara, mit dem er seit Februar 1919 korrespondierte, folgendes las: »Ich wäre ein Abenteurer großen Stils und erlesener Taten geworden, wenn ich genügend physische Kraft und nervliche Konstitution gehabt hätte, um diese eine Leistung zu vollbringen: *l'ennui* zu entgehen.« *L'ennui* war das Schreckgespenst der Epoche. Lebensüberdruß, Langeweile, Leere bedrohten Surrealisten, Dadaisten und gut dreißig Jahre später auch die Existentialisten der Rive gauche. Breton antwortete umgehend:

»Das Geständnis Ihrer Schwäche hinsichtlich *l'ennui* hat mich soeben unendlich bewegt. – Auch, daß Sie sagen: Ich wäre ein Abenteurer großen Stils und erlesener Taten geworden, wenn ... – das würde auch ich werden (sage ich mir jeden Augenblick, in dem ich an Sie denke), wenn ... Eine Möglichkeit, die mich abwechselnd reizt und abstößt.

Im Moment gehen alle meine Bemühungen in diese Richtung: *l'ennui* zu besiegen. Tag und Nacht denke ich ausschließlich daran. Ist es für jemanden, der sich mit allen Kräften daran macht, eine unmögliche Aufgabe? Verstehen Sie, ich möchte unbedingt sehen, was jenseits dieses *l'ennui* liegt . . .; ich mache einige Fortschritte!«

Seit 1917 hatte Tzara, der geborene Organisator, die europäischen Hauptstädte mit Ausgaben seiner Zeitschriften *Dada* und *Dadaphone* bombardiert. Er war in allen Avantgarde-Zirkeln bekannt und bot ihnen Austausch der gegenseitigen Publikationsorgane an. Breton schien ihm jedoch erst seit Januar 1919 wirklich Beachtung zu schenken, nachdem er das Dada-Manifest von 1918 kennengelernt hatte, in dem unter anderem zu lesen war:

»Ich sage Ihnen: Es gibt keinen Anfang, und wir zittern nicht, wir sind nicht sentimental. Wir sind wie ein böser Sturm und zerreißen die Wäsche der Wolken und der Gebete und bereiten das größte Schauspiel von Unheil, Feuer, Auflösung vor.«

Das ganze Jahr 1919 über korrespondierten die beiden miteinander. Breton versuchte, Tzara zum Übersiedeln nach Paris zu überreden, Tzara zögerte jedoch, Zürich zu verlassen. Als er schließlich überzeugt war und nachgab, wurde die gesamte französische Avantgarde durch die Nachricht von seinem Eintreffen elektrisiert. Im Januar 1920 versammelten sich Breton, Aragon, Soupault in der Wohnung von Francis Picabia (wo Tzara seine wenigen Habseligkeiten, vornehmlich eine Schreibmaschine, abgestellt hatte). Mit Tzara erwarteten sie eine Art sprühenden Faun oder auch den Moses von Michelangelo, mußten dann aber ein winziges, außerordentlich nervöses, bebrilltes Männlein erblicken, das nur gebrochen Französisch sprach. Unter den erwartungsvoll-durchdringenden Augen Bretons fühlte sich Tzara, ein gebürtiger rumänischer Jude und gelernter Philosoph, alles andere als wohl. Doch bald überwand der eine seine enttäuschten Erwartungen und der andere seine Schüchternheit. Tzara und Picabia, seit langem geübt im Entzünden skandalöser Schlaglichter, trafen Vorbereitungen zur Organisation von Dadas Pariser Debüt, während die Gruppe um die *Littérature* eine Halle namens Palais des Fêtes (in Wirklichkeit handelte es sich eher um einen bescheidenen Schuppen) mietete und einige Schauspieler zur Rezitation von Dada-Texten engagierte. Die Tagesordnung wurde von Picabia und Tzara festgelegt.

Das Palais des Fêtes befand sich in der Rue Saint-Denis, war also ebenso weit von den Boulevards entfernt wie von den literarischen Vereinigungen des linken Seineufers. Die Halle lag eingeklemmt zwischen zwei Kinos, in denen Aragon und Breton Fantomas, *Les Vampires* und Chaplin-Filme zu genießen pflegten, war also aus symbolischen und sentimentalen Gründen gewählt worden. In seiner unmittelbaren Nachbarschaft wimmelte es außerdem nur so von Juwelieren und Uhrmachern, von Perücken- und Kosmetikhändlern, von denen viele die Veranstaltung in der Erwartung besuchten, etwas über Frankreichs Finanzkrise zu erfahren, denn als Hauptbeitrag des Abends war André Salmons Vortrag über die »Crise du Change« angekündigt worden, und dieser Titel war höchst zweideutig: »Change« bedeutet nämlich gleichzeitig Änderung und Geldwechsel, Devisen. Als Salmon klarstellte, daß es nicht um Inflation, sondern um Apollinaire ging, machten sich die Kaufleute reihenweise aus dem Staube. Wer blieb – Intellektuelle und Manager des Literaturklatsches, die man bei Tzaras Ankunft in Paris in Alarmbereitschaft versetzt hatte – wartete, daß der große Zauberer seine Karten aufdeckte. Sie brauchten nicht lange zu warten, denn man hatte das Programm so aufgebaut, daß auf diverse seriöse Werke der literarischen Avantgarde eine Serie immer frecherer Beiträge folgte. Zwischendurch gaben »Les Six« Kostproben ihrer Musik. Zwei junge Schauspieler, sowie Jean Cocteau und Pierre Drieu de la Rochelle begannen damit, Gedichte von Jacob, Reverdy und Cendrars vorzutragen, worauf Breton ein Gemälde Picabias auf die Bühne schleppte, auf dem man einen Dschungel schwarzer Riffelungen erblickte, geschmückt mit den Buchstaben L. H. O. O. Q. Wenn man diese Buchstaben (französisch) spricht, bilden sie den Satz »Elle a chaud au cul« – »Sie hat eine geile Fotze«. Als dem Publikum schließlich diese Bedeutung dämmerte, reagierte es mit Aufruhr, Geschrei und Fußstampfen, bis die Musik Erik Saties die Szene etwas beruhigte.

Nach der Pause stachelten die Schauspieler ihre Zuhörer weiter auf. Wieder wurden Gedichte vorgetragen – auch Cocteau las einige vor –, aber diese Gedichte von Ribemont-Dessaignes, Soupault und Paul Dermée waren ohne jeden Sinn und dienten gewissermaßen als Mörser, in dem das ganze Spektakulum zu einem weichen Brei zerstoßen wurde, dem Tzara dann noch einige verrückte Ingredienzen beimischen sollte. Angekündigt von einer Fanfare aus Rasseln hielt er Einzug wie Batmans Pinguin und las dann »eines seiner letzten Werke«. In Wirklichkeit handelte es sich dabei um eine Rede, die kürzlich von dem Royalisten und Protofaschisten Léon Daudet in der Nationalversammlung gehalten worden war; Tzaras Stimme ging jedoch unter im Klingeln der Glocken, an denen Breton und Aragon in der Kulisse heftig zogen. Der Tumult war unbeschreiblich. Man schrie Tzara einigermaßen unfeine Beleidigungen zu, und Florent Fels, einer der Zuschauer und Chefredakteur der Literaturzeitschrift *Action*, rief: »Zurück nach Zürich! An den Galgen mit ihm!« Auch mehrere aktive Teilnehmer – Juan Gris und André Salmon beispielsweise – begriffen, daß man sie unter Vorspiegelung falscher Tatsachen zur Mitarbeit bewogen hatte, und wandten sich gegen die Organisation.

Was Cocteau betrifft, so war er natürlich glücklich, auch an dieser Premiere teilgenommen zu haben, aber leider sollte sein Dada-Debüt zugleich sein Schwanengesang sein. Als man die Linien der neuen Partei absteckte, fand er sich ausgeschlossen. Es kostete Breton jedoch einige Mühe, Picabia und Tzara seine Ansichten über Cocteau nahezubringen, denn die beiden teilten keineswegs seine schon seit langem bestehende Animosität.

Bretons Antipathien waren eine üble Sache, denn sie milderten sich nicht etwa im Laufe der Zeit, sondern nahmen den Charakter geologisch-festgefügter Hirnformationen an. Seine Abneigung gegen Cocteau sollte sich zu einem monolithischen Block auswachsen. Sie entstand ziemlich früh und überlebte ihren Anlaß. In einem seiner ersten Briefe an Tzara führte Breton eine Liste von Schriftstellern auf, die er unbedingt von den Seiten der *Littérature* fernhalten wollte. Cocteaus Name erschien auffallend weit vorn, und einige Monate später, im Dezember 1919, schrieb Breton an Tzara: ». . . Meine persönliche, ganz und gar unparteiische Meinung: Er ist das hassenswerteste Geschöpf unserer Zeit. Noch einmal: Er hat mir nichts getan, und ich versichere Ihnen, daß der Haß nicht zu meinen starken Seiten gehört.«

Aber das stimmte nicht, der Haß war sogar Bretons stärkste Seite. Was er haßte, war nicht die Person, sondern die Sache, oder eine Person, die sich in eine Sache verwandelt hatte. Er und Cocteau waren einander entgegengesetzte Naturen. Er konnte letzterem seine Homosexualität nicht verzeihen, nicht die gut trainierte Brillanz, nicht den – wie er meinte – literarischen Dilettantismus, nicht seine hochwohlgeborenen Freunde, nicht das finanzielle Polster, nicht den Anschein der Modernität, mit dem Cocteau sich so bewußt umgab. Alles, was Cocteau verkörperte, stieß mit seinem eigenen, etwas schwerfälligen und besonnenen Ich zusammen. Cocteaus Art beleidigte Breton und Reverdy aus dem gleichen Grund: Stile, die sie aus dem Nichts geschaffen hatten, funktionierte er um zu glänzenden und eleganten Imitationen; was ihnen ein Gesetz bedeutete, das über ihr Leben bestimmte, war für ihn nur momentanes Feuerwerk. Und außerdem wollte Breton, der sich selbst vor allem und ausschließlich als Anführer einer neuen Schule betrachtete, keinen Rivalen. Er war Apollinaires legitimer Erbe und Cocteau, so meinte er, ein Hochstapler, der Krone und Zepter zu usurpieren drohte.

Doch als Apollinaire am 9. November 1918 starb, war es Cocteau, der am Krankenbett stand. Um Mitternacht schrieb er dann an Salmon, einen der ältesten Freunde Apollinaires:

> Mein lieber André!
> Der arme Apollinaire ist tot – Picasso ist zu traurig, um schreiben zu können – Er bittet mich darum, es zu tun und

mich um die Benachrichtigung der Zeitungen zu kümmern – Ich habe keinerlei Erfahrung darin – Wollen Sie so gut sein, das auf sich zu nehmen?
Apollinaire hat nicht zugesehen, wie er starb – Mein Arzt hoffte, ihn zu retten, aber beide Lungen waren bereits angegriffen – Es ist ein großes Leid. Durch ein Wunder an Energie ist es ihm gelungen, noch bis fünf Uhr am Leben zu bleiben. Sein Gesicht ist ruhig und ganz jung.
Ich umarme Sie Jean Cocteau.

Cocteau hatte einen Teil des Abends in Apollinaires Zimmer verbracht und sich jede Einzelheit des toten Gesichts eingeprägt: »Sein kleines Zimmer war voll Nacht und voll Schatten, und wie Schatten bewegten sich darin seine Frau, ihre Mutter, wir und andere, die kamen und gingen oder still vor dem Lager verharrten und die ich nicht kannte. Sein lebloses Gesicht erhellte das es umgebende Linnen. Er war von so strahlender, lorbeerbekränzter Schönheit, daß wir glaubten, den jungen Vergil zu erblicken ... Seine Leibesfülle war zu seinen Lebzeiten keine Korpulenz gewesen. Ebenso war seine Kurzatmigkeit keine wirkliche. Er schien sich inmitten von äußerst gebrechlichen Dingen zu bewegen, auf einem verminten Boden, der ich weiß nicht welche kostbaren Explosivstoffe barg. Einzigartiges, fast unterseeisches Gebaren, das ich zuweilen ein wenig bei Jean Paulhan wiederzufinden glaubte.«

Cocteau gab ebenfalls eine Schilderung von Proust auf dem Totenbett. Er scheint um mehr frische Leichen herumgestrichen zu sein, an mehr Totenwachen und Begräbnisprozessionen teilgenommen zu haben als irgendeiner seiner Zeitgenossen. Er war nicht etwa nekrophil veranlagt, schließlich ergriff er auch jede sich bietende Gelegenheit, als Trauzeuge zu fungieren (bei Picasso, Gleizes, Valentine Gross, Georges Auric). Zum Teil läßt sich seine häufige Präsenz bei derartigen Ereignissen durch seine Liebe zu Ritualen aller Art erklären, vor allem aber wollte Cocteau wohl auf diese Weise nachdrücklich und unübersehbar seine Verbundenheit mit den großen Männern seiner Zeit demonstrieren. An einer Leiche die Totenwache halten, erweckt oft den Anschein von größerer Nähe, als sie zu Lebzeiten bestanden haben mag.

Wenn Cocteau *Parade* als kubistisches Empfehlungsschreiben benutzte, um Eingang in Kreise zu finden, die ihm sonst verschlossen geblieben wären, so diente *Le Cap de Bonne-Espérance*, eine 1919 von den Editions de la Sirène veröffentlichte Gedichtsammlung, einem ganz ähnlichen Zweck. Es war offensichtlich von den *Kalligrammen* Apollinaires beeinflußt und liest sich wie eine Sammlung poetischer Telegramme, die den Dichter von den entferntesten Ausläufern seines Ichs (an der Front oder im Cockpit von Garros' Flugzeug) erreichten. Es handelt sich um eine Art freien, assoziativen Gedankenflug, dessen einzelne Bestandteile geschickt über die Seiten verstreut sind; die Abstände zwischen ihnen sind unregelmäßig, und viele Wortverbindungen bleiben unvollständig, als solle man den Eindruck gewinnen, die Gedichte seien auf geheimnisvolle Weise paradigmatisch:

Ich bilde
auf den Wiesen des inneren
Schweigens

das Werk der Berufung
das Gedicht des Werkes
die Strophe des Gedichts

die Verse der Strophe
die Worte des Verses
die Buchstaben des Wortes
und die kleinste
Krümmung des Buchstabens

Auf der Suche nach seinem Ich durchstreift der Dichter die gesamte Schöpfung und läßt eine glitzernde Spur von Worten hinter sich, die verführerische Hinweise geben, aber nie präzise

Bedeutung erlangen. All das könnte durchaus einen Gott prädizieren, doch einen Gott kennt das Gedicht nicht – sein Ort ist die Leere.

Cocteau verstreut im ganzen Gedichtband Schlüsselbegriffe für seinen quälenden Traum: sehen, ohne gesehen zu werden – möglicherweise seine Umsetzung von »Sein oder Nichtsein«. Er sehnt sich nach unbefleckter Existenz, nach Eins-Sein, nach der lyrischen Koinzidenz eines Bildes. Er wird es noch an anderer Stelle andeuten, auf direktere Weise, und zwar in einer mehrere Jahre später veröffentlichten Erzählung, *Le Livre Blanc* (»Das Weißbuch«), in der zwei Männer vor den beiden Seiten einer großen Platte aus Spezialglas stehen, die für den einen Betrachter durchsichtig ist, während sie für den anderen einen Spiegel bildet. Als der Mann auf der Spiegelseite seine Lippen auf das eigene Bild preßt, wird er von dem auf der anderen Seite stehenden geküßt.

Seine Society-Freunde konnten sich absolut keinen Reim auf das Werk machen, und das freute ihn ungemein. Endlich hatte er sich selbst übertroffen und etwas wirklich Hermetisches geschaffen. »*Tout Paris* gibt sich Mühe mit dem *Cap*«, schrieb er an Gautier-Vignal. Trotzdem traute er dem Werk nicht zu, daß es für sich selbst kämpfen konnte, befürchtete, man würde es durch eine Verschwörung des Schweigens boykottieren, veranstaltete also überall in Paris Rezitationsabende, bei denen er die verschiedensten Desaster erleben mußte – auch das des Schweigens. Im Palais von Etienne de Beaumont begann Jean – so einer der damaligen Zuhörer – »zu deklamieren, nicht wie ein Schauspieler, der die Bühne betritt, sondern wie ein Flieger, der vom Boden abhebt; er schwang sich empor, warf seine Stimme gen Himmel und ließ sie umhersegeln. Er kehrte im Tiefflug zurück, seine Verse drängten sich, brachen sich, holten dann wieder neuen Schwung. Er warf sein Temperament, sein Talent, seine ganze Leidenschaft in diese lyrische Demonstration, die ihn in einen Raum jenseits von sich selbst hinaustrug und ihn in eine Art Propheten verwandelte, der sibyllinische Worte ausstößt. Obgleich er betont deutlich artikulierte, verstanden wir kaum, was er sagte, und folgten ihm, stärker gefesselt von seiner Inbrunst als von seiner literarischen Schöpfung. Sofort nach seinem ersten Aufschrei ›Halbinsel der Höhe‹ entwischte er uns, und als er erschöpft wieder auf der Erde landete, blieben wir stumm.«

Etienne de Beaumont suchte fieberhaft nach einem überschwenglichen Kompliment, um das Schweigen nicht noch länger andauern zu lassen, und fand statt dessen – typisch für ihn – nur eine brutale Beleidigung. »Mein kleiner Jean«, rief er, stürzte auf Cocteau zu und umarmte ihn, »Sie sind Voltaire!« Also hatte Cocteau zu Vergleichen angeregt, wo er sich doch gerade davon befreien wollte – er brach in Tränen aus. Das waren böse Vorzeichen. In der Wohnung von Valentine Gross wohnte niemand anders als André Breton seiner Lesung bei, und dessen Basiliskenblick brachte Cocteau so außer Fassung, daß er plötzlich über Schwäche klagte und vorzeitig abbrach. Der große, klassische Krach fand jedoch im Februar 1919 im Buchladen von Adrienne Monnier statt.

Cocteau hatte alles nur Menschenmögliche versucht, um der Besitzerin von »Aux Amis du Livre« sein *Cap* aufzuhalsen. Aus den gleichen Gründen, aus denen andere Leute ihn unerträglich fanden, mochte auch sie ihn nicht besonders. »Mir persönlich«, schrieb sie, »verursacht er Migräne.« Seine nasale, metallisch klingende Stimme, die ohne Gnade alles überrollte, traf all ihres jungenhaften Charmes zum Trotz auf taube Ohren bei Adrienne. »Er war ein so verwöhntes Kind«, fährt sie fort. »Sicher, er ist ein Dichter, mehr in der Prosa als in der Lyrik, wie ich es sehe. Er hat einen ganz eigenständigen Stil, dessen berauschende Jungfräulichkeit allerdings unecht ist, während er in der Poesie seine Künstelei, die übrigens noch dadurch betont wird, daß der Vers an sich bereits etwas Künstliches ist, bis zum Eigensinn treibt . . . Zur Zeit des *Cap* hatte er gerade die moderne Poesie und die Väter dieser Poesie kennengelernt . . . Er springt niemals als erster über die Barrikaden, aber er stellt unweigerlich das Banner auf.«

Es wäre Adrienne Monnier nicht im Traum eingefallen, ihn

persönlich um die Lesung seines Werkes im Hinterzimmer ihres Ladens zu bitten. Als *Le Cap* erschien, wurde sie von diversen Society-Matronen angerufen, die ihrer Hoffnung Ausdruck gaben, sie möge Valéry veranlassen, Cocteau ein wenig diskrete Reklame zu verschaffen. Solche Ouvertüren bestärkten sie jedoch nur in ihrem Entschluß, Cocteaus Lesung zu vermeiden. Aber dann belagerte auch er sie, nachdem man in der Galerie von Léonce Rosenberg einem Satie-Konzert gelauscht hatte. »Gide«, verkündete er, »möchte, daß ich *Le Cap* in der Rue de l'Odéon lese!« Dieser Name bedeutete das Sesam-öffne-Dich, denn in den Ohren von Adrienne Monnier klang noch der kleinste Wunsch Gides wie ein Befehl aus himmlischen Gefilden. Als sie eingewilligt hatte, schrieb Cocteau sofort an Gide: »Adrienne Monnier hat unbedingt den Wunsch, daß ich in Ihrer Anwesenheit in der Rue de l'Odéon *Le Cap* lese. Sie werden doch kommen, nicht wahr?« Hereingefallen auf diesen simplen Kunstgriff, rächte Adrienne sich, indem sie weder Gebäck noch Portwein bereitstellte. Also gab Cocteau das weichste Konfekt-Meisterwerk, das je im Gehirn von Meister Rebattet erdacht wurde, in Auftrag, ein Gebilde, das sich »Brücke« nannte und an allen dreißig Gästen klebriges Zeugnis seiner Qualität hinterließ, weil es im Buchladen an Bestecken fehlte.

Adrienne Monnier respektierte Cocteaus Wunsch und hatte außer drei Damen, die ihrer Institution absolut ergeben waren, niemanden von der Rive droite eingeladen, sondern »alle jungen Leute ihrer Bekanntschaft« hergebeten. Mit Ausnahme von Breton und Soupault, die Cocteau auf allen seinen Wegen »glühend vor Feindschaft« folgten, als seien sie Omen einer nahenden Katastrophe, erwiesen sich die »jungen Leute« allerdings als eine Gruppe ziemlich unbedarfter Mädchen. Selbst in diesem Allerheiligsten der seriösen Literatur war es Cocteau also nicht gelungen, den verhängnisvollen Folgen blinder Bewunderung durch seine Lokalclaque zu entgehen.

Voller Angst, auf der Rive gauche ignoriert zu werden, versuchte er das Unmögliche: den Einbruch in die Spalten der *Littérature*. Und um ein Haar wäre es ihm sogar gelungen, da er ein Manöver inszenierte, das dem bei Adrienne Monnier erfolgreich angewandten Trick nicht unähnlich war. Adriennes schwacher Punkt hieß Gide, Bretons Faible Aragon. Cocteau und Aragon hatten vieles gemeinsam: Sie waren beide Produkte der Rive droite, waren beide theatralisch, dandyhaft, redeten, als hinge ihr Leben davon ab, wollten die Welt bezaubern und wurden aus Selbsttrotz oder dem Drang nach Selbstbestätigung in den Underground-Karrierismus getrieben. Ohne Wissen Bretons korrespondierten sie 1919 regelmäßig miteinander, als Aragon am Rhein stationiert war. Schließlich konnte Cocteau Breton bewegen, *Hahn und Harlekin* zum Abdruck in der ersten Ausgabe der *Littérature* anzunehmen. Sein Name gelangte zwar bis ins Inhaltsverzeichnis der Zeitschrift, aber im Heft suchte man den Text vergebens – er war auf Veranlassung von Erik Satie im allerletzten Augenblick entfernt worden.

Als Aragon in den letzten Monaten des Jahres 1919 nach Paris zurückkam, verurteilte Breton seine Freundschaft mit Cocteau. Aragon protestierte nicht etwa, sondern stellte seine Einfälle Breton zur Verfügung und machte Cocteau in *Anicet*, einer 1920 veröffentlichten, dadaistischen Mischung aus Erzählung, Drehbuch und Allegorie, als »Miracle« lächerlich. Es sollte eines Zeitraums von sechzehn Jahren und der Exkommunizierung Aragons aus der surrealistischen Bewegung bedürfen, um die Wunden heilen zu lassen. Sie lagen nicht nur an der Oberfläche, sondern reichten tief, da Breton niemals davon abließ, sein Messer immer wieder hineinzustoßen.

Cocteau sah sich verbannt aus der *Littérature*, und damit er diese Ächtung nicht als allgemeines Verdikt gegen seinen Kreis interpretierte, machte Breton sich den Spaß, Auric, Milhaud, Paul Morand und – das war das Schlimmste – Raymond Radiguet, Cocteaus jungen Schützling, zu veröffentlichen. Und ebenso vergeblich wie sein Vorstoß in Richtung *Littérature* sollte Cocteaus Werben um die beiden Hohepriester des Dada, Francis Picabia und Tristan Tzara, sein.

Picabia war volle zehn Jahre älter als Cocteau. Sein Vater, ein wohlhabender Industrieller, stammte von spanischen Adeligen ab, die man nach Kuba verpflanzt hatte, und bekleidete einen nicht näher definierten diplomatischen Posten in der Kubanischen Botschaft. Obgleich Picabia in Paris geboren und erzogen worden war, zeigte er schon früh deutliche Spuren seines lateinischen Erbes. Mit achtzehn entwich er mit einer gut acht Jahre älteren Frau, der Gattin eines Chefredakteurs, in die Schweiz. Sein Vater, insgeheim stolz auf ihn, strich den Wechsel, so daß die beiden, die immerhin bis Anbruch des Winters in Lausanne aushielten, schließlich nach Paris zurückkehren mußten. Das war die erste größere Eroberung in einem Leben, das Casanova Konkurrenz machte. Picabia konnte keiner sich bietenden Gelegenheit widerstehen, und die Zahl der Gelegenheiten wuchs parallel zu seinem Vermögen. »Leben muß ich ausgestreckt auf parfümiertem Reispuder«, schrieb er ein Jahr später an seinen Freund Pierre de Massot, »Fruchtmark essen und Hinterteile sehen, die in Zobel und Nerz gehüllt sind. Die Frauen, die ich beim Baccarat beobachte, haben Augen und Brustwarzen, die gerändert sind von Mattigkeit und Lust. Ich liebe Dinge, die vergehen und schnell verschleißen.«

Es war diese Weltsicht, die auch über Picabias Karriere als Maler entschied. Wie das Leben, so existierte für ihn auch die Kunst nur an den Extrempunkten, wo sie an Selbstvernichtung grenzt. Was Picabia mehr auszeichnete als sein durchschnittliches Maltalent Begabung, war sein Hang zum Abenteuer, seine einzigartige Fähigkeit, die jeweils kommende Kunstform vorauszuahnen.

Im Februar 1919 zog er nach Paris und forderte Tzara auf, es ihm gleichzutun: »Jean Cocteau steht sich schlecht mit allen: Erik Satie erklärt, er sei ein Idiot, und alle anderen nennen ihn einen Frechdachs. Sie sehen also welch köstliches Leben man hier führen kann ... Juliette Roche ist auch in Paris, aber sie will so schnell wie möglich nach Amerika zurückkehren, weil sie das Leben in Paris unerträglich findet – Das ist aber kein Grund für Sie, nicht so schnell wie möglich zu kommen ...«

Picabia war ein virtuoser und gewandter Erzähler und

pflegte im luxuriösen Salon der Germaine Everling, seiner Geliebten, hofzuhalten. Während er über Kunst brillierte und eine Anekdote nach der anderen erzählte, saß Tzara ihm mit glasigen Augen gegenüber; nur ein Wort konnte ihn aus seinem geistesabwesenden Stumpfsinn reißen: Dada.

Die Zusammenarbeit mit Breton konnte Picabia nicht daran hindern, auch mit Cocteau zu verkehren, den er unter höchst ambivalenten Voraussetzungen durchaus akzeptierte. »Cocteau tritt ein, überzüchtet, zierlich, zerbrechlich, eine prächtige Seidenkrawatte um den Hals geschlungen, und nimmt umgehend alle Anwesenden für sich ein«, schrieb de Massot. »Auch wenn er steht, scheint er einen Tanz zu zelebrieren. Mit unvergleichlichem Geist und Witz ahmt er abwechselnd Marinetti, Breton, Tzara, Madame Lara, Crommelynck, Picabia, Madame Rachilde, sich selbst etc. nach und macht jedermann lächeln, sogar lachen. Wer könnte das hingerissene Lächeln Picabias schildern, wenn er Cocteau zuhört!«

Es glich dem Lächeln, das Herrscher ihren Hofnarren gönnen. Cocteau war gekommen, um ihn zu zerstreuen und dafür schlecht behandelt zu werden. So traf er einmal bei Germaine Everling ein, bevor es Zeit für den Aperitif war. Picabia malte weiter, während Cocteau unruhig im Salon umherlief. Plötzlich klingelte das Telefon. Cocteau nahm ab. Am anderen Ende der Leitung fragte eine strenge Stimme nach Picabia. »Cocteaus Gesicht«, erinnert sich die Everling, »legte sich in mißbilligende Falten, und, mit vollkommener Echtheit die Stimme eines Greises imitierend, sagte er: ›Mein Enkel ist nicht zu Hause, Monsieur ... Er ist mit seinem Automobil ausgefahren.‹ Als der andere Teilnehmer sich erkundigte, wann er wohl zurückkehren würde, fuhr Cocteau fort: ›Mein Enkel hat mir aufgeschrieben, wann er zurückkommt ... Leider bin ich schon sehr alt und kann nicht mehr gut sehen ... Genaugenommen kann ich nämlich nur noch durch mein Arschloch sehen, aber ich habe meine Hosen an.‹« Picabia erfuhr bald, daß es sich bei dem Anrufer um den Repräsentanten eines ausländischen Museums gehandelt hatte, der unbedingt eines seiner Werke kaufen wollte.

Wenn Cocteau daran gedacht haben sollte, sich der Dada-Bewegung anzuschließen, so schienen Picabia und Tzara seinen Ambitionen weit wohlwollender gegenüberzustehen als Breton und dessen Genossen. Während letztere im Café Certâ auf dem Montparnasse eifersüchtig über ihre eigene Keuschheit wachten, verkehrten Tzara und Picabia häufig mit Cocteaus smarten und eleganten Bekannten in der Bar Gaya oder – etwas später – im Boeuf sur le Toit. Cocteau wurde von allen größeren Publikationsorganen der Avantgarde boykottiert und bewog Picabia schließlich unter Aufbietung all seiner Redekünste, drei seiner Gedichte in *391* zu veröffentlichen. Aber es sollte anders kommen. Als die Druckfahnen eintrafen, korrigierte er sie in Gegenwart der Herausgeber und lud danach beide zum Diner bei Prunier ein. Cocteau brach allein wieder auf, und kaum war er verschwunden, da zerrissen Tzara und Picabia die Gedichte. Im März oder April 1920 schrieb Cocteau einen offiziellen Abschiedsbrief an Picabia:

Mein lieber Francis,
Sie kennen meine Offenheit und die Skrupel, die mich dauernd plagen. Sie wissen auch, wie kostbar mir Ihre Freundschaft ist. *Niemand kann nach Belieben in jedem Stil schreiben.* Alles, was Sie machen, drückt Sie aus, amüsiert mich, interessiert mich. Was Tzara macht, bewegt mich oft tief. Ich kann sogar sagen, daß Tzara, obwohl sein Schaffen dem meinen völlig entgegengesetzt ist, der einzige Dichter ist, der mich so bewegt. Aber Dada, Dadaismus verursacht mir ein unerträgliches Unbehagen.
Ich dachte immer, daß sie (Dada und Dadaismus) etwas Gutes schaffen könnten, wenn sie frischen Wind in die kubistische Stube brächten – aber Ihre Veranstaltung gestern abend war furchtbar, traurig, lau, alles andere als mutig oder schöpferisch. Picabia schafft ein »Drama«, will eins schaffen, ein »Malheur«, ein »Nein«, eine Blasphemie, eine Atmosphäre von aufpoliertem Romantizismus. Tzara zersetzt. Ich, ein Pariser, sehe mich dem ersten erfolgversprechenden An-

griff auf die ausländische Propaganda konfrontiert. Das ist Ihr Recht, und Sie haben gesehen, wie bereitwillig und aktiv ich Ihren Angriff unterstützte, aus Widerwillen gegen *fehlgeleiteten Patriotismus*.

Nun habe ich die physische Verpflichtung zu handeln (niemals gegen Sie oder Tzara oder gegen die anderen – denn Freundschaft oder Erinnerung an die Freundschaft ist mir heilig), gegen Dada, den Geist Dadas, der durch die Schuld einiger Schuljungen so zopfig, so langweilig geworden ist wie Jarry, Duparc, Sacha Guitry, Bruant, Madame Lara und Ibsen.

Schicken Sie mir die drei Gedichte zurück, die für *391* bestimmt waren, und gehen Sie mir aus dem Weg, wenn dieser Brief Sie ärgert. Ich habe ihn geschrieben, gerade weil ich Sie sehr schätze und, wie immer, Ihr Freund bleibe.

Jean Cocteau.

Picabia verlor keine Zeit, das Schreiben in *Cannibale*, seiner anderen Zeitschrift, zu veröffentlichen . . .

Als die *Nouvelle Revue Française* ab Juni 1919 wieder monatlich erschien, ließen Herausgeber und Redakteure keinen Zweifel daran, daß ihre Haltung gegenüber Cocteau sich seit Ghéons Rezension von *La Danse de Sophocle* vor sieben Jahren nicht geändert hatte. Gide folgte den hyänenhaften Instinkten, die unterschwellig in ihm wirkten, und bereitete sich darauf vor, ein Opfer zu verschlingen, das bereits von anderen Raubtieren gründlich gezaust worden war. Cocteaus Kadaver diente verschiedenen Zwecken. Er würde der *NRF* einen neuen, spektakulären Auftrieb verschaffen. Er würde Gides erst kürzlich geschlossene Freundschaft mit Breton konsolidieren. Außerdem spielte auch noch eine Vendetta privater Natur eine Rolle, denn Gide hatte Cocteau in Verdacht, Marc Allégret, seinen neuesten Protegé, verführen zu wollen. Die einleitenden Scharmützel fanden in den ersten Maitagen statt, als Gide die Absicht verkündete, einen offenen Brief an Cocteau zu publizieren.

Diese Absicht wurde übermittelt durch Jacques Rivière, Chefredakteur der *NRF* (der Cocteau auf Gides Veranlassung und in Gides Namen einen Besuch abstattete). Der aufgebrachte Cocteau verlangte, den Brief vorher lesen zu können. Gide verschanzte sich hinter dem Schutzschild der *NRF*schen Redaktionsprinzipien und lehnte ab, worauf Cocteau sich hinter den Schutzschild einer Erkrankung zurückzog und um das Recht einer »offenen Antwort« bat. »Mein lieber Gide«, schrieb er am 6. Mai. »Es lag ganz bei Ihnen, zwischen der Öffentlichkeit und mir zu entscheiden – Sie trafen Ihre Wahl, aber da meine Mutter krank ist, kann ich Ihrer ›Kontroverse‹ nicht die Bedeutung beimessen, die sie verdient. Ich bitte Sie lediglich um eine Spalte für die Antwort.« Mit der falschen Ehrlichkeit eines Vaters, der davon überzeugt ist, die von ihm geplante Prügelstrafe werde ihn selbst mehr schmerzen als seinen Sohn, erwiderte Gide noch am gleichen Tag, er habe keine andere Wahl. »Die einzige Art der Freundschaft ist für mich die Aufrichtigkeit.« Am 1. Juni erschien sein offener Brief.

Mein lieber Cocteau!

Ich habe Ihnen bereits gesagt, mit welcher Freude ich *Le Cap de Bonne-Espérance* las, mit welch noch größerer Freude ich hörte, wie Sie es lasen, denn Sie lasen mit außergewöhnlichem Talent.

Ich erwartete *Hahn und Harlekin* mit großer Ungeduld, in die sich, wie ich gestehen muß, Besorgnis mischte. Ich vermutete, den Schlüssel zu finden – nicht zu Ihrer Begabung, denn die ist untrennbar mit »dem Mann selbst« verknüpft, sondern zu Ihrer Philosophie, und auch eine Erklärung dessen, was mich so an Ihnen stört, weil ich ahnte, daß es darum gehen würde. Nicht etwa, daß ich die Schärfe Ihrer Maximen nicht anerkenne und seit langem anerkannt habe, aber ich fürchte, einige davon haben nicht so sehr mit Ihnen zu tun als vielmehr mit der Person, für die andere Sie halten sollen . . . Ich behaupte nicht, daß Ihre Aphorismen nicht aufrichtig seien, weit entfernt; ich behaupte jedoch, daß Sie sich selbst mit der größten Aufrichtigkeit von der Welt über sich selbst täuschen . . .

Wenn Sie sagen, ein Künstler dürfe keine »Stufen überspringen«, was meinen Sie damit und was sonst haben Sie selbst Ihr Leben lang getan? Ihnen persönlich habe ich es oft gesagt: Jedesmal, wenn ich mich mit Ihnen unterhalte, denke ich an den Dialog zwischen Bär und Eichhörnchen. Wenn ich langsam einhertrotte, springen Sie voraus. Das Springen mache ich Ihnen gewiß nicht zum Vorwurf, sondern nur, daß Sie uns und auch sich selbst unbedingt davon überzeugen wollen, Sie seien ein Logiker . . .

Zum Schluß muß ich gestehen, wie unbehaglich mir zumute war, als ich die »Verteidigung« der *Parade* las. In der Regel scheint es mir für einen Dichter nicht passend oder geschickt, sein eigenes Werk zu erläutern; erstens weil er es dadurch eingrenzt, und wenn ein Werk im Innersten aufrichtig ist, wächst es über die Bedeutung hinaus, die ihm von seinem Autor gegeben wurde; zweitens bin ich der Meinung, die beste Erläuterung eines Werkes bestünde in seiner Wirkung . . .

Wenn aber Publikum und Kritik der *Parade* die Art Empfang zuteil werden ließen, gegen die Sie protestieren, brauche ich stichhaltigere Beweise, ehe ich die Schuld allein deren Dummheit zuschreibe; Ihre Kommentare rechtfertigen weniger Ihr Stück als die Verständnislosigkeit Ihres Publikums. Können Sie allen Ernstes hoffen, die Zuschauer würden verstehen, das *wahre Schauspiel* sei angeblich ganz und gar nicht das gewesen, das Sie aufführten? Denn selbst wenn Mystiker Ihre Meinung über die sichtbare Welt und die ganze menschliche Komödie teilten, so hat ein Kunstwerk doch wohl keine andere Existenzberechtigung, kein anderes Ziel, als die geheime Wirklichkeit darzustellen . . .

Aber mein Unbehagen macht die Freude, die ich an Ihrem kleinen Buch hatte, um so größer, und da, wie Sie sagen, »das schlimmste Schicksal, das einem Buch widerfahren kann, darin besteht, ohne Grund angegriffen zu werden«, bin ich sicher, daß Sie diese wenigen Bemerkungen in dem freundschaftlichen Geist auffassen werden, in dem sie geschrieben sind.

Cocteau antwortete mit folgendem, hier auszugsweise wiedergegebenen Schreiben, das er, nachdem die *NRF* die Veröffentlichung natürlich abgelehnt hatte, in *Les Ecrits Nouveaux* publizierte:

> ... Ich frage mich, ob sich hinter Ihrem Schatten nicht eine ganze Schar anderer verbirgt, ob die *NRF* nicht ihr »Vorwärts, Messieurs« erst nach einer Auseinandersetzung hervorgestoßen hat, die seit Jahren vorbereitet wurde, und ob Ihre Briefe mir nicht die ehrenhafte Funktion eines Sprechers für einen ganzen Clan verleihen wollen ... Sie haben, Gide, ein komplettes System von Geheimnissen, Schweigen, Vorwänden und Streitgründen. Wenn ich es genau bedenke, bin jetzt ich an der Reihe zuzugeben, daß ich mir wie ein plattfüßiger Bär vorkomme, der sich bemüht, Ihren eichhörnchenhaften Versteckspielen in den Bäumen zu folgen ... Ob Gide Z. mag? Ob er Y. bewundert? Wenn man ihn fragt, druckst er herum, windet sich, zuckt die Achseln. Sein Knie sagt ja, sein Ellbogen nein – und habe ich nicht als erster diese zweideutige Haltung Ihrer Sensibilität zugeschrieben, Gide? ...
> Sie haben sogar ein Gemälde Braques erstanden, und als ich Sie fragte, was es darstelle, wenn nicht eine große Traube, da antworteten Sie, Sie wüßten es nicht und es kümmere Sie auch gar nicht. Da liegt der Hund begraben. Wenn Braque nicht begonnen hätte, eine Traube zu malen, die er dann entsprechend seinen Einfällen deformierte, hätten Sie das Bild nicht weniger hübsch gefunden. Die Traube von Apelle war ein »Augenschmaus für Vögel«, die von Braque ist ein Hirnschmaus für Menschen ... Was Sie anzieht, ist ein gewisses Dekor, ein gewisser Trubel, etwas Jazzbandhaftes oder vielmehr ein gewisser Jazzbandifizismus – alles, was den Abschaum der modernen Bewegung bildet.

In jeder Revolution gibt es eine wilde Periode der Barbarei, einen »Terror«, wenn der Einfluß des Neuartigen, Fremden sich in Form von Menschenopfern, von Freudenfeuern und Flitterkram äußert ... Die neue Ordnung wird diktiert von dem Bedürfnis, gegen solche Auswüchse zu reagieren. Auf diese neue Ordnung kommt es an ...

Daß diese Affäre nicht spurlos an Cocteau vorübergegangen war, erkannte Gide erst einen Monat später, als man sich zufällig in der Öffentlichkeit begegnete. Erschüttert vom Anblick des abgespannten und melancholischen Gesichts vor ihm, entlastete er sich, indem er dem Opfer von seiner Reue erzählte. Cocteau, der niemandem lange grollen konnte, vergab auf der Stelle. Ihre Korrespondenz nahmen sie jedoch erst nach rund zwei Jahren wieder auf, und Gides Juni-Kampagne hatte Cocteau ein Unrecht zugefügt, das fortdauern sollte. 1920 ließ die kleine Zeitschrift *Le Petit Bleu* den Geist des Gideschen Briefes neu aufleben und tat Cocteau als Plagiator ab – hatte Gide doch behauptet, einige der geschmähten *Hahn und Harlekin*-Aphorismen stammten von ihm. Dieses Etikett haftete.

Der Streit läßt sich auch im Licht eines Briefes betrachten, den Proust an Cocteau schickte, nachdem er *Hahn und Harlekin* gelesen hatte, das er bewunderte, bewunderte gerade wegen der Züge, die Gide so verabscheute: Cocteaus Talent, Zusammenhänge geistvoll zugespitzt wiederzugeben. Gide war eifersüchtig auf Cocteau, das steht fest, aber zugleich sah er in ihm den Karikaturisten seines eigenen Stils. Proust hatte es nicht nötig, sich aus ähnlichen Gründen zu streiten; er schrieb im Februar 1919:

Mein lieber Jean!

Ich habe *Hahn und Harlekin* mit hingerissener Bewunderung gelesen und wieder gelesen. Nicht einer dieser Gedanken, der nicht tief wäre, kein einziger Ausdruck, der nicht unglaublich treffend gewählt wäre. Man meint Sie zu hören, wenn man Sie liest: »Die Quelle ist fast nie mit dem Lauf des Flusses einverstanden.« ... Ich beneide Sie um Ihre fesselnden Formulierungen.

Freilich darf man nicht etwa annehmen, daß beim größeren Publikum auch nur die leiseste Ahnung von der Ungnade herrschte, der Cocteau anheimgefallen war. Im Gegenteil. Man hielt ihn allgemein für die Inkarnation der Avantgarde, und Cocteau tat nichts, um diesen Irrtum zu korrigieren. Auch als er sich gerade im Schlagabtausch mit Gide befand und noch unter Bretons letzter Zurechtweisung litt, berief er sich gelassen auf jenen und schlug diesem enthusiastisch auf die Schulter – in einer Artikelserie für die Zeitung *Paris-Midi.* Der Titel der Serie ist bezeichnend: *Carte Blanche* (»Vollmacht«), derselbe Titel, wie Cocteau seinen Lesern umgehend erläuterte, den Reverdy für jene Zeitschrift vorgeschlagen hatte, die schließlich *Littérature* genannt wurde. Indem Cocteau seine Quellen offenbarte, deutete er an, daß er mit genau den Leuten, die in Wirklichkeit nicht viel von ihm hielten, in vollstem Einvernehmen stand, daß er in ihrem Auftrag als eine Art Avantgarde-Geschäftsträger mit unbeschränkter Vollmacht sprach. »Unter diesem Titel *[Carte Blanche]*«, schrieb er, »möchte ich den Leser jede Woche über die neuen Werte auf dem laufenden halten. Von den Dingen zwischen Académie und Boulevard weiß das Publikum nichts. Diese Leere ist verantwortlich für schwerwiegende Scheidungen.«

Viereinhalb Monate lang führte er allwöchentlich seine neueste Show auf, lenkte die allgemeine Aufmerksamkeit auf die Salle Huyghens, zeichnete Porträts von jedem Mitglied der »Six«, machte mit den neuen Ausgaben der Editions de la Sirène bekannt, beglückwünschte die *Littérature* zur Entdeckung eines Gedichts von Rimbaud, leitartikelte am 14. Juli über den ersten Nationalfeiertag seit Abschluß des Waffenstillstands und verkörperte alles in allem das Junge Frankreich. Wie bei seiner Konversation, so handelte es sich auch hier um atemlose Vorstellungen, um den besseren Stadtklatsch eines Allwissenden, der seinen Ruf als allgegenwärtiger und prophetischer Fantomas der Künste bekräftigte. Cocteau kam sogar der *Littérature* zuvor, als er über Tzaras unmittelbar bevorstehendes Eintreffen in Paris berichtete. »Tristan Tzara wird nach Paris kommen, um zwei Ausgaben seiner Zeitschrift *Dada* zu veröffentlichen, die er in der Schweiz leitet und die dort Skandale hervorgerufen hat. Ich finde in ihr die aufregende Atmosphäre einer Pause im Casino de Paris wieder, wo sich eine kosmopolitische Menge drängt und der Jazzband zuhört. Wenn man die Jazzband akzeptiert, muß man auch eine Literatur willkommen heißen, die der Geist genießt wie einen Cocktail.« Daß Breton ausgerechnet durch Cocteau von des neuen Heilands Kommen erfuhr, genügte fast, ihn nach einem anderen Messias Ausschau halten zu lassen. Wie sich jedoch herausstellte, beschloß Tzara, noch weitere neun Monate in Zürich zu bleiben.

Wie wenig die Dadaisten, zu denen Ahnungslose ihn immer wieder zählten, mit ihm zu tun haben wollten, beweist jene Demonstration bei einem Dada-Treffen, das im Mai 1920 in der Salle Gaveau stattfand: Soupault brachte einen Ballon mit der Aufschrift »Jean Cocteau« durch einen wütenden Messerstich zum Platzen. Endgültig geklärt wurden die Fronten, als eine neue Ballett-Truppe, das Schwedische Ballett von Rolf de Maré, am 18. Juni 1921 im Théâtre des Champs-Elysées Cocteaus *Les Mariés de la Tour Eiffel* (»Die Hochzeit auf dem Eiffelturm«) aufführte.

Die Frage, ob Diaghilew das neue Stück produzieren sollte, tauchte überhaupt nicht auf, denn er und Cocteau trafen sich nie mehr unter vier Augen. Außerdem wog Misias musikalischer Geschmack schwerer denn je beim russischen Impresario, und sie machte kein Geheimnis aus ihrer Abneigung gegen »Les Six«. Also kam Rolf de Maré – ein schwedischer Millionär, der dem Ballett im allgemeinen und seinem Startänzer Jean Borlin im besonderen leidenschaftlich zugetan war – genau im richtigen Moment. Er überstimmte seinen Dirigenten Ingelbrecht, der Misias Ansichten teilte, und willigte ein, die *Mariés* aufzuführen. Für die Musik dieser Koproduktion hatte jeder der »Six« ein kompositorisches Scherflein beigesteuert.

Cocteau leerte seine Pandorabüchse. Die *Mariés* sollten eine Kreuzung aus griechischer Tragödie und Vaudeville darstellen, wobei die Tänzer groteske Masken trugen und zwei »konservierte« Stimmen die Rolle des Chors übernahmen. Auf diese Weise rettete Cocteau die Funktion des Grammophons aus dem Wrack seines früh dahingegangenen *David* und die Idee eines liturgischen Textes, der alle Tänze erläutern sollte, aus dem Entwurf zu *Parade*, aus dem Diaghilew sie verbannt hatte.

Cocteau inszenierte ein Stück, in dem das ganze Ausmaß seines geistvollen Witzes sichtbar wurde. In *Les Mariés* dreht sich alles um banale Allgemeinplätze, die in schnellfeuerartigen, arkastisch dahinknatternden Bemerkungen ganz wörtlich genommen werden und in absoluter Sinnentleerung enden – damit erinnert das Werk an viele der Stücke Eugène Ionescos. Nach Aurics Ouvertüre beginnt das Ballett auf der ersten Plattform des Eiffelturms: Ein Strauß wird von einem Jäger verfolgt. Der Jäger zielt und schießt ein Telegramm ab, in dem man den »Direktor des Eiffelturms« zu einer Hochzeitsfeier einlädt. Der Direktor ist durch den Schuß geweckt worden, eilt herbei und weist mit mahnendem Finger auf den Jäger, der erklärt, er habe einen Strauß retten wollen, der sich im Gitterwerk des Turms gefangen habe. Seine Erklärung wird hinfällig, als plötzlich ein Fotograf erscheint und nach einem Strauß sucht, der aus seiner Kamera entsprungen sei, als er das letzte Mal »Schauen Sie auf das Vögelchen!« gesagt hätte. Während des gesamten Balletts hüpfen bei jedem seiner Versuche, die Jungvermählten auf die Platte zu bannen, seltsame Geschöpfe aus dem Apparat. Das Orchester intoniert den Hochzeitsmarsch von Milhaud, das Paar erscheint, der Fotograf läßt es posieren, und die beiden Phonographen (Pierre Bertin und Marcel Herrand), deren Kommentare die einzelnen Tanznummern begleiten, beschreiben die Hochzeitsgesellschaft folgendermaßen:

Phono Eins: Die Braut, sanft wie ein Lamm.
Phono Zwei: Der Schwiegervater, reich wie Krösus.
Phono Eins: Der Bräutigam, hübsch wie ein Traum.

Phono Zwei: Die Schwiegermutter, falsch wie eine Schlange.
Phono Eins: Der General, dumm wie Bohnenstroh.
Phono Zwei: Schaut ihn euch an! Er glaubt, er reite auf seiner Stute Mirabelle.
Phono Eins: Die Kavaliere, stark wie Türken.
Phono Zwei: Die Ehrenjungfrauen, lieblich wie Rosen.

Das ganze Stück dreht sich um ein Wortspiel, denn im Französischen bedeutet *»cliché«* sowohl Klischee, Allgemeinplatz, als auch Schnappschuß. Anstatt den toten Pomp einer bourgeoisen Hochzeit aufzunehmen, erweckt die Kamera ihr »Negativ«, die verborgene Kehrseite der Poseure, zum Leben, und zwar mittels des – wörtlich genommenen – Objektivs: eine Badeschönheit, ein Kind, das seine Eltern töten will, einen Löwen. Auf jede nur erdenkliche Weise vertauscht Cocteau das Äußere mit dem Inneren und umgekehrt, erlaubt Trivialitäten, ihren närrischen Lauf zu nehmen, und Normalcharakteren (deren groteske Masken von Jean Hugo stammten), ihre Füße in den Mund zu stecken. Das Klischee – eine bürgerliche Hochzeit auf dem Eiffelturm – wird erst in dem Moment zum Klischee, als dem Fotografen zu guter Letzt ein Schnappschuß gelingt.

Leider waren Cocteaus Texte nur einem verschwindend kleinen Teil des Publikums vernehmbar, denn Dada hatte sie sabotiert. Tzara und Genossen hatten sich im Orchestergraben plaziert und standen während der gesamten Vorstellung abwechselnd auf, riefen »Lang lebe Dada!« und übertönten so die »Phonographenstimmen« auf der Bühne. Die Kritiker waren gezwungen, sich bei ihren Rezensionen auf die Kostüme von Jean Hugo und die Ausstattung von Irène Lagut zu beschränken. Zum zweiten Mal waren Cocteaus Bemühungen damit zunichte gemacht – zuerst durch Diaghilew, der den Text der *Parade* nicht zugelassen hatte, und jetzt durch den stimmgewaltigen Tzara.

Die Kampftaktiken seiner Gegner trugen jedoch nur zur Mehrung von Cocteaus Ruhm bei. Um 1921 wurde er auf dem rechten Seineufer ebenso gefeiert wie auf dem linken verdammt. So schreibt Henri Béraud im *Mercure de France:* ». . . Wenn man bedenkt, daß Mallarmé, Chabrier oder Cézanne noch nicht einmal mit Gelegenheitsarbeiten ihr Leben fristen könnten, dann muß man schon sagen, daß sich das Septett von kleinen Millionären die richtige Zeit ausgesucht hat, um ihre Blödeleien an den Mann zu bringen . . .« Vor den *Mariés* war nämlich im Februar 1920 eine kurze Farce mit dem Titel *Le Boeuf sur le Toit* (»Der Ochse auf dem Dach«) und der Musik von Milhaud aus der Taufe gehoben worden.

Milhaud war Anfang 1919 aus Brasilien zurückgekehrt und hatte eine ganze Kollektion südamerikanischer Weisen mitgebracht: volkstümliche Refrains, Tangos, Maxixen und Sambas, die er zu einem geistreichen Rondo, eben dem *Boeuf sur le Toit* (Titel eines brasilianischen Volkslieds), zusammenstellte – in der Hoffnung, Chaplin würde einen Film daraus machen. Statt dessen schlug Cocteau vor, man möge nicht Chaplin bitten, sondern ihn selbst ein kurzes Szenarium dazu verfassen lassen. Im Sommer 1919 arbeiteten er und Milhaud in dessen Haus in Aix-en-Provence gemeinsam an dem Projekt und vergnügten sich mit ganz verschiedenartigen musikalischen Techniken. Das Ganze spielt in einem illegalen Alkoholausschank zur Zeit der amerikanischen Prohibition. Bei der Premiere war das Haus bis auf den letzten Platz ausverkauft, Cocteau jedoch, der leere Reihen fürchtete, hatte Lucien Daudet kurz zuvor gebeten, dreihundert Gutscheine an *Tout Paris* zu verschicken, von denen jeder gegen eine Eintrittskarte umgetauscht werden konnte. An der Abendkasse herrschte dann ein unbeschreiblicher Tumult, aber schließlich gelang es Lucien Daudet – der damit einen der Höhepunkte seines Lebens genoß –, den aufgebrachten Mob zu beschwichtigen.

Cocteau war »in«, ohne Zweifel; es war »schick« – dieses Wort grassierte gleich einer Epidemie – sich von Coco Chanel kleiden zu lassen, es war schick, Tango zu tanzen, es war schick, den amerikanischen Transvestiten Barbette zu mögen, es war schick, Opium zu rauchen, bei Dada-Demonstrationen laut zu schreien und die Kostümfeste des Grafen de Beaumont zu besuchen, vor allem aber war es schick, alles zu bewundern, was Jean Cocteau schrieb und, schicker noch, ihn als Diner-Gast zu erobern. Maurice Martin du Gard, literarische Klatschtante par excellence, schuf die folgende Collage von Unterhaltungsfetzen, die er angeblich einige Monate nach den *Mariés*, dem ersten wichtigen Ereignis der Herbstsaison, in der Comédie des Champs-Elysées mitbekommen hatte:

> »Ich werde für Sie ein Diner mit Jean arrangieren.« – »Oh, Prinzessin, ich danke Ihnen unendlich!« – »Ja, rufen Sie mich morgen an, nein, übermorgen, dann werde ich es arrangiert haben. Ein kleines Diner, er mag großen Aufwand gar nicht. Und außerdem ißt er nicht, er redet, er knabbert ein bißchen, und das Frühstück steht ihm überhaupt viel besser. Kein Wunder, er geht um zehn Uhr zu Bett!« – »Jean war umwerfend, er war gestern bei mir. Sublim!« warf die eben vorbeigehende Hélène de F. ein. »Vor Lachen kommen mir immer noch die Tränen.« – »Was für ein Glück Sie doch haben, liebe Freundin«, erklärte die bezaubernde Person, die neben ihr stand, »man schafft es nie, ihn bei sich zu haben, er ist dauernd bei seinen Malern, wenn er nicht gerade bei seinen Musikern ist!« – »Meine Liebe, Sie vergessen, daß er arbeitet und daß er sogar etwas leben muß«, unterbrach Marie, die Namen und Titel besaß und darauf wartete, daß die Menge, die zum Ausgang drängte, sich verlief. »Am Mittelmeer war ich seine Nachbarin. Unmöglich, meinen kleinen Jean zu bekommen. Immer am Schreiben!«

Cocteau begab sich allerdings so gut wie nie um zehn Uhr abends zu Bett. Um diese Stunde machte er meist seinen »Nachmittagsbesuch« in Le Boeuf sur le Toit, einem Nachtclub, den man nach seiner Farce benannt hatte und wo alle Fäden des Pariser Highlife zusammenliefen. Le Boeuf war Nachfolger der Bar Gaya, deren Gäste so zahlreich geworden waren, daß sie sich nicht mehr in die winzige Grotte in der Rue Duphot hineinquetschen konnten. Im Januar 1922 fand Louis Moysès größere Räume in der Rue Boissy d'Anglas, auf halbem Weg zwischen der Place de la Madeleine und Cocteaus Rue d'Anjou gelegen. Aus Dankbarkeit den Männern gegenüber, die ihm zu seiner Karriere als Gastronom verholfen hatten, gab er dem Lokal einen Namen, der unmißverständlich Gruppenzugehörigkeit signalisierte. Es wurde Moysès fast zur Gewohnheit, seine Lokale nach Werken von Cocteau zu benennen. Später eröffnete er zwei weitere Nachtclubs: Le Grand Ecart und Les Enfants Terribles. Im Gegensatz zu zahlreichen Vermutungen war Cocteau nicht finanziell daran beteiligt.

Moysès wußte, wer bei wem sitzen konnte und welche Leute er auf keinen Fall zusammenbringen durfte. Außerdem gestattete er Malern und Schriftstellern, die er mochte, auf Kosten des Hauses zu trinken oder – wie dem peripatetischen Fargue – Le Boeuf als postlagernde Adresse zu benutzen.

Le Boeuf war ein Snob-Treff, ein Lokal, das »in« war und wo sich die smarten Leute der neuen Ära nach dem Abendessen auf ein paar Drinks trafen und dann bis zum frühen Morgen blieben. Es bildete das Zentrum einer Welt, die weniger interessiert war an Malerei, Literatur oder Musik als an der bloßen Berühmtheit von Malern, Schriftstellern und Komponisten. Hier galten »Schick«, Talent, Renommee, gutes Aussehen und Laster als Titel mit festem Kurswert. Talent und Renommee erhöhten Picasso, Artur Rubinstein, Fargue, Satie. Gutes Aussehen ließ Namen zu, die ihre Gesichter nicht überleben sollten. Das Laster aber öffnete die Tür am schnellsten, und zwar ganz weit. Man war nicht etwa ausschweifender als früher, die Befriedigung gewisser Bedürfnisse jedoch – gleichgültig ob auf legitimem Weg oder nicht –, wurde nachgerade zum Daseinszweck. Liaisons aus Liebe verdrängten die Ehe immer mehr (und ließen die Scheidungsquote hochschnellen), Opium und Homosexualität wurden geradezu zum Way of life, zum Mittel der Selbstreklame, zum gesellschaftlichen Rangabzeichen. Die Jungen, die ein Vermögen erbten, ohne gleichzeitig die sozialen Dünkel der Altvorderen zu übernehmen, hatten keinen anderen existentiellen Bezugspunkt als ihre eigene Erbitterung, ihre grenzenlosen Hoffnungen und ihr Geschlecht. Der Krieg hatte endgültig Schluß gemacht mit gewissen Aspekten der Vergangenheit, und sie waren in eine moderne Welt geschleudert worden, ohne besser dafür gerüstet zu sein als Papuas für das Computerzeitalter. So wurden Opium und Homosexualität häufig lebenswichtig, da nur sie die drohende Leere auszufüllen vermochten.

Veteranen des Frankreichs der Vorkriegszeit goutierten das Lokal kaum. Sie erschienen gleich Schatten der Unterwelt, machten gewisse Voraussetzungen, zogen Vergleiche – und verließen die Stätte einigermaßen verstört. So erwartete König Ferdinand von Rumänien eine Art Reinkarnation von Maxim's oder vom Café Anglais. Er traf inkognito ein, eskortiert von Etienne de Beaumont und seiner Landsmännin Anna de Noailles, der immer noch zungenfertigen. Als er die schöne Sängerin Louise Balthy erspähte, die einst eine Tournee durch Rumänien gemacht hatte, entsandte er Beaumont an ihren Tisch. Beaumont bat die Sängerin, sich dem königlichen Hofstaat auf ein Glas Champagner anzuschließen und das Inkognito des Monarchen zu respektieren. Solche Arrangements waren in Maxim's oder im Café Anglais häufig zwischen Herrschern der Krone und Herrscherinnen des Bettes getätigt worden; der König mußte jedoch erfahren, daß die Vorkriegsetikette nicht mehr galt, daß die High-Society-Kokotten der Vergangenheit im Aussterben begriffen waren, daß Le Boeuf eben nicht Maxim's war. Die Balthy ließ sämtliche Tische beiseiteschieben, die in der Mitte des Lokals standen, schritt durch die so entstandene Schneise, indem sie drei vorschriftsmäßige Hofknickse zelebrierte, und erkundigte sich, als sie den Tisch von König Ferdinand erreicht hatte, mit äußerster Stimmkraft: »Na, Majestät, wie treiben Sie's denn jetzt?«

Das Zentrum von Cocteaus Welt lag allerdings nach wie vor in der mütterlichen Wohnung Rue d'Anjou Nr. 10, einem eleganten Gebäude, dessen spiraliges Treppenhaus sich sechs Stockwerke hoch um einen immensen Kandelaber herumwand, der aus einer großen kupfernen Röhre bestand, an jedem Treppenabsatz unterbrochen von einer Glühbirnengirlande, die ihr diffuses Licht spendete.

Madame Cocteau hielt sich meist in einem kleinen Salon links vom Vestibül auf. Ihre Knie wärmte sie mit einem Plaid und verbrachte einen Teil ihrer Zeit mit Lesen. Ebenso häufig empfing sie jedoch die Jünglinge, die Jean protegierte und in deren Augen sie den Nimbus einer Madonna genoß. »Wenn sie sich erhob«, schrieb Maurice Sachs, »die Stirn von weißem Haar gekrönt, schlank und aufrecht in einem schwarzen Kleid, machte ihr Auftreten deutlich, daß sie eine entschwundene, aber sehr humane bürgerliche Aristokratie repräsentierte.« Die Tatsache, daß sie ihren eigenen Lebensstil mit dem ihres Sohnes vereinbaren konnte, zeugt von außergewöhnlicher geistiger Beweglichkeit – oder auch von dem bewußten Sich-Einschränken einer Mutter. Zweifellos lieferte er ihr genügend Themen, über die sie während der Messe, die sie jeden Morgen besuchte, meditieren konnte. Madame Cocteau bildete das Rückgrat in Jeans Leben: Sie widerstand seiner paranoiden Aggressivität, sie tröstete ihn, sie sorgte für den monatlichen Wechsel, sie unterhielt seine Freunde, sie lieferte ihm die Ordnung, die er brauchte, um eine unordentliche Existenz führen zu können. Ihr Einfluß auf ihn war so groß, daß er sich noch Jahre, nachdem er sie verlassen hatte, nicht entschließen konnte, eine richtige Wohnung einzurichten, sondern in Gelassen, Opiumhöhlen, Ramschläden hauste, die er häufig wechselte und überglücklich aufgab, um als Schoßkind irgendwelcher Bekannten in irgendwelchen Landhäusern zu leben.

Cocteaus Zimmer befand sich gegenüber dem Wohnungseingang. Es war mit einem schmalen Eisengitterbett, einem großen Architektentisch aus weißem Holz und einem freistehenden Schrank möbliert, aber das fiel kaum auf, denn Manuskripte, Briefe, Dutzende von Exemplaren der eigenen Werke, Zeichenutensilien, Flaschen aller Art bildeten einen dschungelhaften Morast, in dem alle Einzelheiten versanken, ohne je wieder aufzutauchen. Die Wände waren übersät mit Bildern, die man nach den Gesetzen des Zufalls angeheftet hatte – Fotos von Verlaine, von Rimbaud, vom Schwergewichtsboxer Carpentier, von den Brüdern Fratellini, Zeichnungen und Skizzen von Cocteau, gemalt von Marie Laurencin, Roger de la Fresnaye, Picasso, Picabia und Irène Lagut. Auf dem Kaminsims drängten sich ein großer Papierwürfel, drei kristallene Polyeder, die in einer mit Wasser gefüllten Schüssel lagen, eine Tontaube, eine Pappschachtel, die den Rahmen für ein auf ihre Innenseite geklebtes Stück schwarzen Tuchs bildete. Von der Decke hingen zwei Strohpferde, die Milhaud aus Mexiko mitgebracht hatte, sowie ein aus Pfeifenreinigern geflochtener Käfig. »Es war ein Warenlager lustiger und nichtiger Accessoires, die die wahre Mode der damaligen Zeit verkündeten: Objekte des Zufalls, der Freude, würdevolle Kuriositäten, poetischer Tand.«

Cocteaus Raum war ein Zufluchtsort, in dem er sich mit betonter Vertrautheit bewegte, um sein jugendliches Publikum zu verblüffen. »Cocteau bat mich, Platz zu nehmen«, erinnert sich André Fraigneau, ein lebenslanger Freund, »und blieb selber stehen. Während er im Zimmer auf und ab ging, begann er jene Art Monolog, dessen ich nie müde werden sollte, bildet er doch die höchste Form der Höflichkeit und der Achtung gegenüber dem Mitmenschen. Denn worum ging es? Doch wohl darum, dem neuen Gast das Gefühl zu geben, er sei hier daheim, die Träume und Werke des berühmten Dichters seien sein eigen. Er verlieh dem jungen Besucher einen Adelstitel, indem er ihn an den erhabenen Spielen der Kunst und des Denkens teilnehmen ließ.«

Er schritt von einem Gegenstand zum anderen und beschrieb dessen Herkunft: Diese Zeichnung entstand unter den und den Umständen, jenes schwarze Tuch an der Schachtel war ein Schattenriß von Isadora Duncan, der Papierwürfel wurde von Picasso bemalt. Die Runde, die er bei jedem Besucher neu probte, bedeutete gewissermaßen eine verbale Aneignung der Dinge, die von ähnlichen Motiven und Bedürfnissen bestimmt war wie seine erstaunlichen Imitationen und Parodien.

Mehr noch als sein Ego pflegte Cocteau jedoch sein Äußeres.

Um elf Uhr vormittags erfolgte mit dem zeremoniellen Glanz eines Sonnenkönigs, der in Gegenwart seiner Kämmerer aus dem Bett steigt und die täglichen Waschungen vornimmt, sein persönliches »kleines Lever«. Während junge Männer das Zimmer bevölkerten, unterhielt sich Cocteau, gekleidet in einen schwarzen Pyjama und eine Robe aus Rohsamt, aus dem nebenanliegenden Bad mit ihnen. »Cocteau trug eine Kopfbedekkung, die dazu diente, ein über der Stirn geknotetes Handtuch festzuhalten«, und senkte das Haupt über einen Topf mit dampfendem Wasser, bis sein Gesicht die Farbe roter Beete angenommen hatte und er den Bart für weich genug befand, der Rasur geopfert zu werden. Während des gesamten Rituals sprach und gestikulierte er weiter, lüpfte manchmal den Vorhang der Dusche, um sich zu vergewissern, daß sein Publikum auch nicht verschwunden war. Zum Schluß kämmte er die Haare, schlang die rosa Krawatte zu einem festen Knoten, hüllte sich in eine elegante und taillierte Jacke, deren Ärmelenden etwas aufgeschlagen waren, damit man auch das (rosa) Seidenfutter sah, setzte den Filzhut auf, griff nach dem elfenbeingekrönten Spazierstock, suchte die weißen Handschuhe zusammen und segelte so mit einer fliegenden Phalanx von Cocteauisten hinaus auf die Straße – wie eine Gottesanbeterin, die von einem Schwarm ihr untertaner Leuchtkäfer begleitet wird. Er war erst etwas über dreißig und berühmt. Er war de Max, »im Gefolge von Jünglingen, gleich einem Gott im Gefolge von Nymphen«.

Halbwüchsige Verehrer suchten die Rue d'Anjou Nr. 10 heim und hofften, Cocteau werde ihnen eine Audienz gewähren. Sie strichen um das Haus herum und schliefen sogar auf der Treppe des Hauses ein, erschöpft vom langen, ergebnislosen Warten. War er gnädig und bei Laune, durften zehn oder fünfzehn dieser Jünglinge mit ihm das Kino besuchen. Was er mochte, das beteten sie an, was er nicht mochte, verabscheuten sie zutiefst. Sein zusammengewürfeltes Interieur besaß in Paris Dutzende von Kopien. Chez Millat, der Frisiersalon, wo er die Haare schneiden ließ, wurde von diesen jungen Dandys ebenfalls besucht, und alle verlangten nach der gleichen Coiffure. Wer sich abgewiesen fühlte, trug seine verletzten Gefühle zu Gide, Cocteaus erzengelhaftem Rivalen. »Meine Beziehungen zu Gide«, schrieb Cocteau, »bestanden aus einem dauernden Hin und Her von Versöhnungen, Auseinandersetzungen, offenen Briefen, Verstimmungen, deren Ursache sehr wohl in jener Schar jugendlicher Mythomanen liegen mochte, die zwischen uns hin- und herpendelten und sich damit vergnügten, alles durcheinanderzubringen.«

Diese Schar kraftloser Jünger wurde für den Cocteau der zwanziger Jahre zum Markenzeichen. Ihr Prototyp, dessen Legende ihnen in allen Einzelheiten bekannt war, hielt 1918 Einzug in Cocteaus Leben, um es sechs Jahre später wieder und für immer zu verlassen: Raymond Radiguet.

Cocteau lernte Radiguet 1918 in einer Galerie kennen, als der damals Fünfzehnjährige mit Max Jacob eine Vernissage besuchte. Einige Tage später meldete ihm Aimée, »ein Kind mit einem Spazierstock« säße im Vestibül. Der schmächtige, schüchterne, in seinem Mantel ganz verloren wirkende Radiguet, dessen Haare so lang waren, daß man auf den ersten Blick meinen konnte, er trüge Koteletten, hatte diesen Besuch nur aufgrund der Empfehlung von Max Jacob gewagt. Aus der Tasche zog er ein zusammengeknülltes Stück Papier, auf das zwei seiner Gedichte gekritzelt waren; er begann gleich, sie vorzulesen, und hielt das Papier dabei ganz dicht vor seine kurzsichtigen Augen. »Ich darf wohl sagen, daß ich schon bei der ersten Begegnung Raymond Radiguets Stern erkannt habe. Woran? Das frage ich mich selbst.«

So weit die offizielle, für die Nachwelt bestimmte Version Cocteaus. André Bretons Erinnerungen an die erste Begegnung Cocteaus und Radiguets sehen anders aus. Als er eines Tages mit dem Jungen in der Gegend der Madeleine spazierenging, begegnete man Cocteau. Breton fühlte sofort, wie sich zwischen den beiden eine Art elektrisches Spannungsfeld aufbaute, und wußte instinktiv, daß sich von nun an zwei Lebensläufe ändern würden. Und in der Tat – er mußte seine Promenade allein fortsetzen, voller Wut über Cocteau, der ihm soeben einen Jünger geraubt hatte: ein Grund mehr für die beiden, sich mit stets gezückten Dolchen gegenüberzustehen.

Schon mit fünfzehn Jahren wurde Radiguet von den Älteren umbuhlt, und diese Älteren sollten ihn nicht nur in einen viel zu frühen Ruhm stoßen, sondern auch zu seinem frühen Tod beitragen. Wie die romantische Epoche, so glorifizierten auch die zwanziger Jahre das Genie der Jugend. Nur das strahlende, kurz aufflammende Blitzlicht bedeutete dieser Ära etwas. Mit Legenden bedachte sie einige Wenige, Auserwählte, die klug genug waren, früh zu sterben oder auf dem Höhepunkt ihres Ruhms von der Bildfläche zu verschwinden. Die Surrealisten schufen die Legende Rimbauds und Lautréamonts. Cocteau schuf Radiguet.

Radiguet war eines der Kinder von Maurice Radiguet, einem ziemlich bekannten Karikaturisten, dessen Produkte in vielen Pariser Tageszeitungen erschienen. Seine frühe Jugend verbrachte er in Parc Saint-Maur, einem Dorf an der Marne, nicht weit von Paris, dessen Bewohner auch meist in Paris beschäftigt waren. Der Krieg brachte Unruhe in das bis dahin so ordentlich und konventionell verlaufene Leben Raymonds. Er besuchte das Lycée Charlemagne nur noch unregelmäßig, verbrachte die geschwänzten Stunden im väterlichen Boot auf der Marne und las dort Madame de La Fayette, Stendhal und Proust – bis seine literarische Gesellschaft durch das plötzliche Auftauchen einer Frau gestört wurde. Marthe, verheiratet mit einem Soldaten, traf Radiguet auf einem seiner Spaziergänge am Ufer des Flusses. Die beiden hatten eine kurze, heftige Affäre, die Radiguet später in seinem Roman *Den Teufel im Leib* verewigen sollte.

Im Mai 1918 war bereits ein kleines Gedicht von Radiguet in der satirischen Wochenzeitschrift *Le Canard Enchaîné* erschienen, der Wendepunkt in seinem Leben kam jedoch erst, als er André Salmon begegnete, dem Dichter und Freund Apollinaires, der seit einigen Jahren journalistisch arbeitete. Bei *L'Intransigeant* gehörte es zu Salmons Aufgaben, die tägliche Karikatur auszuwählen, und so stand eines Tages »ein ungefähr fünfzehnjähriger netter Bursche mit errötendem Gesicht, gestärktem Kragen und Kniehosen« vor seinem Schreibtisch, der den ganzen Weg von Parc Saint-Maur bis in die Redaktion zu Fuß zurückgelegt hatte – mit der Zeichenmappe seines Vaters in der Hand. Nach einer Reihe ähnlicher Besuche nahm Raymond seinen ganzen Mut zusammen und zeigte Salmon seine Verse, die er mit dem Namen »Rajki« unterzeichnete. Salmon fand die Verse besser als das Pseudonym und besorgte dem Jungen gelegentlich Jobs bei Wochenblättern wie *L'Eveil*, *L'Heure* und *Rire*. Außerdem ermunterte er ihn, auch Apollinaire die Gedichte vorzulegen. Apollinaire fand sie seinen eigenen *Alcools* so ähnlich, daß er Radiguet verdächtigte, eine jener *mystifications* anzetteln zu wollen, die damals in unregelmäßigen Abständen die literarische Welt von Paris heimsuchten. Als Radiguet persönlich bei ihm erschien, tadelte er ihn deswegen hart.

Radiguets erste Begegnung mit Max Jacob sollte weit angenehmer verlaufen. Wie Cocteau – und zum großen Teil aus den gleichen Gründen –, fand auch Jacob die begabten, schönen und unsicheren Knaben, die gelegentlich in seine Nähe gerieten, unwiderstehlich. Er bemutterte sie, verpaßte ihnen etwas literarischen Schliff, wurde ihrer müde und verstieß sie. Jacob, ein bretonischer Jude aus Quimper, war im Jahre 1909 zum Katholizismus konvertiert. Er war Mystiker und Mensch der Wollust zugleich, ein hektischer Gnom, der Haarspaltereien liebte wie ein Talmud-Ausleger, ein bemerkenswerter Dichter, der jedoch nur für seine Aquarelle Anerkennung wünschte, ein außerordentlich gebildeter Mann, der sich darauf kaprizierte, bei den einfältigsten Geistlichen der Hauptstadt Katechismusstunden zu nehmen, ein Introvertierter, der stürmische Flirts mit verheirateten Damen liebte, ein Freund, der abwechselnd zärtlich und falsch sein konnte, und auf dem Montmartre galt er in den Jahren des Bateau Lavoir als eine der prominentesten Figuren. Im Bateau Lavoir teilte er sich mit Picasso ein Atelier und verdiente seinen Lebensunterhalt mit Klavierunterricht, durch das Schreiben von Kinderbüchern und indem er für die Conciergen der Nachbarschaft Horoskope ausbrütete. Nach seiner Taufe folgte er einer mystischen Erleuchtung und erkor Picasso zum Heiland.

»Max war wunderbar«, erfuhr Françoise Gilot von Picasso. »Er verstand es immer, den wunden Punkt zu treffen. Er liebte natürlich den Klatsch und jeden kleinsten Skandal. Einmal erfuhr er, daß Apollinaire für Marie Laurencin eine Abtreibung arrangiert hatte. Kurz danach, bei einem unserer Dichterabende, kündigte Max an, daß er ein Lied zu Ehren Apollinaires gedichtet habe. Er stand auf und sang, den Blick auf Marie Laurencin gerichtet:

Ach, wie laß ich mich bedrängen,
Dir 'nen Engel anzuhängen,
Dir 'nen Engel anzuhängen,
Indem ich deinen Schoß kitzle,
Marie Laurencin,
Marie Laurencin!

Marie Laurencin wurde rot, Apollinaire blaurot, doch Max blieb ganz ruhig und sah unschuldig wie ein Engel aus.«

1918 wohnte er in der Rue Gabrielle nahe der Madeleine und kultivierte sein Talent, überall gleichzeitig aufzutauchen – ein kahlköpfiger Kobold mit Schnürsenkel-Krawatte, einem schwarzen, kragenlosen Regenmantel und weißen Leinenhandschuhen. Durch Jacob hatte Radiguet in kurzer Zeit Reverdy, Juan Gris, Picasso, Modigliani und Breton kennengelernt. Oft blieb er bis spät in die Nacht in Paris bei den Malern und Dichtern, nahm dann den »Theaterzug« zurück nach Parc Saint-Maur oder ging, wenn er ihn verpaßte, durch den Bois de Vincennes nach Haus. Meist allerdings nächtigte er im Atelier irgendeines Bekannten auf dem Fußboden. Mit sechzehn stand er mit einem Bein in Paris, mit dem anderen noch im elterlichen Heim und führte ein außerordentlich ungeregeltes Leben.

»Vor allem liebte er die Vorstellung, alt zu werden«, schrieb Cocteau. »Er verabscheute Jugend im Wildeschen Sinn des Wortes. Er hatte Angst vor Charme und Brillanz. So, wie andere zu sagen pflegen ›Als ich jung war‹, sagte er immer ›Wenn ich erst alt bin‹.« Sein Ehrgeiz, alt zu wirken, faszinierte jeden, der Radiguet begegnete. Es war unmöglich, sein wahres Alter zu schätzen. Er trug die Abgeklärtheit wie einen zu groß geratenen Anzug, der ihm unbedingt passen sollte; manchmal erreichte er sein Ziel, dann wieder wirkte er noch weit jünger, als er tatsächlich war. Und so erschien Raymond vor Cocteau: in einer harzfarbenen Jacke, die so groß war, daß die Ärmel hochgeschlagen werden mußten, in einer schwarzgestreiften Hose, deren Akkordeonfalten die total abgelaufenen Schuhe bedeckten, mit einem Derby-Hut aus Stroh und natürlich dem bereits erwähnten Spazierstock.

Cocteau fühlte sich sofort durch die geheimnisvolle Schönheit von Radiguets griechischem Profil angezogen. Vielleicht hatte er auch, halb unbewußt, die Absicht, für diesen neuen Rimbaud den Verlaine zu spielen.

Binnen kurzem trug Radiguet ein Monokel und kleidete sich wie ein Dandy. Cocteau empfahl ihn an Jacques Doucet, den schwerreichen Modeschöpfer, der Zeitschriften, Manuskripte und Erstdrucke der Avantgarde sammelte und damit eine umfangreiche Bibliothek des 20. Jahrhunderts zusammenbrachte, die noch heute seinen Namen trägt. Doucet bezahlte junge Schriftsteller dafür, daß sie ihm Briefe schrieben und lange Kommentare über ihre Berufsgenossen verfaßten. Auf diese Weise verdienten sich unter anderen auch Breton, Aragon und Tzara von Zeit zu Zeit den notwendigen Lebensunterhalt. Der Couturier entlohnte in bar oder mit seinen Kreationen. »Lieber Monsieur Doucet«, schrieb Radiguet im November 1919. »Ich werde am nächsten Dienstag um drei Uhr nachmittags kommen. Ich freue mich, daß mein erster Beitrag Ihnen nicht mißfallen hat. Im Moment arbeite ich viel und hoffe, bald andere ›Artikel‹ zu haben, die ich Ihnen zeigen kann. Am vergangenen Montag erhielt ich die Handschuhe und danke Ihnen dafür.« Einen Monat später schickte er Doucet ein ganzes Bündel Gedichte und bat um Zuschüsse für den Jahreswechsel: »Ich möchte einigen meiner weiblichen Bekannten Blumen und Süßigkeiten schenken.«

Cocteau versuchte, eine feste Stellung für ihn zu finden, und knüpfte neue Beziehungen zu Philippe Berthelot. »Ich schicke Ihnen Raymond Radiguet«, schrieb er 1921. »Er ist ein Wunder (nicht nur ein Wunderkind) – Der von unserer Gruppe adoptierte Sohn. DER DICHTER. Er hat gerade einen Roman geschrieben, der meiner Meinung nach eines der vier oder fünf MEI-

STERWERKE DER FRANZÖSISCHEN LITERATUR IST ... Wenn Sie ihm einen Posten in der Propaganda-Abteilung besorgen könnten, der ihn nicht allzu sehr beanspruchen und ihm so viel einbringen würde, daß er davon leben kann, würden Sie uns helfen, ihm die Ruhe zu verschaffen, die er verdient.«

Radiguet war inzwischen das Maskottchen der »Six« und wurde von Cocteau an der Leine geführt. Er nahm an den Samstags-Diners teil. Er schrieb für *Le Coq*. Zusammen mit Satie und Cocteau arbeitete er an einer komischen Oper, *Paul et Virginie*. Sein Buffostück *Les Pélicans* wurde am 23. Mai 1921 im Théâtre Michel uraufgeführt.

In Radiguet fand Cocteau eine Rechtfertigung für den eigenen literarischen Konservativismus. Er spielte seinen jungen Anti-Rimbaud, der das gesamte Boheme-Establishment widerlegte, gegen Breton aus. Bis 1920 diente Radiguet als Schachfigur im Machtkampf zwischen Breton und Cocteau. Breton veröffentlichte Arbeiten von ihm nicht zuletzt deshalb in der *Littérature*, um Cocteau eins auszuwischen. »Raymond Radiguet«, schrieb Cocteau, »verschlang ... an der Marne die Bücher der väterlichen Bibliothek. Wir waren die Autoren. Wir waren seine Klassiker. Wir ödeten ihn an, wie sich's gehört, und mit vierzehn Jahren träumte er davon, gegen uns aufzumucken ... Er brachte mich mit seiner Besinnlichkeit zur Besinnung. Er lehrte mich die ›hohe Methode‹.« So sehr, daß Cocteau erst durch Radiguet daran erinnert wurde, daß es bereits vor Baudelaire eine französische Poesie gegeben hat, und in dieser Beziehung wurde Radiguet zum Meister Cocteaus. Cocteau las wenig, um es vorsichtig auszudrücken, und planlos, und was nicht »modern« war, las er prinzipiell überhaupt nicht. Unter Radiguets Anleitung entwickelte er plötzlich Geschmack für die Klassiker.

Im Februar 1921 begann Radiguet mit der Arbeit an seinem Roman *Den Teufel im Leib*. Um in Ruhe schreiben zu können, hatte er sich ins Hotel Gilly et Jules in Carqueiranne zurückgezogen, einem kleinen Hafen zwischen Marseille und Saint-Tropez. »Einsamkeit paßt so gut zu mir und Paris so schlecht, hinsichtlich der Arbeit, die mich wirklich am meisten interessiert«, schrieb er Doucet am 2. April. »Übrigens bin ich nicht die ganze Zeit allein gewesen. Juan Gris, La Fresnaye und Jean Cocteau haben mich besucht. Der schlimme Moment beim Schreiben kommt, wenn der Schriftsteller den Boden unter den Füßen verliert, wenn er sich nicht länger sicher ist, was er schreibt. In solchen Momenten ist der Besuch von Freunden äußerst nützlich.«

Im September zogen Cocteau und Radiguet ins Hotel Chantecler in Piquey. Hier arbeitete Radiguet in einem Zimmer, von dessen drei Fenstern aus man die Bucht von Arcachon und eine Wildnis von Pinien bewundern konnte. »Dies ist das Paradies auf Erden«, schrieb Cocteau an Doucet, »aber es gibt weder Äpfel noch Schlangen. Wir essen Fisch, wir leben nackt in der Sonne, wir baden und sehen kaum eine Menschenseele ... Ich hatte mir geschworen, keine Zeile zu schreiben – und doch arbeite ich. Radiguet hat einen Roman halb fertiggeschrieben, der ihn in der öffentlichen Meinung auf jenes Niveau heben wird, wo ich ihn seit jeher gesehen habe. Sie werden es erleben.«

Wenn Raymonds Flamme schwächer flackerte, wußte Cocteau sie wieder zu beleben. Im Frühjahr 1922 war Radiguet einmal völlig verzweifelt und schleuderte einen Teil des Manuskripts ins Feuer; Cocteau schloß ihn solange in seinem Zimmer ein, bis er das vernichtete Kapitel neu geschrieben hatte. Als das Buch beendet war, legte Cocteau es den Editions de la Sirène vor, die einer Veröffentlichung zustimmten – allerdings unter Bedingungen, die Cocteau unannehmbar fand. Also reichte er das Manuskript weiter an Bernard Grasset, der bereits so hellsichtig gewesen war, die *Suche nach der verlorenen Zeit* zu publizieren, nachdem Gallimard das Werk abgelehnt hatte. Auch in diesem Fall bewies er seinen literarischen Instinkt.

Den Teufel im Leib erschien 1923 und verursachte einen Skandal. Grasset fühlte sich nicht an das Gentlemen's Agreement gebunden, das bis dato in der Verlegerwelt von Paris gegolten hatte, zumal Flammarion im vorangegangenen Jahr bewiesen hatte, wie einträglich moderne Werbekampagnen sein konnten. Max und Alex Fischer, die beiden literarischen Leiter dieses

Verlages, brachten *La Garçonne*, einen feministischen Roman von Victor Margueritte, mit einem solchen Aufwand an aufsehenerregender Reklame heraus, daß man in wenigen Monaten 750000 Exemplare absetzte. Margueritte, der Bargeld rasch verwelkendem Ruhm vorzog, machte ein Vermögen und wurde aus der Ehrenlegion ausgeschlossen. Im Gegensatz zu Margueritte, der sich persönlich davon überzeugte, ob die Buchhandlungen auch sein Werk stets vorrätig hatten, machte Radiguet keine Tournee durch die Provinz. Er zog es vor, den größten Teil seiner Zeit im Büro von Grasset zu verbringen, während Cocteau seine Interessen wahrnahm. Rote Bauchbinden um *Den Teufel im Leib* erklärten, Radiguet habe den Roman mit siebzehn Jahren geschrieben. In der Tagespresse erschienen Anzeigen wie die folgende:

Sensationell!
DEN TEUFEL IM LEIB
von
Raymond Radiguet

Dieses erstaunliche Werk, das von einem außerordentlich jungen Autor stammt, hat die literarische Welt in heftige Kontroversen gestürzt; man mußte einfach Stellung beziehen. Sein Erfolg hat praktisch kein Vorbild, und man kann es sich einfach nicht leisten, ein Buch zu ignorieren, von dem eine derart bemerkenswerte Intensität ausgeht.

Verkaufspreis: Fr. 3,40

In der Wochenschau sah man, wie Radiguet bei Grasset gegen eine monatliche Abschlagszahlung von 1500 Francs einen Vertrag für zehn Romane unterschrieb. Cocteau nannte den Vertrag »eine goldene Brücke«. Frédéric Lefèvre, der literarische Leitartikler, interviewte Radiguet. *Débats* widmete ihm eine Sonderkolumne. Sogar Paul Valéry lobte den Roman, wenn auch in recht vorsichtigen Tönen. Radiguet erhielt den mit etwa 7000 Francs dotierten »Preis der Neuen Welt«, der von einem amerikanischen Millionär gestiftet worden war, aber von einer französischen Jury verliehen wurde, die unter anderen aus Jean Giraudoux, Paul Morand, Max Jacob und ... Jean Cocteau bestand. Die »Vereinigung französischer Schriftsteller, die im Krieg dienten« kabelte umgehend an die American Legion und protestierte gegen die Wahl; der Roman »verletze ganz eklatant die Gefühle der Kriegsveteranen« und »zeige die französische Familie und das Kriegsfrankreich in einem falschen und abstoßenden Licht«. Aragon spielte auf Radiguets Jugend an und meinte süffisant: »Wir sollten ein Buch beurteilen und keinen Auszug aus dem Geburtenregister.«

Überall wütete das Feuer, und im Hintergrund drückte Cocteau kräftig auf den Blasebalg. Maurice Martin du Gard, Herausgeber von *Les Ecrits Nouveaux*, erinnert sich an einen Besuch, den Cocteau ihm in der Druckerei abstattete – er wünschte die Fahnenabzüge eines Artikels zu sehen, den Radiguet über *Den Teufel im Leib* geschrieben hatte. Der Artikel enthielt einen höchst schmeichelhaften Abschnitt über Cocteau, trotzdem – oder gerade deshalb – monierte er: »Sie haben Raymond in viel zu kleiner Type gesetzt!« So überwachte Cocteau jeden Zahnkranz, jedes Schwungrad seiner Unsterblichkeitsmaschine.

Gegen 1923 änderte sich die Beziehung zwischen Radiguet und Cocteau. In gewisser Weise trennten sich ihre Wege, doch hielten sie auch weiterhin kameradschaftlich zusammen. Man könnte sagen: Ihr Verhältnis hatte sich »normalisiert«. Radiguet war ganz einfach flügge geworden. 1922 verließ er das Viertel um die Madeleine, zog weg aus der Nachbarschaft Cocteaus und mietete sich im Hotel Foyot ein, das gegenüber dem Jardin du Luxembourg lag und in dessen Restaurant sich die Mitglieder des Senats nach den Sitzungen im Palais du Luxembourg trafen. Allerdings verkehrte er auch weiterhin im Boeuf. Oft verbrachte er seine Abende mit Cocteau und Barbette, einem Amerikaner, der im täglichen Leben ganz den Eindruck eines korrekten englischen Geschäftsmannes machte, sich abends auf der Bühne aber in eine Sex-Blondine verwandelte und mit angeschnallten Engelsflügeln Trapezkunststücke vollführte. Radiguet hatte jedoch auch für die authentischen Vertreterinnen des anderen Geschlechts einiges übrig. So war seine ständige Begleiterin ins Boeuf eine junge Frau namens Bronja Perlmutter, die nach Radiguets Tod den Filmregisseur René Clair heiratete. Wenn Radiguet mit ihr zusammensaß, ließ Cocteau, der an einem anderen Tisch Platz genommen hatte, ihm ein Billett nach dem anderen überbringen. Vielleicht machte es Radiguet trotz seiner engelhaften Erscheinung ganz einfach Spaß, den ehemaligen Liebhaber zu ärgern; und Cocteau schienen der neue Flirt und die Sticheleien zu »verjüngen«.

Pygmalion war seinem Professor Higgins über den Kopf gewachsen und verdiente genug Geld, um seinen Appetit zu befriedigen, der manchmal geradezu Rabelaissche Ausmaße annahm. Die Rechnungen des Hotels Foyot zeigen, daß er einmal bei einer einzigen Mahlzeit diverse Cocktails, eine Flasche Champagner und eine Flasche Chambertin konsumierte sowie zwei verschieden zubereitete Seezungen, gefüllten Fasan, Käse, Eiscreme und eine Meringue vertilgte und schließlich die Mahlzeit mit Kaffee und Likör abrundete. Er trug überaus elegante Kleidung und reiste mit teurem Gepäck. Er war ständiger Gast bei Etienne de Beaumont, der später als Titelheld seines zweiten Romans, *Der Ball des Comte d'Orgel*, figurieren sollte, und bei der geistreichen, stiernackigen Prinzessin Marie Murat. Im Fenster jeder zweiten Pariser Buchhandlung bildeten zwanzig Exemplare von *Den Teufel im Leib* ein Piedestal für seine Fotografie. Die Senatoren brachten seinen Roman zum Essen mit und baten ihn um ein Autogramm.

Radiguet schöpfte seine neuen Möglichkeiten voll aus. Als er zum Beispiel eines Nachts ziemlich betrunken mit Brancusi heimschwankte, schlug letzterer plötzlich vor, den nächsten Zug nach Marseille zu nehmen. Innerhalb weniger Stunden hatte man Paris bereits verlassen. Während der Fahrt fiel ihnen ein, daß man ebensogut auch nach Korsika reisen könnte. In Marseille kaufte Radiguet, der immer noch seine weiße Dinnerjacke trug, in einem Marineladen der Armee geeignetere Kleidung. Zwei Wochen verbrachten die beiden in einem korsischen

Fischerdorf, ließen sich mit Cognac vollaufen und kehrten nur widerwillig zurück, als ihnen das Geld auszugehen drohte.

Diese Exkursion hatte Cocteau ganz krank gemacht, und er beschloß, nun auch eine zu inszenieren: Im Februar 1923 überquerte er mit Radiguet den Ärmelkanal. Aus dem Carlton schrieb Cocteau an Gautier-Vignal: »Wir sind in London. Das scheint mir wunderbar genug. Ihr Jean.« Aus bloßer Neugier (wie Proust, so hatte auch Cocteau ein besonderes Faible für junge, blonde, ätherische Engländer) fuhren sie nordwärts nach Harrow und Oxford. In seiner freien Zeit arbeitete Cocteau an einem Vortrag, den er im März im Collège de France halten sollte. Dieser Vortrag, *D'un Ordre Considéré comme une Anarchie* (»Von einer Ordnung, die als Anarchie betrachtet wird«), bildete das Fundament für Radiguets Legende.

Nur mit Mühe bewahrte ihre Freundschaft ein labiles Gleichgewicht. War es nicht so, daß jeder den anderen abstoßend fand, aber keinesfalls auf ihn verzichten wollte, daß sie sich in ihrer gegenseitigen Einsamkeit bestätigten? Sie übernahmen abwechselnd die Rolle von Herr und Knecht. Trotz seines pathologischen Verlangens nach Gesellschaft, trotz der Schwierigkeit, durch sich selbst *zu sein*, tat Cocteau alles, um eine gute, stabile Beziehung zu verhindern. Er wollte unbedingt einzigartig bleiben, koste es was es wolle, und Radiguets Einzigartigkeit fiel auf ihn zurück. Schaffen bedeutete für Cocteau, sich selbst zu schaffen. Seine Werke verschafften ihm die Identität, nach der er sich sehnte, gaben das wahre Ich aber nur selten preis. »Ich bin eine Lüge, die immer die Wahrheit sagt«, hatte er behauptet und so seine Selbst-Erfindung gerechtfertigt – doch wessen Wahrheit?

»Raymond Radiguet erschien«, schreibt er in *D'un Ordre Considéré comme une Anarchie.* »Ich setzte mein Vermögen und Schicksal auf die Nummer Radiguet, wie ich sie in *Hahn und Harlekin* auf die Nummer Georges Auric gesetzt hatte. – Soll ich zugeben, daß ich nicht mehr riskierte als ein Falschspieler? Antennen zeigen mir die Nummern an, die gewinnen müssen.«

Gegen Ende des Jahres 1923 wußte er zwar, daß er richtig gesetzt hatte, stand aber trotzdem mit leeren Händen da. Radiguet entschwand und hinterließ Cocteau nur seine Legende, eine abgeworfene Haut.

In der Nacht des 21. April 1923 spukte ein Todesbote in der Wohnung von Jean und Valentine Hugo, geborene Gross, als Cocteau, Radiguet und Auric um einen runden Tisch herumsaßen und Fragen auf die Platte klopften. Madame Hugo versichert, daß alle Fragen von einer unsichtbaren Erscheinung beantwortet worden seien. Die spiritistische Sitzung dauerte bis zwei Uhr morgens und beunruhigte die Teilnehmer derart, daß sie sich vier Tage später wieder um denselben Tisch versammelten. Während Radiguet den Dialog entschlüsselte und protokollierte, führten Cocteau und Auric das Gespräch mit dem Geist. »J. C.: Ist es die Person, die auch neulich in diesem Tisch war? JA. J. C.: Wer bist du? TOD. J. C.: Bist du eine tote Person? NEIN. J. C.: ›TOD‹, das gibt keinen Sinn. DOCH. J. C.: Kannst du uns deinen Namen sagen? NEIN. J. C.: Ist es dir verboten? ICH BIN TOD. J. C.: Spricht der Tod? DENK AN MICH.« Fünf Tage darauf traf man sich ein drittes Mal. Als Auric ein kleines Gedicht auf den Tisch klopfen wollte, wurde ihm bedeutet: »ICH BIN KEIN DICHTER. ICH BIN SCHICKSAL. NUR ICH DARF DARÜBER LACHEN. DU MUSST WEINEN.«

Im Juli fuhren Cocteau und Radiguet wieder nach Piquey. Bald trafen auch die Hugos ein und kurze Zeit später Auric. In diesem hektischen Jahr schrieb Cocteau zwei Romane, zwei Gedichtbände und Adaptationen von zwei Tragödien des Sophokles (*Œdipe-Roi* und *Antigone*). Mit Radiguet hatte er das Libretto zu der Buffo-Oper *Paul et Virginie* verfaßt, deren Musik Satie nicht mehr beenden konnte; er starb 1925. Radiguet stand kurz vor der Fertigstellung seines zweiten Romans, *Der Ball des Comte d'Orgel*, und er erholte sich, indem er lange Spaziergänge am Strand unternahm, Pinienwälder durchquerte, die nur von Eulen belebt wurden, und Valentine Hugo an einem Sumpf vorführte, wie man Schermesserfische fangen muß. Er quälte die Tiere auf eine Weise, die Valentine als grausam empfand. Anfang September beschlossen die Hugos, einige Wochen in der weiter östlich gelegenen Camargue zu verbringen. Cocteau und Radiguet begleiteten sie bis Bordeaux, wo sie alle vier im Chapon Fin dinierten. Die Hugos sollten Radiguet nicht mehr wiedersehen.

»Ein unordentlicher Mensch, der dem Sterben nahe ist und nichts davon ahnt«, schrieb Radiguet mit erstaunlicher Hellsichtigkeit am Ende von *Den Teufel im Leib*, »fängt mit einem Male an, überall Ordnung zu schaffen. Er ändert seine Lebensweise, sichtet seine Papiere. Er steht früh auf, geht zeitig zu Bett. Er gewöhnt sich seine Laster ab. Seine Umgebung ist entzückt. Um so ungerechter erscheint dann sein plötzlicher Tod. *Endlich hätte ein glückliches Leben begonnen.*« Im Sommer 1923 wurde Radiguet unversehens von einer Leidenschaft für Ordnung und Hygiene gepackt. Alle Karteikarten, auf die er Entwürfe für seine Figuren gekritzelt hatte, wurden sorgfältig erfaßt. Er trank mehr Milch als Alkohol. In Paris unterhielt er sich mit Grasset, als sei dieser sein literarischer Nachlaßverwalter, und erteilte Instruktionen, die aus dem Grabe zu kommen schienen.

»Meine letzte Erinnerung an Radiguet«, schrieb Grasset, »liegt in dem Monat, der seinem Tod vorausging. Er mußte wegen einer Wehrpflichtsformalität zum Rathaus von Saint-Maur fahren und bat mich, ihn zu begleiten ... An jenem Tag war er offener als gewöhnlich und verbreitete sich ausgiebig über den Stand des Manuskripts von *Der Ball des Comte d'Orgel*. In diesem Zusammenhang sprach er von bestimmten ›provisorischen Worten‹, die in dem Text stünden, den er mir vor kurzem gezeigt hätte, als wolle er die definitive Gestalt des Werkes meiner Umsicht überlassen. Das machte mich traurig ... Er sprach vom mangelhaften Zustand seines Werkes so besorgt, daß ich es als außerordentlich seltsam empfand. Als wir auf unserer Rückfahrt durch den Bois de Vincennes kamen, band er sich den Schal los und gab ihn mir, ›damit ich ihn als Andenken behalte‹, wie er sagte.«

Eines Nachts begann er in seinem Zimmer im Hotel Foyot unkontrolliert zu zittern. Diese Anfälle von Schüttelfrost wiederholten sich. Cocteau und andere flehten ihn an, einen Arzt aufzusuchen, aber er weigerte sich, da er von dem Gedanken besessen war, seinen Roman zu vollenden, und nicht wie ein kleiner Junge behandelt werden wollte. Im Dezember bekam er Typhus und wurde in eine Klinik in der Rue Piccini eingeliefert. »Hören Sie«, erklärte er am 9. Dezember Cocteau, »hören Sie etwas Schreckliches. In drei Tagen werde ich von den Soldaten Gottes niedergestreckt.« Als Cocteau protestierte, sagte er: »Ihre Informationen sind nicht so genau wie meine. Der Befehl ist erteilt worden. Ich habe den Befehl gehört.« Am 12. Dezember 1923 erlag er der Krankheit, da sein vom Alkohol zerrütteter Körper dem Fieber keinen Widerstand leisten konnte. Es war spät in der Nacht. Er war allein.

Einige Tage darauf nahmen seine Eltern und eine große Zahl von Stammgästen des Boeuf, darunter Picasso, Brancusi und die Mitglieder der Negerkapelle, an dem für ihn abgehaltenen Requiem in der Kirche Saint-Honoré d'Eylau teil. Dann hob man seinen mit einem weißen Tuch bedeckten Sarg, auf dem nur ein Strauß roter Rosen lag, in einen weißen Leichenwagen, der von zwei Schimmeln gezogen wurde. Bei strömendem Regen gingen die Trauergäste quer durch Paris zum Père Lachaise, unter ihnen Coco Chanel – sie hatte das Begräbnis organisiert, die Krankenhausrechnung und die Arztkosten beglichen. Auch Moysès gab ihm die letzte Ehre; alle unbezahlten Drinks seines jungen Stammgastes gingen nun endgültig zu Lasten des Hauses.

Die Tatsache, daß Cocteau es nicht übers Herz bringen konnte, am Begräbnis teilzunehmen, zeugt vom Grad seiner Verzweiflung. »Nur wegen meiner Mutter versuche ich nicht zu sterben«, schrieb er an Valentine Hugo, die sich in Montpellier gerade von einer schweren Bauchfellentzündung erholte. Er verübte zwar nicht Selbstmord, war jedoch niemals so nahe daran gewesen. Seine Briefe an Max Jacob waren derart alarmierend, daß der Dichter, der zeitweise als lustiger Bettelmönch in Saint-Benoît-sur-Loire lebte, seine Clownsmaske fallen ließ und ihm ernsthaft zuredete: »Mein lieber Jean, ich flehe Sie an, nicht krank zu werden: Ich sage Ihnen, Sie sind ein Mann, aber Sie sind auch ein großer Geist. Weshalb benutzen Sie nicht Ihren Geist, um Ihre Nerven zu meistern?«

Cocteaus Träume fielen in sich zusammen. Zu zweit kann man eine literarische Schule gründen, aber nicht allein. Mit dem Tod Radiguets fühlte Cocteau, daß auch er immer mehr der Vergangenheit angehörte. Als Satie im Jahre 1925 starb, wurde dieses Gefühl noch schmerzlicher. »Les Six« hatten sich inzwischen getrennt. Cendrars war nach Südamerika gegangen und sollte erst Jahre später zurückkehren. Picasso hatte die Pariser Schickeria satt und suchte Zuflucht bei den Surrealisten, vor allem bei Paul Eluard. Und Cocteau begann, die Legende vom Goldenen Zeitalter zu entwerfen. »Diese Epoche«, schrieb er 1950 an Elise Jouhandeau und bezog sich dabei auf die frühen zwanziger Jahre, »diese Epoche, die an meiner Haut klebt wie das vergiftete Gewand des Herakles, als ob ich nichts anderes gemacht hätte als *Le Boeuf sur le Toit* und Jazz . . .«

Er war jetzt weit über dreißig und sah sich immer noch als jugendlichen, leuchtenden Fixstern. Von der Zeit beleidigt, suchte Cocteau Asyl bei zeitlosen, bei toten Dingen: beim eigenen Abbild und in der Euphorie des Opiums. »Ich wollte ein Weiß erreichen, das weißer ist als Schnee, und ich sah, wie nikotinbefleckt mein Werkzeug war«, schrieb er 1925. »So brachte ich Radiguet dazu, das zu schaffen, was ich selbst nicht schaffen konnte. Ich erhielt den *Ball des Comte d'Orgel.* Nun bin ich allein und stehe betäubt vor Schmerz in den Ruinen einer Kristallfabrik.«

Radiguets früher Tod ließ einen Cocteau zurück, der nur noch um sich selbst kreisen konnte, grausam eines Vermittlers, eines legendären Schattens, einer Ersatzexistenz beraubt. Nichts kennzeichnet seinen damaligen Geisteszustand besser als ein Bündel von dreißig Zeichnungen, die er im Oktober 1924 aus Villefranche an Grasset schickte; die Sammlung trägt den Titel *Le Mystère de Jean l'Oiseleur* (»Das Geheimnis des Vogelfängers Jean«). Jede Zeichnung zeigt einen anderen Cocteau: den alternden Dandy, den jungen Matrosen, den Hohenpriester, den Engel, den Dichter, der abwechselnd seriös, inspiriert oder dem Ersticken nahe ist, den Propheten, den Rauschgiftsüchtigen. Sie sind eingerahmt von Dialogen zwischen Cocteau und seinen vergangenen oder hypothetischen Ichs.

Cocteau tat etwas, wozu jedermann neigt, er tat es jedoch auffälliger. Er schuf eine Legende seines Lebens, eine Legende, wo alles – Anfang, Mitte und Ende – idealisiert wurde. Sogar das Unbewußte wandelte er in eine Fassade um und zog den Tod der Selbsterkenntnis vor. Allerdings nicht den wirklichen Tod. Hätte er sich tatsächlich zum Selbstmord entschlossen, wäre es ihm vielleicht gelungen, sein Leben zu begreifen. Mit dem Opium jedoch fand er einen Tod, in dem sein Leben sich spiegeln konnte: einen Ersatztod.

Cocteaus Legende besagt, daß Louis Laloy, ein Musikwissenschaftler, dessen Philo-Orientalismus sich auch auf Rauschgifte erstreckte, ihm im Januar 1924, als die beiden sich infolge der Wintersaison des Russischen Balletts in Monte Carlo aufhielten, die erste Dosis Opium gab. Cocteau war, so behauptete er selbst jedenfalls, auf Wunsch Diaghilews dorthin gefahren und immer noch vollkommen untröstlich über den Verlust Radiguets, und die durch Laloy gebotene Euphorie sollte sich als unwiderstehlich erweisen.

In Wahrheit hatte Cocteau schon seit Jahren Opium geraucht, wahrscheinlich seit seinem »Ausbruchsversuch« nach Marseille und ganz bestimmt schon zu der Zeit, als er zur näheren Umgebung von Edouard de Max gehörte. Jetzt schien er es allerdings weit häufiger zu nehmen als früher. Opium wurde zu seinem Lebensstil. Von 1924 bis zu seinem Tod – mit Ausnahme der Jahre des Zweiten Weltkriegs – stand Cocteau unter der Herrschaft von Drogen. Drogen und Rauschgift entschieden über seine Affären und Trennungen, über die Gesellschaft, die er sich aussuchte, über seine Reisen, seine Werke und seine Finanzen.

Mindestens zweimal ließ er sich in Pariser Kliniken einliefern, zuerst im Frühjahr 1925 und dann – für fünf Monate – im Dezember 1928. Keine Entziehungskur heilte ihn, der zweite Mißerfolg führte jedoch immerhin zu jenem seltsamen Gebräu namens *Opium*, das mehr Einblicke in Cocteaus Leben bietet als seine anderen autobiographischen Werke. Welch grausame Logik, daß Proust nach Verlassen der psychiatrischen Klinik, die er wegen seines Asthmas aufgesucht hatte, die *Suche nach der verlorenen Zeit* schrieb, während Cocteau im Anschluß an seine Kur nur über die eigene Krankheit meditieren konnte! Das Opium verdammte Cocteau zu brillanter Oberflächlichkeit. »Mein lieber Marcel«, schrieb er im Frühjahr 1929 an Marcel Jouhandeau. »Ihr Buch erreicht mich in einer Klinik, wo ich zu verstehen versuche, warum ich nicht ohne Zuhilfenahme tödlicher Heilmittel leben kann.« 1959, als er auf die Siebzig zuging, schrieb er dann an Elise Jouhandeau, Marcels Frau: »Sein und Leben sind zwei verschiedene Dinge. Da ich versuchte zu sein, vergaß ich zu leben.«

Kategorien wie Sein und Leben sind kennzeichnend für das Bewußtsein der Romantik. Die Suche nach dem Sein auf Kosten des Lebens zieht sich durch die gesamte französische Literatur des 19. Jahrhunderts: Stendhal, Flaubert, Baudelaire, Rimbaud, Mallarmé. Sie hörte allerdings keineswegs mit der Jahrhundertwende auf. Breton und Cocteau setzten sie fort, und zwar auf weit ähnlichere Weise, als sie jemals zugegeben hätten.

»Alles läßt uns glauben«, schrieb Breton, »daß in unserem Bewußtsein ein bestimmter übergeordneter Punkt existiert, von dem aus Leben und Tod, das Wirkliche und der Schein, die Vergangenheit und die Zukunft, das Erreichbare und das Unerreichbare, das Hohe und das Niedrige aufhören, als Gegensätze wahrgenommen zu werden. Vergeblich wird man ein anderes Motiv für die surrealistischen Aktivitäten suchen als die Hoffnung, diesen Punkt zu bestimmen.«

Cocteau war ebenso besessen von dem Einen, das sich für ihn wie für Breton in einer Substanz manifestierte, die sie geradezu fetischistisch anbeteten: im Kristall. »Das Haus, in dem ich wohne«, hatte Breton erklärt, »mein Leben, was ich schreibe: Ich träume, daß aus der Entfernung alles so aussehen soll wie Steinsalz-Würfel aus der Nähe.« Demnach wäre das kristalline Leben, das sich selbst reflektiert, dessen Inneres dem äußeren Bild entspricht, das nicht oberflächlich, sondern durchsichtig ist, Subjekt und Objekt zugleich. Für Cocteau, der kristallene Briefbeschwerer sammelte, verkörperte »ein Briefbeschwerer aus Kristall ... Kunst und Bequemlichkeit«, wie er 1916 in seinem Vorwort zum *Potomak* schrieb. »Ich staunte selbst, ihm die Stoffe, die Möbel, die chinesischen Vasen vorgezogen zu haben, in denen sich Staub und Sattheit verbergen. Für mich war er kein Kristall ... ein Würfel ... fünf Seiten ... ein Briefbeschwerer ... nein. Sondern eine Kreuzung von Unendlichkeiten, ein Karussell der Schweigen. Wie Leute, die ihr Ohr an eine Muschel halten, um darin das Meer zu hören, so näherte ich mein Auge dem Würfel und glaubte, Gott darin zu entdecken.«

Diese absolute Gegenwart, die einem Blick von jenseits des Grabes entspricht, suchte Breton in symbolhaltigen Träumen und Cocteau im Opium. Das Opium stellte Cocteau ein falsches Ich zur Verfügung. Es stürzte ihn in die Zeit, indem es ihn der Zeit entzog. Es stürzte ihn in seine Sinne, indem es sein Geschlecht auslöschte. »Was, beim Opiumgenuß, den Organismus dem Tod entgegenführt«, schrieb er, »ist euphorischer Art. Die Martern kommen von einer Rückkehr zum Leben, einer Rückkehr ›gegen den Strich‹. Ein voller Frühling durchtobt die Adern und spült Eisklumpen und glühende Lava mit sich.« Für diese Euphorie muß der Süchtige jedoch mit seinem Lebenssaft zahlen. Cocteau war unfähig zu leben – aber sterben konnte er ebensowenig. Das Opium lieferte ihm ein Trugbild, das beides umfaßte, versetzte ihn in eine Art Niemandsland, in eine überirdi che Sphäre, die er in *Opium* wie folgt beschreibt:

> Mir kommt plötzlich eine Erinnerung. Als ich mich nach dem Prozeß Satie darin erging, »einen Rechtsanwalt in Ausübung seines Amtes mit Tätlichkeiten zu bedrohen«, überlegte ich mir nicht einen Augenblick lang die Folgen meines Tuns. Ein Leidenschaftsvergehen. Der gegenwärtige Augenblick absorbiert uns völlig. Unsere Seele zieht sich bis auf Punktgröße zusammen. Vergangenheit und Zukunft existieren nicht mehr.
>
> Vergangenheit und Zukunft beunruhigen mich, und leidenschaftliche Handlungen lassen sich zählen. Das Opium braut Vergangenheit und Zukunft zusammen, bildet daraus ein aktuelles Ganzes. Es ist das Negativ der Leidenschaft.
>
> Der Alkohol bewirkt Anfälle von Irresein.
>
> Das Opium bewirkt Anfälle von Weisheit.

Wessen Weisheit jedoch? Das Opium half, die Einzelkomponenten von Cocteaus Scheinpersönlichkeit zusammenzuhalten. Ein halbes Jahrhundert lang sollte er wieder und wieder die gleichen Phrasen, Aphorismen, Namen, Wortspiele, Symbole wiederholen und seine paradoxe Dialektik jedem Zweck, jedem Mittel anpassen, Dinge beweisen und gleich danach ihr Gegenteil, bis er nur noch sein eigenes Kompendium denkwürdiger Zitate war, sein eigenes Zitat, praktisch ein Irrer, der sich mit Ausnahme seltener Momente einbildete, Jean Cocteau zu sein.

Sein »Brief an Jacques Maritain« *(Lettre à Jacques Maritain)*, der 1925 – angeblich als für die Öffentlichkeit bestimmte Lebensbeichte – geschrieben wurde, offenbart eine andere Variante seines lebenslangen Monologs. Der Brief soll einen Beweis Gottes durch Cocteau erbringen, läuft aber im Grunde nur auf einen Beweis Cocteaus durch Gott hinaus.

Raissa und Jacques Maritain, sie ursprünglich Jüdin, er Protestant, besaßen den typischen Bekehrungseifer von Leuten, die zum Katholizismus übergetreten sind. Abgesehen von intellektuellen Priestern befanden sich unter den ständigen Gästen ihres Hauses auch Claudel, Jean Hugo, Chagall, Rouault, Ghéon und Max Jacob. Im Gegensatz zu Claudel, der die Rückkehr zur ursprünglichen Kirche predigte, suchte Maritain nach einer philosophischen Versöhnung zwischen dem Christentum und dem 20. Jahrhundert.

Cocteau lernte Maritain im Dezember 1924 durch Georges Auric kennen, dessen Bekanntenkreis sich über das gesamte Planetensystem der Pariser Kunst und Literatur erstreckte. Maritain stand mit seinen Werken bereits auf gutem Fuß, besonders mit *Hahn und Harlekin* und *Le Cap de Bonne-Espérance*, das jene wenigen Bezüge zur Ewigkeit enthielt, die Maritains Dialektik benötigte, um noch Anhaltspunkte für seine private Katholizismus-Version zu gewinnen. Es war praktisch unvermeidlich, daß die beiden sich begegneten. Radiguets Tod, Max Jacobs Ansporn, Cocteaus Sehnsucht nach einer Vaterfigur, sein Bedürfnis nach einer Ordnung, in der er unordentlich sein konnte, und vielleicht auch das Vorbild des Gideschen Flirts mit Paul Claudel führten Cocteau in das Haus der Maritains nach Meudon, so wie der Bankrott des Surrealismus Aragon rund fünf Jahre später nach Moskau führen sollte. »Ja, mein lieber Jacques«, erinnert sich Cocteau in seinem »Brief«, »als ich zum ersten Mal in Ihrem Speisezimmer zu Meudon aß, fand ich den Geruch von Maisons-Laffitte wieder, wo ich geboren wurde, die gleichen Stühle, *die gleichen Teller*, die ich früher immer unwillkürlich umdrehte, damit die blauen Motive zu den Füßen der Gläser paßten. Wir lernten uns unter dem Zeichen der Kindheit kennen.«

Kurz darauf ließ Cocteau sich in die Thermes Urbains einliefern, eine Klinik, die gegenüber der Wohnung von Jean und Valentine Hugo in der Rue Chateaubriand lag. Er blieb ungefähr zwei Monate dort. Als er aus den Thermes Urbains entlassen wurde, erholte er sich in Meudon, wo Jacques Maritain sich, den alten Vorschriften des Glaubens folgend, um ihn kümmerte und ihn mit Vorbildern der Redlichkeit umgab – wie etwa Pater Charles, einem sonnengebräunten, ungelenken Priester, der zehn Monate des Jahres in der afrikanischen Wüste zu verbringen pflegte und während der restlichen zwei in den Vogesen neue Kraft sammelte. Am Morgen des Fests vom Heiligen Herzen empfing Cocteau in der Kapelle Maritains aus den Händen von Pater Charles das Abendmahl.

Im folgenden Oktober schreibt Cocteau seinen »Brief an Jacques Maritain«, und zwar in Villefranche, wo er den gesamten Sommer verbracht hatte, und inszeniert darin eine Neufassung seiner Biographie seit 1912, zeigt sie in einem ganz unerwarteten Licht, dem Licht Gottes, deformiert sie, wo immer es notwendig ist, wie Christen das Alte Testament deformieren, damit es das Neue verkündet. Er modelt seine Vergangenheit in das Leben eines Heiligen um, seine Bühnenanweisungen in Theologie. »Paris macht mich kaputt . . . seit dreizehn Jahren gehe ich nicht mehr in Gesellschaft, ich bin ein Mann der Einsamkeit und der ursprünglichen Freuden.« Wenn er eine skandalöse Figur gewesen war – hatte es sich mit Christus nicht ebenso verhalten? Wenn er nicht zum Establishment paßte – war nicht auch Christus bei den Pharisäern unerwünscht gewesen? Also schlug Cocteau vor, eine »Schule der Unerwünschten« zu gründen, deren unangefochtener Anführer er selbst sein würde, und auch eine »Kunst für Gott«, deren Kanons in allen Werken zu finden seien, die er seit *Potomak* geschrieben hätte. Im Grunde waren sein Karrierismus, seine Rauschgiftsucht, seine Päderastie Ausdruck seiner Sehnsucht nach Liebe um der Liebe willen – was bisher natürlich alle Welt mißverstanden hatte. Seine Laster waren ausnahmslos Begleiterscheinungen einer großen Tugend.

Damit war Gott »in«. Die jungen Ästheten, die Cocteaus letzte Gedichtsammlung – *Opéra* – schon auswendig gelernt hatten, die ihre Krawatten und Schals bei Charvet kauften und sich die Haare bei Millat ondulieren ließen, besuchten nun auch die Messe. Maurice Sachs, ein pausbäckiger jüdischer Jüngling, der schon seit Jahren hinter Cocteau her war, konvertierte wenige Monate nach seinem Idol, am 29. August, in Maritains Kapelle ebenfalls zur Meudonschen Spielart des Katholizismus. Le Boeuf quoll plötzlich über vor Büßern, während man in den Priesterseminaren nur noch Cocteau las. Die hypervirilen, protofaschistischen, militanten und katholischen Anhänger der Action Française vereinten ihre Truppen mit denen der Homosexuellen, die gleich Heuschreckenschwärmen durch die Rue d'Anjou stoben. Und diese Allianz war gar nicht so absurd, wie man meinen könnte – das zeigte das spätere Verhalten der beiden Gruppen während der nationalsozialistischen Okkupation von Paris.

Cocteau war ein wahrer Rattenfänger, dessen magischen Flötentönen zahlreiche Jünglinge folgten, die entweder Freiheit ersehnten oder sich ausgestoßen wähnten und einen schwarzen Engel brauchten, der ihnen versicherte, daß ihre Homosexualität in seinen Augen einem Heiligenschein gleichkam. Aus der Provinz strömten sie in die Hauptstadt, ihre Bildung bestand hauptsächlich aus Cocteaus neuestem Produkt, als einzige Empfehlung boten sie ihre Jugend dar. Aber ach, nach wenigen Jahren waren ihre physischen Reize dahin. Wenn sie sich nicht töteten, verstümmelten sie sich, und wenn sie sich nicht verstümmelten, versuchten sie verbissen, eine vorübergehende Schwäche Cocteaus zu einer Karriere aufzublähen. Cocteau befand sich ständig in einem tragikomischen Schlagabtausch mit den Parzen, duckte sich unter den Geschossen, die sie auf ihn schleuderten – und irgendein Knabe im Hintergrund wurde getroffen. Eine Legion gefallener Sündenböcke säumte seinen Weg.

Maurice Sachs brachte es fertig, einige Jahre von seinem Idol getrennt zu leben, starb aber den langsamen Tod eines Parasiten – zurückgewiesen von seinem Opfer, fand er keine Nahrung mehr und verhungerte. Als Achtzehnjähriger hatte er Cocteau entdeckt und binnen kurzem dessen Kleidung imitiert und seine Unterschrift nachgeahmt. Er betete sein Idol an und als Cocteau sich bekehren ließ, ließ er sich nicht nur ebenfalls bekehren, sondern überrundete sein Vorbild, indem er noch außerdem in ein Priesterseminar eintrat. Er war eifersüchtig auf Cocteaus Existenz, äffte dessen Manieren nach, nassauerte bei dessen Freunden, schmeichelte sich bei dessen Mutter ein und ließ wertvolle Bücher mitgehen, zum Beispiel ein Exemplar von *Swanns Welt* mit Widmung (das kurz darauf bei einer Auktion im Hôtel Drouot wiederauftauchte). Es war ein Selbstmord mittels Identifikation. Einige Jahre später – inzwischen hatte er versucht, sich ein neues Leben in den Vereinigten Staaten aufzubauen, gerierte sich dort als Kunstkenner und ging eine, wie vorauszusehen höchst unglückliche Ehe mit der labilen Tochter eines protestantischen Geistlichen aus Seattle ein – schrieb Sachs den *Sabbat* und schmähte Cocteau darin ebenso heftig, wie er ihn einst gepriesen hatte:

> Wenn ich es mir ruhig und ehrlich überlege, muß ich gestehen, daß ich selten einen Menschen kennengelernt habe, der letztlich so wenig Herz hatte wie Jean Cocteau. Freilich sagt dieses Wort nichts recht Genaues, aber wenn man unter Herz die Summe reiner Begeisterung versteht, großmütig-uneigennützige Regungen, einen Enthusiasmus, der sich gibt, ohne etwas zu fordern, wenn man darunter ehrliche Bewunderung versteht, freundschaftliche Aufopferung, die man ohne Rücksicht auf eigene Entbehrungen übt, und eine zärtliche Liebe zu allem Lebendigen ... wenn wir unter Herz jene Feuchtigkeit der Seele verstehen, die unser ganzes Wesen netzt, uns verstehender und besser macht, dann hatte Cocteau kein Herz. Übrigens sprach er mit solcher Hartnäckigkeit davon, wie man sie gerade dann an den Tag legt, wenn man sich einer Eigenschaft rühmt, die man am wenigsten besitzt.
> Er hatte eine beinahe ungeheuerliche Trockenheit des Herzens, aber seine quälende, angstvolle, fieberhafte, feminine Begierde, alles zu besitzen: die Geheimnisse und die Opferbe-

reitschaft der anderen, die Menschen und die Dinge, hielt er für Herzensregungen. Der übermäßig hohe Preis, den er zuweilen für solchen Besitz zahlte, überzeugte ihn davon, daß er liebte: Er brannte, aber wie das Eis brennt, ohne zu wärmen.

Einige Jahre vor seinem Tod flehte Sachs allerdings Cocteau an, ihm seine Diffamierung zu vergeben.

Jean Bourgoint war ein schöneres Opfer. Er begnügte sich nicht damit, in ein Priesterseminar einzutreten, sondern blieb auch drin und wahrte sein lebenslanges Schweigegelübde. Ein Hauch Cocteau genügte, um diesen jungen Apoll in einen Trappisten zu verwandeln. Er und seine Schwester Jeanne, der ebenfalls ein tragisches Geschick beschieden war, traten 1925 in Cocteaus Leben. Als sie ihn verließen, verließen sie die Welt.

Der große, blonde, blauäugige Bourgoint schlief mit Cocteau, rauchte Opium mit ihm und verbrachte den Sommer 1925 ebenfalls in Villefranche. Impotent durch den Genuß des Opiums und der Unmengen mineralischer Öle, die er zu sich nahm, um sich am Leben zu halten, ließ Cocteau sich nicht wegen seines neuen Glaubens, sondern wegen Bourgoint in die Thermes Urbains einliefern, wenn er damit überhaupt einen bestimmten Zweck verfolgte. Der schmachtende Jüngling postierte sich wochenlang allnächtlich im Park gegenüber von Cocteaus Fenster und winkte mit einem weißen Taschentuch sehnsuchtsvolle Grüße. Als Cocteau schließlich wieder aus den Gefilden des Paracelsus emportauchte, mußte er entdecken, daß Bourgoint ihm gleichgültig geworden war, als sei seine Liebe zu ihm nur eine durch den Rauschgiftkonsum erzeugte Fata Morgana gewesen; mit – wenigstens zeitweiser – Entziehung der Droge waren ihm auch seine Gefühle entzogen worden, diese aber endgültig.

Offensichtlich begann er zu jener Zeit, sein Bekehrungsmanöver in Gang zu setzen, denn er wußte genau, daß jeder Appell an Bourgoints Vernunft vergebens gewesen wäre. Inzwischen bereits ein Veteran auf den Schlachtfeldern des Flirts, der Eifersucht und der Trennung, beschloß er, die beendete Sucht durch eine neue zu ersetzen, um so dem Jungen und auch dem eigenen Gewissen etwas vorzumachen. Nachdem Cocteau ihn fallengelassen hatte, kümmerte sich Jean Hugo in seinem Landhaus in Mas-la-Fourques um Bourgoint, der schließlich seinen Namen und alle Tantiemen aus seiner Passion mit dem Berühmten einem Kloster überantwortete, in dem er den Rest seines Lebens verbrachte.

Das Schicksal seiner Schwester Jeanne stand unter einem ähnlich unglücklichen Stern. Nach ihrer Hochzeitsnacht erhob sie sich vom Ehelager mit einer bösartigen Gonorrhöe und mußte sich einer Totaloperation des Unterleibs unterziehen. In der Nacht nach einem Ball, der von Violette Murat veranstaltet und von sämtlichen Angehörigen der in Kunst machenden Pariser Schickeria besucht wurde, beging sie Selbstmord.

Cocteaus Sommer-Existenz reflektierte das Leben, das er in Paris führte, auf verschiedene Weise. Zwischen 1924 und 1929 lautete seine Sommer-Adresse Hotel Welcome, Villefranche, ein Ort in der Nähe von Nizza und Monte Carlo. In einem Brief an Marcel Jouhandeau bezeichnete er das Welcome als Bordell, in dem kräftige Seeleute Bauchtänze aufführten; an anderer Stelle nennt er es eine Art Internat, das von den Schülern tyrannisiert wird – wie die »Pension« in *Der große Sprung*. Er und seine Freunde besuchten sich pausenlos gegenseitig in ihren Zimmern. Cocteau wohnte in einem Eckraum, der von einem Balkon umgeben war, so daß er die buntscheckige Menschenmenge zwei Stockwerke unter sich gut beobachten konnte: Matrosen, die in die Bar hineingingen und einige Zeit später wieder herausstolperten, zahlreiche junge Prostituierte, die Madame Fifi, eine großherzige ältere Dame, aus Marseille mitgebracht hatte. Madame Fifi überwachte ihre Schützlinge von einer vorteilhaft gelegenen Caféterrasse aus und hatte dabei ihre Strümpfe heruntergestreift, damit man die tätowierten Herzen auf ihren Knien bewundern konnte. In Cocteaus von Opiumduft erfülltem Zimmer befanden sich außer unzähligen Pfeifenreinigern, die an einer Glühbirne hingen und sich im Luftzug bewegten, viele kleine Objekte, die er »Mysterien« nannte und die jeweils eine Szene aus griechischen Tragödien symbolisieren sollten. Gegenüber von ihm wohnte Lady Rose, eine englische Exzentrikerin, die Kleider aus Segeltuch trug, die von ihrem Sohn Francis mit Rosen bemalt worden waren. Sie rühmte sich ihrer prophetischen Gaben und spezialisierte sich dabei auf Leute, die ihr vollkommen unbekannt waren. Ihnen verkündete sie dann das zukünftige Schicksal. Das Stockwerk darüber wurde hauptsächlich von Freunden und Bekannten okkupiert, die den Stammgästen einen Besuch abstatteten, von Seeleuten und schmalen Jünglingen, die sich gelegentlich materialisieren durften, eine Zeitlang herumhingen und dann zerstoben wie der Dunst über dem Meer. Der bedauernswerte Maurice Sachs hockte in seiner Priestersoutane am Strand und versuchte, Cocteaus Aufmerksamkeit zu erregen, während ein Amerikaner namens Tom Pinkerton wiederum ihm heftige Avancen machte.

Das Hotel Welcome wurde ein internationaler Treffpunkt, ein Magnet, der Diaghilew-Anhänger aus Monte Carlo, die angloamerikanische Millionärsboheme aus Nizza, entwurzelte französische Aristokraten und Society-Globetrotter aus aller Herren Länder anzog. Das Hotel bildete den Bestandteil einer Welt, die in ihre eigenen Phantasien versunken war. Der Erste Weltkrieg hatte diese Welt zur Explosion gebracht, und die vom Wrack losgelösten Teile wurden an die französische Riviera geschwemmt – elegante Verzierungen eines abgetakelten Luxusdampfers.

Fürst Jussupow, dessen Glanzleistung in der Ermordung Rasputins bestanden hatte, und andere Exilierte präsentierten ihre dandifizierten Ichs in den Foyers der Palasthotels rund ums Mittelmeer. Ehemalige Kurtisanen tapezierten ihre Wände mit wertlosen Schuldverschreibungen, die der Zarenhof vor der Revolution ausgegeben hatte, und eine von ihnen mußte gar den goldenen Wasserhahn verkaufen, der nach dem Modell der Kathedrale des Heiligen Basil geformt war und bisher ihre Badewanne aus purem Silber mit dem notwendigen Naß gefüllt hatte. Relikte aus der Regierungszeit König Edwards hatten sich, abgeschnitten von der Vergangenheit, in den Süden begeben und sahen den einzigen Sinn ihres Lebens darin, es noch ein wenig zu verlängern. Lily Langtry, inzwischen zur Lady de Bathe avanciert, nahm ausschließlich in den dunkelsten Ecken der Salons Platz, wo man nur die immer noch klassischen Linien ihres Profils erkennen konnte, aber vergeblich, denn Mrs. Patrick Campbell, die in einer anderen Ecke saß, zählte die Verwüstungen ihres Gesichts laut auf.

Die auffallendste Erscheinung in diesem neronischen Festival war vielleicht Isadora Duncan, inzwischen ziemlich dick geworden und von den Almosen einer amerikanischen Millionärin namens Miss McMillan existierend. Ihr Atelier befand sich außerhalb des eigentlichen Nizza, ganz am Ende der Promenade des Anglais: eine rosafarbene Hütte auf einem Grundstück, das mit leeren Konservenbüchsen und rostenden Fahrradteilen übersät war. Die Tür war geschmückt mit Graffiti von Liebhabern und Freunden, neben dem Griff sah man beispielsweise ein Herz mit einem darübergemalten »Jean« in Cocteaus Handschrift. Isadoras Wohnung war – so ein junger Bewunderer – »möbliert mit falschen Louis-XV-Möbeln aus den Galeries Lafayette, mit Topf-Farnen aus orientalischen Basars und vertrockneten Teichbinsen in falschen Sèvresvasen«. In allen Räumen gab es gehäkelte Sofaschoner, Vorhänge und Tischdecken. Die Wände des schlampigen Boudoirs waren bedeckt mit den Fotografien ihrer unzähligen Liebhaber: berühmte Schriftsteller, Negerboxer, Millionäre, Marineangehörige in Uniform und diverse Prinzen königlichen Geblüts. Ihr Bett war mit schmierigen Moskitonetzen verhangen, und in der altmodischen Badewanne ihres Ankleidezimmers lagen haufenweise die seltsamsten Dinge herum, die dauernd von den beiden »Tauben« entfernt werden mußten.

Diese Tauben waren zwei junge amerikanische Homosexuelle, die Isadora auf Schritt und Tritt folgten – ein vertrauter Anblick in Villefranche. Barfuß, überragt von einem überdimensionalen Mop fuchsienroten Haars, zog Isadora den Saum eines orange-purpurnen Négligés hinter sich her, trug ihre ruinierte Majestät auf der ständigen Suche nach kräftigen Seeleuten durch die Straßen und oft auch in das Hotel Welcome. Obwohl beinahe fünfzig Jahre alt, reagierte Isadora immer noch – oder vielmehr stärker denn je – auf die Reize aschblonder junger Männer, und es passierte gar nicht selten, daß sie von diesen für ihre mütterliche Lust mit Bewunderung und Ergebenheit belohnt wurde.

In *Die Schwierigkeit, zu sein* erzählt Cocteau eine Anekdote, die die Atmosphäre von Villefranche heraufbeschwört, eine Atmosphäre, die zu einem nicht unerheblichen Teil aus den Düften und dem Weihrauch der Isadora Duncan bestand. Man hatte beschlossen, den siebzehnten Geburtstag von Francis Rose im Speiseraum des Hotels Welcome zu feiern. Da die Rolle des Zeremonienmeisters natürlich Cocteau zufiel, hatte er seinen Armstuhl à la Catulle Mendès mit rotem Samt überziehen lassen und vor sich eine Dantebüste aufgestellt. Zur Feier des Tages wählte er einen beigefarbenen Anzug mit schwarzen Satinstreifen, aber im Vergleich zu den Kostümierungen der anderen war das noch zurückhaltend. Ein katholischer Priester erschien mit einem riesigen griechischen Kreuz um den Hals und hatte es für passend befunden, purpurfarbene Strümpfe und vergoldete Lackschuhe zur Soutane anzulegen. Maurice Sachs spielte immer noch den Seminaristen, kreierte einen spanischen Mönchshut mit eingerollter Krempe und hatte ein Grammophon mit einem Trichter aus Schildpatt mitgebracht. Lady MacCarthy aus Monte Carlo, eine der größten Exzentrikerinnen der Epoche, eine fette alte Dame von buddhahaften Formen, traf in einer gerüschten giftgrünen Robe ein, die in einem so exorbitanten Widerspruch zu ihrer Leibesfülle stand, daß sie wie ein »Kohlkopf auf winzigen Füßen« aussah. Ein Freund von Lady Rose, den man nur als »Kapitän« kannte, war nur mit Mühe davon abzubringen, seinen Esel in der Rezeption abzustellen; alle Aufforderungen aber, die Baskenmütze abzunehmen, ohne die man ihn niemals sah, blieben vergeblich. Es herrschte eine derart verwirrende Atmosphäre, daß Cocteau und einige Surrealisten, darunter Robert Desnos, es nicht einmal fertigbrachten, sich wie üblich ein bißchen zu streiten.

Als letzte hielt Isadora Duncan Einzug, umhüllt von einer transparenten griechischen Tunika. Wie Cocteau beschreibt, schritt sie durch die Straßen, an ihrer Seite den mit Blumen geschmückten Francis Rose, und verbrachte einen Teil des Abends in einer Fensternische sitzend, wo sie das Geburtstagskind mutterkuchenhaft umschlang. Wahrscheinlich war es das, was den Kapitän in Harnisch brachte, denn plötzlich flog seine große silberne Taschenuhr (sie pendelte sonst an einem Seil, das er statt eines Gürtels um die Hüfte gebunden hatte) durch die Luft. Cocteau behauptet, der Kapitän habe Isadora »Nun aber genug, alte Schachtel, laß den Jungen los!« angeschrien und seinen Befehl mit dem Spazierstock unterstützt. Isadoras Toga war jedenfalls zerrissen und ihr Auge lief blaurot an. Als eine ihrer Tauben sie beruhigen wollte, ergriff sie einen mayonnaisebedeckten Hummer und schleuderte ihn nach dem Angreifer. Der Hummer landete allerdings auf dem Schoß von Lady MacCarthy, die – so gut sie eben konnte – aus ihrem Stuhl sprang, auf Isadora zuraste und sie ohne Intervention Cocteaus unweigerlich erwürgt hätte. Der Vorfall führte zu einem Tumult zwischen den anwesenden französischen und amerikanischen Seeleuten. »Mutter«, schrieb Francis Rose, »blieb ganz ruhig und benahm sich, als sei überhaupt nichts Ungewöhnliches geschehen.« Als schließlich wieder Frieden eingekehrt war, setzte man sich zu Tisch, nur der Kapitän lag bewußtlos geschlagen, mit Blut bedeckt auf dem Balkon, offensichtlich das Opfer der – zweckentfremdeten – Whiskyflasche an seiner Seite. »Ich befinde mich im geographischen Zentrum einer Welt«, schrieb Cocteau an Jouhandeau, »die bevölkert wird von denen, die leiden, lieben und eine geheimnisvolle Schachpartie spielen. Verstehen Sie mich?«

Er litt unter dem Opium. Er litt, weil er in Briefen immer zu leiden pflegte. Er litt, weil er gern als melancholischer Ritter galt. Er litt, weil sein Bedürfnis nach Liebe – wie die Form der Liebe, die er praktizierte – seinen Appetit niemals stillen konnte. »Meine unmenschliche, unwirkliche Lage tötet mich«, schrieb Cocteau im Januar 1926 aus Villefranche an einen Freund. »Ich floh . . ., der Tapetenwechsel hat mich ziemlich mitgenommen. Nach dem Wasser von Paris ist sauberes Wasser zu sauber, zu klar – mein Krug ängstigt mich, und ich bin krank: Rheumatismus, Unglück, schlimme Anfälle von Einsamkeit – Träume, die man nicht erzählen kann.«

Zwischen 1923 und 1926 schrieb Cocteau in Piquey und Villefranche eine Reihe von Variationen über klassische Themen, deren Höhepunkt, sein *Orpheus*, ihn auch weiterhin im Gespräch bleiben ließ. Ein Jugendfreund hatte aus Griechenland einen Hirtenstock mit Horngriff mitgebracht – und Cocteau entdeckte das Land der Griechen beim Meditieren angesichts dieses phallischen Symbols. Das erste Resultat dieser Entdeckung bestand in einer Parforce-Version der *Antigone* des Sophokles. Cocteau überwachte jedes Detail der Inszenierung. Charles Dullin hatte eigentlich eine ausgesprochene Abneigung gegen Autoren, die ihre Grenzen überschritten, machte aber in diesem Fall eine Ausnahme. Vor einigen Monaten erst, im Oktober 1922, hatte er sich mit seiner Truppe auf der Place Dancourt im Théâtre Montmartre installiert, einem entzückenden kleinen Theater aus dem 19. Jahrhundert. Doch binnen kurzem wurde sein Theater – wie früher die Salle Huyghens – von *Tout Paris* entdeckt. »Cocteau mimte die Rollen mit Perfektion, und wenn er sie allesamt hätte spielen sollen, hätte er es sicher sehr gut gemacht«, schrieb einer der Schauspieler. »Außerdem hätte er gewiß auch den Elektriker, die Bühnenarbeiter und die Maler ersetzt. Obwohl er jedoch bei der Einrichtung des Stücks, bei den Masken, der Dekoration und der Wahl der Kostüme seine Hand mit im Spiel hatte, gab er sich schließlich damit zufrieden, die unsichtbare Rolle des Chors zu übernehmen. Er stand auf einer Leiter hinter dem Prospekt und verkündete seinen Text durch ein Megaphon.«

Cocteaus nächster Schritt in seiner Kampagne zur Aufpolierung der Klassiker fand im Sommer 1924 in einer etwas eleganteren Umgebung statt. Etienne de Beaumont, dessen Hang zu Spektakeln aller Art sich bisher auf seine Privatsphäre beschränkt hatte, beschloß nun, mit Diaghilew zu konkurrieren. Die Umstände waren für sein Debüt als Impresario günstig, denn die Wege von Diaghilew und Massine hatten sich vor kurzer Zeit getrennt. Prompt boten der Choreograph Massine und einige andere Diaghilew-Flüchtlinge ihre Dienste dem Grafen de Beaumont an. Dieser mietete das Théâtre de la Cigale und finanzierte eine Ballettreihe mit dem Namen »Les Soirées de Paris«, bei der sich die Talente von Jean Hugo, die Chanel, Cocteau, Tzara, Picasso, Satie und Roger Désormière (Mitglied einer losen Vereinigung junger Komponisten, die Satie treu ergeben waren und deshalb als »Schule von Arcueil« bezeichnet wurden) vereinten.

Natürlich verfiel Cocteau sofort auf *Romeo und Julia*, denn das Thema der vom Schicksal verdammten Kinder, deren Reinheit nur in ihren ureigensten Bezirken überleben kann, faszinierte ihn in steigendem Maße. Das Resultat entpuppte sich als ein Spektakel, halb Schauspiel, halb pantomimisches Ballett, dessen Hauptverdienst in seiner Ausstattung lag, denn Cocteau, der englischen Sprache nicht mächtig, hatte lediglich eine Prosaübersetzung aus dem 19. Jahrhundert ein wenig aufgemotzt. Jedenfalls lieferte der Text nur einen Vorwand für die Kostüme von Jean Hugo, die immerhin das Verdienst der Originalität beanspruchen durften. Sie waren vollkommen schwarz – mit Ausnahme weißer Pinselstriche, die elisabethanischen Schmuck, Wams und Mieder andeuteten. Die Personen bewegten sich auf schwarzer Bühne vor schwarzem Hintergrund und erinnerten an weißes Flechtwerk.

Im Jahr nach *Roméo et Juliette* für Beaumonts »Soirées« schrieb Cocteau noch das Libretto für ein anderes Ballett, für die »getanzte Operette« *Le Train Bleu* (»Der blaue Zug«), den Diaghilew in Bewegung setzen sollte. Was spielte sich im »Blauen Zug« ab? Nichts, und das war gerade der Witz der Sache. Die Tänzer beschränkten sich darauf, Ansichtskarten mit Badenden am Strand, Golf- und Tennisspielern darzustellen, und Milhauds Partitur war langweilig und ohne jeden Höhepunkt.

Im Juni 1926 wird schließlich sein *Orpheus* von Georges und Ludmilla Pitoëff im Théâtre des Arts inszeniert. Das Stück will angeblich den alten griechischen Mythos zu neuem Leben erwecken, aber der Mythos hat lediglich die Funktion eines Mistelzweigs – hier hängt er über einem privaten Melodram, das ohne Cocteaus Verbalorgien ziemlich abgestanden wirkte; das Stück flößt dem Mythos kein neues Leben ein, treibt lediglich Wortspiele mit ihm und hält sich ansonsten ganz bewußt außerhalb. Seit *Parade* hatte Cocteau nicht aufgehört, auf dem Thema »Illusion – Realität« herumzureiten, das Publikum anzuklagen, es besäße nur Augen für die glänzende Oberfläche, obwohl auch er selbst nicht mehr fertigbrachte, als Dramenschemen auf die Bühne zu stellen, denen er nicht den lebensnotwendigen Atem einzuhauchen vermochte. Sicher, auch Gordon Craig und Luigi Pirandello hatten bereits die Ästhetik des rein Theatralischen strapaziert, aber für Cocteau war das Theatralische nicht so sehr eine Ästhetik als vielmehr eine artifizielle Attitüde (die Keuschheit eines Impotenten kann man auch nicht als Tugend bezeichnen).

Also erteilt er für *Orpheus* die folgende Bühnenanweisung: »Es ist ein merkwürdiger Salon. Eigentlich sieht er aus wie der Salon eines Taschenspielers auf einer Varietébühne. Trotz des Aprilhimmels und seines klaren Lichtes ahnt man, daß dieser Salon von geheimnisvollen Kräften umwittert ist. Selbst die vertrautesten Gegenstände haben ein verdächtiges Aussehen.« Und da Cocteau fürchtete, diese angestrengte Geheimnistuerei könne für sein Publikum noch nicht deutlich genug sein, ließ er den Titelhelden auf der Bühne erscheinen, bevor der Vorhang sich hob, und einen besonderen Vorbehalt anmelden:

»Meine Damen und Herren, dieser Prolog stammt nicht vom Autor, der vermutlich sehr überrascht sein wird, wenn er ihn hört. Der Gang der Tragödie, deren Rollen er uns anvertraut hat, ist von höchst gefährlicher Art. Ich möchte Sie daher bitten, falls unsere Arbeit Ihnen mißfällt, mit der Kundgebung

Ihres Mißvergnügens warten zu wollen bis zum Schlusse der Vorstellung. Der Grund dieser Bitte ist folgender: Wir spielen auf sehr *hochgespanntem Seil und ohne Rettungsnetz.* Und das geringste zur Unzeit einsetzende Geräusch könnte uns, meinen Kameraden und mir, das *Leben kosten.*«

Bei der Wiederaufführung des *Orpheus* 1927 spielte Cocteau selbst den Engel. Das »orphische Profil« und der Stern des »melancholischen Gottes« wurden in sein Repertoire – und seine Signatur – aufgenommen und begleiteten ihn bis zum letzten Tag.

1927 realisierte Cocteau auch einen Traum, der ihn seit dem *Sacre du Printemps* nicht mehr verlassen hatte: Er verband seinen Namen mit dem Strawinskys. Aber der *Oedipus Rex* entsprang nicht etwa einer heftigen Liebesaffäre, sondern eher einer Verzweiflungsheirat. Komponist und Schriftsteller glichen zwei Ausgebrannten, denen nur noch die Kraft blieb, ihre Namen auf einen Grabstein zu ritzen und sich dabei gegenseitig zu behindern. Den Grabstein boten sie Serge Diaghilew als Geschenk an.

Strawinsky war in eine Sackgasse geraten, die man durchaus mit Cocteaus vertrackter Lage vergleichen kann. Er hatte schon immer unter einem Mangel an musikalischen Inspirationen gelitten, aber das störte ihn nicht, solange es noch russische Musik und Folklore gab, die er instrumentieren konnte, während Diaghilew ihm die notwendige Bühne lieferte. Krieg und Revolution jedoch zwangen ihn in ein permanentes Exil, und die ihm fremden Traditionen und Neuerungen boten nur unzureichenden Ersatz für den russischen Fundus. Strawinsky war nie origineller als in seiner russischen Periode, als Neoklassizist reduzierte sich seine Originalität auf äußere Stilmerkmale. Wie bezeichnend ist unter diesem Aspekt die religiöse Krise, die er 1923 durchmachte! Als Strawinsky sich in musikalischer Hinsicht von Rußland löste, in Nizza lebte, wo exilierte, entwurzelte Intellektuelle scharenweise herumliefen, wurde er derart russisch-orthodox, als wolle er das Ballett verdammen, weil es der »Fluch Christi« sei.

Cocteau und Strawinsky hatten sich im Laufe der Jahre nicht aus den Augen verloren. Unter vier Augen sahen sie sich allerdings nur selten, saßen aber oft Seite an Seite im Boeuf sur le Toit und in verschiedenen Salons von Paris, vor allem bei der Fürstin de Polignac, wo viele Werke Strawinskys ihre inoffizielle Uraufführung erlebten. Beide Künstler standen auf der Höhe ihres Ruhms, und beide fielen dem Einfluß von Klerikern zum Opfer, die ihre ausgedörrte Sensibilität schamlos ausnutzten. Ihre Zusammenarbeit kam also nicht von ungefähr. Strawinskys erste, leise Idee zum Opern-Oratorium *Oedipus Rex* äußerte sich als vager Wunsch, ein dramatisches Werk für die Bühne zu schaffen; und da es ihm als Heimatlosem unmöglich war, nach einem russischen Text zu komponieren, und seine nur fragmentarische Kenntnis anderer Sprachen wenig Möglichkeiten offen ließ, wandte er sich der griechischen Mythologie zu und stieß dabei auch auf Sophokles' *Oedipus.* »Das Stück als Stück wollte ich außer acht lassen«, schrieb er. »Ich dachte daran, die dramatische Essenz herauszudestillieren und mich durch die weiter gefaßte Perspektive einer musikalischen Dramatisierung zu befreien.« Da er einen Librettisten brauchte, wandte er sich an Cocteau, der im nahe gelegenen Hotel Welcome Hof hielt:

> Als Verfasser für das Textbuch schien mir niemand geeigneter als Jean Cocteau, mein langjähriger Freund, der jetzt nicht weit von Nizza wohnte und mit dem ich mich häufig traf. Der Gedanke, mit ihm zusammenzuarbeiten, war mir schon oft gekommen. Wir hatten auch gelegentlich gemeinsame Pläne erwogen, aber aus irgendwelchen Gründen war niemals etwas daraus geworden. Ich hatte damals seine *Antigone* gesehen, und die Art, wie er den antiken Mythos behandelt und in eine zeitgemäße Form kleidet, hatte mir sehr gefallen. Cocteau ist auch ein ausgezeichneter Regisseur, er weiß die Werte zu vertauschen und Kleinigkeiten zu großer Bedeutung zu erheben. Das gilt nicht nur von der Art, wie er das Zusammenspiel der Schauspieler regelt, es erstreckt sich auch auf die Wahl der Dekorationen, der Kostüme, bis her-

unter zu den kleinsten Einzelheiten ... Zwei Monate lang blieb ich in ständiger Verbindung mit Cocteau.

Cocteau berichtet, man habe daraufhin im März 1926 einen Ausflug durch die bergige Landschaft nördlich von Nizza gemacht, in Gasthöfen ausgeruht und »die verschiedenen Melodien aus *Faust* aufgezählt, in denen Gounod sich selbst übertrifft«. Aber eine arkadische Zusammenarbeit war es deshalb noch lange nicht. Strawinsky neigte dazu, die mit ihm arbeitenden Primadonnen absolut rücksichtslos zu behandeln. Seine musikalischen Imperative trugen jedesmal den Sieg über die literarischen Forderungen davon, und das kostete ihn einige Freunde, beispielsweise Gide, der sofort erkannte, daß der Komponist seinen Text zu *Persephone* grausam mißhandelt hatte. Auch Cocteau war ziemlich ungehalten, als er sich in den Hintergrund gedrängt sah. Strawinsky benötigte ein »Stilleben«, ein vollkommen konventionelles Libretto, damit die Komposition angenehm davon abstach. Statt dessen legte Cocteau ein lebendiges Szenarium vor, das – so jedenfalls Strawinsky – »in fürchterlich unechter Prosa erzählt wurde«. Erst bei der dritten Version erteilte der Komponist schließlich sein Imprimatur, aber auch jetzt mußte das Libretto noch einmal kurz retuschiert werden.

»Was an diesem Libretto ist reiner Cocteau?« schrieb er später. »Das kann ich nicht mehr sagen, ich denke aber, weniger die endgültige Form als ein gewisser Stil.« Durch die lateinische Übersetzung wurde das Libretto gänzlich zur Unkenntlichkeit verändert, aber Cocteau hoffte, zumindest jene Rolle übernehmen zu können, die er sich heimlich zugedacht hatte – die des Erzählers. Auch hierin wurde seine Hoffnung enttäuscht, und zwar ausgerechnet auf Veranlassung Diaghilews, der das Werk produzierte, das zu Ehren seines zwanzigjährigen Jubiläums als Theaterimpresario geschrieben war, obgleich er es, wie man wußte, absolut nicht ausstehen konnte (»ein sehr makabres Geschenk«, grollte er). Den Part des Erzählers übertrug man einem hübschen jungen Mann, den Diaghilew nur deshalb wählte, um Cocteau zu ärgern. Eine ganze Generation lang hatte Diaghilew in regelmäßigen Abständen mit Cocteau zusammengearbeitet – 1912 an *Le Dieu Bleu*, 1917 an *Parade*, 1924 an *Le Train Bleu* und jetzt, 1927, am *Oedipus Rex* –, trotzdem kam es nie zu einer echten Freundschaft. Wenn es Cocteau gelang, Diaghilew »in Erstaunen zu setzen«, so nur, und stets von neuem, durch seine Gier nach Bühnenerfolgen.

Jedenfalls sollte der *Oedipus Rex* ihr letzter Streit sein. Gegen Ende seines Lebens (er starb am 19. August 1929) war Diaghilew immer weniger ein Mann des Theaters, und der russische Adlige, der er im Grunde immer geblieben war, trat in den Vordergrund. In den letzten Jahren unter Diaghilews Leitung glich das Russische Ballett einem Lackmuspapier: Es trennte blaues Blut von rotem. Diaghilews Mitarbeiter waren natürlich antirevolutionär, um sich dem Wortgebrauch der Surrealisten anzuschließen. Als Max Ernst und Joan Miró 1926 die Ausstattung für Diaghilews *Romeo und Julia* entwarfen, veröffentlichten Breton und Aragon einen glühenden Protest, in dem sie »Monsieur de Diaghilew« indirekt mit einem Sklavenhändler gleichsetzten, den man auf jeden Fall von den »Vorposten des Intellekts« fernzuhalten hätte.

Also war schon im Jahre 1926 der Trennungsstrich klar gezogen: Surrealisten links, Diaghilewisten rechts. In den dreißiger Jahren wurden diese Fronten noch schärfer, denn damals ließen Aragon, Eluard und andere sogar den Surrealismus im Stich und traten der Kommunistischen Partei bei, während die Künstler und Komponisten, die zu Diaghilews Zirkel gehört hatten oder ihm nahestanden, endgültig zum Establishment avancierten, indem sie leitende Funktionen bei den Staatstheatern oder den großen Orchestern übernahmen. René Crevel, ein begabter Dichter und blondgelockter Lieblingsknabe des Surrealismus, schwankte zwischen den beiden Welten, gehorchte Bretons Edikten und frequentierte gleichzeitig den Kreis um Marie-Laure de Noailles, aber er war die Ausnahme, und seine Heldentaten erforderten nicht Gleichgewicht, sondern Gleichgewichtsstörungen. 1935 beging Crevel Selbstmord.

Die Legende, die Cocteau für Radiguet geschaffen hatte, zwang ihn, Kopien zu entwerfen, andere junge Männer zu verherrlichen, um dadurch seinen Glauben an das Genie des Ursprünglichen und nicht zuletzt auch an sich selbst zu festigen. Radiguets Nachfolger hieß Jean Desbordes; seine Beziehung zu Cocteau dauerte ungefähr fünf Jahre.

Cocteau korrespondierte bereits mit Desbordes, bevor er ihn persönlich kannte. Das war alles andere als außergewöhnlich, denn er bekam Dutzende von Briefen ehrgeiziger Schriftstellerjünglinge aus der Provinz, und er genoß den weitverbreiteten Ruf, absolut jeden Brief, der ihn erreichte, zu beantworten, besonders wenn ein vielversprechendes Foto ihn begleitete. Desbordes hatte allerdings nicht daran gedacht, Cocteau ein Konterfei zu schicken, und als er die Absicht verkündete, einen Besuch in Villefranche abzustatten, fürchtete Cocteau, er würde »bebrillt und spitznasig« sein. Diese Furcht erwies sich als unbegründet. Desbordes war ein schmaler, geschmeidiger Jüngling von zwanzig Jahren mit einer ausgesprochen sinnlichen Ausstrahlung, die an Radiguet erinnerte. Da er damals gerade dem Pariser Marineministerium zugeteilt war, trug er eine Uniform, was seiner Erscheinung in Cocteaus Augen nur förderlich sein konnte.

Zwanzig oder auch nur zehn Jahre vorher hätte ein Jüngling wie Desbordes sich unweigerlich an Gide gewendet, aber Cocteau hatte Gide in gewisser Beziehung schon so sehr verdrängt, daß er sogar Knaben einfing, die unter dem Gide-Syndrom litten. Desbordes, in Rupt, einem kleinen Dorf an der Mosel, aufgewachsen, war homosexuell und Protestant und fabrizierte heidnische Georgika, die einen vagen Einfluß von Gides *Uns nährt die Erde* verrieten. Seine wenigen Prosagedichte waren durchzogen vom Geist eines halb ödipalen, halb mystischen Feld-Wald-und-Wiesen-Pantheismus und erhoben sich in ihren herausragendsten Passagen zu einer gewissen, nicht ungeschickten Redseligkeit – sie hätten vielleicht einem Tartuffe dazu verhelfen können, die Skrupel eventuell ins Auge gefaßter Bettgenossinnen zu mindern.

Cocteau allerdings begeisterte sich über sie, als seien sie das Neue Testament. Sein Vorwort zu *J'Adore* (»Ich bete an«), unter welchem Titel die betreffenden Gedichte später veröffentlicht wurden, zeigt, daß er (fast) überzeugt war, einen neuen Radiguet entdeckt zu haben. »Ja! Bernard«, schrieb er 1927 aus dem Midi an Faÿ, »es ist ein Wunder des Himmels. Raymond ist in einer anderen Gestalt wiedergekehrt und zeigt sich oft ohne Maske.« Seine schwelenden Zweifel an Desbordes' Genie verliehen den hyperbolischen Lobeshymnen allerdings eine leicht abwertende Kühle. Er war sich dessen nur halb bewußt und benutzte Desbordes als plausiblen Grund, sich den Armen der katholischen Kirche wieder zu entwinden. Er wußte wohl, daß der Geruch der Heiligkeit ihm das jugendliche Publikum, dessen Zustimmung er wünschte, nicht auf lange Zeit garantieren konnte, eine abrupte Absage an die Kirche hätte jedoch die Frivolität der kürzlichen Bekehrung offenbart. »Es [das Buch] lieferte mir«, wie Cocteau später selbst zugab, »einen Vorwand, aus einer fragwürdigen Situation herauszukommen.« *J'Adore*, ein »christlicher« Monolog, der Maritain todsicher in Harnisch gebracht hätte, diente Cocteau als Deus ex machina. Er brauchte lediglich sich selbst und das größere Publikum zu überzeugen, Desbordes und dessen Produkte seien den Verzicht auf Heiligkeit wert. Wie ein Arzt des Mittelalters heilte Cocteau eine Krankheit, indem er die nächste hervorrief. Hauptsache, sein Vorgehen ließ sich irgendwie in das Bild, das er von sich hatte, einfügen: Er wollte als »tief« gelten und setzte alles Menschenmögliche in Bewegung, um den Titel eines Genies zu erringen.

Als sein Frèund Faÿ beispielsweise letzte Hand an sein Buch *Panorama de la Littérature Française Contemporaire* (»Panorama der zeitgenössischen französischen Literatur«) legte, stattete Cocteau ihm einen Besuch ab und machte ihm den folgenden großzügigen Vorschlag: »Bernard, sagen Sie in Ihrem Buch alles über mich, was Sie wollen, es ist mir gleich. Mir kommt es nur auf eine Sache an, auf das Wort GENIE, das ist alles, verstehen Sie?« Faÿ erwog Cocteaus zahlreiche Talente und kam zu dem

Ergebnis, daß keines von ihnen genial war und auch ihre Gesamtheit noch kein Genie ausmachte, aber er gab Cocteau, was ihm zustand, und vielleicht noch ein bißchen mehr. Cocteau war nicht einverstanden. »Sie haben nichts von meiner Rolle, nichts von meiner immensen Arbeit begriffen«, schrieb er, »den *Großen Sprung* verschweigen, *Thomas der Schwindler* – das erste der alkyonischen *Gay-scienza-Werke*, die der Voraussage Nietzsches leichten Fußes folgten – mit Aragons Rokoko oder den liebenswürdigen Platitüden von Lacretelle auf eine Stufe gestellt (oder sogar noch darunter) . . . nach Morand und Giraudoux, diesen Vielschreibern, nein – es ist nicht zu glauben. SIE? . . .«

Diese Explosion erschütterte Faÿ denn doch, und nach dreitägiger Bedenkzeit sandte er Cocteau telegraphischen Trost: »Genie in der nächsten Auflage. Bernard.«

Der Reiz bei Cocteaus Legende bestand in der eigenen Bewußtheit um den Defekt dieser Legende. Bewußtheit *war* ihr Defekt, ein so schmerzlicher, so unausweichlich menschlicher Defekt, daß Cocteau immer dann zum Opium griff, wenn der Defekt sich zu erweitern drohte. Deshalb seine Exzesse und seine Entziehungskuren nach dem Tod von Radiguet und dem Zusammenfall seines Kartenhauses Desbordes.

Cocteau, Desbordes und Bérard waren alle drei rauschgiftsüchtig und begaben sich mehrere aufeinanderfolgende Sommer lang nach Villefranche. Desbordes sollte sich ganz allmählich vom Schauplatz des literarisch-gesellschaftlichen Lebens zurückziehen. Seltsamerweise fand er ausgerechnet in Madame Cocteau eine Beschützerin – sie kannte ihres Sohnes fatalen Hang zum Raubbau an sich und anderen und fürchtete vielleicht, Desbordes würde dem Beispiel Radiguets folgen. Die Karriere von Desbordes entbehrte jeden Fundaments – außer Cocteau – und sollte jäh zusammenbrechen, als dieses Fundament sich ihm entzog. Als Cocteau ihn 1934, anläßlich der Premiere der »Höllenmaschine«, wiedersah, waren zwei Jahre seit dem Ende ihrer Beziehung vergangen und er war halb erschüttert, halb abgestoßen vom elenden Zustand jenes ehemaligen

Schützlings. Kurze Zeit darauf heiratete Desbordes eine Frau, die weit älter war als er. Er starb 1944 als Held der Résistance, zu Tode gemartert von den Nazis.

Während seiner Zeit mit Radiguet hatte Cocteau *Thomas der Schwindler* veröffentlicht, und sein *Livre Blanc* (»Das Weißbuch«) wurde 1928 als eine Art Begleitband zu *J'Adore* herausgebracht. Der Roman *Le Livre Blanc* wurde in einer limitierten Auflage von einundzwanzig Exemplaren von den Éditions des Quatre-Chemins publiziert, deren Leiter Maurice Sachs – wie vorauszusehen war – seine Soutane abgeworfen hatte, aber nur, um seine Tartuffe-Laufbahn auf literarischem Gebiet fortzusetzen. Zwei Jahre später erschien Cocteaus Roman in größerer Auflage, mit Zeichnungen des Autors. In der kurzen, klaren Prosa des *Thomas* wird die Geschichte eines Homosexuellen berichtet, zum ersten Mal in Cocteaus Werk das Jugendidol Dargelos ins Rampenlicht gestellt und die Geschichte des Flirts mit der Kirche wiedergegeben. Cocteau bemühte sich kaum, den autobiographischen Charakter des Buches zu kaschieren, aber seinen Namen wollte er dennoch nicht darübersetzen. Er griff daher auf das typisch Cocteausche Rezept zurück, angeblich nur ein Vorwort zu einem *anonymen* Werk geschrieben zu haben, dessen Urheberschaft er weder zugeben noch leugnen wollte. Also bezog er abermals Position in seinem fragwürdigen Niemandsland, wo er sich selbst hinter einer Maske zitiert.

Cocteaus spröde Zurückhaltung bot diverse Vorteile. Indem er die Urheberschaft des *Livre Blanc* weder zugab noch abstritt, konnte er sich den Skandal erlauben und doch unbeteiligt-bescheiden tun, sich als Genie bezeichnen (was er im Vorwort auch prompt macht), ohne dadurch dem unabhängigen Urteil eines Faÿ anheimzufallen, sich in ein irritierendes und intrigierendes Objekt umstilisieren, da er von sich selbst nur so viel preisgab, um die eigene Person mit der Aura des Mysteriösen zu umgeben. Vor allem gewann er die Möglichkeit, seine Legende im Abbild seiner selbst zu kreieren, ohne dabei ein allzu großes Risiko einzugehen: Auch das Bedürfnis nach Selbstkompromittierung hat seine Grenzen. Diese schizophrene Pose wurde schnell zu Cocteaus natürlicher Haltung. In der Kunst stand er neben sich selbst, so wie er aus dem Opium ein unechtes Gefühl des »Seins« abgeleitet hatte. All das trug unglücklicherweise dazu bei, Cocteau daran zu hindern, sich seiner Kunst hinzugeben – erlöste ihn aber auch vom »Taumel der Tiefe«, dem er im Opium verfallen war. Im Dezember 1928 begab er sich zu einer zweiten Entziehungskur in eine Klinik in der Rue Pozzo di Borgo in Saint-Cloud. »Abermals habe ich mir ein Heilmittel abgewöhnt, das sich immer wieder in einen Despoten verwandelt«, schrieb er im Februar 1929 an Gide.

Doch auch eine Klinik konnte Cocteaus Drang nach Geselligkeit nicht ernsthaft eindämmen. Die Rate seines Briefausstoßes blieb gleich, er empfing fast täglich Freunde und Bekannte und entdeckte nach Studium der Krankenliste, daß er Raymond Roussel zum Nachbarn hatte, den wohlhabenden Eremiten, dessen außergewöhnliche Traumvisionen *Locus Solus* und *Impressions d'Afrique* (»Afrikanische Impressionen«) ihm bereits einen Platz in Bretons Genealogie des Surrealismus eingebracht hatten. Cocteau machte aus dem Krankenhaus von Saint-Cloud das, was er aus jedem Ort machte, an dem er sich aufhielt – aus dem Hôtel Biron, aus der zerbombten Villa in Flandern, dem Hotel Welcome, aus den Pariser Wohnungen, die er später in der Rue Vignon und dem Palais-Royal bezog, und aus der Villa Santo-Sospir, wo er seine letzten Jahre verbrachte: ein geheimnisvolles Refugium für Eingeweihte und Auserwählte, ein Privilegiertenasyl, bekannt und berühmt, wo eine Clique von ungezogenen Kindern Herrschaft spielt, eine Clique von Eingeweihten einer geheimen Gesellschaftsordnung, die sich auf Talismane, Mythen, Gerüchte und Anzüglichkeiten gründet.

Das Werk Cocteaus, in dem sein Traum vom Leben in einem Baumhaus über Zeit und Raum am besten charakterisiert wird, wurde mit fieberhafter Geschwindigkeit während seiner Gefangenschaft in der Klinik von Saint-Cloud geschrieben. »Ihr Besuch«, versicherte er Gide, »war für mich so süß, so bereichernd. Ich verdanke Ihnen so viel; es gab eine Zeit, da ich ohne Ihr Eingreifen dem Beispiel meiner verfälschten Handschrift gefolgt wäre und mich verloren hätte. Nun möchte ich vom wahren Erfolg meiner Kur berichten: Die Arbeit bearbeitet mich. Ich speie das Buch aus, das ich seit 1912 schreiben wollte (aber nicht konnte). Dieses Buch kommt, ohne daß ich es zwingen muß – es kommandiert mich herum, es mißhandelt mich, und ich habe in neunzehn Tagen die Arbeit mehrerer Monate getan.« Das Buch erhielt später den Titel *Les Enfants Terribles (Kinder der Nacht).*

Die *Kinder der Nacht*, das zum Untergang verdammte Geschwisterpaar, sind Figurationen von Cocteaus ständig wiederkehrendem Traum, dessen verschiedene Variationen ein gemeinsames Merkmal besitzen: eine Liaison, die so notwendig ist, als bildeten die Partner eine einzige, janusköpfige Person, die so natürlich ist, daß sie sich in der »äußeren« Welt auflöst, die so tabuiert ist, daß sie sich nur in einem von Zeit und Raum isolierten Zimmer vollziehen kann. Das dichterische Bild, das in leicht modifizierter Form im Werk Cocteaus vorherrscht – nämlich das dualistische Ich, das in einer Welt zerrissen wird, die eine derartige Perfektion nicht duldet –, bildet auch den Kern eines kurzen Einakters, den Cocteau im gleichen Jahr verfaßte wie die *Kinder der Nacht*: *Die geliebte Stimme.* Es handelt sich um ein Ein-Personen-Stück – am Telefon sagt eine Frau dem Geliebten adieu. Es beginnt mit dem Klingeln des Telefons und endet mit dem Klicken des auf die Gabel zurückgelegten Hörers. Eine falsche Telefonnummer, ein aufreizender Sammelanschluß und eine Unterbrechung in der Leitung bilden die tragischen Höhe- und Wendepunkte einer Unterhaltung, die betont banal, aber doch dramatisch ist, die von Zärtlichkeitsbekundungen strotzt, deren Zweck darin besteht, das Wort »Liebe« möglichst zu vermeiden, die zögernd abläuft und sich selbst dann noch um die eigene Achse dreht, als ie sich dem unentrinnbaren Schweigen nähert. Alles, was die beiden Partner zuammenhält, ist ein Draht, der sich durch die dunkle Welt windet, wo er der Gnade dazwischentretender anderer Teilnehmer und unsichtbaren Manipulationen ausgeliefert ist.

Die geliebte Stimme – am 17. Februar 1930 von Berthe Bovy in der Comédie-Française zum ersten Mal gesprochen – bedeutete Cocteaus größten Schritt zum echten populären Erfolg. Aus den literarischen Zirkeln zog er sich in den dreißiger Jahren völlig zurück, suchte statt dessen die Gesellschaft der Interpreten seiner Werke und lancierte Stars, wie er früher Schriftstellergenies lanciert hatte. Für Marianne Oswald und Edith Piaf schrieb er Chansontexte.

Als Cocteau aus der Klinik von Saint-Cloud entlassen wurde, bezog er eine Dachwohnung in der Rue Vignon Nr. 9, gleich hinter der Madeleine – vierzig Jahre hatte er gebraucht, um das Heim seiner Mutter zu verlassen. »Ich könnte ie nicht schildern«, schrieb er über seine Wohnung. »Am erfülltesten an ihr war die Leere. Möbel und Gegenstände waren nicht eigens ausgesucht worden. Man sah sie nicht. Was man sah, war Leere, ein Speicher voll Leere, ein Müllkasten voll Leere, aber eine randvoll erfüllte Leere. Die Phantome standen Schlange ... Der Besucher mochte dieses Zimmer. Außer dem Ganzen fand er nichts überraschend. Das Ganze aber richtete ihn auf, ließ ihn ungezwungen sein und aus sich herausgehen, schnitt ihn von der Außenwelt ab. Die unsichtbare Schar stand in meinem Dienst. Sie befaßte sich mit den Handreichungen, schürte die dramatischen Verwicklungen genauso, wie es nötig war.«

Als Jean Wiener Cocteau 1930 einen unangemeldeten Besuch in der Rue Vignon Nr. 9 abstattete, entging ihm dieses Mysterium der Leere allerdings. Zunächst schlug ihm ein süßlicher Geruch entgegen, der zweifellos vom Opium herrührte. An Cocteaus Seite stand Maurice Sachs, rundlich wie eh und je, in einem perlgrauen Anzug, dessen Revers mit einer weißen Nelke geschmückt war. Cocteau selbst war kaum wiederzuerkennen. Totenblaß, in einen schwarzen Morgenmantel gehüllt, die zerstörten Gesichtszüge bedeckt von einem Wust unordentlich gekräuselter Haare, machte er den Eindruck einer alten, einstmals eleganten Dame. Dieser Eindruck wurde durch eine Schleife, die er um den Hals trug, noch verstärkt. Es war, als hätte Cocteau nicht nur sein Zimmer aus der Rue d'Anjou in die Rue Vignon transferiert, sondern auch seine Mutter.

Der französische Experimentalfilm verdankte seinen Aufschwung in den zwanziger Jahren hauptsächlich der tatkräftigen Förderung der Schickeria. Die meisten der in den frühen und mittleren zwanziger Jahren produzierten Experimentalfilme kamen jedoch über »Reflektionen von Licht und Geschwindigkeit« nicht hinaus. Es mußten erst zwei Spanier erscheinen, um den französischen Film von seiner gähnenden Langeweile zu befreien: 1928 drehten Luis Buñuel und Salvador Dali *Un Chien Andalou (Ein andalusischer Hund)*, den Breton, nachdem er ihn gesehen hatte, als untadelig surrealistisch beurteilte. Das »offizielle« Drehbuch erschien in der nachfolgenden Ausgabe von *La Révolution Surréaliste*.

Am Anfang des Films steht jene Sequenz, die mit der inzwischen berühmten Doppeleinstellung endet: Eine schmale Wolke durchschneidet den Mond und ein Rasiermesser das Auge einer Frau. Buñuel und Dali wollten Traumbilder komponieren, die so abstoßend waren, daß die Snobs sie auf keinen Fall schön finden konnten, die so absurd und unlogisch waren, daß die Kritiker keine Ordnung in dieses Chaos bringen konnten – wie zum Beispiel in die Szene der mit Eselskadavern gefüllten Pianos. Vor der ersten Aufführung im Théâtre Ursulines füllte Buñuel seine Taschen mit kleinen Steinen, da er befürchtete, die Zuschauer würden sich wutentbrannt auf ihn stürzen. Wie groß war aber seine Überraschung, als er (hinter der Leinwand, wo er Schallplatten von Wagners *Tristan und Isolde* und einen argentinischen Tango abgespielt hatte) donnernden Applaus vernahm! Die vierhundert anwesenden Künstler und Aristokraten fanden den *Andalusischen Hund* wider alle Erwartungen wunderschön. Buñuel war »in« – und wie Breton und Aragon nicht wenig erschüttert darüber, daß man sein Gift in Kulturnahrung für die Society-Parasiten verwandelt hatte, die gern an der Kunst knabbern. Aber in die Erschütterung mischte sich auch ein Gefühl des Stolzes.

Bei den Happy Few von Paris war die Fotografie inzwischen zum letzten Schrei avanciert. Etienne de Beaumont gab keinen Ball, ohne ein paar Fotografen aufzufordern, sich unter die Gäste zu mischen. Sogar die Gräfin de Greffulhe war zur Objektiv-Fanatikerin geworden und hatte einen kleinen Raum hinter der Kapelle ihres Landhauses in ein Fotolabor verwandelt, wo sie mit Professionals wie beispielsweise Man Ray Erfahrungen austauschte.

Für Charles de Noailles waren Fotografie und Film weniger ein mondänes Hobby als eine veritable Passion, und er widmete sich ihr mit allen ihm zur Verfügung stehenden finanziellen Mitteln. Der Ballsaal seines Pariser Palais diente als Kino, wo Filme, die auf seine Kosten gedreht worden waren, ihre inoffizielle Uraufführung erlebten. Sein Schloß in Südfrankreich – eine Konstruktion strenger grauer Kuben inmitten der Ruinen eines alten Sarazenenforts, von wo aus man Hyères und das Mittelmeer überblicken konnte – diente als Drehort für einen mallarmé-inspirierten Kurzfilm von Man Ray (»Das Geheimnis des Würfelschlosses«), bei dem die Gäste de Noailles', darunter natürlich Etienne de Beaumont, Nylonstrümpfe über den Kopf gezogen hatten, um sich ein geisterhaftes Aussehen zu verleihen. Dem Vicomte de Noailles genügte es allerdings nicht, Streifen aus seiner privaten Welt zu finanzieren, und deshalb beauftragte er Buñuel, einen weiteren Film zu drehen, für den er ihm großzügig eine Million Francs (nach heutiger Kaufkraft etwa eine Million Mark) zur Verfügung stellte. Er bekam nicht nur einen Film, sondern als Zugabe etwas Unerwartetes: einen Skandal. *L'Age d'Or* (»Das goldene Zeitalter«), wie das Opus später betitelt wurde, erlebte am 28. November 1930 seine Uraufführung in einem Montmartre-Kino namens Studio 28 und bot Vergewaltigungen, Morde und Orgien, die durch den Marquis de Sade angeregt schienen.

Die Bomben, die Buñuel nach dem *Andalusischen Hund* erwartet hatte, detonierten etwas verspätet bei einer öffentlichen Aufführung von *L'Age d'Or* am 3. Dezember 1930. Unter den Anwesenden befanden sich Vertreter der beiden Clubs, die im Pariser Straßenleben der dreißiger Jahre eine beherrschende Rolle spielten: die Liga der Patrioten und die Antijüdische Liga. Die Faschisten hatten offensichtlich eine bestimmte Filmsequenz dazu auserkoren, ihre Revolte auszulösen. Überall im Kino ließen sie Stinkbomben explodieren und leiteten so einen allgemeinen Tumult ein, bei dem Zuschauer verletzt und Polster zerrissen wurden, während man die Leinwand mit roter Tinte bespritzte und die im Saal ausgestellten surrealistischen Bilder zerfetzte. *L'Age d'Or* avancierte zum heißumkämpften Mittelpunkt einer Schlacht zwischen Zeitungen des rechten und des linken Flügels. Buñuel wurde von den Zensoren gezwungen, zwei kurze Szenen herauszuschneiden, die angeblich die Kirche »besudelten«, aber *Le Figaro* gab keine Ruhe, bis der Film vollkommen aus den Kinos verschwand. Dieses »liberale« Blatt warf sich zum Verteidiger von Familie, Vaterland und Religion auf und inszenierte eine Kampagne auf breiter Front, die schnell ihr Ziel erreichte. Schon am 11. Dezember 1930 wurde *L'Age d'Or* verboten, und die Polizei konfiszierte sämtliche greifbaren Kopien. Was die Noailles angeht, so fielen sie der Verachtung derselben aristokratischen Kastengenossen anheim, die im vergangenen Juli nur zu gern einer privaten Aufführung des Werkes beigewohnt hatten. Charles de Noailles wurde aus dem Jockey Club, dem Allerheiligsten der aristokratischen Snobiety, ausgeschlossen.

Seit seiner frühen Jugend war Cocteau ein eifriger Kinogänger gewesen, die Idee jedoch, selbst einen Film zu drehen, kam ihm erst, nachdem seine Avantgarde-Widersacher es ihm vorgemacht hatten. In späteren Jahren behauptete er etwas zu leidenschaftlich, den *Andalusischen Hund* erst gesehen zu haben, als *Le Sang d'un Poète* (»Das Blut eines Dichters«) bereits fertiggestellt war: ein außerordentlich unwahrscheinliches Versäumnis für jemanden, der so allgegenwärtig war wie Cocteau. Ganz gewiß jedoch ist er dabei gewesen, als man den Buñuel-Dali-Film in künstlerischen Kreisen diskutierte, und zweifellos las er auch in der am 15. Dezember 1929 erschienenen Ausgabe der *Révolution Surréaliste* das Drehbuch.

Cocteau mußte unbedingt versuchen, seinen Ausgangspunkt von dem der Surrealisten abzuheben. In einem Vorwort, das er Jahre später anläßlich der Veröffentlichung des Drehbuchs zu *Le Sang d'un Poète* verfaßte, behauptet er, der Einfall sei ihm gekommen, lange bevor der Surrealismus überhaupt existierte. Dann wieder liebte er es, das Jahr 1930 gleichsam aus olympischer Höhe zu betrachten, aus der man seinen und Buñuels Film nicht mehr voneinander unterscheiden kann. »Was die Dinge kompliziert macht, ist, daß wir dieselben Werte bewunderten und uns auf derselben Ebene bekämpften, während heute die Vermengung der Ebenen all jene Kämpfe unverständlich machen würde. Sie hat sie bereits unverständlich gemacht, denn in Südamerika schreibt die Jugend meine Filme Buñuel zu und mir, unter dem Etikett des Surrealismus, die seinen.«

Dabei haben die Filme von Buñuel und Cocteau wenig gemeinsam, außer daß beide eng mit den damaligen surrealistischen Filmexperimenten verwandt sind. Jean-Jacques Kihm meint jedoch, daß Cocteaus Film die meisten anderen »in technischer und plastischer Hinsicht weit übertrifft (man spürt in ihm sofort Cocteaus ausgeprägten bildnerischen Sinn), so sehr, daß dieses Lichtspiel bis auf den heutigen Tag überzeugend und liebenswert blieb. Der Film ist außerdem Cocteaus einziges kinematographisches Werk mit wirklich neuen Einfällen (die er dann im Film *Orphée* wiederholt und weiterentwickelt) und der Beweis dafür, daß der ›Kinematograph‹ (wie Cocteau sich auszudrücken beliebt) für ihn nur ein ›Vehikel‹ ist, nur der Träger eines Gedankens, einer lyrischen Bewegung: der Schriftsteller überträgt den Bildern die Aufgabe, die er sonst der Sprache oder dem tanzenden Körper zuweist.«

Die einzige Interpretation, der Cocteau selbst aus ganzem Herzen zustimmte, stammte angeblich von Freud: In *Le Sang d'un Poète* beobachte man durchs Schlüsselloch einen Mann beim Toilette machen. Cocteau zitierte bei mehreren Gelegenheiten diesen Artikel, der aber bisher nicht entdeckt wurde. Entweder war Cocteau einem üblen Scherz aufgesessen, oder er legte seine eigenen Worte Freud in den Mund, um ihnen mehr Gewicht zu verleihen.

Gleich dem 1959 gedrehten *Testament d'Orphée* ist auch *Le Sang d'un Poète* eine eigenartig verdrehte Collage aus Cocteaus vorhergehenden Werken. In allen diesen Werken geht es um das Schreiben über das Schreiben, um die Masken, die wir über einem für uns unsichtbaren Gesicht sehen, um die anläßlich eines Dramas im imaginären Hintergrund aufgeführte »Parade«, um den sichtbaren Schatten einer unsichtbaren Gestalt – alle diese Werke bilden ineinander verschachtelte Schachteln, Wegweiser, die zu anderen, irgendwo in der Wüste aufgestellten Wegweisern führen.

Obwohl *Le Sang d'un Poète* nach ungefähr fünf Monaten Dreharbeit im Herbst 1930 fertiggestellt war, zögerten verschiedene Umstände die öffentliche Aufführung bis zum Januar 1932 hinaus. »Im Théâtre du Vieux-Colombier«, schrieb Cocteau danach, »erregte mein Film, der schlecht geschnitten, schlecht kopiert und schlecht projiziert war, einen Skandal, provozierte einen Tumult und konnte sich nicht durch Perfektion verteidigen.« Nach der Erstaufführung von *Parade* hatte Cocteau die Reaktionen des Publikums auf dieselbe Weise zu erklären versucht. In Wirklichkeit provozierte *Le Sang d'un Poète* ebensowenig einen meßbaren Skandal wie *Parade.* Im Gegenteil – er rief bei Publikum und Presse ausgesprochenes Wohlwollen hervor. »Das Mysterium«, so Cocteau vor Jahren in der Einleitung zu den *Mariés de la Tour Eiffel*, »weckt im Publikum eine Art Furcht.« Der Kritiker des *Figaro* begann seine Rezension mit dieser Behauptung und fuhr fort: »Jenes Gefühl scheint die Zuschauer bei der ersten Aufführung des Films beherrscht zu haben, obwohl es doch so einfach gewesen wäre, sich der Poesie der Parabeln zu überlassen, jeder der abstrakten Figuren ein Gesicht zu verleihen, sie entsprechend seinen eigenen Träumen, seiner eigenen Phantasie zu konkretisieren . . . Es ist bedauerlich, daß dieses wichtige Werk in Form einer Arbeitskopie präsentiert, unscharf projiziert und erst um 23.15 Uhr, Stunden nach der angekündigten Zeit, gestartet wurde. Die unbequemen Sitze verstärkten noch unsere Ungeduld.«

Das Publikum des Jahres 1917 hatte weit unheilvollere Ereignisse als *Parade* hinter sich gehabt, und entsprechend hatten die Prüden und Patrioten von 1932 ihre letzten Zornesreserven schon anläßlich von Buñuels *L'Age d'Or* verbraucht, im Vergleich zu dem *Le Sang d'un Poète* geradezu »poetisch« wirkte. Allen Anstrengungen zum Trotz gelang es Cocteau auf dem rechten Seineufer einfach nicht, ins Fettnäpfchen zu treten. Der Kredit, den er genoß, war derart groß, daß eine Schwindlerin, die sich als »Madame Jean Cocteau« ausgab, ungefähr zweiunddreißig Millionen Francs unterschlagen konnte.

Den Sommer 1918 hatte Cocteau als Gast von Madame Francis de Croisset in Grasse verbracht. 1930 und (mit einigen Unterbrechungen) die gesamten dreißiger Jahre erholte er sich in Hyères, bei Marie-Laure de Noailles, der Tochter von Madame de Croisset. Mitten in der Weltwirtschaftskrise promenierten die Noailles und ihre Gäste in Hyères umher – wie jene Boccaccio-Figuren, die vor der Pest aus Florenz geflohen waren und sich dann auf dem Lande die Geschichten des *Dekamerone* erzählten. Gide, dessen 1932 erfolgte Bekehrung zum Kommunismus solche eleganten Holidays später unmöglich machen sollte, beschrieb die Atmosphäre auf dem Besitz der Noailles, wo er im Januar 1930 weilte, wie folgt:

»In Hyères, bei den Noailles, wo ich Marc in der Gesellschaft von Cocteau und Auric wiederfand. Ich kam eigentlich nur zum Mittagessen; gern ließ ich mich zum Abendessen, dann zum Übernachten bitten. Äußerste und charmante Liebenswürdigkeit unserer Gastgeber; fabelhaft durchdachter Komfort; ein derart vollkommenes Funktionieren aller Werkzeuge der Bequemlichkeit, daß ich heute früh, als der englische Kammerdiener mir nach dem Bad das Frühstück gebracht hatte, meinen Toast mit dem Löffel butterte, da ich befürchtete, das Fehlen eines Messers auf dem mit Delikatessen und Früchten beladenen Tablett könnte das Ausmaß einer Katastrophe annehmen.

Gymnastik und Schwimmen in einem ziemlich großen Schwimmbad, neue Spiele, deren Namen ich nicht kenne, mit Feder- und anderen Bällen, auch Lederbällen in jeder Größe – eins vor allem, das wir zu viert (der sehr angenehme Gymnastiklehrer, Noailles, Marc und ich) mit einem mittelgroßen Lederball spielten: Man darf den Ball diesseits eines hochgespannten Netzes, das die beiden Parteien trennt, nicht zu Boden fallen lassen. Man spielte fast nackt und stürzte sich, war man in Schweiß geraten, ins laue Wasser des Schwimmbeckens. Dieses Ballspiel hat mich mehr unterhalten, als ich es für möglich gehalten hätte, unterhalten wie ein Kind, wie einen Gott, um so mehr, als ich mich dabei nicht ungeschickt anstellte. Was hat Pascal doch Unsinniges über das Spiel gesagt! Und wie mir gerade die Zwecklosigkeit solchen Kämpfens, solcher Anstrengung schön erscheint!«

Cocteau hatte sich schon lange an diese Zwecklosigkeit gewöhnt. Für ihn war Luxus absolut lebensnotwendig. Skrupel, wie sie Gide heimsuchten, konnten ihm so gut wie nie etwas anhaben. Er sollte die dreißiger Jahre, das politische Jahrzehnt par excellence, in einer Opiumwolke verdämmern, er war der aufwendige Poet, der Anarchist der Luxusklasse, der Masken für einen Rokokogarten schuf, der Memoiren über sein Goldenes Zeitalter verfaßte.

»Ihr Brief hat mich sehr bewegt«, schrieb Cocteau an Elise Jouhandeau, die eine Privataufführung von *Le Sang d'un Poète* gesehen hatte. »Jener Film wurde nicht mit einer Kamera, sondern mit einer Lanze gemacht. Ich bleibe zu Hause, meine Nerven sind am Ende.« Um sie wieder aufzupolieren, verbrachte er fast die Hälfte des Jahres 1931 mit Christian Bérard und Jean Desbordes im Midi, nahe bei Toulon: Ein Urlaub, der durch die Pariser Wechselfieber notwendig geworden war und durch eine Krankheit verlängert wurde, der Cocteau schon einmal – nur knapp – entgangen war: Typhus.

Bérard und Cocteau bezogen verschiedene Hotels und hofften offensichtlich, dadurch besser zum Arbeiten zu kommen. Cocteau wohnte im Hôtel de la Rade, von dem aus man das alte Dock von Toulon sehen konnte. Binnen kurzem hatten Freunde und Bekannte von ihm alle Stockwerke mit Beschlag belegt wie damals im Welcome, und man unterhielt sich ganz ungeniert von Balkon zu Balkon, ohne sich um die anderen Gäste zu kümmern, deren Traum von einem ruhigen Sommer auf einsamem Vorgebirge ein jähes Ende fand. Bérard hatte in einem ungenutzten Flügel des nahe gelegenen Hôtel de Tamaris Quartier genommen. Die Domestiken erhielten strikten Befehl, sich nicht um ihn zu kümmern. Inmitten der unmöglichsten Unordnung malte Bérard, las Kriminalromane, amerikanische Filmzeitschriften und Rimbaud. Er schaffte es, die Sonne den ganzen Sommer über aus seinen Räumen fernzuhalten und schlenderte in seinem Bademantel umher, der aus himmelblauem Flanell gewebt und mit kleinen, aufgestickten Katzenköpfen verziert war. Erst wenn die Sonne Anstalten machte, hinter dem Horizont zu verschwinden, tauchte er im Freien auf, ein fettleibiger Herr, dessen wilder roter Bart ihm trotz seines Babygesichts das Aussehen eines Flußgottes verlieh.

Am Abend pflegten sich Kunst und Kunstgewerbe bei Edouard Bourdet zu versammeln: Bérard mit seinem kleinen weißen Malteserhündchen auf der Schulter und Cocteau mit einem madegassischen Äffchen, das er sich zugelegt hatte. Georges Auric, der vor kurzem geheiratet hatte und in einem Haus wohnte, das Marie-Laure de Noailles gehörte, kam auf einen Sprung aus Hyères herüber. Man redete nur vom Theater. Edouard Bourdet, der Gastgeber, schrieb wohlkonstruierte Stücke, die an Bataille erinnerten, ein Talent, das ihn in Verbindung mit seinem vornehmen Aussehen und englisch-korrektem Benehmen zum Direktor der Comédie-Française prädestinierte. Weit mehr als sein Freund Jean Giraudoux, mit dem er zwanzig Jahre lang fast jeden Sonntag dinierte, kultivierte Bourdet Auftreten und Redeweise eines Diplomaten, fühlte sich jedoch trotzdem äußerst wohl unter Leuten, die nichts anderes waren als dekorativ und auffällig.

Er war also ein perfekter Partner für Cocteau, der fast jeden Abend mit einem Vietnamesenknaben und Desbordes im Schlepptau erschien, ein frisch komponiertes Poem schwenkte oder sich daran machte, Gesellschaftsspiele für das Gastgeberehepaar zu arrangieren. Cocteau liebte nach wie vor Kostümscharaden. Die Liebe zu Kostümen war übrigens eine der wenigen, der er sein Leben lang treu blieb. Der Jüngling, der den Heliogabal zu de Max' Kaiser gespielt hatte, wurde zum jungen Mann, der sich zu Etienne de Beaumonts schwarzer Majestät als rosa Nymphe verkleidete und mit Beinreifen klimperte. Und dieser junge Mann wiederum verwandelte sich in den gefeierten Dichter, der mit Christian Bérard in der Villa Blanche kleine Transvestitenpiècen vorführte.

Mit derartigen Divertissements füllte man die Sommernächte aus; aber auch andere, die keinerlei Kleidung erforderten, erfreuten sich allgemeiner Beliebtheit. Cocteau liierte sich mit einem muskulösen Matrosen, der als Pas-de-Chance (Kein Glück) bekannt war, und wurde oft mit ihm in Toulon gesehen. Pas-de-Chance trug sein Hemd weit aufgeknöpft, um seine tätowierte Brust zu zeigen, und Cocteau bevorzugte weiße Radrennfahrertracht, die er mit schwarzem Kragen und Schlips kombinierte, was einen etwas eigenartigen Effekt ergab. Die Affäre fand später in Paris ein jähes Ende, als der Matrose vom Fluch seines Spitznamens ereilt wurde: Er beging einen Diebstahl und wurde von der Polizei erwischt.

Obwohl Cocteaus Opiumkonsum mittlerweile auf mehr als dreißig Pfeifen täglich gestiegen war, hatte sich sein Gesundheitszustand allem Anschein nach gebessert, was seine Theorie unterstützte, daß Opium den Süchtigen vor ernsten Erkrankungen schützt. Im September 1931 allerdings, als er gerade Vorbereitungen für seine Rückkehr zur Pariser Herbstsaison traf, wurde diese Theorie plötzlich und auf dramatische Weise widerlegt: Cocteau mußte mit Typhus ins Krankenhaus eingeliefert werden. Eine Woche lang schwebte er in Lebensgefahr, dann aber ging es rasch wieder bergauf mit ihm. Bourdet besuchte den Rekonvaleszenten jeden Nachmittag im Krankenhaus, um ihn zu trösten und zu zerstreuen, aber er kam überhaupt nicht zu Wort und kehrte niemals ohne eine Zeichnung nach Haus zurück, die er unter den Dutzenden von Cocteau während seiner erzwungenen Ruhepause produzierten Blättern auswählte. »Der Arzt der Klinik, Jean Desbordes und die Bourdets waren meine Schutzengel«, schrieb Cocteau. Mehrere Wochen erholte er sich dann noch in der Villa Blanche.

Während Desbordes sich einer Frau zuwandte, die bedeutend älter war als er, fand Cocteau einen jüngeren und frischeren Begleiter, einen algerischen Knaben namens Marcel Khill, der gerade von einem betagten Dandy ausgehalten wurde. Glücklicherweise starb der Dandy, so daß Cocteau mit einem neuen Geliebten nach Paris zurückkehren konnte.

Bis Mitte der dreißiger Jahre, als er ins Hôtel Castille, Rue Cambon, zog, teilte Cocteau seine Dachwohnung in der Rue Vignon mit Marcel Khill. »Dort«, erklärte er, »führte ich die menschenfeindliche Existenz des Gefangenen von Poitiers.« Für die meisten Leute hätte seine Menschenfeindlichkeit allerdings den Gipfel an Geselligkeit bedeutet. Die aus französischen Adelsprädikaten, Haute Couture und Mengen von amerikanischen Dollars zusammengebraute Gesellschaft in und mit der er verkehrte führte einen pausenlosen, unermüdlichen Kleinkrieg gegen *l'ennui.* Irgendwelche ernsteren Gedanken waren ihren Mitgliedern strikt untersagt, und wer wirklich etwas Talent besaß – wie beispielsweise Marie-Laure de Noailles – wurde durch bestimmte Vorurteile paralysiert: Man veröffentlichte keine schriftstellerischen Erzeugnisse und stellte keine Produkte der bildenden Kunst aus, als ob dergleichen eine obszöne Form der sozialen Selbsterniedrigung darstellte. Was blieb da noch anderes übrig, als das persönliche Vergnügen zu fördern, das persönliche Gefühlsleben zu komplizieren und das Privatleben anderer minuziös genau zu erkunden? War Madame X. frigide? Jeder wußte es. Hatte Madame Y. ihren Gatten in flagranti mit seinem Gymnastiklehrer erwischt? Aufmerksame Liebhaber boten ihr sofort gebührenden Trost an.

Außenseiter ließen sich garantiert beeindrucken vom kollektiven Charme und der Eleganz dieser Highlife-Schickeria. Im Innern der Gruppe wurde die Atmosphäre schnell stickig. Sicher brillierte Cocteau in diesem geschlossenen Freudendom, aber er hatte einige der damit verbundenen peinvollen Konsequenzen zu tragen. So zum Beispiel seine angebliche Affäre mit einer russischen Fürstin, die nach der Revolution mit ihrer Mutter ins Exil gegangen war und in Paris unter ziemlich bescheidenen äußeren Umständen aufwuchs. Ihre Ehe mit einem prominenten Couturier erwies sich als unglücklich. Anscheinend begann sie deshalb ein Verhältnis mit Cocteau, der ihre Schönheit, ihren Titel und ihre feinen Manieren genügend anregend fand, um einen kurzen Abstecher von seinen homosexuellen Pfaden zu wagen. Die Liaison rief bei einer ganzen Reihe von Frauen Wutausbrüche hervor, und als gar konkrete Folgen drohten, bewog eine gewisse Dame, die sich immer als präsumptive Lebensgefährtin eines heterosexuellen Zielen zugeneigten Cocteaus betrachtet hatte, die Fürstin zur Abtreibung. Zornbebend begab Cocteau sich zu der eigenwilligen Engelmacherin und versetzte ihr vor Zeugen eine schallende Ohrfeige. Sie rächte sich, indem sie das Manuskript der *Kinder der Nacht*, das Cocteau ihr aus Dankbarkeit für ihre sommerliche Gastfreundschaft und ihre großzügigen Subventionen kurz zuvor verehrt hatte, ins Feuer warf. Er tröstete sich mit dem Gedanken, diese Welt hätte eine derart absurde Kombination wie die Mischung aus dem Ableger eines französischen Börsenmaklers und der Nachfahrin königlich-russischen Geblüts nie geduldet.

Cocteau empfing nach wie vor milde Gaben von seiner Mutter und besuchte Familientreffen in seines Bruders Wohnung im vornehmen 16. Arrondissement. Madame Cocteau war frömmer denn je geworden und ergänzte die tägliche Messe durch Katechismusstunden, die von einem gewissen Pater Webert erteilt wurden, einem Dominikaner, der sich auf wohlhabende Damen mit homosexuellen Sprößlingen spezialisiert zu haben schien. Jahre später, nach dem Tod seiner Mutter, sollte Cocteau einem amerikanischen Interviewer erklären: »Ich fühlte nie irgendeine Verbindung zu meiner Familie.« Sein Werk jedoch, oder wenigstens ein beträchtlicher Teil davon, scheint einen verkappten Tribut an Madame Cocteau darzustellen. Außerdem hing er finanziell von seiner Familie ab und zögerte gegebenenfalls auch nie, ihre politischen Beziehungen zu nutzen.

Voller Furcht, von Giraudoux – dessen *Amphitryon 38* und *Intermezzo* große Erfolge gewesen waren – sowie von Gide, dessen *Oedipus* im gleichen Monat von den Pitoëffs aufgeführt wurde, in dem man im Théâtre du Vieux-Colombier *Le Sang d'un Poète* zeigte, in den Schatten gestellt zu werden, ging Cocteau daran, seinen Originaltext für Strawinskys *Oedipus Rex* zu erweitern. Was einen von Gides besseren Sarkasmen hervorrief: »Es ist eine Oedipemie ausgebrochen!« Als im Frühjahr 1933 das Manuskript von *La Machine Infernale* (»Die Höllenmaschine«) bis zur Herzeigbarkeit gediehen war, ging Cocteau damit zu dem berühmten Theaterdirektor Louis Jouvet, damals Leiter der Comédie des Champs-Elysées. Jouvet war bereit, das Stück herauszubringen, sollte seinen Entschluß aber bald bereuen, weil Cocteaus Zudringlichkeit ihm lästig wurde, und sie stritten sich dauernd. Außerdem stand Cocteau auf Kriegsfuß mit Jeanne Lanvin und Coco Chanel, deren Auffassung über die Kostüme mit der seinen kollidierte. Vor allem aber hegte die große rumänische Tragödin Elvire Popesco ernste Zweifel an der Rolle der Jokaste, und es gelang Cocteau und Jouvet nur mit vereinten Überredungskünsten, sie zur Mitarbeit zu bewegen. *La Machine Infernale* wurde erst im April 1934 uraufgeführt. Zu dieser Zeit hatte Jouvet beschlossen, die Leitung der Comédie des Champs-Elysées abzugeben, und deshalb diente Cocteaus Stück als eine Art Abschiedsgruß.

Cocteaus »Höllenmaschine« transponierte Ödipus und Jokaste in die schicke Umgebung einer Besitzung in Südfrankreich. Theben ist hier nur ein leicht modifiziertes Hyères, und Jokaste repräsentiert diverse wohlhabende, alternde Abenteurerinnen, die sich so wenig um ihre Kinder kümmern wie sie scharf sind auf junge Gigolos und es daher beinahe normal gewesen wäre, wenn einer ihrer Söhne mit ihnen im Bett gelegen hätte und erst *post festum* erkannt worden wäre. Der Schal, der zu Beginn als Omen der Katastrophe erscheint und am Ende zu Jokastes Schlinge wird, spielt ganz eindeutig auf Isadora Duncan an, die erwürgt worden war, als das Ende ihres Schals sich in den Speichen des Sportwagens eines ihrer Liebhaber verfangen hatte.

Im großen und ganzen folgt »Die Höllenmaschine« dem Handlungsverlauf von Sophokles' *Oedipus*, wobei allerdings in jeder Szene weitere literarische Anleihen getätigt werden. So stammt zum Beispiel der erste Akt, in dem der Geist des Laios vor zwei auf den Befestigungen von Theben Wache haltenden Soldaten erscheint, direkt aus dem *Hamlet*.

Dank der tatkräftigen Unterstützung von Bérard, dessen türkisfarbene Theben-Befestigungen, knallrote Requisiten und freischwebende Felsformationen bereits nach Hochgehen des Vorhangs laute Ovationen des Publikums hervorriefen, erntete Cocteau den kritischen Beifall der konservativen Presse. Wieder einmal hatte er meisterhaft demonstriert, daß »der Takt der Kühnheit darin besteht, zu wissen, wie weit man zu weit gehen darf«. Der Kritiker von *Le Temps*, der zugab, mit angehaltenem Atem auf die Hochzeitsnacht gewartet zu haben, gratulierte ihm zu dem kunstvollen Euphemismus, mit dem er den Inzest angedeutet hatte, ohne die Übereinkünfte des »guten Geschmacks« zu verletzen. *Le Figaro* pries Cocteaus Stil. *La Machine Infernale* erlebte 64 Vorstellungen – nicht genug, um das Stück als Boulevarderfolg zu qualifizieren, aber zuviel, um es als Avantgarde-Fiasko zu diskreditieren.

Cocteau flitzte zwar auch weiterhin überall herum, aber seine Allgegenwärtigkeit wurde doch durch die Wirkung des Opiums eingeschränkt. Er rauchte mehr denn je und fiel manchmal in einen narkotischen Schlaf, der so tief war, daß er erst wieder erwachte, wenn man ihm Opium in die Lungen blies. Gäste empfing er immer häufiger im Bett sitzend wie ein Pharao in einer opiumverräucherten, durch diffuses Rotlicht erleuchteten Grotte, seine gesamte Opiumausrüstung stets bei der Hand. Auch Peggy Guggenheim, die Vorbereitungen traf, Cocteaus

Zeichnungen in ihrer neuen Londoner Galerie auszustellen, empfing er in der gleichen Pose. »Um mit Cocteau zu sprechen«, schrieb sie (damals wohnte er schon in einem Hotel der Rue Cambon), »mußte man zu ihm ins Hotel gehen ... und versuchen, sich mit ihm zu unterhalten, während er im Bett lag und Opium rauchte. Der Geruch war außerordentlich angenehm, obwohl das eine etwas seltsame Art schien, unsere Angelegenheit zu regeln. Eines Abends beschloß er, mich zum Essen einzuladen. Er saß vor einem Spiegel, der hinter mir stand und war von sich selbst derart fasziniert, daß er seine Augen nicht abwenden konnte.«

Cocteau war zu einer Art chinesischem Schattenriß von Proust geworden. Er besaß Prousts Invalidität, er besaß dessen Grotte, er besaß in Marcel Khill einen Agostinelli, er besaß einen Namen, den man tuschelnd-beziehungsvoll flüsterte oder spöttisch ablehnte. Alles, was ihm fehlte, war ein heimliches Meisterwerk.

Im März 1932 hatte Gide an Cocteau geschrieben, ihm für das *Livre Blanc* gedankt – das er, obgleich »einige Obszönitäten charmant erzählt werden«, in seinem Tagebuch als müßiges Melodram bezeichnete – und zu einem Erholungsurlaub geraten. »Weshalb lassen wir uns in diesem verpesteten Klima treiben, wenn Kuala Lumpurs unserer warten?« Während Gide, der ständig von Unrast getriebene, in Belgisch-Kongo und in Rußland herumreiste, begnügte sich Cocteau mit imaginären Landschaften. Ihm fehlte nicht nur Gides beträchtliches Vermögen, sondern auch dessen soeben entdeckter Sinn für soziale Ungerechtigkeiten. Um Frankreich zu verlassen, benötigte Cocteau einen stichhaltigen Vorwand, und dieser wurde ihm offenbar auf Anregung Marcel Khills geliefert. 1936 feierte man den sechzigsten Jahrestag von Jules Vernes *Reise um die Welt in 80 Tagen*, und Cocteau brachte den leitenden Chefredakteur von *France-Soir* dazu, eine Reise zu finanzieren, die an das Unternehmen des Phileas Fogg erinnern sollte. Darüber wollte er dann eine Artikelserie schreiben.

Am 28. März machten Cocteau und Khill sich auf den Weg und folgten im großen und ganzen der durch Vernes Roman diktierten Reiseroute. Von Rom aus erreichten sie Brindisi, nahmen dort einen Dampfer nach Griechenland, blieben einige Tage in Athen, überquerten das Mittelmeer und kamen nach einem Zwischenaufenthalt auf Rhodos in Ägypten an. Von Kairo aus fuhren sie kurz nach Alexandria, dann wieder zurück nach Kairo, wo sie eine Woche blieben. Ihr nächstes Ziel war Aden, wo sie ein englisches Schiff bestiegen, das nach Indien ging. Die Fahrt über den Indischen Ozean gestaltete sich reibungslos, die (Eisenbahn-)Fahrt von Bombay nach Kalkutta, in der feucht-tropischen Hitze des indischen Subkontinents hätte dem Trip allerdings fast ein vorzeitiges Ende bereitet. Mehr tot als lebendig nahmen Cocteau und Khill dann aber doch einen Dampfer nach Rangun. Mit kurzen Aufenthalten in Penang, Kuala Lumpur, Malakka und Singapur, wo die beiden jede sich bietende Opiumhöhle besuchten, rauschten sie, abgemagert, aber euphorisch, die malaiische Halbinsel entlang. Nach Besuchen in Hongkong, Schanghai und Tokio überquerten sie den Pazifik mit der amerikanischen »President Coolidge«. In den Vereinigten Staaten absolvierte Cocteau eine Blitztournee per Flugzeug durch Hollywood, San Francisco und New York, um innerhalb der magischen achtzig Tage wieder in Paris zu sein. Am 17. Juni trafen die beiden wieder in der französischen Hauptstadt ein.

Alles, was sich mit einiger Sicherheit über die Reise sagen läßt, ist, daß Cocteau die oben angeführten Städte besucht hat. Seine preziösen Bewußtseinswindungen, die nur barocke (und oft fragwürdige) Details erfaßten, machten ihn zu einem außerordentlich schlechten Berichterstatter. »Ich wundere mich, daß Jules Verne nicht einmal die mit Diamanten geschmückten Nasenlöcher von Miss Aouda beschreibt«, bemerkte er über Penang. »Er beschreibt eine ›außergewöhnliche Reise‹, aber nicht das, was er sieht. Eigentlich sollte ich lediglich die Dominopartien in unseren Kabinen schildern . . . Alles in allem keine großen Überraschungen. Niemals Enttäuschungen. Es war, wie ich es mir vorgestellt hatte, nur besser, detaillierter, gründlicher, mehr Reliefs, mehr Schattierungen ... Besser als Dekorationen und Figuren ruft unser Unternehmen in mir Globen, Landkarten, Längen- und Breitengrade hervor, einen Himmel, der sich dreht.« Die Sammlung dieser Berichte – *Meine Reise um die Welt in 80 Tagen* – reduziert die Welt auf ein Kuriositätenkabinett von stummen Zeremonien, Selbstzitaten und unwahrscheinlichen Begebenheiten. Man gewinnt unwillkürlich den Eindruck, Cocteau hätte ebensogut zu Hause bleiben können, denn alles, was er im Ausland fand, war nur er selbst. Die Reise – bzw. sein Bericht darüber – war im Grunde nichts anderes als ein Abenteuer in Selbstreklame. »Lieben, im Stehen schlafen, auf Wunder warten, das war meine einzige Absicht«, erklärte er. »Es handelte sich darum, das Unbekannte zu kolonisieren und seine Dialekte zu lernen. Manchmal brachte ich gefährliche Gegenstände mit, die wie eine Alraunwurzel verwirrten und bezauberten. Sie ängstigten den einen und verhalfen dem anderen zum Leben.«

Japan beispielsweise offenbarte sich ihm in Kobe, wo er »ein kleines Mädchen aus dem gemeinen Volk« sah, das auf einem Bürgersteig den gleichen idealen Kreis zeichnete, mit dem Hokusai seine Briefe zu signieren pflegte. »Ich möchte diesen Kreis mit heimnehmen«, schrieb er. »Er zeigte: ... das Geheimnis der Seele Nippons.« Auch die »Treffen, die in den Sternen standen«, gehörten in das Pandämonium seiner Welt, von der nie ganz klar war, wie weit sie Anspruch auf Realität besaß – wie zum Beispiel Cocteaus Version über seine Begegnung mit Charlie Chaplin an Bord der »Karoa«: »Zwei Dichter folgen der geraden Bahn ihrer Bestimmung. Plötzlich passiert es, daß diese Bahnen sich schneiden und ein Kreuz bilden, einen Stern, wenn man so will. Meine Begegnung mit Charlie Chaplin bleibt das bezaubernde Wunder dieser Reise. So viele Leute haben diese Begegnung beabsichtigt und wollten sie herbeiführen. Jedesmal kam etwas dazwischen, und der Zufall – der in der Sprache der Dichter einen anderen Namen trägt – wirft uns auf einem alten japanischen Frachtdampfer zusammen, der auf den

Meeren Chinas Waren zwischen Hongkong und Schanghai transportiert.«

Cocteau war jedoch nicht der Mann, der die Dinge auch weiterhin dem Zufall überließ. Stets der beste Impresario seiner selbst, ließ er Chaplin durch den Steward eine Nachricht zukommen, in der er ein Treffen vorschlug. Aber Chaplin hatte Angst, einem Schabernack aufzusitzen, und antwortete deshalb nicht gleich. Nachdem er sich im Büro des Zahlmeisters vergewissert hatte, daß Cocteau sich wirklich unter den Passagieren befand, begab er sich mit Paulette Godard zu dessen Kabine und »sprang die Treppe hinab, indem er vier Stufen auf einmal nahm«. Was folgte, war – so Cocteau – die leuchtende Vereinigung zweier absolut ebenbürtiger Seelen: »Man kann sich die Reinheit, die Kraft, die Frische dieses außergewöhnlichen Treffens vorstellen, das durch unsere Horoskope vorherbestimmt war. Ich traf auf einen fleischgewordenen Mythos. Passepartout [Marcel Khill hatte sich für die Reise den Namen des Phileas-Fogg-Begleiters aus dem Roman von Jules Verne zugelegt] verschlang das Idol seiner Kindheit mit den Augen. Chaplin seinerseits schüttelte seine weißen Locken, nahm seine Brille ab, setzte sie wieder auf, packte mich an der Schulter, brach in Lachen aus, wandte sich an seine Begleiterin, wiederholte: ›Ist es nicht wundervoll? Ist es nicht wundervoll?‹« In den folgenden Wochen wurden sie unzertrennliche Freunde. Chaplin legte seine Seele vor Cocteau bloß, lud alle seine halbgeborenen Projekte ab, seinen Minderwertigkeitskomplex, seltsame Einzelheiten über seine Meisterwerke etc. »Sein Sprung zu mir war, wie es schien, einmalig«, bemerkte Cocteau stolz, »und es ergab sich, daß er sich aus diesem Grund irgendwie fürchtete. Da fühlte ich, wie er sich zurückzog, wie er sich, um es so zu sagen, wieder zusammenfaltete, nachdem er sich geöffnet hatte.«

Chaplins Version läßt Cocteaus Bericht in einem etwas anderen Licht erscheinen und beweist zumindest, daß die Kreation von Legenden in der Kunst der Unterlassung besteht. Nach Verlauf der ersten Hälfte des ersten gemeinsamen Abends begriff Chaplin, daß es nicht nur eine gute Unterhaltung, sondern

Unterhaltung an sich war. Obgleich dieses Treffen redseliger verlief als andere solcher »vorherbestimmten« Begegnungen, würde jede Fortsetzung den Höhepunkt im nachhinein abgeschwächt haben. In dieser ersten Nacht erschöpften Cocteau und Chaplin sich und spielten während des folgenden Teils der Reise eine Art Versteckspiel, um ihr Charisma intakt zu halten, schlüpften in Salontüren, wenn der andere in Sicht kam, mieden das Hauptdeck und schützten Krankheit vor. »Wir waren voneinander übersättigt«, schrieb Chaplin. »An den verschiedenen Treffpunkten auf dem Schiff sahen wir uns nur selten, es sei denn, um ein kurzes Wie-geht-es-Ihnen und Auf-Wiedersehen auszutauschen.«

Cocteau wollte ein französischer Chaplin sein, wollte von der Elite und der Masse zugleich angebetet werden. In immer stärkerem Maß fühlte er sich zu seelenvollen, ernsten, alleinstehenden Kindern der Straße hingezogen, und je unliterarischer und ungebildeter sie waren – wie Khill und später Edouard Dermit –, desto stärker sprach er auf sie an. Es ist zu bezweifeln, daß Cocteau stark ausgeprägte väterliche Instinkte besaß. Er wollte keine Kinder, sondern Spielzeug, Schoßhündchen. Mit fortschreitenden Jahren sehnte er sich immer stärker nach dem idealen Alter. Seine jungen Männer blieben also zwanzig, mußten unbedingt ausgeglichen-träge sein, da Cocteaus Blutdruck immer hektischer stieg, und vor allem schön, da er immer mehr und erschreckender abmagerte. Alles, was ihm das Gegenteil seiner selbst schien, faszinierte ihn – Intellektualität und animalische Tapferkeit, Reichtum oder Armut, Establishment und Vagabundismus, die Antiquiertheit eines Sophokles oder die Jugend eines Pfadfinders. Mitte der dreißiger Jahre verdunkelte seine übertriebene Begeisterung für Jugend und Popularität jeden anderen Daseinszweck. Seine Gesellschaft bestand aus »seinen« Schauspielern, »seinen« Sängern, »seinen« Boxern.

Daß auch Edith Piaf diesem Register beigefügt wurde, war ganz unvermeidlich. »Ich bewunderte ihn lange, bevor ich ihn kennenlernte«, schrieb sie über Cocteau, »aber ich muß sagen, daß ich an dem Tag, als Freunde mich ihm vorstellten, zugleich entzückt und erobert war. Über das Chanson sprach er mit jener außerordentlichen Scharfsinnigkeit zu mir, die seine Freunde in Erstaunen setzte, obgleich sie doch an die Feuerwerke gewohnt sind, die er im Laufe der Unterhaltung inszeniert, und als ich erfuhr, daß er die Music-Hall liebte, war ich glücklich. ›Dort‹, so sagte er mir, ›trifft man das wahre Publikum, das Publikum der Fußballspiele und Boxkämpfe. Wir leben nicht mehr in der Zeit der Elfenbeintürme, und die Snobs zählen nicht mehr. Herr Jedermann ist auf andere Weise interessant als sie, aber auch auf andere Weise schwierig . . .‹«

Für die Piaf schrieb er *Le Bel Indifférent* (»Der schöne Gleichgültige«), einen Einakter, der an *Die geliebte Stimme* erinnert. Allerdings ist die Heldin keine Bourgeoise, sondern ein armes Mädchen, das in einem nur durch das Licht der Straßenreklamen notdürftig erhellten schäbigen Zimmer wohnt.

Cocteaus erotische Phantasien machten ihn zu einem begeisterten Sachkundigen der Music-Hall, wobei es ihn jedoch eher ins Bobino als in die Folies-Bergères zog, denn er brauchte die unmittelbare Nähe des Volkes. 1937 schrieb er nicht mehr Artikel für *Paris-Soir*, sondern für *Ce Soir*, eine kommunistische Tageszeitung, deren Herausgeber nach seiner Abkehr vom Surrealismus endlich seine Affinitäten mit Cocteau zugeben konnte: Louis Aragon.

Cocteaus Erscheinung strafte seine Liebe zu »Herrn Jedermann« allerdings Lügen. Er war so dünn, so aufgetakelt, geschminkt und kraftlos, daß er den Eindruck eines galvanisierten Frosches machte, der von einer Verabredung zur nächsten hüpft. Er glich einer Kreuzung aus Flamingo und Elster, absolvierte mit Marcel Khill seine Runden in Nachtclubs auf dem Montmartre, in denen er durch Khill auch einen Negertänzer namens Al Brown kennenlernte. Diese Begegnung sollte zu einem der unwahrscheinlicheren Abenteuer in Cocteaus an Unwahrscheinlichkeiten gewiß nicht armen Laufbahn führen.

»Panama« Al Brown war nicht als Tänzer berühmt, sondern als Boxer, der 1934, zwei Jahre bevor Cocteau ihm begegnete, die Weltmeisterschaft im Bantamgewicht an den Spanier Balthazar Sangchili verloren hatte. Dieser Kampf hatte unter zwielichtigen Begleitumständen in Valencia stattgefunden. Verärgert über die harten Strapazen des Trainings gab Al Brown noch am Vorabend eine Party, verbrachte die ganze Nacht in Flamenco-Lokalen und schwankte um sechs Uhr morgens stark angetrunken in sein Hotel. Außerdem behauptete er, sein eigener Manager hätte ihn im Einverständnis mit Sangchilis Promoter noch gedopt, kurz bevor er in den Ring stieg (in Cocteaus späterer Werbekampagne für Al Brown wurde die betreffende Droge gar zu »Gift«). Sangchili hatte leichtes Spiel, und Brown begann nach der Niederlage seine Kräfte an Rachegedanken zu verschwenden. Nach zweijährigem Nachtleben in Paris, vierunddreißig Jahre alt und in ziemlich schlechter körperlicher Verfassung, hatte er jedoch alle Gedanken an ein Comeback aufgegeben. Da erschien Cocteau auf der Bildfläche. Plötzlich wurde er nicht nur von einem Manager, sondern von einer veritablen Muse manipuliert, die entschlossen war, ihm wieder zur Weltmeisterschaft zu verhelfen. Ihm blieb kaum eine Wahl. Er gab das geliebte lockere Leben auf, denn Cocteau spielte jede neue Rolle, auf die er sich einmal kapriziert hatte, mit magischer Energie.

Cocteau schaffte ihn zunächst in das isolierte Refugium des Mondsüchtigenasyls Sainte-Anne, wo der Boxer einen Monat lang damit zubrachte, sich von Drogen, Rauschgift und Alkohol fernzuhalten (höchstwahrscheinlich hat Coco Chanel die Kur bezahlt – die Nutznießer ihrer Großzügigkeit ließen sich von ihr zunächst die verhängnisvollsten Gewohnheiten finanzieren, um sie sich dann, ebenfalls auf Kosten der Modeschöpferin, wieder abzugewöhnen); danach zog Brown sich in ein Trainingslager nach Aubigny, einem Dorf am Cher, zurück. Obgleich er jetzt wieder rauchte, nachmittags Champagner und zu den Mahlzeiten Bordeaux trank, schaffte er es, seine Reflexe wiederzuerlangen. Oft kam Cocteau vorbei, um ihm die Kunst der göttlichen Atemtechnik beizubringen. Wie man sich denken kann, diente ihre Freundschaft in französischen Boxkreisen zu mancherlei Witzen. Die Fachleute nahmen Cocteaus Rolle nicht ernst, bis

Brown im Herbst 1937 eine Serie schneller Siege errang. Zwar errang er sie gegen Gegner, die man nur aufgrund ihrer Unfähigkeit ausgesucht hatte, aber er errang sie in beachtlichem Stil. Sein Promoter konnte einen Revanchekampf mit Sangchili vereinbaren, der am 4. März 1938 im Palais des Sports stattfand.

Zwanzigtausend Menschen waren herbeigeeilt, angelockt durch die ungewöhnliche Publicity, die man Al Brown hatte zukommen lassen, und mit der unbewußten Erwartung, keinem Boxkampf, sondern einer modernen Version der Wiedererwekkung des Lazarus durch Christus beizuwohnen. Diese Erwartung wurde nicht zuletzt durch Cocteau gefördert. Die Stars der Amüsierindustrie erschienen en masse. Raimu, Jean Gabin und Tino Rossi hatten in der ersten Reihe Platz genommen. Flankiert von Robert Toutain und dem jungen Jean Marais, präsidierte Cocteau einem Wunder, das sich rundenweise vollzog. Nach dem Fight kletterte ein Sekretär der panamesischen Gesandtschaft durch die Seile, um Brown das Verdienstkreuz, die höchste panamesische Auszeichnung, umzuhängen.

Aber trotzdem war Panama Al Brown nicht zufrieden. Cocteau publizierte in *Ce Soir* einen offenen Brief und forderte ihn auf, zurückzutreten, solange er noch auf dem Höhepunkt stand: »Kämpfen Sie nicht mehr. Verlassen Sie den Ring. Reisen Sie um die Welt mit einer Bühnennummer, die jedermann das Schauspiel Ihrer fragilen Kraft zeigen wird. Ein Boxkampf ist nichts im Vergleich zu den Schätzen Ihres ehrfurchteinflößenden Tanzes . . . Versuchen Sie irgend etwas Neues. Eine Überraschung nach der anderen.«

Der Boxer wollte aber nicht die Diplomatie befolgen, die Cocteau selbst so gute Dienste geleistet hatte. Er wollte einen weiteren Kampf, um zu beweisen, daß sein Sieg nicht nur Zufall gewesen war. Am 13. April boxte Brown, wieder im Palais des Sports, gegen Angelmann. Wieder nahm Cocteau, der von Jean Marais und einer Phalanx Cocteauisten begleitet wurde, den Ehrenplatz ein. »Sein Kinn ruhte auf zwei schmalen, bleichen Händen mit spitz zulaufenden Fingern«, beobachtete ein Reporter, »und Jean Cocteau folgte dem Kampf in einem Zustand, der einer Ekstase nahekam. Gelegentlich trafen sich die schmalen, bleichen Hände in einem kurzen, begeisterten Applaus. Man hatte das Gefühl, alles an Al Brown entzückte den Dichter – sowohl seine Schwinger als auch seine choreographischen Sprünge.«

Nach seinem Sieg setzte Brown einen braunen Hut auf und verließ den Ring im Gefolge von Cocteau, Marais sowie einem »Chor frenetischer junger Männer«. Nun war er bereit abzutreten. Also besorgte Cocteau ihm einen Job im Zirkus Médrano und kreierte für ihn einen »Schatten-Boxtanz«, zu dem ihn eine Szene aus seiner *Antigone* inspiriert hatte.

Al Brown machte eine sechsmonatige Schattenbox-Tournee durch Europa – dann hatte das Publikum genug von seiner Nummer. Kurz vor Ausbruch des Zweiten Weltkriegs ließ er sich in Harlem nieder, kehrte dann jedoch nach Panama zurück, da es ihm nicht gelungen war, Nachtclub-Engagements zu bekommen. Mit seinem aus der Meisterschaftsbörse verbliebenen Geld eröffnete er eine Bar. Aber auch das ging schief. 1950 war er, inzwischen achtundvierzig Jahre alt, wieder in Harlem, verdiente als Sparringspartner einen Dollar pro Runde, arbeitete aber den größten Teil der Zeit als Tellerwäscher. Samstagabends konnte man ihn oft in Small's Paradise in der 123. Straße sehen, wo er den einzigen Schmuck trug, der ihm aus seiner Pariser Blütezeit geblieben war: eine Smokingjacke, die er 1938 für den »Ball der kleinen weißen Betten« auf dem Montmartre gekauft hatte. Eines Novembertages 1950 brach er auf der 42. Straße zusammen. Im Bellevue Hospital wurde festgestellt, daß er an unheilbarer Schwindsucht litt, und kurze Zeit darauf starb er. Die Manager verfolgten ihn jedoch bis ins Grab. Mit einem Lieferwagen fuhren drei Neger am Krankenhaus vor und behaupteten, zur Familie des Verstorbenen zu gehören. Erstaunlicherweise übergab man ihnen die Leiche sofort. Zwei Abende lang standen sie in den Straßen Harlems und sammelten Almosen im Namen von Alfonso Theophila Brown, dessen sterbliche Überreste in einem hellen Piniensarg auf ihrem Lieferwagen thronten.

Cocteau war mit Mühe einem ähnlich makabren Schicksal entgangen. Seine Rechnungen im Hotel Castille zahlte Coco Chanel, und deshalb konnte er sein ganzes Geld für Opium ausgeben – er rauchte so viel, daß es manchmal unmöglich war, ihn aus seinem Dämmerzustand herauszureißen. Außerdem verschwand er von Zeit zu Zeit vollkommen von der Bildfläche, und tagelang wußte niemand genau, wo er sich aufhielt. Ausgelaugt durch das Opium und verzweifelt nach Rettung aus Cocteaus Gefängnis trachtend, wandte Khill sich eines Tages gegen seinen Liebhaber und verabreichte ihm eine derartige Tracht Prügel, daß Cocteau mit mehreren gebrochenen Rippen auf der Strecke blieb. Wie vor ihm Radiguet und Desbordes, so entdeckte nun auch Khill seine heterosexuellen Neigungen und tat sich mit einer Schauspielerin zusammen. Wie Desbordes, so starb auch er während des Zweiten Weltkriegs, wurde das Opfer einer verirrten deutschen Gewehrkugel, abgeschossen von einem Soldaten, der noch nicht wußte, daß Frankreich und Deutschland einen Tag zuvor den Waffenstillstand unterzeichnet hatten.

Cocteau aber hatte ja bereits jenen hübschen blonden Jüngling kennengelernt, den Reporter bei Al Browns Boxkämpfen neben ihm gesehen hatten: Jean Marais.

Der unendliche Monolog

Jean Marais war vierundzwanzig Jahre alt, als er Cocteau kennenlernte – also genau halb so alt wie das 1889 geborene Allroundgenie. Der Ältere wollte ein schönes Abbild seiner selbst; der Jüngere suchte à la Pirandello einen Autor.

Der Vater von Marais, ein Tierarzt, kam kurz nach Kriegsausbruch an die Front und kehrte erst 1918 zurück. Madame Marais war nicht allzu traurig, mit der Erziehung ihrer Kinder in Cherbourg alleingelassen zu werden, und Jean wurde im Laufe der Jahre so mancher »Onkel« präsentiert.

Er verkörperte den Dargelos aus Cocteaus Träumen, war anmaßend, frech, nicht zu bändigen, ein ausnehmend gutaussehender Bursche, der die Ideen zu seinen Streichen aus zahlreichen Filmen bezog, die er bei jeder sich bietenden Gelegenheit sah. Im Lycée Janson-de-Sailly, das hauptsächlich von Kindern aus wohlhabenden Familien besucht wurde, zeichnete Marais sich als der Bösewicht der Klasse aus und machte den Lehrern mit einem Revolver Angst, den er, wie man allgemein wußte, immer bei sich trug. Schließlich brachte seine Mutter ihn in der Pfarrschule Saint Nicolas de Buzenval unter; auch hier versuchte er, seine Mitschüler auszustechen, und inszenierte deshalb eine mystische Selbstbekehrung. Mit achtzehn Jahren hatte Marais zu jedermanns Befriedigung demonstriert, daß sein Geist durch keinerlei Lehr- oder Lernanstrengungen zu erschüttern war, während seine äußere Erscheinung inzwischen mehr und mehr der Inkarnation eines nordischen Gottes entsprach.

Marais wartete auf den großen Durchbruch und verdiente bis dahin seinen Lebensunterhalt durch Retuschieren von Paßfotos. Sonntags spielte er auf Pariser Golfplätzen den Golfjungen, obgleich er so kurzsichtig war, daß seine Augen kaum die

Bahnen ausmachen konnten. Da er sich keine der etwas bekannteren Schauspielschulen leisten konnte, besuchte er den Gratisunterricht eines gewissen Monsieur Paupelix und hoffte, sich unter dessen Anleitung auf das Vorsprechen im staatlichen Konservatorium vorbereiten zu können.

Doch das Konservatorium wollte nichts von ihm wissen, und die einzige Probeaufnahme beim Film erwies sich als Fiasko. Danach bewog Marais seine Mutter, ihm einen Kurs an der Akademie von Charles Dullin zu bezahlen. Sie willigte ein – unter der Bedingung, daß er sich einen »ehrbaren« Beruf suchen müsse, wenn er nicht innerhalb von Jahresfrist eine einigermaßen seriöse Rolle ergattert hätte.

Die Chance seines Lebens kam schließlich 1937 mit *Œdipe-Roi* (»König Ödipus«) – Cocteaus neuestem Versuch, noch das Letzte aus dem Ödipusmythos herauszuholen.

Auch diesmal hatte Cocteau sich das Recht vorbehalten, seine Darsteller selbst auszuwählen. Marais folgte dem Beispiel von Jean-Pierre Aumont und präsentierte sich in Cocteaus Opiumhöhle, die inzwischen ins Hotel Castille verlegt worden war. Was er dort sah, erschütterte seine Vorstellung vom großen Mann etwas: Cocteau empfing ihn in einem schmuddeligen Bademantel aus ehemals weißer Wolle, der gelb von Opium war und verziert mit zahlreichen Zigaretten-Brandlöchern. An der Seite des Dichters befanden sich Marcel Khill und Panama Al Brown. Der Schal um Cocteaus Nacken war so fest gebunden, daß die spärlichen Reste seines ehemaligen Halsfleisches über die Seide herunterhingen (diese textile Selbststrangulierung zählt zu den Skurrilitäten Cocteaus – auch seine Manschetten knöpfte er so eng, daß die Hände darob ganz blutleer wirkten). »Ich fühlte mich eingeschüchtert, verloren, deklassiert in diesem Milieu, das seltsamen Formen des Glanzes huldigte«, schrieb Marais.

Nachdem Cocteau seine Adepten aus dem Zimmer gewunken hatte, gewahrte Marais eine summende Lampe und einen seltsamen Geruch, der den Raum erfüllte. Cocteau legte seine Pfeife nieder und begann, aus dem *Œdipe-Roi* zu rezitieren – eine

Sirene, die sich daran macht, ihre Beute zu hypnotisieren. Marais, dem es gar nicht in den Sinn kam, daß Cocteau um ihn warb, wunderte sich über dessen Entgegenkommen. »Er behandelte den dummen kleinen Jungen, der ich damals war, als sei er das kultivierteste Wesen auf der Welt, und forschte nach meinen Ansichten, als seien sie Offenbarungen.« Nach einem Akt *Œdipe-Roi* klagte Cocteau über Schwäche und lud Marais ein, in einer Woche wiederzukommen, um sich die Fortsetzung anzuhören. Als die Woche um war, hatte Cocteau entschieden, daß jemand mit dem Aussehen eines Marais auch begabt sein müsse. Drei Jahre zuvor hatte er Jean-Pierre Aumont nach dem ersten Blick die Rolle des Ödipus in der »Höllenmaschine« gegeben. Nun offerierte er Marais fast ebenso prompt die Rolle des Ödipus in *Œdipe-Roi* – sehr zum Unwillen der anderen Mitglieder der Truppe. Sie hatten Marais nur für eine Nebenrolle herbeigeschafft und sahen sich nun allesamt in den Hintergrund gedrängt. Cocteau blieb nichts anderes übrig, als seine Ernennung zurückzuziehen.

Er hatte jedoch beschlossen, aus Marais einen Star zu machen, und war überzeugt, sein neuer Jünger habe alle Anlagen zu einem großen Schauspieler. Also brachte er ihn als Galahad in *Les Chevaliers de la Table Ronde* (»Die Ritter der Tafelrunde«) heraus, einem Stück, das er im vergangenen Winter in der Schweiz geschrieben hatte. »Was Jean Marais betrifft«, schrieb ein Kritiker nach der Premiere der *Chevaliers*, »so ist er schön. Das kann man über ihn sagen, mehr aber auch nicht.«

Trotz der plötzlichen Berühmtheit blieb Marais mit beiden Beinen auf der Erde. Es war ihm durchaus klar, daß er unermüdlich an sich arbeiten mußte, wenn ihm eine solide Bühnenlaufbahn gelingen sollte. Da der Vierundzwanzigjährige sich mit Cocteau einen brillanten und über zahllose Beziehungen verfügenden Mentor zugelegt hatte, wurden ihm die notwendigen Erfolgsrezepte mit größter Intensität eingehämmert. Der hektische, überladene Stegreifstil, der so gut zu Cocteau paßte – denn es ist ein Stil, der um seiner selbst willen existiert –, wurde zwangsläufig auch zum Stil von Marais. Als sein Lehrer, Liebhaber und Impresario ihn fragte, welche Art Rollen er denn nun gern verkörpern wolle, reflektierte Marais' Erwiderung die ihm zuteil gewordenen Lektionen: »[Die] Rolle eines jungen, modernen Mannes mit hochgespanntem Temperament, der lacht, weint, schreit, auf dem Fußboden kriecht; kurz gesagt, eine Rolle, die in einem zeitgenössischen Rahmen abläuft, von der man sich aber auch vorstellen kann, daß ein Schauspieler aus früheren Zeiten sie verkörperte. Denn mich interessiert nichts außer dem heiligen Schreckensstil vergangener Tage.« Cocteau belohnte ihn mit den *Parents Terribles (Nein, diese Eltern).*

Trotz aller rauschbedingten Unregelmäßigkeit verlief Cocteaus Leben doch nach einem gewissen Muster. Er war absolut unfähig, sich lange genug auf sich selbst zu beschränken, um in Paris etwas von Wert zu produzieren, und zog immer dann aufs Land, wenn die Schaffenswut über ihn kam, arbeitete wie besessen und kehrte danach mit einem neuen Stück zurück. Um für die vor ihm liegende Arbeit auf Touren zu kommen, improvisierte Cocteau pornographische, auf Molières *Menschenfeind* basierende Couplets, hatte aber auch oft Perioden absoluten Stumpfsinns, in denen er auf seinem Bett lag und Opium rauchte. Marais lernte, wenngleich widerstrebend, wie man ihm Pfeifen vorbereiten und Opium in die Lungen blasen mußte, wenn er nicht mehr anders zu wecken war. Hatte die Idee für ein Stück schließlich feste Gestalt angenommen, brauchte er zur Niederschrift lediglich acht Tage, und er arbeitete, so Marais, mit einer derart verbissenen Wut, daß sein Gesicht sich geradezu in eine Gorgonenmaske verwandelte. »Arbeit ist für mich eine Art Folter, wie auch ihr Nachspiel; die Leere beginnt wieder und läßt mich fürchten, daß ich nie wieder arbeiten kann.«

Cocteau behauptete, zu *Nein, diese Eltern* habe ihn das Verhältnis Jean Marais' zu seiner Mutter inspiriert. »Ihre Liebe, ihre wütenden Streitereien lieferten die Grundlage für mein Stück. Man hat darin alle möglichen anstößigen Dinge gesehen, das ist auch gut möglich, aber die habe ich nie beabsichtigt und nie bemerkt. Ich war sogar vollkommen überrascht, als ich erkannte, wie sehr die Leute von ihren unterdrückten Neurosen bedrängt werden – denn weshalb würden sie sich sonst bei der einfachen Schilderung der Lage einer Mutter, die durch eine Nabelschnur mit ihrem Sohn verbunden ist, derartige Sachen vorstellen?«

Diese – echte oder simulierte – Unschuld Cocteaus rührt an die Wurzeln seines künstlerischen Kredos. Cocteaus Figuren sind nur dann wirklich zu verstehen, wenn man sie gewissermaßen als Abziehbilder sieht, die keinerlei Hintergedanken fähig sind, die keinerlei Bezugspunkte außerhalb ihrer ureigensten Sphäre besitzen – selbst, wenn sie noch so heimlich-raffiniert tun. Wenn man ihnen die Masken abnähme, würde man darunter lediglich die gleichen Masken entdecken. Cocteau betrachtete das Leben aus einer zeitlichen und räumlichen Distanz, aus der es notwendigerweise einer visuellen Legende gleicht. Das wird ganz deutlich an seiner dichterischen Summa, *Le Sang d'un Poète*, ist aber auch für den theatralischen, den unruhigen Rhythmus seines restlichen Werks kennzeichnend. Er war bis in die Fingerspitzen ein bourgeoiser Aphoristiker und besaß ein ausgeprägtes Talent für Geistesblitze, für Kurzschlüsse der Imagination, die auf bestimmten dichterischen Bildern beruhen. Seine Ästhetik läßt sich von diesem Talent ableiten und hat auch alle diesbezüglichen negativen Konsequenzen zu tragen. Cocteaus Begabung war visuell und formalistisch; er lebte jedoch »gegen den Strich« und wollte unbedingt »tief sein«, obwohl er keine deduktiven Gedankengänge zustande brachte, keine organischen Zusammenhänge und kontinuierlichen Abläufe darstellen konnte. Seine Figuren bleiben gefangen in zwei Dimensionen, sind flüchtige Funken, verkörpern geistvolle Bonmots. Nur seine »Mütter« besitzen eine gewisse reale »Fülle«, sind aber Ursache von Leben und Tod und damit verantwortlich für die Höllenmaschine.

Nein, diese Eltern dreht sich um eine Mutter, wie *Kinder der Nacht* sich um eine Schwester dreht. Die Liebe einer Schwester zu ihrem Bruder wurde einfach umgeformt in den leidenschaftlichen Besitzanspruch, den eine Mutter auf ihren Sohn erhebt. In beiden Werken findet der Held eine andere Frau, in beiden

Werken unternimmt die Blutsverwandte das Äußerste, um seinen Freiheitskampf scheitern zu lassen und den bedauernswerten »Fremdling« aus dem Familiennest zu treiben. Schließlich begeht einer der Beteiligten Selbstmord.

Es war Cocteaus Absicht, im Rahmen einer bürgerlichen Umgebung und mit den Mitteln des »Boulevards« die Winkelzüge einer primitiven Urmutter zu zeigen, die ihr letztes Gefecht gegen die drohende Exogamie des Sprößlings liefert. In Cocteaus Galerie der *monstres sacrés* nimmt Yvonne, die Mutter, ihren Platz gleich hinter Antigone, Madame la Mort, Jokaste, der Statue und Elisabeth (aus *Kinder der Nacht*) ein. *Nein, diese Eltern* besitzt jedoch gerade wegen seiner – endlich einmal – banalen Umgebung und aufgrund von Cocteaus vergleichsweise unmanierierter Sprache die dramatische Vitalität, die seinen »griechischen« Stücken fehlt. In dieser Beziehung traf er den entscheidenden Punkt so gut, daß er seinen größten populären Erfolg errang und aus Gier nach einem noch größeren Erfolg seinen ersten authentischen Skandal erleben durfte.

Cocteau bestimmte Jean Marais für die Rolle des Sohnes, während Yvonne de Bray die Mutter spielen sollte. Mademoiselle de Bray konnte den Beginn der Proben offensichtlich nicht abwarten und inszenierte deshalb ein Impromptu, das an Sarah Bernhardts Vergewaltigungsversuch an Robert de Montesquiou erinnert. Jean Marais war nicht ganz so sensibel wie der Graf und erlitt keinen Brechanfall, aber eingehen auf die Avancen mochte auch er nicht. »Eines Tages«, schrieb er, »wollte sie vor Cocteau, auf seinem Diwan, eine Passage des Stücks mit mir proben. ›Ich hab's! Laß uns die Bettszene spielen!‹ rief sie. Ich wollte fliehen, wollte weg. Ich flehte sie an abzulassen: Ich würde es nicht schaffen! Sie ließ nicht locker. Ich aber auch nicht. Sie schleuderte eine Zeile heraus. Ich antwortete. Ich weinte. Ich lachte . . .«

Einige Tage darauf benahm Mademoiselle de Bray sich noch eigenwilliger. Während einer Probe in ihrer Wohnung verschwand sie immer wieder in unregelmäßigen Abständen in der Küche und kehrte jedesmal ein bißchen stärker schwankend zurück, bis sie nur noch unkontrolliert lachen konnte. Am nächsten Morgen versäumte sie es, im Théâtre des Ambassadeurs zu erscheinen, wo ungefähr einen Monat später *Nein, diese Eltern* den ersten seiner beiden Siegeszüge antreten sollte. Cocteau und Alice Cocéa (die Regisseurin des Stücks) beschlossen, sie abzuholen, fanden jedoch heruntergelassene Fensterläden und eine verbarrikadierte Tür vor. Der Rausch der großen Aktrice dauerte rund drei Tage.

Der zweite Zwischenfall ereignete sich mehrere Wochen nach der Uraufführung. Diesmal hieß der Bösewicht Henri Bernstein, dessen Dramatikerkarriere ihm den Weg zu bedeutenden Verwaltungsposten in der französischen Theaterwelt gebahnt hatte. Er war Direktor des Théâtre du Gymnase und trachtete nun nach der Leitung des Théâtre des Ambassadeurs, das damals der Pariser Präfektur gehörte und von Roger Capgras und Alice Cocéa bespielt wurde, deren Vertrag während der Laufzeit des *Eltern* nicht gelöst werden konnte – also bedurfte es außergewöhnlicher Ereignisse. Solche Ereignisse sehnte Bernstein von ganzem Herzen herbei, und Cocteau sollte den Vorwand selbst liefern.

Capgras wollte jeden Donnerstag Matineevorstellungen des *Menschenfeind* geben, zu denen Schüler, die von den Leitern der Pariser Lycées auszuwählen waren, freien Eintritt haben sollten. Das war eine lobenswerte Absicht, aber Cocteau nahm Anstoß und erklärte, er wolle Bühne und Parkett mit niemandem teilen, schon gar nicht, wenn Schüler die Zuschauer seien. »Betrachtete er das Schuljungenpublikum nicht als sein wahres Publikum?« schrieb die Cocéa. »Molières Konkurrenz machte ihn nicht glücklich!« Cocteau veranlaßte Capgras, statt des *Menschenfeind* Matineevorstellungen von *Nein, diese Eltern* anzusetzen.

Die Absicht, Schülern ein Stück zu zeigen, das vielen sogar für Erwachsene zu gewagt schien, kann man wohl als ein typisches Masochisten-Manöver bezeichnen. Vor allem aber ist sie Ausdruck von zwei höchst neurotischen Zügen, die Cocteaus Leben beherrschen: seinem Wunsch, um jeden Preis das erste

Idol der französischen Jugend zu bleiben, und seiner (mit wonnigen Schauern gemischten) Scham, von einem bourgeoisen Publikum gefeiert zu werden.

Auf jeden Fall bekam er den Peitschenhieb, nach dem er verlangt hatte. Sobald bekannt wurde, daß Cocteau heranwachsenden Knaben Freikarten angeboten hatte, damit sie einem »inzestuösen« Stück beiwohnen konnten, ging ein Schauer des Entsetzens durch den Pariser Stadtrat. Die französische Rechte war inzwischen zu einer Abteilung der Sittenpolizei degeneriert, die heuchlerisch die Ehre der französischen Familie verteidigte und voraussetzte, daß »Perversionen« aller Art ihre Wurzel nur links von der Mitte haben konnten. Es kam zu einer regelrechten Kampagne gegen die *Eltern*. Während der »Conseil Municipal« der Hauptstadt von heftigen Disputen heimgesucht wurde, verschwendete Cocteau seine Energie in offenen Briefen, von denen sich einer an die französische Schülerschaft richtete: »Meine lieben Freunde! Ich habe immer für Euch gearbeitet. Ihr habt immer für mich gekämpft. Wir sind Verbündete in einer gemeinsamen Sache.« Dem Vorsitzenden des Stadtrats, Monsieur Le Provost de Lanny, erläuterte er seine Position etwas ausführlicher:

> Ich habe niemals Schuljungen eine Gratisvorstellung meines Stücks angeboten. Ich lud ihre Lehrer ein, es anzuschauen und zu entscheiden, ob mittellose Schüler, von denen ich täglich um Freikarten gebeten werde, nicht von der Möglichkeit des freien Eintritts Gebrauch machen könnten.
> Die Beschuldigungen, all das sei aus Reklamegründen erfolgt, sind müßig. Das Theater ist jeden Abend ausverkauft, und meine Künstler sind stolz auf den Beifall, den sie erhalten.
> Ich wäre durchaus zu der Behauptung berechtigt, daß ich alle meine Glücksfälle der Jugend verdanke. Das wäre keine Selbstzufriedenheit, sondern Dankbarkeit.
> Wenn ich gewisse Grenzen überschritten habe, so hat mich nur diese Affäre dahin gebracht, und sie ist es auch, die das

Recht auf geistige Freiheit bedroht. Es wäre eine ernstzunehmende Sache, wenn Frankreich zu einem dieser Länder würde, in denen man im Namen irgendeiner falschen Moral Bücher verbrennt und Künstler ausweist. Der Zufall will allerdings, daß mein Stück moralisch ist. Auch das Gegenteil hätte möglich sein können. Selbst wenn es so wäre, würde ich es mit der gleichen Leidenschaft verteidigen.
Ein Stück ist eine Tat. Es steht darüber, ob man es als gute oder schlechte Tat definiert. Die Jahrhunderte zeugen davon.

Die Linke verweigerte Cocteau jede Unterstützung – weil er Cocteau war, ein prominentes Mitglied der geheimen Bruderschaft der Homosexuellen, die sich (besonders auf dem Gebiet der Kunst) jener Macht erfreute, die in früheren Epochen von den Jesuiten ausgeübt wurde, und weil er politisch irrelevante Stücke schrieb, die hauptsächlich von dem Publikum goutiert und beklatscht wurden, das Abgeordnete des rechten Flügels in Amt und Würden wählte. Also enthielt die Linke sich der Stimme, und der Stadtrat empfahl dem Präfekten mit neunundvierzig Stimmen (ohne Gegenstimme), Capgras und der Cocéa zehn Tage Zeit zur Räumung des Theaters zu geben. Alfred Willemetz, Direktor der Bouffes-Parisiens, bot der Truppe Asyl in seinem Haus. Dort setzten die *Eltern* ihre erfolgreiche Aufführungsserie fort. Kurz nach dem Umzug wurde angekündigt, daß man das Théâtre des Ambassadeurs auf fünfzehn Jahre an Bernstein verpachtet hatte ...

Der Erfolg von *Nein, diese Eltern* stillte Cocteaus schlimmsten Hunger, aber er war unersättlich. Mehr denn je litt er die Qualen eines Menschen, der universelle Zustimmung und Liebe erwartet. Über Gleichgültigkeit war er zu Tode beleidigt und interpretierte sie als Komplott, als Verschwörung des Schweigens, die schlimmer war als offene Verleumdung. So fühlte er sich brüskiert von einer ganzen Reihe junger Ideologen, die allmählich prominent wurden. André Malraux, Jean-Paul Sartre, Simone de Beauvoir und Paul Nizan hatten Cocteau gewogen und für entschieden zu leicht befunden. Diese Zurücksetzung wäre vielleicht noch zu ertragen gewesen, wenn es nicht Gide gegeben hätte, dessen Bekehrung zum Kommunismus und dessen Rußlandreise 1936 sein Prestige in den Augen der französischen Jugend ins Ungemessene steigerte. Als Gide nach seiner Rückkehr aus Moskau von der Kommunistischen Partei abfiel, löste er eine so heftige Kontroverse aus, daß der von den *Eltern* hervorgerufene Skandal im Vergleich dazu kaum mehr schien als ein lebhaftes und interessantes Tennismatch.

Die Rivalität zwischen Cocteau und Gide entzündete sich am jungen Claude Mauriac, der den beiden zur gleichen Zeit den Hof machte, nicht so sehr, weil er sie gegeneinander ausspielen wollte, sondern weil er beide gegen seinen Vater ausspielen wollte. Er hatte den Wunsch, nicht so zu sein wie François Mauriac, und dieser Wunsch wurde zu einer derartigen Obsession, daß Claude, als er sich mit den literarischen Widersachern seines Vaters verband, genau in dessen Fußstapfen trat. Vierzig Jahre vorher war François Mauriac von Cocteau fasziniert gewesen und hatte sich dann gegen ihn gewendet. Claude verfuhr ähnlich, doch war er in der Lage, Cocteau von vornherein mit einer gewissen Distanz zu betrachten.

Im Mai 1939 fuhr er nach Versailles, wo Cocteau und Marais ein Doppelzimmer im Hotel Valet genommen hatten, in einem ruhigen Etablissement für pensionierte Bürger, die Cocteau und seine Freunde als lärmende, von der Hölle entsandte Dämonen betrachteten. Ihre Unterhaltung – bzw. der Monolog Cocteaus – fand in einer Wolke von Opiumrauch statt, die mit fortschreitendem Abend immer undurchdringlicher wurde. Kriminalromane, billige Ausgaben von Racine und Molière sowie die neuesten Manuskripte vom Meister selbst lagen überall im Zimmer herum – ein sauerstoffarmer Raum à la Cocteau, dem die idyllische Landschaft der Ile-de-France nichts anhaben konnte. Cocteau schritt, bekleidet mit halb zugeknöpften grauen Hosen, losem Gürtel und einem blauen Pullover, der mindestens eine Nummer zu klein war, auf und ab, schleuderte seinen Zuhörern Satzkaskaden entgegen, knirschte mit den Zähnen, ahmte Leute nach, las aus seinem letzten Manuskript, placierte seinen abgezehrten Körper gelegentlich auf eine Chaiselongue, sprang wieder hoch, unterstrich seine Bemerkungen durch zahllose »Mon chéri« und »Finden Sie nicht auch?« und hielt nie so lange inne, daß einer der Anwesenden auch nur ein Wort hätte einwerfen können. Diese »Debatte« dauerte von 18.30 Uhr bis ein Uhr morgens. Mauriacs glänzende Rekonstruktion vermittelt einen lebhaften Eindruck von den Dingen, die an Cocteaus Seele nagten, und bewahrt darüber hinaus die Form, die Gestalt jenes Diskurses, wie Cocteau ihn Tag ein, Tag aus sein Leben lang praktizierte:

> Nun, Giraudoux weiß nicht das geringste von den übernatürlichen Dingen und schreibt über Märchen, ohne jemals von einem solchen berührt worden zu sein. Giraudoux ist ein Dichter für Kapitalisten, er ist ein Groschenladen für Poesie. Und über Giraudoux schreiben sie (und meinen es ernst, und er läßt es zu): »Giraudoux schreibt mit seinem Blut!« Aber ich, ich bleibe immer »jener liebenswürdige Clown«. Ich, Jean Cocteau, der niemals zögerte, den Tod selbst zum Duell zu fordern! Und ich sitze hier und warte auf das Schlimmste, was der Tod zu bieten hat, nachdem ich die letzten Seiten meines neuen *Potomak* geschrieben habe, wo ich mich gegen den Tod auf seinem ureigensten Gebiet richte, wo ich den Tod anrufe – ich mußte es einfach tun. Und ich mache mir Sorgen, habe ein wenig Angst, aber das ist nur wegen Jeannot [Marais]. Was mich, Jean Cocteau, jedoch betrifft, was macht das schon aus? Das einzige, worum es mir geht, ist Hingabe an meine Botschaft und damit *basta*! Deshalb wende ich mich gegen einen Voltaire und gegen einen Goethe und so . . . Gide sagte einmal über Goethe, eines Tages würde man vielleicht nachweisen, daß Goethe nur eine Blechtrompete von der Größe der Säule auf der Place Vendôme war. Und über meine Anstrengungen lacht man! Es ist nie *mein* Blut, das sie entdecken, nur das von Giraudoux, und seine unmögliche *Undine* erhält uneingeschränktes Lob . . . Aber

ich, ich bin ein Possenreißer, o ja. Wunderbar! Eines Tages fragte ich Colette, wie es käme, daß sie trotz ihres unwahrscheinlichen Talents nie etwas geschrieben hätte, was man wirklich als Meisterwerk bezeichnen könnte – sie zog mich vor einen Spiegel und sagte: »Sehen Sie sich einmal an. Was mich betrifft, möchte ich das Leben genießen, schöne Beine und einen gesunden Körper haben. Nun schauen Sie doch einmal auf sich. Sie haben sich noch nicht einmal genügend Sitzfleisch erhalten, um bequem sitzen zu können!« Sie begriff, daß meine Hingabe ans Schreiben einen Füllhalter aus mir gemacht hat und daß mein eigenes Blut zur Tinte geworden ist. Giraudoux ... weiß doch noch nicht einmal, was automatisches Schreiben ist! Und dann gibt es kein einziges Meisterwerk von ihm, kein einziges echtes mit einer tragenden Stimme. Glauben Sie wirklich, daß in der *Prinzessin von Kleve* oder im *Adolphe* alles *geplant* war? Wie langweilig, wie traurig, wie kalt! Aber die unsagbare Grazie dieser Werke, die alle Anzeichen von Kälte, Trauer und Langeweile besitzen, beweist doch wohl, daß da etwas Göttliches im Spiel gewesen ist, das Geheimnis, das nicht einmal der Autor selbst ergründet und das ihn mehr sagen läßt, als er beabsichtigt. So ist es bei meiner *Schreibmaschine.* So ist es bei meinem neuen *Potomak.* So ist es bei allem gewesen, was ich geschrieben habe.

Das war Cocteaus »Nummer«. Er parodierte sich selbst und tat das weit besser als die Komiker, die sich in allen möglichen Revuen über ihn lustig machten. Worte, Bilder, Namen, Zitate sprudelten heraus wie die Tinte aus einem Kraken, immer die gleichen, wenn er sich in Gefahr wähnte oder einem Menschen gegenüberstand, der noch nicht verführt war. Seine Bemerkungen über Unsichtbarkeit, Schreiben im Schlaf, die Selbstauffassung des Dichters hatten inzwischen die Ausmaße einer Literatur per se angenommen. Cocteau spielte Dichter, als sei er eine einer heraldischen Figuren. Der einzige Mensch allerdings, den er nie von seiner Authentizität überzeugen konnte, war

Cocteau. Daher seine obligaten Tiraden, seine bitteren Ausbrüche gegen Intellektuelle, die er nicht verführen konnte.

»Es passiert nicht selten«, schrieb er zu Beginn von *La Fin du Potomak* (»Das Ende des Potomak«), »daß ein Mann zum Gefangenen eines bestimmten Viertels seiner Stadt wird und niemals herauskommt. Irgendein Zaubermittel bindet ihn an die davon ausgehenden Formen und Fluida. Bei mir ist es der Tempel der Madeleine, der mich zwingt, um seine Säulen zu streifen. Von Hotel zu Hotel, von Wohnhaus zu Wohnhaus, so stolpere ich seit Jahren durch die Geometrie, die wie ein unheilvoller Planetenhof die Architektur der großen, grünbedachten Kirche umgibt.« Mit fünfzig Jahren ließ Cocteau sich mit Jean Marais in einer Siebenzimmerwohnung an der Place de la Madeleine nieder, möblierte sie mit seinen Nippes, mit geliehenen Matratzen, geschenkten Pelzdecken, eisernen Stühlen, die er in den Tuilerien gestohlen hatte, und Tischen vom Flohmarkt in Saint-Ouen.

Den Ausbruch des Zweiten Weltkriegs betrachtete Cocteau als indirekten Tribut an seine Vorahnungen, denn 1913 hatte er den *Potomak* geschrieben und nun, 1939, *La Fin du Potomak.* In Wirklichkeit reflektieren diese Werke höchstens seine persönlichen Umwälzungen. 1913 hat Cocteau sich vielleicht nach den Abenteuern gesehnt, die der Krieg ihm zu versprechen schien, 1939, nach mehr als dreißigjährigem Herumhüpfen eines aufgezogenen Zinnsoldaten, war er jedoch einigermaßen zufrieden mit sich. Das Opium hatte er vorübergehend aufgegeben, da er fürchtete, Marais – der Rauschgifte verabscheute – würde ihn verlassen, und sein Gesundheitszustand war entschieden besser geworden. Er besaß eine Bühne, er besaß sogar eine Art eigenes Heim, obwohl es aussah wie die siebenfache Vergrößerung seiner ehemaligen Einzelzellen.

Im August 1939 brach diese fragile Konstruktion plötzlich zusammen. Als Frankreich Deutschland den Krieg erklärte, machten Cocteau und Marais gerade Ferien in Saint Tropez. Marais begab sich an die Front, und Cocteau, wieder einmal alleingelassen, beschloß, die Wohnung an der Place de la Madeleine aufzugeben. Yvonne de Bray bot ihm einen Unterschlupf auf ihrem Hausboot an. Nach mehreren Wochen auf den Fluten, in denen er an einem anderen Stück – den späteren *Monstres Sacrés* (»Die geheiligten Ungeheuer«) – arbeitete, wohnte er kurze Zeit im Ritz, einige Räume neben Coco Chanel und auf deren Kosten. Dann transportierte er seine versprengten Habseligkeiten in Christian Bérards Zimmer im Hotel Beaujolais. Dort blieb er während der Jahre, die Frankreichs katastrophaler Niederlage vorausgingen.

Okkupation

Millionen von Franzosen folgten umgehend dem Ruf zu den Waffen und eilten an die Front. Marais, dessen Offizieren es an Fahrzeugen fehlte, stiftete seinen Sportwagen und wurde zum Chauffeur ernannt. In dieser Funktion fuhr er gen Norden. In Montdidier, nahe bei Amiens, hatte man ein großes Infanterielager errichtet. Hier und im knapp zwanzig Kilometer entfernten Roye verbrachte Marais die nächsten acht Monate.

Coco Chanel, die Jean vor einigen Jahren einmal schwer beleidigt hatte, ergriff nun die Gelegenheit, ihre Missetat zu büßen, und zwar auf die großzügigste Weise: Lastwagenladungen von Wein, Zigaretten, Shetlandpullovern und pelzgefütterten Lederjacken trafen in Montdidier ein, und Marais' Kameraden kamen so in den Genuß von Luxusgütern, von denen sie sich in ihrem bürgerlichen Leben nie hätten träumen lassen.

Vom Ernst des Krieges war während der Saison von 1939/40 noch kaum etwas zu spüren. Als im Februar 1940 im Théâtre Michel Cocteaus *Monstres Sacrés* uraufgeführt wurden, klagten die Leute mehr über die Grippe als über den Krieg. Cocteau zappelte wie üblich hinter der Bühne herum, während sein Hofstaat im Zuschauerraum Stellung bezog. Die Beobachtung von Ernst Jünger, Cocteau lebe in einer privaten Hölle, habe es sich dort aber ausnehmend bequem gemacht, könnte man auf das ganze französische Volk beziehen. Die militärische Laufbahn von Jean Marais war typisch dafür. Nachdem er seinen Posten als Kompaniechauffeur verloren hatte, fand er sich auf den Glockenturm von Roye verbannt, wo er den Himmel nach feindlichen Flugzeugen absuchen sollte. Offensichtlich hatte sein kommandierender Offizier versäumt, das truppenärztliche Gesundheitszeugnis zu konsultieren, und aus Sorge, eine solche Sinekure zu verlieren, dachte Marais nicht im entferntesten daran, etwas über seine Kurzsichtigkeit verlauten zu lassen.

Monatelang lebte er rund hundert Meter über der Erde in *splendid isolation*, umgeben von den Fotografien seiner Freunde und von Glasballons, die mit gefärbtem Wasser gefüllt waren. Um seinen Posten zu rechtfertigen, tat er gelegentlich so, als hätte er nicht existierende Flugzeuge ausgemacht, verbrachte aber den größten Teil seiner Zeit beim Sonnenbaden und bei Ferngesprächen mit Cocteau. Das Essen hievte er sich mit einem Flaschenzug hoch.

Leider bereiteten die Deutschen dieser Kriegsidylle schließlich doch ein Ende. Eine Schwadron ihrer Kampfflugzeuge senkte sich unversehens auf Roye und umkreiste den Kirchturm, wo Marais hysterisch vor Angst herumtanzte. Nur der Turm – der einzige geographische Bezugspunkt für den Angriff der Deutschen – blieb stehen. Als Marais herabstieg, war von Roye nur noch wenig übrig. Er begab sich wieder zu seiner Kompanie. Die französische Armee hatte bereits einen massiven Rückzug eingeleitet, der erst einen Monat später, über tausend Kilometer weiter südwestlich, am Fuße der Pyrenäen enden sollte. Auf diese Weise gelangte Marais in ein Waldgebiet in der Nähe von Auch, wo er kurze Zeit bei einer gastfreundlichen Zigeunerin blieb.

Inzwischen hatte der Exodus aus Paris Cocteau bis Perpignan getrieben, das nur knapp zweihundert Kilometer von Auch entfernt lag. Die Nachricht vom Vormarsch der Deutschen hatte die Hauptstadt in Angst und Schrecken versetzt. Nach dem 8. Juni 1940 glaubte die Bevölkerung nicht mehr an Wunder, und die Regierung traf umgehend alle Vorbereitungen für ihren Umzug nach Bordeaux, das nun offiziell zum Golgatha der Dritten Republik erklärt wurde.

Als die Nazis am 14. Juni in Paris einzogen und neugierig auf den Champs-Elysées und am Triumphbogen paradierten, blieben sie praktisch ohne Augenzeugen. Vier Fünftel der Pariser, rund drei Millionen Menschen, waren geflohen – auch der Wächter der ewigen Flamme neben dem Grabmal des Unbekannten Soldaten: Er hatte bis zum letzten Augenblick ausgeharrt und erst dann die Flamme gelöscht.

In Bordeaux hielt ein beschlußfähiger Teil des Senats Sitzungen im Capitol – einem Kino – ab, während die Abgeordnetenkammer sich in einer Schule auf dem Cours Anatole France rekonstituierte. Die meisten Leute schätzten sich glücklich, wenn sie ein Bett ergattern konnten. Fast eine Million Menschen überschwemmten Bordeaux: Belgier, Bewohner der Normandie, Pariser und die ziemlich mitgenommenen Überreste der französischen Armee. »Es befand sich praktisch *Tout Paris* in Bordeaux«, schrieb Maurice Sachs, der eine Anstellung am französischen nationalen Rundfunk gefunden hatte. »Und auf den Caféterrassen war man ununterbrochen damit beschäftigt, Hände zu schütteln. Die Angst des Exodus war der Freude des zufälligen Wiedersehens gewichen. Aber ich wußte nicht, wo ich wohnen sollte, und da man die nächtlichen Rundfunksendungen wiederaufgenommen hatte, mußte ich wohl oder übel am Tag schlafen.« Sämtliche vorhandenen Hotelzimmer waren belegt; die Hoteldirektoren machten Riesengeschäfte, indem sie Armstühle und Sessel in ihren Foyers vermieteten. In Bordeaux hielt sich, wie gesagt, fast eine Million Flüchtlinge auf, und gut doppelt so viele bevölkerten die Dörfer des umgebenden Landes und besetzten alle Ferienorte an der Küste zwischen Arcachon und Saint-Sébastien.

In dieser aus den Fugen geratenen Welt sicherten persönliche Eigenarten und Gewohnheiten den Menschen ein gewisses Maß an Ordnung. Dementsprechend verbrachte Cocteau den Vorabend seiner Abreise aus Paris damit, Konfitüregläser hervorzukramen und sie mit einigen Pfunden erstklassigen Opiums zu füllen, denn ohne Opium wäre ihm ein längerer Aufenthalt in Südfrankreich unerträglich gewesen. In Perpignan hieß Dr. Nicolo, Arzt und Bourgeois par excellence, dessen Gattin ein Senf-Vermögen aus Dijon geerbt hatte, die Flüchtlinge willkommen. Entzückt darüber, daß die Umwälzungen des Kriegs ihm keine geringere Zelebrität als Cocteau ins Haus gebracht hatten, erstreckte Nicolo seine Großzügigkeit sogleich auf verschiedene Jünglinge, die sich, als sie von Cocteaus neuem Aufenthaltsort erfahren hatten, nach und nach einfanden. Auch Jean Marais verabschiedete sich von der Zigeunerin, die ihn neun Monate später als Vater ihres Neugeborenen bezeichnen sollte, und begab sich via Toulouse per Anhalter nach Perpignan.

Es wurde ein Sommer, der dem vorhergegangenen aufs Haar glich, vielleicht noch etwas sorgloser verlief, denn Cocteau durfte mit Befriedigung konstatieren, daß es in Paris niemanden mehr gab, der hinter seinem Rücken gegen ihn intrigieren konnte. Cocteau hatte schon vor längerer Zeit ein weiteres Stück – *La Machine à Ecrire (Die Schreibmaschine)* – beendet, das zweifellos den absoluten Nullpunkt seiner Laufbahn als Dramatiker darstellt. Nun arbeitete er hektisch an *Renaud et Armide* (»Rinaldo und Armida«) und an den Gedichten, die auch die *Allégories* umfaßten. Diese literarischen Produkte waren nicht ohne eine gewisse formale Schönheit, sonst aber fehlte ihnen so ziemlich alles.

Noch vor Ende des Sommers 1940 begab Cocteau sich ans Mittelmeer und hielt sich in Aix-en-Provence und Mas-la-Fourques auf, wo eine Gruppe von Bekannten – darunter die Aurics – sich im Haus von Jean Hugo zusammengefunden hatte. Dort konsumierte man die letzten Opiumreserven. Cocteau verbrachte noch ein paar Wochen in der Clinique Lyautey, aber die Nazi-Okkupation sollte sich als weit wirksamer erweisen als alle seine freiwilligen Entziehungskuren.

Als die Pariser im September und Oktober wieder in ihrer Stadt eintrafen, konnten sie ihr neues Leben kaum begreifen. Angst, Ungewißheit, die Notwendigkeit, Schwarzmarkt- und Tauschgeschäfte zu tätigen und seinen Lebensunterhalt zu improvisieren, verwandelten die Einwohner in eine geschlossene, wispernde und von Verfolgungswahn besessene Bruderschaft. Das nur durch das Klappern hölzerner Absätze und durch das Heulen der Sirenen bei Luftalarm unterbrochene Schweigen wurde zum markantesten Merkmal der Stadt. Ein paar Dutzend Mietkutschen aus der Belle Epoque fuhren wieder die Boulevards entlang. Große Damen, Mitglieder der Académie Française und selbst Cocteau erledigten ihre Wege per Fahrrad. Kinder konnten überall ungefährdet Rollschuh laufen, und man sah Clochards, die sich auf eigenartigen selbstgeklempnerten Blechkonstruktionen fortbewegten. Auch sonst kamen alle möglichen kuriosen Fahrzeuge zu ungeahnten Ehren.

Irgendwie bedeutete die Okkupation für Cocteau eine Erleichterung, denn sie brach seinem Hunger nach Ruhm die Spitze ab. Sie bot ihm die gleichen, nicht zu verachtenden Vorteile wie eine Krankheit. Im Herbst 1940 bezog er mit Marais eine kleine Wohnung, die er vor kurzem in der Rue de Montpensier Nr. 36 gekauft hatte, im Westflügel jener riesigen rechteckigen Residenz namens Palais-Royal. Aus den Fenstern, die genau über den inneren Arkaden lagen, konnte er Gärten und Galerien sehen, die dreihundert Jahre lang die Bühne für politische Intrigen, für Mode, Glücksspiel, Philatelie und käufliche Liebe abgegeben hatten.

Cocteaus Schwierigkeiten mit dem Frankreich von Vichy begannen im April 1941. Er fand sich unversehens dem Haß von Alain Laubreaux ausgesetzt, einem Theaterschriftsteller, der vor einigen Jahren wegen eines Plagiats verurteilt worden war. Bevor *Die Schreibmaschine* im Théâtre Hébertot uraufgeführt wurde, ließ Laubreaux wissen, er würde das Stück in *Je suis partout* (»Ich bin überall«) zerreißen – *Je suis partout* war ein Wochenblatt, das während der Okkupation »collaborationniste« wurde. Marais versprach, ihm dafür »das Gesicht zu demolieren«.

Später konnten beide ihre Drohungen wahrmachen. Am Tag nach der Premiere befahlen die Deutschen, alle weiteren Vorstellungen einzustellen, obgleich der Text vorher der deutschen Zensur vorgelegen und die Aufführungsgenehmigung erhalten hatte. Hébertot erhob Einspruch, und zwei Tage später durfte wieder gespielt werden. *Je suis partout* brachte einen skurrilen Artikel, in dem Laubreaux, nicht zufrieden damit, Stück und Besetzung zu diffamieren, auch Cocteaus sexuelle Gepflogenheiten denunzierte – im echten Vichy-Stil. Marais hatte keine Mühe, den Verfasser kurz danach zu stellen: Hébertot arrangierte ein Treffen, das sicher nicht in den Sternen stand.

An einem stürmischen Abend verzehrten Cocteau und Marais, wie sie es oft taten, ein Schwarzmarkt-Steak in einem Restaurant auf dem Boulevard des Batignolles, als jemand Marais die Nachricht brachte, daß Hébertot ihn in einem Zimmer in der zweiten Etage zu sprechen wünsche. Da soeben die Stromsperre begonnen hatte, tastete Marais sich im Dunkeln die Treppe hinauf. Er betrat den Raum, und da niemand sprach, konnte er die Anwesenden zunächst nicht identifizieren. Als schließlich ein Streichholz aufflammte, machte er die Glatze von Hébertot aus. Ein anderer wurde ihm als Alain Laubreaux vorgestellt. Marais verlor keine Zeit damit, sich zu vergewissern, ob es sich auch tatsächlich um Laubreaux handelte, spuckte dem Betreffenden ins Gesicht und schlug zu. Der Besitzer des Lokals, den man schon zweimal ins Gefängnis gesteckt hatte, weil er Fleisch vom Schwarzen Markt servierte, flehte sie an, ihren Streit auf der Straße zu beenden. Cocteau, der Angst vor gewalttätigen Gesten jeder Art hatte, tat sein Bestes, um Marais von seinem Rachevorhaben abzubringen. Als dieser Anstalten machte, mit Laubreaux ins Freie zu gehen, bat Cocteau ihn zu bleiben, und wiederholte mehrmals: »Geh nach Haus! Man wird dich erschießen! Die Gestapo!«

Aber Marais ließ sich nicht abschrecken. Er entriß Laubreaux den Spazierstock und verabreichte ihm bei strömendem Regen so kräftige Schläge, daß deren Echos laut in der Straße widerhallten und Marais' Ruhm verzehnfachten. »Als Laubreaux Cocteau auf grobe Weise beleidigte . . .«, schrieb Simone de Beauvoir in ihrem Tagebuch, »suchte Jean Marais ihn auf und schlug ihn zusammen, was uns außerordentlich befriedigte.« Wie Cocteau befürchtet hatte, machte der neue Ruhm seines Freundes sie beide nur noch interessanter für die deutschen Behörden. Sie mußten sich einige Zeit verstecken, und *Die Schreibmaschine* beendete ihre öffentliche Karriere rühmlicher, als sie es vielleicht verdiente.

Das war aber nicht der letzte Schlagabtausch mit Laubreaux. Ihre Homosexualität machte sie von vornherein zu Feinden eines Staates, dessen Motto »Arbeit, Familie, Nation« lautete.

Dieses neue Dreigestirn der Tugenden wurde durch Flaggen, Münzen, Banknoten, Bilder von Pétain, Paraden und endlose Tiraden im nationalen Rundfunk verbreitet. Die faschistischen Jugendlichen Frankreichs stellten ihre Männlichkeit bei jeder Gelegenheit zur Schau, um die militärische Niederlage zu kompensieren. Sie trugen Uniformen, die kaum von denen der Nazis zu unterscheiden waren, entwickelten ihren Bizeps in »Arbeitslagern« der französischen Wälder und zeigten sich überhaupt als so getreue Gefolgsleute, daß die Deutschen sich – wenigstens im ersten Jahr der Okkupation – zahlreiche großzügige Gesten leisten konnten. Im Licht der vom faschistisch-bourgeoisen Staat gepredigten Tugenden mußte ein Stück wie *Nein, diese Eltern* geradezu Aufforderung zum Aufruhr bedeuten. Als es im Dezember 1941 im Gymnase wiederaufgeführt wurde, hatte Laubreaux, der Cocteau nach wie vor mit allen Mitteln unschädlich machen wollte, keine Schwierigkeiten, junge Angehörige der Miliz zum Erstürmen des Theaters aufzustacheln.

Diese Jünglinge machten es sich auch zur Aufgabe, Cocteau und Marais in der Öffentlichkeit bloßzustellen. Einmal wurde Cocteau sogar tätlich angegriffen, und zwar bei einer Parade auf den Champs-Elysées. Eine Schar französischer Jugendlicher trabte in deutschen Uniformen die Straße entlang, und die Zuschauer wurden aufgefordert, den Arm zum deutschen Gruß zu heben. Cocteau hatte einen Anfall von Résistance und weigerte sich, dem Befehl nachzukommen, worauf man ihn zu Boden warf, mit Füßen trat und ein Auge blau schlug. Nach dem Krieg sollte ihm diese Wunde noch von Nutzen sein.

Trotzdem waren für Cocteau die Jahre der Okkupation, auch der harte Winter 1943, zwar kalte, aber nicht magere Jahre. Er und Marais hatten genug Geld, um Lebensmittel auf dem Schwarzen Markt zu kaufen, und außerdem fand Cocteau in seiner Hand immer irgendein Füllhorn – sprich: eine reiche, um sein Wohlergehen besorgte Dame der Gesellschaft –, in welcher Richtung er sie auch ausstreckte. Da Cocteau sich allem Anschein nach mehr um die eigene Karriere als um das allgemeine Elend kümmerte, fand er sich mit dem neuen Staat ab. Sein einziger Fehler bestand darin, daß er seiner Natur so enttäuschend treu blieb. Er kollaborierte nicht etwa mit dem Feind, da er aber – aus welchen Gründen auch immer – niemals lange eine Antipathie aufrechterhalten konnte, betrachtete er den Feind selbst dann nicht genügend als Feind, als es nicht mehr angebracht war, wie in Friedenszeiten zwischen »guten« und »schlechten« Deutschen zu unterscheiden, als es unbegreiflich naiv war, daß jemand unpolitisch blieb wie früher. Simone de Beauvoirs Bericht über ihren ersten Abend mit Cocteau verdeutlicht, wie wenig ihm die kategorischen Imperative von Scham und Würde etwas bedeuteten, die unter der deutschen Okkupation zum Gebot der Stunde wurden. Mit Genet und Sartre standen die beiden auf einer Seinebrücke, als Fliegeralarm gegeben wurde. Cocteau »sagte, ein Dichter müsse seiner Epoche neutral gegenüberstehen, auch Torheiten wie Krieg und Politik gegenüber müsse er gleichgültig bleiben. ›Sie werden sich uns dann schon anschließen‹, fuhr er fort, ›– die Deutschen, die Amerikaner, sie alle werden sich uns dann schon anschließen.‹«

Trotz aller Aufgeklärtheit in Cocteaus Kreisen war man nicht fähig, den Unterschied zwischen Ungehörigkeit und Unmenschlichkeit, zwischen einem groben Gesellen, einem, der nicht dazugehörte, und einem Ungeheuer zu erkennen. Es scheint, als hätte das Monströse nur auf obskure Leute aus dem Volk abgefärbt, auf Bauern und untergeordnete Funktionäre, deren Greueltaten tagtäglich die Zeitungsspalten für »Vermischtes« füllten. Der durch Äußerlichkeiten – durch die Nazi-Uniform und die Zurschaustellung der Macht – geblendete Cocteau schaffte es nicht, Mitläufer und kleine Funktionäre zu durchschauen. Hitlers Berühmtheit machte seine Verbrechen weniger schwerwiegend. Torheiten gehören zu den Privilegien des Herrn, und Herr ist, wer regiert.

Eine Kombination aus Egoismus und Servilität machte viele bildende Künstler und Schriftsteller anfällig für die Lockungen von Goebbels' Propagandastaffel. Sie durften Luxusreisen durch Deutschland unternehmen und begriffen nicht – oder höchstens zu spät –, daß sie nur die Rolle gefangener Clowns spielten, über die man sich lustig machte. Als Impresario fungierte der deutsche Bildhauer Arno Breker , ein Exponent des faschistischen Monumentalismus, der vor 1939 bei Maillol studiert hatte. »Es war dieser verdammte Breker, der uns dazu brachte«, erklärte Vlaminck später. »Vor dem Krieg hatten wir ihn kennengelernt . . . Als er vorschlug, wir sollten Deutschland besuchen und sehen, was die Künstler dort seit Hitler gemacht hätten, hörten wir vertrauensselig zu; es war seine Idee, und er unterbreitete sie, zunächst ohne Erfolg, Hitler, mit dem er auf gutem Fuße stand, da seine Frau dem Führer die Zukunft vorhersagte. Jedesmal, wenn er das Thema anschnitt, sagte Hitler: ›Später, jetzt ist nicht die Zeit dafür.‹ Schließlich kapitulierte er: ›Zur Hölle mit Ihnen und Ihrem Projekt, aber wenn es soviel bedeutet, gehen Sie zu Goebbels und organisieren Sie es!‹«

Cocteaus Fehltritte waren entschuldbarer und dümmer zugleich. Er reiste zwar nie ins Ausland, aber er ging ins Deutsch-Französische Institut in der Rue de Grenelle, wo Otto Abetz, der deutsche Botschafter in Paris, Empfänge zu Ehren deutscher Würdenträger gab, die die Stadt besuchten. Cocteau fiel zwar nicht den Redekünsten von Arno Breker zum Opfer, aber er bewunderte dessen Skulpturen, und das war weit schlimmer. Das Titelbild einer Ausgabe des Nazi-Organs *Signal*, das in französischer Sprache erschien, zeigte einen Cocteau, der seinen Arm freundschaftlich um die Schulter Brekers legte. Kurze Zeit später schrieb Cocteau einen hymnischen Artikel über Breker , in dem er den Tag erwartete, da » Brekers Statuen die Place de la Concorde besetzen würden«. Er konnte der Versuchung, auf Titelfotos zu figurieren, nun einmal nicht widerstehen, und es war ihm gleich, um welche Blätter es sich dabei handelte. Cocteau war kein Kollaborateur, er war publicitysüchtig. In seinen Augen war Deutschland der letzte Schrei. Außerdem bedeutete Deutschland Macht, Kraft, und Macht bedeutete Männlichkeit. In seinen unteren Bewußtseinsschichten setzte Cocteau zweifellos die Begriffe der Monumentalität, des Ruhms und der Virilität auf obskure Weise gleich. Zwar schrieb er keine Oden auf sehnige Läuferinnen – wie Montherlant –, aber dem Spektakulum der Brekerschen Skulpturmuskeln konnte er sich nicht entziehen.

Während seiner gesamten Laufbahn bezog Cocteau, der Schriftsteller, seine Anregungen von Cocteau, dem Liebenden. Er richtete sich nach Radiguet, Desbordes und Marais, produzierte Traktate, Romane und Theaterstücke zum großen Teil nach den Forderungen ihrer Imperative. In seinen Jünglingen entdeckte er ein Mittel zur Regeneration, eine Art elektrische Aufladung. Als er 1937 *Nein, diese Eltern* schrieb, dachte er an Marais, dem er unbedingt zu einer Boulevardkarriere verhelfen wollte. 1941 schrieb er *Renaud et Armide*, nachdem das Aufführungsverbot der *Schreibmaschine* ihn davon überzeugt hatte, daß er und Marais außerhalb der staatlich subventionierten Theater keinen sicheren Hafen finden würden. Diese »Verstragödie«, ein antiquarischer, für die Comédie-Française konfektionierter Kraftakt, steuerte entscheidend zu Marais' Aufnahme in diese erhabene Körperschaft bei, deren Direktor mittlerweile Jean-Louis Vaudoyer geworden war, ein Freund Cocteaus aus der Zeit der »heroischen« Jahre Diaghilews.

Marais' kurze Zugehörigkeit zur Comédie-Française sollte sich als eine Serie von Mißverständnissen und Mißhelligkeiten erweisen. Am Abend vor dem entscheidenden Vorsprechen erfuhr er, man hätte ein Komplott angezettelt, um ihn abzuweisen, und begab sich entgegen allen Vorschriften des guten Geschmacks in einem buntgescheckten Kostüm auf die Bühne. Zu seiner großen Überraschung wählte das Komittee ihn dann doch. Eine Woche später bezeichnete das einflußreiche Theatermagazin *Comoedia* Marais jedoch als Eindringling, dessen Wahl manipuliert worden sei. Da Marais wußte, daß diese Behauptung nicht den Tatsachen entsprach, geriet er in Wut und schrieb einen offenen Brief, in dem er die Dinge ins rechte Licht rückte – und mußte daraufhin heftige Vorwürfe von Vaudoyer einstecken. Kollegen, die keine große Meinung von ihm hatten (seine Stimme zum Beispiel trug überhaupt nicht und war bereits in den mittleren Parkettreihen nicht mehr zu hören), aber wegen seiner Popularität dennoch eifersüchtig auf ihn waren, ärgerten ihn, indem sie ihre Passagen so schnell herunterleierten, daß er deshalb oft seine Einsätze verpaßte. Als Marais nach einigen Wochen bei der Comédie-Française um einen Urlaubsschein ersuchte, damit er anderweitigen vertraglichen Verpflichtungen nachkommen konnte, riet Vaudoyer ihm, seinen vorläufigen Abschied zu nehmen, und versprach, ein Gesuch um Wiederaufnahme würde dann ganz automatisch genehmigt werden. Das war aber nicht der Fall.

Als *Renaud et Armide* im April 1943 inszeniert wurde, geschah das ohne den Schauspieler, für den es geschrieben worden war. Cocteau entschädigte Marais später, indem er ihm die Hauptrolle eines Films verschaffte, zu dem er das Drehbuch geliefert hatte: *L'Eternel Retour* (»Die ewige Rückkehr«). Diese blutleere Version des Tristanstoffes hatte in dem nach Unterhaltung dürstenden Land einen derartigen Erfolg, daß junge Mädchen und Frauen den Hauseingang der Rue Montpensier Nr. 36 blockierten und auch die Gärten des Palais-Royal besetzten, um Jean Marais abzufangen.

Renaud et Armide erzählt in bemerkenswert geschickten Alexandrinern die Geschichte des Rinaldo, eines sagenhaften französischen Königs, der auf einem Handelsschiff die fernen Lande der Feenkönigin Oriane erreicht. Dort verliebt er sich in die Zauberin Armida, deren Ring, der früher Orpheus gehört hatte, ihr die Macht verleiht, sich in eine gewöhnliche Frau zurückzuverwandeln. Durch ihre Liebe zu Rinaldo verscherzt sie sich allerdings den Ring, und obgleich sie weiß, daß ein Kuß von ihm sie töten wird, stimmt sie der schicksalhaften Umarmung zu, um dem Geliebten die Freiheit wiederzugeben. Rinaldo kehrt auf seinen Thron zurück, den er für sie aufgeben wollte.

Wäre *Renaud et Armide* als Farce inszeniert worden, hätte es vielleicht Erfolg gehabt, aber wir haben guten Grund zu glauben, daß Cocteau, der vom Bedeutungsgehalt äußerer Erscheinungsformen besessen war, die Vorzüge seines Stücks noch nicht einmal selbst erkannte.

Wenn Cocteau sich auch seiner eigenen Persönlichkeit und deren Möglichkeiten nur unvollkommen bewußt war, erkannte er die Bedeutung anderer oft intuitiv. 1942 las er das Manuskript von Jean Genets *Notre-Dame des Fleurs* in einer einzigen Nacht durch und war, nach anfänglichen Widerständen, so beeindruckt, daß er es kurz danach noch einmal durcharbeitete. Wir wissen nicht, welche Tür sich da plötzlich in Cocteaus Gehirn geöffnet hatte, aber es steht fest, daß er Genet von nun an als den größten Schriftsteller seiner Generation pries und die an Oscar Wilde erinnernden Antworten festhielt, die dieser bei seinem Prozeß dem Richter erteilt hatte.

»Cocteau erzählte, daß er der Verhandlung gegen einen jungen Menschen beigewohnt hätte, der des Diebstahls von Büchern beschuldigt war«, notierte Ernst Jünger am 20. Juli 1943, »darunter eine seltene Ausgabe von Verlaine, und der Richter fragte: ›Haben Sie den Preis dieses Buches gekannt?‹ – Darauf der Angeklagte: ›Ich kannte nicht seinen Preis, doch ich kannte seinen Wert.‹ – Auch Bücher von Cocteau sind darunter gewesen, und eine weitere Frage lautete: ›Was würden Sie sagen, wenn man Ihnen ein Buch, das Sie geschrieben hätten, entwendete?‹ – ›Ich würde stolz darauf sein.‹« Wenn man bedenkt, daß ein Schuldspruch bei dieser zehnten Anklage für Genet die lebenslängliche Verbannung in ein Gefängnis von Französisch-Guayana bedeutet hätte, waren solche Antworten wirklich außerordentlich kühn. Cocteau eilte dem Dichter zu Hilfe und schrieb dem Polizeigerichtshof des 19. Arrondissements einen Brief, in dem er erklärte, es wäre verbrecherisch, Frankreich seines neuen Rimbaud zu berauben. Cocteaus Kampagne war für den Freispruch Genets entscheidend.

Es folgte eine kurze Affäre zwischen diesen beiden vollkommen entgegengesetzten Naturen. Wie in so vielen anderen Fällen, fühlte Cocteau sich auch jetzt hingezogen zu dem wilden Entwurzelten, den Genet so perfekt verkörperte, während Genet stärkere freundschaftliche Gefühle hegen konnte und die Gesellschaft weniger verachtete, als er immer vorgab. »In der Unterhaltung wie in seinen Schriften«, schrieb Simone de Beauvoir,

»war er bewußt leichtsinnig und betonte, daß er niemals davor zurückschrecken würde, einen Freund zu bestehlen oder zu betrügen; trotzdem habe ich nie gehört, daß er schlecht über jemanden sprach, und er erlaubte nicht, daß man in seiner Gegenwart Cocteau angriff.« Die Freundschaft dauerte länger als die Affäre. Er schenkte Cocteau das Manuskript von *Notre-Dame des Fleurs* – und klaute es später zurück.

Nachdem Paris fast vollständig befreit war, hatten sich die ausharrenden Deutschen in Gebäuden an der Place de la Concorde und um die Madeleine festgesetzt. Am Nachmittag des 21. August 1944 schien die Place de la Concorde – nach stundenlangen, heftigen Kämpfen – schließlich sicher genug, und General de Gaulle konnte auf den Champs-Elysées seinen Triumphmarsch beginnen. Zehntausende von Menschen schwenkten die Trikolore, schluchzten, jubelten und sammelten sich an der ehemals kaiserlichen Prachtstraße. Cocteau, sein Sekretär Paul Morihien und Jean Marais beobachteten die Parade von einem Raum der obersten Etage des Crillon aus. Als de Gaulle mit seinen Begleitern heranrückte, eröffneten einige Angehörige der französischen Miliz, die sich auf dem Dach des Hotels versteckt hatten, das Feuer. Eine unten aufgestellte Kanone brachte sie zum Schweigen. Mauerwerk fiel herab, und – so Marais – ein Geschoß schlug Cocteau die Zigarette aus dem Mund. Das war der Vorgeschmack der Befreiung.

Jean Marais' Querelen mit dem Parti Populaire Français genügten, ihn mit dem Heiligenschein der Résistance zu umgeben, dafür zog man in Erwägung, Cocteau zu peinlichen Verhören zu laden – glücklicherweise behielten seine einflußreichen Freunde die Oberhand, vor allem einer: Louis Aragon. Als er aus dem Midi zurückkehrte, wo er bei der Bildung der Résistance eine Schlüsselrolle gespielt hatte, lautete eine seiner ersten Fragen: »Wer verdient es am meisten, reingewaschen zu werden?« Man nannte ihm Cocteau.

Cocteaus Verhalten nach der Befreiung kann man nicht gerade als würdevoll bezeichnen. Er war eifrig bestrebt, den ihm anhaftenden Kollaborationsgeruch zu vertreiben. »Als ich wieder in der Botschaft war«, schrieb Harold Nicolson 1945, »wartete Jean Cocteau auf mich, er sah aus wie ein alternder Kakadu. Während ich mir die Hände wusch, kam er in mein Zimmer. Er behauptete, nur aus Rücksicht auf seine Kunst habe er sich Aragon und den anderen nicht zum offenen Widerstand angeschlossen. Er schilderte, wie die Milizionäre ihn geprügelt und ihm beinahe ein Auge ausgeschlagen hätten. Irgendwie war es nicht sehr erhaben oder ermutigend.«

Während des konfusen Interregnums, das auf die Befreiung von Paris folgte, waren Lebensmittel und Treibstoff knapper denn je. Als der englische Schriftsteller Ronald Duncan im Palais-Royal vorsprach, bot sich ihm ein ziemlich desolates Bild:

> Als die Tür aufging, erblickte ich im Rahmen einen sehr hübschen jungen Mann. Er sah aus wie eine griechische Statue und wußte es auch.
> »Jean erwartet Sie«, sagte er nachlässig; dann rief er: »Jean, Jean, komm schnell und schau, was wir da haben.«
> Ich wußte nicht, ob er auf mich anspielte oder was seine Bemerkung sonst bedeuten sollte. Bevor ich es ergründen konnte, kam Cocteau in die Halle geeilt. Ich war entsetzt: Er sah abgezehrt und rotgelb aus. Er schien seltsam erfreut zu sein, mich zu erblicken, war betont herzlich.
> »Ich möchte Ihnen Jean Marais vorstellen. Ist er nicht wunderschön?«
> Ich warf einen Blick auf den Apoll, der nun auf einem weißen Schafwollteppich posierte, und mußte ihm zustimmen, wußte aber nicht, wie ich es ausdrücken sollte. Dann merkte ich, daß die beiden einen ausgesprochen gierigen Blick hatten. Ich folgte ihren Augen und begriff, daß sie starr und schweigend einen Karton mit Chesterfields fixierten, den ich im Hotel aus meinem Koffer genommen hatte. Ich hatte vergessen, daß ich ihn bei mir trug. »Hier«, sagte ich und gab ihn Cocteau, der ihn so ehrerbietig entgegennahm, als handle es sich um einen Lorbeerkranz. Eine Schachtel gab er Marais . . .

Ich beobachtete Cocteau. Mein erster Eindruck bestätigte sich. Er sah verfallen aus, und das wurde durch seine geschniegelte und betont jugendliche Kleidung noch unterstrichen. Meine persönliche, oberflächliche Diagnose war, daß er entweder an Gelbfieber oder an Hepatitis litt. »Ich nehme an, es ist das Resultat Ihrer Ernährung während der Okkupation?«

»Nein«, antwortete er mit klinischer Nüchternheit. »Sie erblicken die Wirkungen des Opiums.«

Die Vergeltungsmaßnahmen wurden jedoch überdeckt von einem allumfassenden Freudentaumel, und der Mangel an fast allen lebensnotwendigen Dingen bedeutete lediglich den Preis, den man für den neuen Luxus der Freiheit zu entrichten hatte. Befreiungszeitungen erschienen und verschwanden wie die Eintagsfliegen, die Menschen wurden – selbst für französische Maßstäbe – redselig und ließen Worte und Küsse los, die seit Jahren zurückgehalten werden mußten.

Offizielle Positionen, die bisher von Vichy-Anhängern besetzt waren, wurden verteilt, als handle es sich um Kriegsbeute. Man bot Cocteau (so behauptete er jedenfalls) Vaudoyers Direktorenposten an der Comédie-Française an. In Anbetracht von Cocteaus ramponiertem Ruf läßt sich allerdings daran zweifeln, und es sollte ein ganzes Jahrzehnt vergehen, ehe er zu offiziellen Ehren kam. Während des Kriegs hatten Worte ein neues, entscheidendes Gewicht erlangt, wie Sartre sich ausdrückte, aber Cocteau war nun einmal ein Schauspieler, der nur für die Ränge spielte, und die Ränge waren unter der Okkupation verhüllt gewesen. *La Belle et la Bête (Es war einmal)*, ein Film, den Cocteau bereits im Sommer 1944 in Ansätzen konzipiert hatte, sollte ihn wieder ins Scheinwerferlicht der Öffentlichkeit rücken. Er arbeitete so besessen daran, als würde er dafür mit himmlischer Erlösung belohnt werden.

Für die Dreharbeiten zu *Es war einmal* benötigte man sechs Monate. Mit der Technik der Filmherstellung war Cocteau inzwischen gründlich vertraut, da er seit *Le Sang d'un Poète* unter bedeutenden Regisseuren wie Marcel Carné die verschiedensten Funktionen ausgeübt hatte. Im August 1945 brachte er seine Darsteller und Techniker nach Rochecorbon, einem Herrenhaus im Tal der Loire, wo man die Szenen mit der Schönen im Schloß des Tiers drehte.

»Eine Sache, von der man lange geträumt hat, die man sich lange vorgestellt und lange auf der unsichtbaren Leinwand gesehen hat, muß heute morgen Gestalt annehmen, in Raum und Zeit gehauen werden«, vertraute Cocteau kurz vor Drehbeginn seinem Film-Tagebuch an. Der Mangel an geeigneter Ausrüstung, das Versagen der Elektrizität, ungünstige Wetterverhältnisse, der Druck der Geldgeber und Krankheiten, nachträgliche Tribute an die Zeit der Okkupation, von denen seine Schauspieler, vor allem aber er selbst, heimgesucht wurden, beanspruchten Cocteaus schmalen Vorrat an Geduld und seine breitgefächerten Improvisationstalente. Er machte sich schnell beliebt bei seiner Crew, die ihn »Mon général« titulierte. Cocteau zeigte nämlich nicht jenes Olympiergehabe, das sie zweifellos von ihren anderen Regisseuren her gewohnt war. Es war sein Werk, und es gab keine Arbeit, die er für unter seiner Würde hielt. Er half dabei, die Gerüste aufzubauen, er schleppte Kameras und Scheinwerfer herum und verbrachte so viel Zeit im blendenden Licht der Bogenlampen, daß er sich schließlich ein Ekzem zuzog, das ihn während eines großen Teils der Dreharbeiten am Schlafen hinderte.

Während der Arbeiten führte Cocteau eine Art Tagebuch, aus dem hervorgeht, welche mit physischen Qualen gemischte Freude er daran hatte, Tag für Tag mit Leuten zusammenzuarbeiten, die gewissermaßen einen Privatclub bildeten und an seiner, Cocteaus, Selbstverwirklichung schafften. Es ist, als hätte er sie für das Jüngste Gericht Aufstellung nehmen lassen; das Tagebuch liest sich wie ein Streitgespräch zwischen Körper und Seele – der Körper erlahmt allmählich, während die Seele ihrer Vollendung entgegenstrebt. Es schien kein Tag zu vergehen, an dem sich nicht hinter Marais' Ohr oder auf Cocteaus Brust irgendein Übel ausbreitete. Wenn man Cocteau glauben darf, dann humpelten die Darsteller mit offenen Geschwüren und auf gebrochenen Gliedmaßen der Erlösung entgegen, kratzend, niesend, hustend. »Ich betrachte mich im Spiegel«, notierte er. »Es ist abstoßend. Trotzdem leide ich nicht im geringsten. Das Physische zählt nicht länger. Die Arbeit und ihre Schönheit müssen es ersetzen. Es wäre kriminell von mir, mein Leiden, meine Häßlichkeit dem Film anzulasten. Der wahre Spiegel ist die Leinwand, und auf ihr sehe ich, wie mein Traum zu physischem Leben erwacht. Alles andere ist mir gleichgültig. Übrigens habe ich Tracheitis. Ich huste, und dieser Husten verschlimmert die Schmerzen meiner offenen Wunden ... Wenn es mir gut ginge, gäbe es den Film vielleicht nicht. Ich zahle. Ich zahle in bar.« Auch die Schmerzen gehörten zur Mythologie. Im Dienst an der Kunst verschleudert man seine Gesundheit, man wird häßlich, indem das Werk Schönheit erlangt.

Die Krankheit, die jedoch allen Heilmitteln widerstand, war das fortschreitende Alter. 1942 war Madame Cocteau gestorben, seinen acht Jahre älteren Bruder sah er wieder häufiger – alles um ihn herum wies darauf hin, daß er eben nicht mehr jung war. »Erster größerer Bericht über unsere Arbeit in *Monde Illustré*«, notierte Cocteau in seinem Tagebuch. »Mein Foto auf der Titelseite. Man sieht einen alten, traurig dreinblickenden Herrn, der in den luftleeren Raum starrt. Das bin ich. Ich werde mich daran gewöhnen müssen.«

Aber jemand, der sich immer noch als romantischen Superjüngling sah, der immer noch Capes und Wildlederjäckchen trug und seine Ärmel hochschlug, damit man das leuchtende rosa Seidenfutter bewundern konnte, jemand, der es liebte, als Außenseiter des Establishments zu gelten, ein solcher Mensch gewöhnt sich nicht so leicht ans Altwerden. Cocteaus New Look brachte Überschlankheit und hellgraue, allmählich weiß werdende Haare, die sein Coiffeur später zu Locken aufbürstete. Die schlaksige, etwas geisterhafte Erscheinung der dreißiger Jahre war nun gereift, und das gelbe Gesicht hatte etwas Mephistophelisches. Cocteau ähnelte immer mehr dem Mann, mit dem man ihn sein Leben lang verglichen hatte: Voltaire. Nur sein Mund blieb stets großmütterlich-schelmisch und erreichte nie die abgeklärte Serenität des Patriarchen von Ferney.

1946 erholte Cocteau sich von den filmischen Strapazen; zuerst in den Schweizer Alpen, dann im Schloß von Louise de Vilmorin, das außerhalb von Paris lag und wo er den größten Teil von *Die Schwierigkeit, zu sein* schrieb, eine Reihe von Betrachtungen à la Montaigne – über Freunde und Freundschaft, über den Schmerz, über das Schreiben, die Unterhaltung, über verhexte Häuser und Wohnungen, über die Liebe. Das Verb »scheinen« war dabei für Cocteau wichtiger als das Verb »sein«, wie ein Kritiker erklärte. Das zeigt auch jener Brief, den er 1945 an Gide schrieb, nur allzu deutlich. Nachdem er sich im Hauptteil des Briefes selbst überredet hat, daß die ätzenden Urteile in Gides Tagebuch nur von dessen Zuneigung zeugten, erklärt er: »Ich wäre außerordentlich stolz und glücklich, wenn Sie Ihrem Tagebuch eines Tages eine diesbezügliche Anmerkung hinzufügen würden. Denn die Leute, die Ihnen *glauben* und nur die Buchstaben Ihrer Bemerkungen lesen, werden eine schlechte Meinung von mir bekommen.« Von Gide verlangte er also noch schnell die *eine* Bemerkung, die eine fast fünfzigjährige Epoche der Schmähungen ausradieren sollte!

Obgleich er sich auch weiterhin als jugendliches Gestirn betrachtete, fügte Cocteau sich langsam in das Unvermeidliche und begann, das zu tun, was alle Erwachsenen tun: Sie sterben, aber vorher raffen sie noch schnell Besitz zusammen. Wie alle Vagabunden, so träumte auch er von einem festen Domizil, und 1946 fand er den Unterschlupf, der seinen Vorstellungen entsprach. Mit Marais und Paul Morihien (der sich inzwischen dem Verlegergeschäft zugewandt hatte), erwarb Cocteau ein bezauberndes Haus in Milly-la-Forêt, gut fünfzig Kilometer südwestlich von Paris. Es dauerte nicht lange, bis auch diese Wohnung der Darstellung seiner eigenen Persönlichkeit diente. Sie wurde zu einer Art Cocteau-Museum, wo der Dichter für Fotografen posierte, aber nur selten lebte.

Cocteau erstand ein kleines historisches Denkmal. Die Dorfbewohner bezeichneten seine neue Residenz als »La Maison du Bailli« (Das Haus des Landvogts), weil sie rund fünf Jahrhunderte zuvor von einem Landvogt erbaut worden war. Angeblich hatte auch Jeanne d'Arc eine Nacht in dem Gemäuer verbracht. Heute bildet es das Ende einer Sackgasse, die um die Kirche von Milly führt, und hinter dem Haus fließt ein Bach, durch den es von anderen Anwesen des Ortes getrennt wird.

Milly bedeutete allerdings nicht die letzte Station in Cocteaus Vagabundendasein. An den Wochenenden wohnte er oft dort, aber sonst stand das Haus meist leer, während der Besitzer anderswo seine Interessen vertrat. Sein Image benötigte schließlich ständige Pflege, um nicht an Glanz zu verlieren. Louise de Vilmorin erinnert sich an einen abendlichen Kinobesuch zusammen mit Cocteau und Marais. Nach der Vorstellung wurde Marais von Halbwüchsigen umringt, während man seinen Freund gar nicht erkannte; Cocteau stand am Rand der Gruppe und machte einen ziemlich jämmerlichen Eindruck.

Nach dem Krieg wurde er Stammgast im Salon der Florence Gould, wo Paul Léautaud genügend Muße fand, seine scharfsichtigen Perlaugen auf dem Neuling ruhen zu lassen. 1946 traf er Cocteau, »den ich noch nie bei Madame Gould gesehen hatte, obwohl er sie seit langem kennen muß, da er sie nur ›meine kleine Florence‹ nennt . . . Als ich in den Salon trat, kam er sofort auf mich zu und erklärte vor allen Gästen: ›Wenn ich es wagen würde, würde ich Léautaud umarmen.‹ Und er wagte es auch, jedenfalls beinahe, indem er sein Gesicht gegen das meine drückte. Dann verkündete er, die Farbe, die seiner Ansicht nach am besten zu mir passe, sei blau, und der Ausdruck, der mich am ehesten charakterisiere, sei die Eleganz . . . Ich glaube, daß er sagen wollte, ich mache trotz aller Bescheidenheit der Kleidung – und ich füge hier hinzu, daß sie ziemlich schäbig war – einen solchen Eindruck. Er selbst, der ein unglaubliches Geld verdienen muß durch seine Theaterstücke, seine Filme, seine Bücher, ist ziemlich unelegant gekleidet, obwohl man es anders erwartet hätte. Beim Mittagessen mußte ich ihm meinen Platz neben Madame Gould abtreten. Ich bemerkte, daß er während der ganzen Mahlzeit mit aufgestützten Ellenbogen dasaß und auch so speiste. – Madame Gould war an jenem Tag besonders tief dekolletiert, trug einen so offenherzigen Ausschnitt, daß man ihre Brüste deutlich sehen konnte, vor allem ich, der ich ihr gegenübersaß. Ich sagte ihr das auch und meinte dann leise zu Antonini, der neben mir Platz genommen hatte: ›Sicher will sie Cocteau einheizen!‹ «

Inzwischen hatte Cocteau sich ernstlich an die Arbeit der Selbstkommentierung und Selbst-Rekapitulierung gemacht, eine Arbeit, die seine letzten Jahre ausfüllen sollte. Abgesehen von einem umfangreichen Poem – *Crucifixion* (»Kreuzigung«) – und einem Ballett mit dem Titel *Le Jeune Homme et la Mort* (»Der junge Mann und der Tod«),widmete er sich der Neuauflage und Verfilmung früherer Werke, um die Aufmerksamkeit des Publikums zu gewinnen. Aber das war im Grunde schon immer seine Strategie gewesen: »Wiederhole die gleichen Sachen, aber jedesmal unter einem anderen Aspekt!« Das hatte er vor Jahren einem Freund geraten. Im Mai 1947 arbeitete er mit Roberto Rossellini und Anna Magnani an der Verfilmung der *Geliebten Stimme*, und 1949 produzierte er dann sein filmisches Meisterwerk, den *Orphée*.

Diese Aktivitäten wurden von zwei längeren Auslandsreisen unterbrochen – im Spätherbst 1948 begab er sich nach New York, im Februar des folgenden Jahres mit einer Theatertruppe, die auch mehrere Stücke von ihm im Repertoire hatte, in den Nahen und Mittleren Osten. Seine Reise durch Ägypten, Palästina und die Türkei glich einer dreimonatigen, bühnenreifen Luxus-Safari – inklusive ausgedehnte Diners bei Paschas und anderen orientalischen Würdenträgern, einer Tour nach Luxor unter der Führung des großen französischen Ägyptologen Alexandre Larille und einer Pilgerfahrt zur Sphinx. Auf jeden Fall war dieser Frühling gewiß weit reizvoller als das ihm zugeordnete literarische Produkt *Maalesh*, da Cocteau es wieder einmal für seine Pflicht hielt, unsterbliche Bemerkungen zu drechseln, das »Triviale« mit Bildern und Aphorismen aus seinem Allzweckrepertoire von Träumern und Nichtträumern, Sichtbarkeit und Unsichtbarkeit aufzumöbeln, aus Furcht, nicht genügend »literarisch« zu sein. Aber es war ein Frühling, der vom Winter bedroht wurde, eine Reise unter düsteren Vorzeichen. Im Januar 1949 war Christian Bérard während einer Probe zu Molières *Fourberies de Scapin (Scapins Schelmenstreiche)* tot zusammengebrochen. Der Verlust des engsten Weggenossen lähmte Cocteau und erinnerte ihn schmerzlich daran, daß seine eigene Vergangenheit sich allmählich überlebte.

Knapp zwei Jahre vorher hatte ein anderes einschneidendes Ereignis stattgefunden: 1947 trennten sich die privaten Wege von Cocteau und Jean Marais. Sie blieben zwar auch weiterhin Freunde, suchten sich aber jeweils einen neuen Herzenspartner – Marais einen amerikanischen Tänzer und Cocteau einen jungen Mann von jugoslawisch-italienischer Abkunft, der Edouard Dermithe hieß und ihn auf der Reise in den Nahen und Mittleren Osten begleitete.

Dermithe sollte der letzte und farbloseste von Cocteaus dunkelhaarigen entwurzelten Schützlingen sein. Er wurde in Triest geboren, wuchs auf in den Kohlerevieren von Nordfrankreich und folgte seinem Vater schon mit jungen Jahren in die Grube. Dermithe sah sich oft als Maler, aber sein größter Vorzug lag sicher in seinem hübschen Gesicht und seinem muskulösen Körper. Sein gutes Aussehen rettete ihn schließlich vor den Kohlenminen, obgleich die Idee, sein Leben als Luxusgeschöpf eines anderen zu verbringen, ihm erst relativ spät kam. Er bemühte sich zunächst um einen richtigen Job, und so traf Cocteau ihn denn auch zum ersten Mal als Angestellten in Morihiens Buchhandlung beim Palais-Royal.

Cocteau war sofort von Dermithe eingenommen und dachte sicher daran, den jungen Mann als »Sekretär« zu engagieren, wenn dieser nur ein wenig sattelfester in Orthographie und Interpunktion gewesen wäre. Also schlug er vor, Dermithe solle in Milly wohnen, sich um den Garten kümmern und die Pferde von Jean Marais versorgen. Nach diesem Aufstieg von den Kohlengruben in den Klostergarten tat er bald den großen Sprung vom Garten in die Privatgemächer des Meisters. Cocteau war entschlossen, seinen neuen Schützling zum Künstler und echten Franzosen zu machen, und begann sein Vorhaben, indem er dessen Namen um die Buchstaben »he« verkürzte und »Dermit« dann zu seinem Schoßhündchen degradierte, das fürderhin nur noch auf den Kosenamen »Doudou« hörte.

Die Schauspielerkarriere erwies sich allerdings als Aufgabe, der selbst Cocteau nicht gewachsen war. Dermit spielte eine kleinere Rolle im *Orphée*, dann eine größere in den *Schrecklichen Kindern* (der Filmversion der *Kinder der Nacht*), und in beiden Fällen konnte Cocteau seinen Schützling nur so präsentieren, wie er wirklich war – ernst, niemals lächelnd, mit steifen, abrupten Bewegungen und praktisch stumm. In Unterwäsche machte er aber eine ausgezeichnete Figur, und *Die schrecklichen Kinder* erwiesen sich als enormer Erfolg, besonders bei den Halbwüchsigen, die von nun an ihre eigenen unordentlichen Schlafzimmer für glorifiziert hielten und allen Ernstes glaubten, Cocteaus unsterbliche Sinnsprüche hätten ihre trüben Emotionen für alle Zeit veredelt. Cocteau maß seinem Werk metaphysische Bedeutung bei und schrieb einem Bewunderer, er hätte sich »über dieser Laterna magica abgeschuftet . . . Die Tatsache, daß sie Ihnen gefällt, beweist mir, daß ich meine Mission erfüllt habe, denn es gibt heute nur wenige Menschen, die den geheimnisvollen Nimbus in den Proportionen und der Struktur des Leeren begreifen.« Diese Bemerkung war allerdings längst nicht so vielsagend wie die Adresse des Empfängers: Villa Santo-Sospir in Saint-Jean-Cap-Ferrat.

Während der Filmarbeiten zu den *Schrecklichen Kindern* stellte Cocteau fest, daß ihm das Geld zum Weiterdrehen fehlte. Jean-

Pierre Melville, der Regisseur, schlug ihm vor, sich an eine Dame zu wenden, die zwar keine besonderen Talente besäße, aber dafür außerordentlich reich und darauf erpicht sei, sich in der künstlerischen Welt von Paris einen Namen zu machen. Die Dame investierte nicht nur in den Film, sondern lud Cocteau und seine Mitarbeiter später auch ein, sich eine Woche lang in Santo-Sospir, ihrer Villa am Mittelmeer, von den Strapazen der Dreharbeiten zu erholen. Als ständige Gäste von Madame Francine Weisweiller weilten Doudou und er das gesamte kommende Jahrzehnt in Santo-Sospir.

Francine Weisweiller, geborene Worms, stammte aus einer reichen jüdischen Familie und erheiratete mit Alec Weisweiller noch ein Vermögen dazu, das hauptsächlich aus den Quellen der Royal Dutch-Shell gesprudelt war.

In den späten vierziger Jahren hatte sie es satt, ausschließlich mit der »Gemeinde«, den streng isolierten Kreisen ihrer jüdischen Religionsgenossen, zu verkehren. Trotz all ihrer Zurückhaltung war sie überzeugt, für eine glänzendere Karriere als die des Geldes bestimmt zu sein. Sie wollte unbedingt eine Rolle im Paris der Künste spielen. Und so fand Francine Weisweiller denn in Cocteau einen Impresario, und Cocteau fand in ihr eine Millionärin, die ihn anbetete und bereit war, ihm ihr Vermögen zur Verfügung zu stellen. Naivität und Egoismus auf beiden Seiten kennzeichneten ihre Verbindung, aber keinesfalls Sex, wie viele Leute annahmen. Santo-Sospir war ebenso leidenschaftslos wie seine Besitzerin, eine sentimentale, im Grunde jedoch ziemlich kühle Frau, die sich offensichtlich damit zufriedengab, ihr Hausgenie verzückt zu bestaunen.

Als kleine Geste der Dankbarkeit machte Cocteau sich daran, die Wand über dem Kamin mit Graffiti zu versehen. Im Gegensatz zu seinen Beteuerungen verabscheute er das Leere und ließ seiner Malwut freien Lauf, bis vier Monate später sämtliche Wände mit Augen, phallischen Gebilden, geometrischen Arabesken, fischähnlichen Profilen, präraffaelitischen Jägern in mittelalterlicher Tracht und Figuren à la Beardsley geschmückt waren. Als Madame Weisweiller erlebte, wie ihr langweiliger

Salon in ein Jugendstil-Aquarium mit fließenden Netzen und Ranken und ephebenhaften Schwimmern verwandelt wurde, war sie begeistert. »In den letzten vier Monaten«, schrieb Cocteau im September 1950 an Elise Jouhandeau, »stand ich auf Leitern und bemalte die Wände einer Villa am Meer. Seien Sie mir wegen meines Schweigens nicht böse. Ich schwieg nur, weil ich tagein, tagaus mit Leuten zusammen bin, die ich liebe, mit denen ich spreche, die ich um Rat frage; im Vergleich zu dieser Art Austausch kommt mir das Schreiben von Briefen vulgär vor. Außerdem war ich vier Tage in Venedig. Die katholische Partei Italiens ist der Ansicht, daß ich mir im *Orphée* unerhörte Freiheiten hinsichtlich des offiziellen Dogmas herausgenommen hätte, was ziemlich seltsam ist, wenn man bedenkt, daß es dabei doch nur um einen griechischen Mythos geht . . . Parteien überall. Ich habe Partei für mich ergriffen. Ein freier Mensch ist heutzutage ein veritables Monstrum. All das amüsiert mich, weil ich, wie Sie wissen, eine Art tibetanischer Weiser geworden bin.« Gegen Mitte des Jahres 1952 hatte er auch die Zimmerdecken und den Korridor zum vorderen Hauseingang bemalt.

Was für ein Leben führte der »tibetanische Weise«? Er stand früher auf als in Paris, schlief wenig und unregelmäßig. Um zehn Uhr morgens begann das Telefon zu klingeln, und es klingelte pausenlos, den ganzen Tag lang. Cocteau nahm alle Gespräche selbst entgegen und sprach, während er wie ein Flamingo auf einem Bein balancierte. Ansonsten waren die Vormittage dem Malen und der Korrespondenz (in der er sich unweigerlich über seine neuesten Leiden beklagte) gewidmet. Gegen zwei Uhr mittags hatte Doudou sich gewöhnlich aus dem Bett erhoben und stolperte schlaftrunken in den Salon, wo man mit heiligem Ernst über die Zusammensetzung des Menüs konferierte. Cocteau, der einen mit Farbflecken übersäten Bademantel trug und sich einen gelben Seidenschal zweimal um den Hals gewunden hatte, mixte dann den Cocktail »du jour« nach Rezepten, die er in Kriminalromanen – inzwischen seine Hauptlektüre – entdeckt hatte. Nach einer Mahlzeit aus Schalentieren, die er nicht so sehr wegen ihres Fleisches als vielmehr wegen der reizvoll-mühseligen Arbeit des Aufknackens schätzte, pflegte er bei gutem Wetter an Bord der Weisweiller-Yacht *Orphée II* zu gehen und mit Doudou und Francine in der Bucht zu kreuzen. Seine Begleiter lauschten beifällig, wenn er sich über die bourgeoisen Touristen lustig machte und sie imitierte. Abends schrieb er in einem kleinen Atelier neben der Villa – oder man rauchte zu dritt Opium. Cocteau zog sich dann allerdings weit eher zurück als Doudou, der vor dem Fernseher saß, weiterrauchte oder bis in den frühen Morgen Science-fiction las.

So vergingen die fünfziger Jahre für Cocteau – bequem, angenehm, bewundert. Allerdings nicht von Leuten, an deren Anerkennung ihm wirklich etwas gelegen hätte. So zeigte sich zum Beispiel Picasso zwar ganz angetan von Cocteaus wortreicher Phantasie, tat aber nichts, um ihn zu Besuchen zu ermuntern, und wenn er sich unaufgefordert aufdrängte, wie zum Beispiel in Begleitung des amerikanischen Schriftstellers James Lord, wußte Picasso sich subtil zu rächen.

Als die beiden in Picassos Villa La Galloise eintrafen, zeigte Picasso gerade einem skandinavischen Fotografen sein Atelier und führte auch die neuen Besucher mit herum. Als der Fotograf ihn etwas kühn um eine große, wundervolle Zeichnung bat, die ganz oben auf einem Stapel anderer großer, wundervoller Zeichnungen lag, nutzte der Maler diese Bitte zu einem maliziösen Affront gegen Cocteau. Er schenkte dem Fotografen das Bild, wandte sich dann an Cocteau und sagte: »Wenn ich schon Geschenke mache, muß ich dir zur Erinnerung an alte Zeiten auch etwas geben.« Darauf verschwand er in einem Hinterzimmer und kam mit einer großen Porzellanscherbe wieder, auf die Augen und ein Mund so gemalt waren, daß der verbliebene Henkel (es hatte sich ursprünglich um eine Tasse gehandelt) als Nase angesehen werden konnte. »Hier«, rief er und reichte das Kunstwerk Cocteau, der über einen Haufen frischen Kots nicht hätte entsetzter sein können. Als Picasso merkte, wie das Gesicht seines Gegenübers zusehends länger wurde, streute er schnell noch ein bißchen Salz in die Wunde, indem er versicherte, die Scherbe sei signiert, und zwar auf der Innenseite. So war es tatsächlich. Während der ganzen Rückfahrt nach Villefranche war Cocteau damit beschäftigt, detailliert sämtliche Gemeinheiten aufzuzählen, die Picasso in seinem Leben begangen hatte. Zwei Tage später besuchte Lord den Maler wieder, diesmal allerdings allein. Picasso sah ihn eine Minute lang schweigend an und grunzte dann: »Warum haben Sie diese Nutte in mein Haus gebracht?«

Cocteau gehörte zwar zu keiner anderen Partei als der seinen, aber seine Partei hatte kein sehr eigenständiges Programm. *Bacchus*, ein Stück, das er 1951 schrieb, muß als Apologie und Erklärung dieser persönlichen Katastrophe gedeutet werden. Die Sprache dieses Potpourris steht in der Nachfolge von Sartres dialektischen Kolloquien, und sein Held ist eine Art Existentialist im Narrenkostüm: Hans, ein Trottel von bemerkenswerter Schönheit, den die Bewohner eines deutschen Dorfes während der Reformationszeit nach heidnischen Riten, die sie noch immer befolgen, zum Bacchus gewählt haben. Als Bacchus darf er eine Woche lang mit uneingeschränkter Macht herrschen. Die katholische Kirche hat die Wahl unterstützt – aus Furcht vor einem Sieg der Reformatoren, wenn sie sich dem Fest widersetzte. Hans, der Idiot, erweist sich jedoch als Seher, der nun in der Rolle des Bacchus die Maske der Narrheit ablegt und versucht, dem Volk zu zeigen, daß sowohl Katholiken wie Protestanten die Freiheit mit Füßen treten – daß die Wahrheit in der Maskerade liegt und die Realität eine Maskerade ist. Das Volk versteht ihn nicht, und Hans stirbt den Märtyrertod: Als er gerade zu den Leuten spricht, wird er von einem Pfeil durchbohrt.

Der Vergleich zwischen Bacchus und Sartres *Fliegen* drängt sich geradezu auf, und zweifellos ließ Cocteau sich von Sartre inspirieren. Beiden geht es um das Problem der menschlichen Freiheit, und obwohl Sartre Orest, den Schützling der Pallas Athene, zum Sprecher wählte, während Cocteau die Befreiung in der Person eines ruchlosen Gottes, eines Dämons, symbolisiert, bleibt der Vergleich schlüssig. *Die Fliegen* gehen jedoch von einem Gedankengebäude aus, während *Bacchus* sich pausenlos entschuldigt, keinen gedanklichen Hintergrund zu besitzen. Sartre präsentiert ein Problem, Cocteau präsentiert Cocteau.

Hans ist nämlich nichts anderes als ein umgekehrtes Spiegelbild seines Autors, der sich wieder einmal bemüht, seine Unschuld zu beweisen – hier vor einem marxistisch-existentialistischen Tribunal. War Cocteau ein wohlhabender Bourgeois, der sich von einer noch wohlhabenderen Bourgeoisen aushalten ließ? Er verwandelte sich in einen gemeinen Mann. War er ein Preziöser, der seine Intelligenz an verbale Ziselierungen verschwendete, die französische Sprache leicht auf einem Finger balancierte und alle ihre paradoxen Möglichkeiten lediglich dazu benutzte, sein ödes Einerlei von Einfällen aufzupolieren? Sein Held ist ein brillanter Idiot, der von der Intelligentsia gehetzt wird.

Trotz all seines Geredes über Anarchie hörte Cocteau niemals auf, Autorität und Autoritäten zu respektieren. Er stilisierte sich zum Märtyrer in der Tradition der Poètes maudits, ohne allerdings deren Poesie zu schreiben, provozierte Tribunale, nicht um seinen Ruf zu retten, sondern um ihn am Leben zu erhalten, geißelte sich, weil er annahm, Stigmata seien ein Beweis für Glauben. So bedeuteten die symbiotischen Streitigkeiten mit Gide im Grunde einen weit höheren Grad an Intimität als Cocteaus andere Intimitäten, aber Gide war dahingegangen, und Cocteau, der wieder einmal seine Unverbesserlichkeit demonstriert hatte, fand immer weniger Leute, die zur Verfolgung bereit waren. Als Mauriac den *Bacchus* attackierte, vollzog er geradezu einen Akt der Solidarität. Die rettende Hand griff zur Knute, aber die »Apotheose des Martyriums«, wie Mauriac sich ausdrückte, war im Grunde genau das, was Cocteau sich gewünscht hatte. Mauriacs offener Brief, der am 29. Dezember 1951 auf der Titelseite des *Figaro Littéraire* erschien, muß Cocteau um dreißig Jahre verjüngt haben, denn es handelte sich um eine Schmähung, die jeden sofort an Gides offenen Brief vom Juni 1919 denken ließ:

Im Wesentlichen ist Jean Desailly [der den Hans spielte] nichts als Dein Sprecher. Versuche nicht, es abzustreiten: Wenn er spricht, sprichst in Wirklichkeit Du. In gewissen Augenblicken schlüpft Jean Desailly aus seiner Rolle und wird Jean Cocteau, der die Stadt unsicher macht: Er spielt die Cocteau-Nummer. *Bacchus* zeigt Jean Cocteau im Lichte von Sartre, denselben Cocteau, den wir 1910 gesehen haben, als er von den letzten Flammen Rostands beleuchtet wurde; aber schon damals hörte er auf, den »Tanz des Sophokles« zu tanzen, und hatte seine Augen auf Anna de Noailles gerichtet. Schon hatten Diaghilew, Satie, Picasso, Apollinaire, Max Jacob und andere große Planeten den koboldhaften Satelliten in ihre Umlaufbahn gezogen.
Vierzig Jahre sind vergangen. Wir leben in der Epoche des »Gott ist tot«. Diese Idee liegt in der Luft, und Du hast Dein ganzes Leben damit verbracht, nach jedem Luftzug zu haschen. Jetzt oder nie ist der Moment gekommen – nicht wahr? –, die Rechnung zu begleichen mit diesem Tod, und mehr noch mit dieser lästigen alten Kirche, dieser Faselliese, die uns unbedingt Angst einjagen will, indem sie uns Geschichten über eine andere Welt vorsetzt, mit dieser Kirche, der es noch lange Zeit, nachdem wir sie verlassen haben, gelingt, uns den Spaß zu verderben ... Das Kind Cocteau stampft mit den Füßen: »Es gibt keine Hölle! Es gibt keine Hölle!« Es gibt keine Hölle, da es keinen Richterspruch gibt; es wird keinen Richterspruch geben, da es keinen Gott gibt. Sartre hat es bewiesen und noch viele andere, die in dieser Hinsicht auch nicht die ersten waren.

Bevor das Echo dieser Fanfare verklungen war, publizierte Cocteau schon eine neue Selbstverteidigung, das *Journal d'un Inconnu (Tagebuch eines Unbekannten)*, und dieser Titel spricht für sich. »Ich frage mich«, erklärt er, »ob es möglich wäre, anders zu sein, und ob meine Schwierigkeiten, zu sein, ob jene Fehler, die meine Gangart bremsen, nicht gerade meine Gangart sind und mein Bedauern, keine andere zu haben. Ein Schicksal, das ich ebenso hinnehmen muß wie meine Körperbeschaffenheit. Daher diese Anwandlungen von Pessimismus und von Optimismus, deren Auf und Ab mich zwiespältig macht. Systole und Diastole des Allrhythmus.« Cocteau ist nicht das, was man als Cocteau erblickt; was immer er auch ist, es resultiert aus einer ganzen Reihe von Umständen, die etwas mit dem Universum zu tun haben. In diesem Licht gesehen, erfüllen seine vermeintlichen Defekte eine ganz bestimmte Funktion im Bild der Vollkommenheit.

Im März 1953 wurde Cocteau zum Ehrenbürger von Milly-la-Forêt ernannt. »Sie hätten beide so richtig lachen können«, schrieb er an die Jouhandeaus, »wenn Sie mich gesehen hätten – zwischen dem Bürgermeister und dem Ortsgeistlichen von Milly stehend und den Blumenstrauß von einem kleinen (oder etwas mehr als kleinen) Mädchen entgegennehmend. Ich wurde zum Ehrenbürger des Ortes ernannt: eine Verbindung, die der Hochzeit des Dogen mit der Adria würdig ist.« Die unmittelbare Zukunft hielt größere Ehren für Cocteau bereit – Wahlen, die mit der tatkräftigen Unterstützung von Madame Weisweiller gewonnen wurden.

Als Ausgleich für Winterferien und andere Ferien, die er in Cap-Ferrat verbracht hatte, für eine chauffeurgesteuerte Limousine, für alljährliche Luxusreisen durch Griechenland, Österreich, Italien und Spanien, für die minuziöse Erfüllung auch der nebensächlichsten materiellen Wünsche widmete Cocteau ihr seinen *Bacchus*, verschaffte ihr Anerkennung und machte sie zur Eingeweihten im auserlesenen Zirkel der großen Namen, zu dem auch sein eigener gehörte.

Doch Cocteau selbst war am Ende. »Ich bin sehr krank gewesen«, schrieb er im April 1952 an Marcel Jouhandeau. »Zu viel Arbeit und Anfälle von Überdruß. Langsam erhole ich mich an der Küste und bin gespannt, ob ich genügend Kraft haben werde, den *Œdipe-Roi* neu zu inszenieren.« Verständlicherweise maßen seine Freunde solchen Beteuerungen nicht allzuviel Bedeutung bei, denn Cocteau hatte seit frühester Jugend über geheimnisvolle Leiden geklagt und schien doch nur aufgrund dieser Krankheiten zu blühen und zu gedeihen. In den frühen fünfziger Jahren alterte er jedoch zusehends und glich immer mehr dem erfolgreichen Amerikaner, der sich nach seiner Pensionierung in Florida zur Ruhe setzt: ein braungebranntes Gesicht, gekrönt von einem weißen Haarschopf. Aber die Angina-Anfälle, die ihn zum ersten Mal nach dem Krieg heimgesucht hatten, wurden häufiger und verursachten heftige Beschwerden, außerdem zog er sich 1953 eine schwere Urämie zu – erste Anzeichen seines allgemeinen körperlichen Verfalls.

Ein Jahr später, Anfang Juli 1954, erlitt er eine schwere Herzattacke. »Ich fuhr mit einem Freund im Auto die Champs-Elysées entlang, als ich plötzlich von einem scheußlichen, unmenschlichen Schmerz gepackt wurde, der mich erstickte. Ich schaffte es gerade noch bis nach Hause, wo ich mich dann in Agonie wand.« Cocteau wurde sofort in das Palais der Madame Weisweiller auf der Place des Etats-Unis überführt. Das Haus verwandelte sich in eine regelrechte Klinik, geleitet von Frankreichs hervorragendsten Herzspezialisten. Als Cocteau wieder soweit auf der Höhe war, um die Strapazen einer Reise in den Süden zu überstehen, wurde Santo-Sospir zu seinem Privatsanatorium. Sackweise trafen Briefe mit Genesungswünschen ein, und Feinde honorierten die Krankheit, indem sie stillschweigend den Waffenstillstand einhielten.

Der beinahe tödlich verlaufene Anfall scheint ihm jedoch keinerlei plötzliche Einsichten in das Wesen des Ruhms und in sein eigenes Ich vermittelt zu haben. Wie ein Kind benutzt er die Krankheit, um seine ewigen Kümmernisse zu betonen und an seinem Image zu häkeln, da er wohl wußte, daß die Welt der Erwachsenen ihn gewähren ließ. In einem Interview mit dem *Figaro Littéraire* geht er ausführlich auf Mauriacs nunmehr zweieinhalb Jahre zurückliegenden offenen Brief ein, der ihm immer noch auf der Seele lastete: »Ich habe Mauriac damals geantwortet, daß ich Haß hasse. Haß sendet immer tödliche Wellen aus. Ihm gegenüber fühlte ich ihn niemals und bin glücklich zu erfahren, daß auch er mir gegenüber keinen fühlt. Außerdem sind Angelegenheiten der Freundschaft so delikater Natur, daß ich es für gefährlich halte, sie in der Öffentlichkeit zu diskutieren. Es ist ganz natürlich, daß es auch mal lauten Streit gibt. Weniger natürlich allerdings, daß dieser Lärm, diese Zurschaustellung auch die Versöhnung begleiten. Das geht niemanden mehr etwas an.«

Krankheit hat ihre Vorteile. Im Fall Cocteaus ebnete sie den Weg zu offiziellen Ehrungen, als sei ein gebrochener Mann all seinen vergangenen Sünden zum Trotz geschlechtslos genug, um von der Gesellschaft heiliggesprochen zu werden. Willig spielte Cocteau die Heimkehr des Verlorenen Sohnes. Ehrungen regneten auf ihn herab. Die versöhnliche Note, die er im Interview mit dem Berichterstatter des *Figaro Littéraire* anschlug, kann ohne weiteres als indirekter Beginn seiner Wahlkampagne um einen Sitz in der Académie Française angesehen werden. Schließlich gehörte Mauriac zu den vierzig »Unsterblichen«, um deren Stimme er sich nach den Gepflogenheiten der Aufnahmeprozeduren im Herbst und Winter 1954/55 bemühen mußte. Paul Claudel, einem anderen Mitglied der Académie, teilte er seine Kandidatur wie folgt mit: »Lieber und großartiger Freund, ich habe den schicksalhaften Brief an G. Lecomte abgeschickt. Es ist mir eine Herzenspflicht, Sie zu benachrichtigen (irgendwie eine verrückte Sache). Ihr ergebener Jean Cocteau.« Claudel antwortete kurz und knapp: »Mein lieber Jean, Sie können selbstverständlich auf meine Stimme zählen.« Leider starb er, bevor er sie in die Urne werfen konnte. An seiner Stelle machte André Maurois sich für Cocteau stark. Was die übergeordnete Göttin betraf, die für eine Kandidatur um offizielle Positionen unerläßlich war, so wurde diese Rolle von Francine Weisweiller übernommen, und sie spielte sie so leidenschaftlich, als gelte es, sich selbst zu verwirklichen.

Mit einem Fürsprecher wie Maurois, einer Gastgeberin, deren Tafel keinen Wunsch unerfüllt ließ, und einem Konversationsfundus, der alle – ob Volkswirtschaftler, Physiker oder Schöngeister – zu befriedigen versprach, die in der Folgezeit im Palais Weisweiller an der Place des Etats-Unis dinierten, mußte Cocteau die Wahl einfach schaffen. Außerdem machte seine abwechslungsreiche Karriere ihn zum idealen Kandidaten. Er hatte sich genügend Avantgarde-Glanz bewahrt, so daß die Académie ihn zur Beschwichtigung der Leute gebrauchen konnte, die ihr bourgeoise Traditionen vorwarfen, und war andererseits weit davon entfernt, ein unbußfertiger Bohemien zu sein. Als die Académie Française Cocteau in die nähere Wahl zog, befolgte sie nur sein eigenes Motto: »Der Takt der Kühnheit besteht darin, zu wissen, wie weit man zu weit gehen kann.« Als sie ihn wählte, wählte sie einen der ihren, der sich nur unzureichend verkleidet hatte: einen Bourgeois der Oberschicht, der nun endlich heimgefunden hatte. Im Frühjahr 1955 hatte die Königlich-Belgische Akademie für Französische Sprache und Literatur Cocteau auf den Platz gerufen, den zuerst Anna de Noailles und danach die 1953 gestorbene Colette innegehabt hatten. Anhand dieses Präzedenzfalls faßte die Académie Française Mut und folgte dem belgischen Beispiel.

Eine Woche nach der Wahl Cocteaus zog Mauriac den frischgebackenen Académien im *Figaro Littéraire* öffentlich an seinen katholischen Busen: Es war die Umarmung eines Skorpions, die zwar im vertrauten »Du« ausgesprochen wurde, das Opfer aber dennoch an seiner empfindlichsten Stelle durchbohrte:

> Er pflegte in den Strahlen zu tanzen, die von anderen ausgesandt wurden – ein manchmal verrückter, manchmal ruhiger Tanz, mit oder ohne Balance, von einem Scheinwerfer zum anderen. Sämtliche Fackeln der Epoche warfen ihr Licht auf ihn. Also sagten wir uns, daß ihm selbst nichts gehörte und daß er früher oder später nichts mehr sein würde als ein Nachtfalter, der mit verbrannten Flügeln auf einem abendlichen Gartentisch liegt und dessen Todeskampf von einem Kind beobachtet wird.
>
> Doch die Scheinwerfer sind erloschen, einer nach dem anderen. Jean Cocteau aber ist geblieben. Seine Farben schmükken ihn immer noch, also gehörten sie wirklich ihm. Ich glaube, daß ihn nur der Wunsch nach einem Beständigkeitszeugnis in alleroffiziellster Form zur Académie gebracht hat.

Denn trotz allen gegenteiligen Anscheins hat er niemals etwas dem Zufall überlassen. Er ist bei uns nicht unbesonnen eingetreten. Schon seit einiger Zeit lauert er darauf, daß die Tür einen Spalt weit geöffnet würde, damit er hindurchschlüpfen konnte. Es handelte sich darum, mittels Degen und Zweispitz vor aller Welt zu beweisen, daß das Vergängliche unsterblich ist.

Nach diesem Stich konnte Mauriac es sich leisten, Balsam aufzutragen, und er erteilte Cocteaus gespaltener Seele seinen literaturpäpstlichen Segen:

»Auf jeden Fall gereicht es ihm zur Ehre, daß er, der wie wir alle immer ein Gefangener seiner eigenen Natur gewesen ist, sich stets nach einem anderen Cocteau sehnte, mit allen Kräften nach einem anderen Cocteau strebte, dessen unvollendetes Bild er vor uns aufrichtete, ein Bild, das zu malen er nie aufgehört hat . . .«

Zwischen Wahl und feierlicher Einführung lagen sieben Monate, und sie wurden ausgefüllt mit Reden. Cocteau arbeitete an seiner eigenen. »Woher nehmen Sie die Zeit zum Schreiben?« fragte er Jouhandeau. »Verraten Sie mir dieses Geheimnis – ich komme einfach nicht dazu, meine Académie-Rede zu verfassen. Sie treffen genau ins Schwarze, wenn Sie sagen, ich müsse den ›anderen‹ beweisen, daß wir das, was sie haben, auch haben können, daß sie jedoch niemals das besitzen werden, was uns eigen ist.« Cocteau war ein Meister in der Kunst, unverbindlich verbindlich zu bleiben, aber die vor ihm liegende Aufgabe stellte seine Fertigkeiten in Doppeldeutigkeit auf eine harte Probe. Er mußte ein Problem lösen, das viel größer war als die Aufgabe, die Paul Valéry vor einigen Jahrzehnten gemeistert hatte – als Valéry eine Lobrede auf seinen Vorgänger und intimsten Feind Anatole France halten mußte, entledigte er sich der Aufgabe, ohne den Namen France auch nur ein einziges Mal auszusprechen. Cocteau hatte nicht mit einem Vorgänger zu kämpfen, sondern mit sich selbst, nicht mit dem Thema der Rede, sondern mit der Rede selbst. Wenn er sie hielt, würde er *ipso facto* zur Académie Française gehören – aber er wollte doch im gleichen Atemzug seine Nichtzugehörigkeit beweisen!

Kein Wunder also, daß er sich angesichts dieser unüberwindbaren Schwierigkeiten zunächst anderen, weniger komplizierten Angelegenheiten widmete, zum Beispiel dem Entwurf seines Académie-Degens. Freunde und Bekannte hatten sich zusammengetan, um die Kosten für dessen Herstellung zu übernehmen. Die Klinge wurde von Meisterschmieden in Toledo gehämmert. Picasso legte diverse Entwürfe für das Heft vor, das in seiner endgültigen Form eine Kombination aller Cocteauschen Symbole bildete – der Knauf bestand aus einer Lyra, der Griff hatte griechisches Profil, das Heft war mit einer Miniaturdarstellung des Palais-Royal beschlagen, und die *coquille* trug Cocteaus Signatur in Form eines sechsfach gezackten Sterns. Dieses Meisterwerk überreichte man Cocteau am 17. Oktober, drei Tage vor der feierlichen Aufnahmezeremonie, im Palais Weisweiller, und er bedankte sich entsprechend mit diversen erhebenden Vierzeilern unter dem Titel »Dankbare Anerkennung für Freunde, die mir einen Säbel schenkten«, in denen Anspielungen auf den heiligen Georg und den Drachen in dunkle Fellatio-Reminiszenzen (»der Engel, dessen Mund ein Schwert ejakuliert«) übergehen.

Die Aufnahme in die erhabene Körperschaft stellte Cocteaus frühere Theatererfolge bei weitem in den Schatten. Normalerweise rief alles, was mit der Académie Française zusammenhing, in Paris nur ein Lächeln und höfliches Gähnen hervor, aber am 19. Oktober standen die Leute bereits um elf Uhr morgens Schlange, um Eintrittskarten zu ergattern, und am späten Nachmittag wogte eine unübersehbare Menschenmenge auf dem Quai Conti. Zwölftausend bemühten sich um siebenhundert Plätze, und auf dem schwarzen Markt zahlte man fast zweihundert Mark für ein Billett. In den Galerien drängten sich Schriftsteller, Aristokraten, Filmstars, Mannequins und Journalisten, die Cocteau eingeladen hatte. Die Zeitungen behandelten das Ereignis auf der Titelseite. »Das Enfant terrible unter der Kuppel«, verkündeten sie und zitierten das Wunderbare

Kind höchstpersönlich: »Ich bin ein Akrobat, der auf einer Säule von Stühlen balanciert.«

Die Zeremonie verlief reibungslos. Alles schwieg, als acht Wachen der Republik ihre Trommeln rührten. Cocteau erschien in der offiziellen Uniform der Académie-Mitglieder, schwarz mit grünem Besatz, den Degen an der Seite, und begab sich im Takt der Trommelschläge zum Podium. Erst als er mit seiner Rede begann, ließen die Wachen ihre Finger ruhen. Worin bestand nun der Kern seiner Botschaft? Daß er die Wahl akzeptierte, aber nur im Namen der Poètes maudits, die sich – wie er zu sagen vergaß – niemals um Mitgliedschaft in dem erlauchten Kreis bemüht hatten:

> Sie kennen, Messieurs, die Familie, zu der zu gehören man sich weder rühmen noch beklagen kann, denn weit davon entfernt, ein Privileg zu sein, offenbart sie vielmehr eine Schicksalhaftigkeit, die Verlaine als Fluch bezeichnete. Eine Familie von Künstlern, die, um nicht die Wächter der gesellschaftlichen Ordnung zu alarmieren, um legal und allen Vorschriften gemäß leben zu können, zusätzlichen Ballast erdulden müssen, um mit beiden Beinen auf der Erde bleiben zu können.
>
> Kurz – die Mitglieder dieser etwas geisterhaften, transparenten Familie werden auf künstliche Weise erdgebunden, wenn sie die schweren Schuhe der Taucher anziehen, um nicht mit größter Geschwindigkeit an irgendeine geheimnisvolle Oberfläche getragen zu werden ...
>
> Es war sicher der Wunsch eines Geistes, an der Herrschaft der Lebenden teilzunehmen, der mich zu Ihnen getrieben hat ...

Er verbündet sich nicht etwa mit der Bruderschaft, der er gegenüberstand, sondern mit den Fehlenden, der Handvoll ruhmreicher Abgewiesener wie Balzac oder Baudelaire und jene anderen überzeugten Nicht-Arrivierten, die ihn jedesmal nach kurzer Zugehörigkeit aus ihren Reihen ausgeschlossen hatten.

Cocteau und seine Gastgeberin waren nun mit einem Schlag und endgültig »arriviert«. »Wer gewinnt, hat verloren«, pflegte Cocteau gern zu sagen. Als er aber während des Empfangs bemerkte, daß einige Freunde, darunter die Aurics, abseits standen und ihm ziemlich ironische Blicke zuwarfen, ging er zu ihnen und plädierte wie üblich für seine Unschuld: »Ich hab's doch nur getan, damit ihr was zu lachen habt!«

Paul Léautaud zog alle Register seiner achtzig einsiedlerischen Jahre und bot ein abgeklärtes Resümee der Zeremonie, an der teilzunehmen er abgelehnt hatte:

> Mittwoch, 19. Oktober, 6 Uhr früh. – Vielleicht trifft das Sprichwort zu, daß die Nacht die besten Ratschläge bringt. Letzte Nacht habe ich entschieden: Ich werde nicht zu Jean Cocteaus Aufnahme in die Académie gehen. Das macht mich fertig. Zu umständlich für mich. Und alle die Schwierigkeiten, in den Saal der Académie zu kommen, die Treppen ohne Geländer, die man rauf- und runtergehen muß. Laut Jean Denoël, der mich gestern morgen angerufen hat, ist die Aufnahme Cocteaus ein gesellschaftliches Ereignis allerersten Ranges. Man hat zahlreiche Bitten um Eintrittskarten an ihn gerichtet ... Er hat mir auch gesagt, daß Cocteau sich darum bemüht habe, mir den Zutritt durch eine Tür im Innenhof leichter zu machen. Wenn ich mich recht erinnere, ist dieser Innenhof an den Neuaufnahmetagen voll von Posten in großer Uniform und der Öffentlichkeit verschlossen. Und mich dort zur Schau stellen, mich alten Mann, der so unsicher auf den Beinen ist. Und dann der Anblick von André Maurois, diesem Kattun-Fabrikanten. Soweit die moralische Seite. Dann gibt es aber auch noch das physische Problem. Mir graut vor allem, was Uniform ist. Dieser Zweispitz, dieses grünbestickte schwarze Habit, dieser Degen (den man ihm gestern übergeben hat, wie mir ebenfalls Jean Denoël erzählte). Diese akademische Apotheose der Homosexualität flößt mir einen derartigen Ekel ein! ... Nein, nein! Ich werde zu Hause bleiben. Die Reden werde ich in einer Zeitung lesen.

Donnerstag, 20. Oktober, abends. – Heute habe ich mir *Le Monde* gekauft, um die beiden Académie-Reden bei der Aufnahme Jean Cocteaus nachzulesen, seine und die des werten Herrn Maurois. Ich schreibe es, überzeugt davon, das Richtige und Wahre zu schreiben: beide unlesbar und völlig uninteressant. Nichts Lebendiges. Ein Austausch von Preziositäten. Man denkt unwillkürlich an die *Lächerlichen Preziösen* [von Molière].

Welch gute Idee, trotz der Liebenswürdigkeit Cocteaus, der mir eine Eintrittskarte geschickt hat, zu Hause zu bleiben.

Cocteaus Aufnahme in die Académie Française bedeutete nichts und änderte nichts. Indem er sich aber mit akademischen Tressen und Putz belud, verlor er gerade bei den Leuten an Gewicht, die er wirklich respektierte. Sie weigerten sich, ihm Ehren zukommen zu lassen, und deshalb trachtete Cocteau nach Ehren in jeder anderen Form.

So begab er sich im Juni 1956 abermals nach Oxford. Sechsundzwanzig Jahre zuvor war er – angeblich durch einen Traum veranlaßt – mit Raymond Radiguet dorthin gefahren; jetzt wurde er von Francine Weisweiller und Doudou begleitet, um die Früchte der Realität einzuheimsen: die Ehrendoktorwürde der Geisteswissenschaften. »Dieses Rot ist außerordentlich hübsch«, erklärte er, den anwesenden Graduierten schmeichelnd. »Es ähnelt den scharlachfarbenen Decken der Isabeau von Bayern. Und außerdem ist es weit ästhetischer als unsere Uniformen von der Académie Française. Ob ich glücklich bin? Aber natürlich, sehr glücklich sogar. Ich bewundere Oxford. Die Leute halten mich für einen Bilderstürmer. Ich bin ein furchtsamer Traditionalist.« Er erhielt Namen und Titel, die seinem Traditionalismus entsprachen: Johannes Cocteau, Gallus poeta. Aber Johannes Cocteau wollte sich nicht eher zufriedengeben, bis man ihm versichert hatte, daß er unter den Dichtern Galliens Primus inter pares war, bis er von seinen eigenen Kollegen mit dem Lorbeer Vergils geschmückt wurde.

Und tatsächlich fand 1960 eine Wahl zum »Dichterfürsten«

statt. Ihr Hauptresultat bestand darin, Cocteau und André Breton nach dreißigjährigem (kalten) Krieg zu neuem verbalen Schlagabtausch zu veranlassen, und sie illustrierte zum Schaden aller Beteiligten die narzißtische Hysterie des literarischen Lebens von Paris.

Die inoffizielle Dichterkrone hatte jahrelang Paul Fort getragen, ein erstaunlich fruchtbarer Poet, dessen wöchentliche Treffen in der Closerie des Lilas vor dem Ersten Weltkrieg die literarischen Aktivitäten entscheidend beeinflußt hatten. Im April 1959 starb er in fortgeschrittenem Alter, und die *Nouvelles Littéraires* nahm es ziemlich eigenmächtig auf sich, die Wahl eines Nachfolgers zu organisieren. Nach Stimmabgabe einiger hundert Dichter sprach sie den Titel Jules Supervielle zu, und damit hätte es sicher sein Bewenden gehabt, wenn Supervielle nicht zwei Wochen nach der Ernennung gestorben wäre.

Ein Bewunderer Cocteaus, ein gewisser Philippe Mas, der hauptsächlich als Veranstalter des alljährlichen Dichtertreffens zu Forges-les-Eaux bekannt war, inszenierte umgehend eine andere Wahl und befragte eine Reihe von Schriftstellern, die höchstens für das von ihm beabsichtigte Resultat repräsentativ war. Er telefonierte mit 249 Dichtern und ließ sie zwischen Cocteau und allen anderen wählen. Es überrascht nicht, daß die Mehrheit sich für Cocteau entschied.

Mas proklamierte alsdann Cocteau zum Dichterfürsten und zog sich dadurch den Zorn der Nichtkonsultierten zu, die unter Anführung von Breton und Jean Paulhan ein »Komitee der Zehn« gründeten, um das Schlimme, das geschehen war, wieder rückgängig zu machen. Paulhan schrieb direkt an Cocteau und forderte ihn auf, sich von einer Wahl zu distanzieren, deren Ergebnis, wenn nicht auf Manipulation, so doch zumindest auf Zufall beruhte, aber Cocteau zögerte, den Titel abzulegen, da dieser Schritt angeblich seine Wählerschaft beleidigen würde. »Ich habe einen Brief von Paulhan erhalten«, schrieb er Jouhandeau, »einen Brief, in dem er sein Erstaunen darüber ausdrückt, daß ich den Titel eines Fürsten annahm, der nicht nach den geheiligten Regeln verliehen wurde. Gut, ich begründe meinen Anspruch aber auch auf Paul Fort, der mich kurz vor seinem Tod zum Nachfolger bestimmte und jedes Jahr nach Forges fuhr. Meine anderen Ansprüche sind erstens die Tatsache, daß die Wahl Supervielles allgemeine Zustimmung fand, obgleich sie von einer gewöhnlichen Zeitschrift veranstaltet wurde, und zweitens die Tatsache, daß dieser Titel mehr die allgemeine Richtung einer langen Laufbahn widerspiegelt als irgendeine Überlegenheit anderen Dichtern gegenüber, die unbedingt ihre eigene beweisen wollen etc. Würden Sie mir Ihre Ansicht zu der Sache mitteilen? Ich befinde mich in einer delikaten Lage, denn – bei aller Bescheidenheit – ich würde es hart finden, die Meinung von dreihundert Wählern zu annullieren.«

Wie auch immer Jouhandeaus Rat ausfiel – Cocteau beschloß, das Ergebnis der Wahl des Monsieur Mas nach wie vor zu akzeptieren. Also veröffentlichte Breton ein Manifest, das (sogar nach Bretonischen Maßstäben) ziemlich grausam war und fast ein halbes Jahrhundert überdauernden Haß beweist:

> Wie man weiß, hatten sich hinsichtlich des vollkommen absurden Cocteauschen Anspruchs, ein Dichter zu sein, seit 1920 Dichter wie Aragon, Breton, Soupault, Tzara, Eluard, Artaud und andere gemeinsam fest entschlossen, sich niemals um ihn zu kümmern, unter keinem Vorwand auf seine Hampeleien zu reagieren, wie provozierend sie auch sein würden. Aus der heutigen Distanz kann man durchaus behaupten, daß dieses Schweigen gewirkt hat. Also können wir es jetzt ruhig einmal brechen.
>
> Alle, die Apollinaire kannten, wissen, daß er Cocteau ... einen »Antidichter« genannt hat.
>
> Weshalb muß Cocteau als Antidichter betrachtet werden?
>
> Weil seine Natur die eines Fälschers, eines geborenen Schwindlers ist. Sein Kunstgriff ... war immer, den Antikonformismus als Konformismus hinzustellen und umgekehrt. Dieses Spiel hat er schon vor vierzig Jahren bei Radiguet vorexerziert. Und bei seiner Wahl in die Académie hat er es noch mit größerer Unvorsichtigkeit wieder aufgenommen.

Wenn der werte Monsieur Cocteau 1960 zum Dichterfürsten gewählt würde – denn hier handelt es sich um eine Würde, die bisher noch nicht profaniert wurde –, so wäre das weit schlimmer, als hätte man Jean Rostand, einen Schreiberling vom gleichen Kaliber, aber wenigstens nicht so zweifelhaft, im Jahr 1912 dazu gemacht. Eine derart skandalöse Ernennung könnte nur das Resultat einer solchen Farce sein, wie es die Wahlparodie von Forges-les-Eaux gewesen ist, von Manövern, in denen er bekanntlich brilliert.«

Breton wehrte sich gegen einen Sieg Cocteaus, indem er von vornherein alle Wahlen disqualifizierte, die Cocteau gewinnen könnte. Cocteau seinerseits bereitete sich auf eine Niederlage vor, indem er jeden Dichter ablehnte, der sich dafür hergäbe, seinen Thron zu usurpieren. »Paulhans Wahl«, schrieb er einem Freund, »entbehrt jeder Legitimation. Kein Dichter, der diese Bezeichnung verdient, wäre damit einverstanden, meinen Platz einzunehmen. Wir leben in einer seltsamen Zeit.«

Die neue, vom Komitee der Zehn organisierte Prozedur sah für den Fall, daß keiner der Kandidaten beim ersten Wahlgang eine deutliche Mehrheit erhielt, einen zweiten Durchgang vor. Anfang Oktober wurde einer lauten und zahlreichen Versammlung, die auf der Terrasse Martini über den Champs-Elysées zusammengekommen war, das Ergebnis des ersten Wahlgangs verkündet: 96 Stimmen für Saint-John Perse, 86 Stimmen für Cocteau und 61 für André Breton. Sofort danach erhob sich Philippe Mas und verkündete das Resultat einer Gegenwahl, die er durchgeführt hatte, um die ursprüngliche Ernennung Cocteaus zu ratifizieren. Von fast 1300 Befragten, so behauptete er, hätten 1174 Cocteau die Dichterkrone zuerkannt. Diese Statistiken wurden begleitet von Schmährufen wie »Nieder mit den Dichtern! Tod den Dichtern!«, und es entstand ein wilder Tumult. Und dann büßte die Zermonie auch noch den letzten Rest der verbliebenen Würde ein: Maurice Lemaitre, Herausgeber eines kleinen Periodikums mit dem Titel *La Poésie Nouvelle*, erklärte, die fünftausend Abonnenten seiner Revue hätten einen gewissen Isador Isou zum Gott und Kaiser aller Dichter gewählt. Monsieur Isou erhob sich, nahm huldvoll den Titel an und ernannte Monsieur Lemaitre zu seinem Papst und Vizekönig. Kein Wunder, daß Breton und Genossen die Festivität, ohne ein weiteres Wort zu verlieren, schleunigst verließen – sicher bereuten sie schon, ihr Schweigen jeweils gebrochen zu haben. Eine endgültige Abstimmung fand niemals statt, und Saint-John Perse, der sich um den sicheren Sieg gebracht sah, wurde bereits im November mehr als belohnt durch den Nobelpreis für Literatur. Für Cocteau hielt man in Schweden allerdings keinen Trostpreis bereit.

Aber glücklicherweise gab es immer noch die Fittiche von Madame Weisweiller, und unter ihnen suchte der geniale Mißverstandene Schutz und Trost. »Wir versuchen, ein Leben zu führen wie auf einer Insel in der Wüste«, hatte er 1952 einem Freund anvertraut. Leider war er mit Gefährten gestrandet, die nicht gerade geeignet waren, seinen Intellekt besonders anzuregen. Seine literarischen Produkte jedenfalls verloren immer mehr an Substanz, so daß Cap-Ferrat tatsächlich zu einer ziemlich verlassenen Insel wurde. Anläßlich seines siebzigsten Geburtstags filmte er sein »Testament«. Das 1959 in der Villa Santo-Sospir gedrehte *Testament d'Orphée* läuft in einem Bezugsrahmen ab, der aus Cocteaus früheren Werken besteht, und variiert wieder einmal das Thema von Sichtbarkeit und Unsichtbarkeit. »Dieser Film soll weit strenger werden als *Le Sang d'un Poète*«, schrieb Cocteau im Januar 1959 an Milorad. »Es ist eine Art Bachsche Fuge mit gottgesandtem oder satanischem Charme.« Das Erzählen seiner eigenen Legende war ihm so zur Gewohnheit geworden, daß man beim *Testament* unwillkürlich den Eindruck hat, es handle sich um eine verfremdete, unverdaute Darstellung realer Geschehnisse aus Santo-Sospir.

Allerdings war es Cocteau nicht beschieden, seine Tage in dem luxuriösen Refugium Santo-Sospir zu beschließen. Eher als er hatte nämlich Madame Weisweiller es satt, auf einer Insel in der Wüste zu leben. Nach ungefähr zehn Jahren mehr oder weniger ununterbrochenen Eremitendaseins mit Cocteau wollte sie einen Mann anstelle einer Gottheit, und sie fand ihn in Gestalt eines alternden Playboys, der einst für eine glänzende diplomatische Karriere prädestiniert schien, dann jedoch dem Alkohol verfiel und sich jetzt mit dem Schreiben von Kriminalromanen durchschlug. Er und Cocteau konnten sich absolut nicht ausstehen, und nach zahllosen Szenen, hinterhältigen Intrigen und gegenseitigen Denunziationen wurde Cocteau aus Santo-Sospir verbannt.

Er zog sich zurück nach Milly-la-Forêt und entfloh der Langeweile durch wiederholte Abstecher nach Paris und mehrere Auslandsreisen: 1960 nach Schweden, 1961 nach Spanien, 1962 nach Polen. Aber seine Gesundheit war ruiniert. 1959 hatte er einen weiteren, wenn auch leichten Herzanfall erlitten, ignorierte ihn jedoch und fuhr fort, fieberhaft zu arbeiten. Endlos schien die Reihe seiner Vorworte, seiner Rundfunkinterviews, seiner Briefe (nie mehr als eine Seite lang, eng, kreuz und quer beschrieben bis an die äußersten Ränder, als leugnete der Autor die Existenz einer Rückseite). Cocteau verschwendete sich im Detail, trotzdem versuchte er, eine Art allumfassendes Schlußepos, eine »Saga«, wie er sich ausdrückte, zusammenzubringen. »Bisher wagte ich noch keine Antwort an Sie«, schrieb er 1962 an Elise Jouhandeau, »und hier der Grund. Als ich Darmgrippe hatte, mußte ich auf dem Rücken liegend eine lange Saga mit dem provisorischen Titel *Requiem* schreiben. Nun, da ich mich wieder erholt habe, sind meine Hieroglyphen vollkommen unlesbar. Ich entziffere sie, und diese Aufgabe nimmt mich vollkommen in Anspruch; ich habe keine Ahnung, wie lange es noch dauert.«

Der provisorische Titel blieb, und Cocteau entzifferte seine Hieroglyphen, aber das *Requiem* verhalf ihm doch nicht zur Apotheose. Es gleicht mehr einer überdimensionalen Abschweifung als einem Epos. Ähnlich *Le Cap de Bonne-Espérance* wirkt es im Grunde wie ein kurzes, zu unangemessener Länge zerdehntes Poem. Cocteau durchstöberte sein Hirn auf der Suche nach einer Akkumulation der Namen, Orte, Aphorismen und Metaphern seines Lebens und lieferte sogar eine Grabinschrift: »Ich sterbe, ohne gelebt zu haben.« Der Titel *Requiem* erweist sich also doch noch als zutreffend. Es war Cocteaus letztes Resümee, und er wußte es.

Im April 1963 erlitt er wieder einen schweren Herzanfall, den er jedoch auch überlebte. »Ich versuche, einen glitschigen Abhang hochzuklettern«, schrieb er an Marcel Jouhandeau, »und das ist furchtbar mühsam.« Im Juli zog er in das Landhaus von Jean Marais, wo sich neben seinem Bett ein Sauerstoffapparat befand. Briefe und Tonband-Genesungswünsche der Großen und Berühmten dieser Welt trafen massenweise ein. Auch die weniger Wohlgeneigten überkamen plötzlich Sympathieanwandlungen. Aber leider wich die Sympathie dann wieder, denn Cocteau starb gar zu langsam. Robert Craft vertraute seinem Tagebuch an: »Ein Journalist ruft an und bittet Igor Strawinsky, eine Genesungsbotschaft an Jean Cocteau zu übermitteln, wie Braque und Picasso es schon getan haben. I. S. weigert sich, und zwar so energisch, daß Teile des Telefons durch die Luft fliegen, als er den Hörer auf die Gabel schmeißt. Dann sagte er beim Lunch, so daß alle es hören konnten: ›Cocteau kann nicht mal sterben, ohne Reklame zu machen.‹ «

Cocteau ließ sich von der Besserung seines Gesundheitszustands täuschen, denn im September begab er sich trotz Marais' Bitte, noch bei ihm zu bleiben, wieder in sein Haus nach Milly und vertraute darauf, daß er das Schlimmste überstanden hätte, obgleich ihn die Gewißheit, seine ursprüngliche Kraft nicht wiedererlangen zu können, außerordentlich deprimierte. »Ich bin umgeben von Ärzten, die mich dem Tod entrissen haben, ohne mich ins Leben zurückzubringen«, beklagte er sich bei seinem alten Freund Gautier-Vignal. Er mußte einen großen Teil des Tages im Bett verbringen, arbeitete dort an seinem letzten (noch unveröffentlichten) Memoirenwerk – *Le Passé défini* (»Die historische Vergangenheit«) – und empfing Besuche der engsten Freunde.

Am 11. Oktober, einem Freitag, teilte der französische Rundfunk um acht Uhr morgens den Tod von Edith Piaf mit. Erst vor einem Jahr hatte sie einen gutaussehenden Friseur geheiratet, der halb so alt war wie sie und mit dem sie »noch einmal« leben wollte – zu spät. Gegen Mittag konnten die Rundfunkhörer Cocteaus Nachrauf auf sie hören:

»Edith Piaf starb, verzehrt von einem Feuer, das ihr gerechten Ruhm gebracht hat. Niemals kannte ich ein Wesen, das so freigebig mit seiner Seele umging; sie gab ihre Seele nicht nur hin, sie verschwendete sie, warf ihr Gold aus dem Fenster. Ich hatte das Glück, ihr 1940 ihre erste Bühnenrolle anbieten zu können. Sie sprach den Monolog des *Bel Indifferent.* Sie hat mich erst kürzlich angerufen und gesagt, sie wolle ihn im Oktober wiederaufführen. Wie alle, die vom Mut leben, rechnete sie nicht mit dem Tod und besiegte ihn mehrmals. Zumindest haben wir ihre Stimme bewahrt, jene große, schwarzsamtene Stimme, die alles, was sie singt, groß macht. Aber auch wenn ich ihre große Stimme noch besitze, so habe ich doch eine große Freundin verloren.«

Zur selben Zeit, als diese Worte gesendet wurden, rief Louis Aragon wegen eines Artikels über die Piaf für seine literarische Wochenzeitschrift *Les Lettres Françaises* in Milly an. Dermit erklärte, Cocteau sei viel zu schwach, um am Telefon reden zu können, aber der richtete sich trotzdem auf und wollte selbst antworten. Als er gerade zum Apparat griff, fühlte er schneidende Schmerzen in der Brust, die ein Lungenödem ankündigten. Blutiger Schaum drang ihm aus Mund und Nase und färbte die Bettdecke rot. Cocteau rang nach Luft. Als er die Treppe hinuntergebracht wurde, war sein rasselndes Stöhnen im ganzen Haus zu hören. Um ein Uhr Mittag war er tot.

Am 14. Oktober, dem folgenden Montag, strömten die Trauergäste nach Milly. Offizielle Repräsentanten wurden am Eingang der Maison du Bailli von einem älteren Diener empfangen und in den Salon geführt, den man in eine Totenkammer verwandelt hatte. Auf einem Wandtisch lag Cocteaus letzte Post – ungeöffnet; daneben stand ein Foto des Verstorbenen in einem lyraförmigen Rahmen, wieder daneben ein Abreißkalender, der immer noch den 11. Oktober anzeigte. Die Luft war parfümgeschwängert, die Läden geschlossen, und Cocteaus einbalsamierter Körper ruhte im Halbdunkel. Endlich zeigte sein Gesicht jenen Ausdruck himmlischer Gelöstheit, erhabener Heiterkeit. Endlich hatten die langen, gestikulierenden Hände, auf die er so stolz gewesen war, Ruhe gefunden und lagen über der Brust gefaltet. Der Geist war geflohen und hatte eine tote Hülle zurückgelassen, die mit dem höchsten Schmuck anerkannter Respektspersonen angetan war: um den Hals der rote Kragen, das Zeichen des Kommandeurs der Ehrenlegion, an seiner Seite der Degen der Académie Française, zu seinen Füßen der Zweispitz. Rosen und Gladiolen bedeckten den Sarg fast zur Hälfte, breiteten sich auf dem Fußboden aus und zierten ein Muttergottesbild. Maurice Chevalier hatte einen riesigen Strauß Rosen geschickt, der nun am Eingang des Rathauses lag. Er trug die Widmung: »Für den Einen und Einzigen.«

Cocteaus letzte Bitte, im eigenen Garten bestattet zu werden, hatte man abgelehnt. Die Beerdigung fand am Mittwoch, dem 16. Oktober 1963, einem strahlenden Herbsttag, statt. Amtsdiener mit weißen Handschuhen (»als ob sie gleich in einem Film von Cocteau auftreten würden«, bemerkte ein Reporter) bahnten sich durch die Menge einen Weg zur Kirche, an deren Portal eine Ehrenwache von Feuerwehrleuten Posten bezogen hatte. Drei langjährige Mitarbeiter der Académie Française führten die Prozession an. Neun weitere Académiciens – darunter René Clair, André Maurois, Marcel Pagnol, Jean Paulhan und Jean Rostand – folgten ihnen. Dann, nach den »Unsterblichen«, kam die Familie, eine Familie, die liberal genug war, um Jean Marais, Francine Weisweiller, Georges Auric, Serge Lifar und Picassos Sohn Paulo in ihre Reihen aufzunehmen. Eine würdige Reihe von Präfekten und Ministern der Regierung führte den Rest des Trauerzugs an. Wenn Cocteau seine Beerdigungszeremonie selbst hätte inszenieren können, würde er sicher alle Effekte genau berechnet haben, und die einzelnen Akte der Feier wären glanzvoller und spektakulärer abgelaufen. Aus allen Ecken des Globus hätte er die berühmten Abwesenden herbeizitiert. Und es gab tatsächlich Leute, die halb damit rechneten, daß er plötzlich aus dem Sarg springen und mit jener tragenden, nasalen Cocteaustimme Bühnenanweisungen erteilen würde. Seine Befehle hätte er den Trauernden unter zahllosen Diminutiven und »chéris« zugerufen. »Ich bin außerordentlich erstaunt«, schrieb François Mauriac, »daß er etwas so Natürliches, Einfaches, etwas so wenig Originelles tun konnte wie sterben.«

Auf Cocteaus Bitte war die beherrschende Farbe bei der Totenmesse Rot. Ein Mitglied des Kirchenchors von Saint-Eustache intonierte das Kredo, worauf die Begräbnisprozession sich langsam durch Milly bewegte, um zur Kapelle Saint-Blaise-des-Simples zu gelangen, die Cocteau einst selbst ausgemalt hatte. Der Friedhof duftete nach Enzian und Minze, als der Sarg, geschmückt mit einer Lyra aus roten Rosen, in die Erde gesenkt wurde.

Dank

Obwohl ich mich beim Schreiben dieses Buches weitgehend auf bereits veröffentlichte Quellen gestützt habe, konnte ich für diese Biographie jedoch auch auf zahlreiche Gespräche mit Leuten zurückgreifen, die Cocteau kannten, und auf Briefe, die viele von ihnen so freundlich waren, mir zur Verfügung zu stellen. Für ihre Hilfe möchte ich danken: Nora Auric, Pierre Bertin, Denise Bourdet, Madame Paul Cocteau, Jean Denoël, Edouard Dermit, André Fraigneau, Louis Gautier-Vignal, Françoise Gilot, Valentine Hugo, Élise Jouhandeau, Philippe Jullian, Jean-Jacques Kihm, Raoul Leven, William Liebermann, James Lord, Jean Marais, Claude Mauriac, François Mauriac, Bernhard Minoret, Marianne Oswald, Simone Porché, Jacques Porel, Man Ray, M. Riondy of the RTF, Maurice Saillet, Sherban Sidéry, Roger Stéphane, Glenway Wescott, Monroe Wheeler, Jean Wiener, Francine Weisweiller, Jeannine Worms und Maria Yakovleff.

Besonderen Dank schulde ich außerdem John Anderson; François Chapon, Bibliothekar der Bibliothèque Doucet in Paris; Roger Shattuck; meinen Lektoren Catharine Carver und Corlies Smith sowie John H. Field und Enid Harlow, die mir bei mehr Dingen geholfen haben, als ich aufzählen kann.

F. B.

Werkverzeichnis

Abkürzungen: L = Lyrik / R = Roman, erzählende Prosa / K = kritische Schriften, Erinnerungen, Reden / G = Buchausgabe von graphischen Arbeiten, illustrierte Bücher / D = größere dekorative Arbeiten (außer Gemälden).
Wenn bei den Verlagsnamen nicht anders vermerkt, dann Verlagsort Paris.
T = Schauspiel / B = Ballett / M = Texte für Musiker / F = Film, Filmdialoge.
Datum und Ort der Uraufführung. Verlag der Buchausgabe.

1909 *La Lampe d'Aladin.* L. De Bouville et Cie.
Zeitschrift *Schéhérazade* (mit Maurice Rostand). Nov. 1909 bis März 1911.
1910 *Le Prince Frivole.* L. Mercure de France.
1911 *Plakate* für Karsawina und Nijinsky (Russ. Ballett).
1912 *La Danse de Sophocle.* L. Mercure de France.
Le Dieu Bleu. B (mit F. de Madrazo). Musik: Reynaldo Hahn. Russ. Ballett, 13. Mai.
1914 Zeitschrift *Le Mot.* 20 Nummern, 28. Nov.–1. Juli 1915.
1917 *Parade.* B. Musik: Erik Satie. Russ. Ballett, 10. Mai.
1918 *Le Coq et l'Arlequin.* K. La Sirène, dann Stock, jetzt Gallimard (dt. *Hahn und Harlekin,* München 1958).
1919 *Le Cap de Bonne-Espérance.* L. La Sirène, jetzt Gallimard.
L'Ode à Picasso. L. F. Bernouard.
Le Potomak. R. Mit 95 Zeichnungen des Autors. Soc. litt. de France, jetzt Stock.
1920 *Carte Blanche.* K (Aufsätze im »Paris-Midi«, 31. März–11. Aug. 1919). La Sirène, dann Stock, jetzt Gallimard.
Escales. L. Illustr. von André Lhote. La Sirène.
Poésies (1917–1920). L. La Sirène, jetzt Gallimard.
Le Boeuf sur le Toit. B. Musik: Darius Milhaud. Comédie des Champs-Elysées, 21. Febr.
Zeitschrift *Le Coq,* dann *Le Coq Parisien* (mit Raymond Radiguet). Mai–Nov.
1921 *La Noce Massacrée. Visites à Maurice Barrès.* K. La Sirène, dann Stock 1926 (in *Le Rappel à l'Ordre*).
Le Gendarme Incompris. T (mit Raymond Radiguet). Théâtre Michel, 24. Mai.
Les Mariés de la Tour Eiffel. B. Musik: Germaine Taillefer, Georges Auric, Arthur Honegger, Darius Milhaud, Francis Poulenc. Théâtre des Champs-Elysées, 18. Juni. Buch: Gallimard 1928.

1922 *Le Secret Professionnel.* K. Illustr. von Picasso. Stock.
Vocabulaire. L. La Sirène, jetzt Gallimard.
Antigone. T (nach Sophokles). Musik: Arthur Honegger. Théâtre de l'Atelier, Dez. Buch: Gallimard 1928.

1923 *Dessins.* G. Stock.
Le Grand Ecart. R. Stock (dt. *Der große Sprung,* München 1956).
Plain-Chant. L. Stock, jetzt Gallimard.
La Rose de François. L. Porträt des Autors von Marie Laurencin. Fr. Bernouard.
Thomas l'Imposteur. R. Gallimard (dt. *Thomas der Schwindler,* München 1970).
D'un Ordre Considéré comme une Anarchie. K. Vortrag im Collège de France, 3. Mai. Buch Stock 1926 (in: *Le Rappel à l'Ordre*).

1924 *Férat.* G. Crès.
Picasso. K. Stock.
Poésies 1916–1923. Discours du Grand Sommeil. L. Gallimard.
Roméo et Juliette. T (nach Shakespeare). Théâtre de la Cigale, 2. Juni. Buch: Au Sans Pareil 1926, dann Stock 1928.
Le Train Bleu. B. Musik: Darius Milhaud. Russ. Ballett, Théâtre des Champs-Elysées, Juni.

1925 *Cri Ecrit.* L. Impr. de Montane, Montpellier.
Le Mystère de l'Oiseleur. Monolog. (Faksimile) Champion.
Prière Mutilée. L. Cahiers libres.

1926 *L'Ange Heurtebise.* L. Mit der Photographie des Engels von Man Ray. Stock.
Lettre à Jacques Maritain. K. Mit der Antwort Maritains. Stock, jetzt Gallimard (dt. *Der Künstler und der Weise.* Brief an J. M., Augsburg 1927).
Maison de Santé. 31 Zeichnungen. G. Briant-Robert.
Le Rappel à l'Ordre (Le Coq et l'Arlequin – Carte Blanche – Visites à Barrès – Le Secret Professionnel – D'un Ordre Considéré comme une Anarchie – Autour de Thomas l'Imposteur – Picasso). K. Stock.
Orphée. T. Théâtre des Arts, 17. Juni. Buch: Stock 1927.

1927 *Opéra.* L (1925–1927). Stock.
Le Pauvre Matelot. T. Musik: Darius Milhaud. Opéra-Comique. Buch: Heugel.
Antigone. T/M. Musik: Arthur Honegger. Théâtre de la Monnaie, Brüssel, 27. Dez.
Poésie Plastique. G. Aux Quatre-Chemins.
Oedipus Rex. M. Musik: Igor Strawinsky. Théâtre Sarah-Bernhardt, 30. Mai.

1928 *Le Livre Blanc.* R. Ohne Namen des Autors und Verlegers. Spätere Ausgaben: Ed. du Signe 1930, dann Morihien.
Le Mystère Laïc. K. Illustr.: G. de Chirico. Aux Quatre-Chemins, dann in:

Essai de Critique Indirecte, Grasset 1932.
Oedipe-Roi mit *Roméo et Juliette.* T. Plon.

1929 *Les Enfants Terribles.* R. Grasset (dt. *Kinder der Nacht,* Frankfurt/M. 1970).
Une Entrevue sur la Critique avec Maurice Rouzaud. K. Champion.
Vingt-cinq Dessins d'un Dormeur. G. Mermod, Genf.

1930 *Opium.* K. Illustr. vom Autor. Stock (dt. *Opium. Ein Tagebuch,* München 1966).
La Voix Humaine. T. Comédie-Française, 17. Febr. Stock.
Le Sang d'un Poète. F. Buch: Marin 1948, dann Ed. du Rocher 1957 (ill. vom Autor).
Cantate. M. Musik: Igor Markewitsch. Théâtre Pigalle, 4. Juni.

1932 *Essai de Critique Indirecte* (Le Mystère Laïc – Des Beaux-Arts Considérés comme un Assassinat). K. Grasset (dt. *Versuche,* München 1956).
Morceaux Choisis. L. Gallimard.
Wandmalereien in der »Villa Blanche«, Tamaris. D.

1933 *Le Fantôme de Marseille.* R. Gallimard.

1934 *La Machine Infernale.* T. Comédie des Champs-Elysées, 10. April. Grasset (ill. vom Autor).
Mythologie. L. Ill. von G. de Chirico. Aux Quatre-Chemins.

1935 *Portraits-Souvenir* (1900–1914). K (Artikelserie im *Figaro,* 19. Januar–11. Mai). Ill. des Autors. Grasset.
60 Dessins pour Les Enfants Terribles. G. Grasset.
Retrouvons Notre Jeunesse. K (Artikelreihe im *Paris-Soir,* August).

1936 *L'École des Veuves.* T. Théâtre de l'A. B. C.

1937 *Les Chevaliers de la Table Ronde.* T. Théâtre de l'Œuvre, 14. Okt. Gallimard.
Mon Premier Voyage (Tour du Monde en 80 Jours). K (Artikelreihe im *Paris-Soir,* 1. Aug.–3. Sept.) (dt. *Meine Reise um die Welt in 80 Tagen,* München 1967).

1938 *Les Parents Terribles.* T. Théâtre des Ambassadeurs, 14. Nov. Gallimard (dt. *Nein, diese Eltern,* Berlin 1946).

1939 *Jean-Jacques Rousseau* (in: *Tableau de la Littérature Française*). K. Gallimard.
La Comédie du Bonheur. F (Dialoge mit Evreinoff für den Film von Marcel L'Herbier).

1940 *La Fin du Potomak.* R. Gallimard.
Les Monstres Sacrés. T. Théâtre Michel, 17. Febr. Gallimard.
Le Bel Indifférent. T. Théâtre des Bouffes-Parisien, Mai.
In *Théâtre de Poche,* Morihien 1949.

1941 *Allégories.* L. Gallimard.
Dessins en Marge des Chevaliers de la Table Ronde. G. Gallimard.
La Machine à Ecrire. T. Théâtre Hébertot, 29. April. Gallimard (dt. *Die Schreibmaschine,* Berlin 1947).
Ausstattung und Kostüme zu *La Main Passe* von G. Feydeau.

1942 *Le Baron Fantôme.* F (Dialoge für den Film von Serge de Poligny).

1943 *Le Mythe du Greco*. K. Gallimard.
Renaud et Armide. T. Comédie-Française, 13. April. Gallimard (ill. vom Autor).
L'Eternel Retour. F (Regie: Jean Delannoy). Nouvelles Editions Françaises 1947.
1944 *Serge Lifar à l'Opéra*. K. Vorw. von Paul Valéry. Champrosay.
Poèmes Ecrits en Allemand. L. Krimpeer, Den Haag.
1945 *Léone*. L. Ill. vom Autor. Gallimard.
Portrait de Mounet-Sully. K. Ill. vom Autor. Bernouard.
Les Dames du Bois de Boulogne. F (Dialoge für den Film von Robert Bresson). Cahiers du Cinéma, Okt.–Dez. 1957.
La Belle et la Bête. F. Ed. du Pré-aux-Clercs.
1946 *La Belle et la Bête, Journal d'un Film*. F/K. Janin.
L'Aigle à Deux Têtes. T. Théâtre Hébertot, Nov. Gallimard (dt. *Der Doppeladler*, Wien 1947).
Le Jeune Homme et la Mort. B. Théâtre des Champs-Elysées, 25. Juni.
L'Amitié Noire. F (Kommentar zum Film von Villiers und Krull).
Œuvres Complètes. Beginn der Gesammelten Werke, 11 Bände bis 1951. Marguerat, Lausanne.
Souvenir de Jean Giraudoux. K. Haumont.
1947 *La Crucifixion*. L. Morihien.
Deux Travestis (Le Numéro Barbette – Le Fantôme de Marseille). K. Ill. vom Autor. Fournier.
La Difficulté d'Etre. K. Morihien, dann Ed. du Rocher, Monaco (dt. *Die Schwierigkeit, zu sein*. Autobiographische Betrachtungen, München 1963).
Le Foyer des Artistes. K (Artikelserie in: *Ce Soir*, 2. März 1937 bis 21. Juni 1938 unter dem Titel »Articles de Paris«, dann in: *Comoedia* 1941–1943). Plon.
La Voix Humaine in *Amore*, Film von Roberto Rosselini.
L'Aigle à Deux Têtes. F. Paris-Théâtre Nr. 22.
Ruy Blas. F (nach Victor Hugo für den Film von Pierre Billon). Morihien.
1948 *Drôle de Ménage*. R (ein Kinderbuch mit Ill. des Autors). Morihien.
Poèmes (Léone – Allégories – La Crucifixion – Neiges – Un Ami Dort). L. Gallimard.
Reines de la France. K. Ill. von Christian Bérard. Grasset.
Théâtre. T. 2 Bände. Gallimard.
Noces de Sable. F (Kommentar zum Film von André Swoboda).
La Légende de Sainte-Ursule. F (Kommentar zum Film von Luciano Emmer). In: *Poésie Critique*, Gallimard.
Les Parents Terribles. F. in: »Le Monde Illustré et littéraire« Nr. 37, 11. Dez.
Judith et Holopherne, Wandteppich. D.
1949 *Dufy*. K. Flammarion.

Lettres aux Américains. K. Grasset (dt. *Der goldene Vorhang. Brief an die Amerikaner*, Düsseldorf 1949).
Maalesh. K (Tagebuch einer Theatertournee). Gallimard.
Théâtre de Poche. T. Ill. des Autors. Morihien, dann Ed. du Rocher, Monaco (dt. *Taschen-Theater*, Wien 1952).
Un Tramway Nommé Désir. T (Übersetzung des Schauspiels von Tennessee Williams). Théâtre Edouard-VII, 17. Okt. Bordas.
Orphée. F. André Bonne 1951 (dt. *Orphée*. Drehbuch, Hamburg 1961).
Cinquantenaire du Restaurant Maxim's. K. (Faksimile).

1950 *Modigliani*. K. Hazan.
Les Enfants Terribles. F (Regie: Jean-Pierre Melville).
Zeichnungen zu Le Bal du Comte d'Orgel von Raymond Radiguet. G.
Colette. F (Kurzfilm mit Yannik Bellon).
Phèdre. B. Musik: Georges Auric. Oper, 14. Juni.

1951 *Anthologie Poétique* (mit Erstveröffentlichung von *Le Rhythme Grec* und *Atalante Court à Sa Perte*). L. Club français du Livre.
Jean Marais. K. Calmann-Lévy.
Bacchus. T. Théâtre Marigny, 20. Dez. Gallimard 1952 (dt. *Bacchus*, München 1952).
Le Rossignol de l'Empereur de Chine. F (Kommentar zum Marionettenfilm von Trnka), in: *L'Avant-Scène du Cinéma* Nr. 3, April 1961.
Venise et Ses Amants. F (Kommentar zum Film von Luciano Emmer).
La Villa Santo-Sospir. F.
Entretiens Autour du Cinématographe. K (Gespräche mit André Fraigneau). André Bonne.
Entretiens à la Radio. K (Rundfunkgespräche mit André Fraigneau). Buch: Union générale d'Editions 1965.

1952 *Le Chiffre Sept*. L. Seghers.
Gide Vivant. K. Amiot-Dumont.
Journal d'un Inconnu. K. Grasset (dt. *Tagebuch eines Unbekannten*, West-Berlin 1957).
La Nappe du Catalan. L. 64 Gedichte und 16 Farblithographien von J. Cocteau und G. Hugnet. Faguet et Boudier.
Ausstattung, Kostüme, Masken für *Oedipus Rex*. D. Théâtre des Champs-Elysées, 14. März.
L'Apocalypse. M. Musik: Claoué.

1953 *Appogiatures*. L. Ed. du Rocher, Monaco.
Démarche d'un Poète. Der Lebensweg eines Dichters. K. Ill. vom Autor. Franz. Text mit Übers. von Friedhelm Kemp. Bruckmann, München.
Dentelle d'Eternité. L (»Poème-objet«). Seghers.
Le Rouge est Mis. F (Kommentar zum Film von Igor Barrière und Hubert Knapp).
La Dame à la Licorne. B. Musik: Jacques Chailly. Gärtner-Theater, Mün-

chen, 9. Mai. (Pariser Oper, 28. Jan. 1959).
Traduit d'Avance. L. Dan Al Set, Tardor von 1953.

1954 *Clair-Obscur.* L. Ed. du Rocher, Monaco.
Poésies 1946–1947. J.-J. Pauvert.
Une Mélodie, Cinq Peintres. F (Kurzfilm von Herbert Seggelke mit Cocteau, Hans Erni, Severini, E. W. May). In: *Toute la Danse* Nr. 18, Febr.

1955 *Colette. Discours de Réception à l'Académie Royale de Langue et Littérature Française de Belgique.* K (1. Okt.). Grasset.
Discours de Réception de M. Jean Cocteau à l'Académie Française. Mit der Antwortrede von André Maurois. K. Gallimard.
Le Dernier Quart d'Heure de ... K (Rundfunkgespräch mit Pierre Lhoste). La Table Ronde.
Lettre sur la Poésie. K (Vorwort zu *Foudre Natale* von Robert Goffin). Dutilleul, Paris-Brüssel.

1956 *Adieu à Mistinguett.* K. Dynamo, Brüssel.
Le Discours de Strasbourg. K (Grußbotschaft anläßlich der Tagung des Schriftstellerverbandes Elsaß-Lothringen, 22. Januar). S. M. E. I., Metz.
Le Discours d'Oxford. 14. Juni. K. Gallimard.
Poèmes 1916–1955. L. Gallimard.
Chapelle Saint-Pierre de Villefranche. D (abgeschlossen 1957). Buch: Ed. du Rocher, Monaco

1957 *La Corrida du Premier Mai.* K. Ill. des Autors. Grasset.
Entretiens sur le Musée de Dresde. K (Gespräch mit Louis Aragon). Ed. du Cercle d'Art.
Théâtre (Théâtre de Poche – L'Epouse Injustement Soupçonnée – Oedipus Rex – Le Jeune Homme et la Mort – La Dame à la Licorne). T. Mit Zeichnungen und 40 farb. Originallithographien des Autors. 2 Bände. Grasset.
A l'Aube du Monde. F (Kommentar zum Film von René Lucot).
Salle des Mariages de la Mairie de Menton. D. Buch: Ed. du Rocher, Mon. 1958.
Le Bel Indifférent. B (nach dem Einakter von J. Cocteau). Musik: Richard Blareau. Oper, Dez.
Le Bel Indifférent. F (Kurzfilm von Jacques Demy nach dem Einakter von J. Cocteau).

1958 *L'Autre Monde.* L. Vincensini, Loriani-San-Lorenzo, Korsika.
Paraprosodies Précédés de 7 Dialogues. L. Ed. du Rocher, Monaco.
Discours sur la Poésie. K (Rede auf der Brüsseler Weltausstellung, Sept.). In *Poésie Critique,* Gallimard.
Les Armes Secrètes de la France. K (Rede auf der Brüsseler Weltausstellung, 20. Sept.). In: *Poésie Critique,* Gallimard.
Django Reinhart. F (Einführung zum Film von Paul Paviot).
Hommage aux Savants – La Conquête de l'Inconnu. D (Wandbilder für die Ausstellung »Terre et Cosmos«, Juni).

1959 *Gondole des Morts.* L. Ill. des Autors. Scheiwiller, Mailand.
Jean Marais, l'Acteur Poète. Hoeppner, Hamburg.
La Voix Humaine. T/M. Oper von Francis Poulenc. Opéra-Comique, 6. Febr.
Poésie Critique, Band 1. K. Gallimard.
Le Poète et Sa Muse. B. Musik: Gian-Carlo Menotti. Festival von Spoleto, Juli.
Le Testament d'Orphée. F. Buch: Ed. du Rocher, Monaco 1960.
Gros Plan. F (Filminterview mit Pierre Dardinal). Franz. Fernsehen, 20. März.
Chapelle Saint-Blaise-des-Simples, Milly-la-Forêt. D (Juli). Buch: Ed. du Rocher, Monaco.
Saint-Blaise-des-Simples. F (mit Jean-Jacques Kihm und Philippe Joulia). Text in: *L'Avant-Scène du Cinéma,* Nr. 3, April 1961.
Chapelle de la Vierge, Notre-Dame-de-France, London. D (Nov., signiert 1960).

1960 *Nouveau Théâtre de Poche.* T. Ill. vom Autor. Ed. du Rocher, Monaco.
Poésie Critique, Band 2. K. Gallimard.
Cher Menteur. T (Übersetzung des Stücks von Jerome Kilty nach Bernard Shaw). Théâtre de l'Athénée, 3. Okt.

1961 *Cérémonial Espagnol du Phénix,* gefolgt von *La Partie d'Echecs.* L. Gallimard.
La Princesse de Clèves. F (Regie: Jean Delannoy). Text in: *L'Avant-Scène du Cinéma,* Nr. 3, April 1961.
La Mairie de Menton. D. Ed. du Rocher, Monaco.
Thomas l'Imposteur. Rundfunkbearbeitung von J.-J. Kihm.
La Farce du Château. Fernsehbearbeitung von J.-J. Kihm.

1962 *Le Cordon Ombilical.* K. Ill. vom Autor. Plon.
Discours à l'Académie Royale de Belgique: Hommage à Maeterlinck. K. Dynamo, Lüttich.
Picasso 1916–1961. K. Mit 24 Lithos von Picasso. Ed. du Rocher, Monaco.
Le Requiem. L. Gallimard.
L'Impromptu de Palais-Royal. T. Comédie-Française. Tokio, 1. Mai. Gallimard.
Freilichttheater Cap-d'Ail. D.
Fensterentwürfe für Saint-Maximin, Metz. D.
Ausstattung und Kostüme zu *Pelléas et Mélisande.* D. Festival Metz, Sept.

1963 *La Comtesse de Noailles Oui et Non.* K. Librairie Académique Perrin.
Entwürfe für Saint-Sépulcre in Fréjus. D.
Portrait Souvenir. Fernsehgespräch mit Roger Stéphane und R. Darbois (Aufn.: Paul Seban). Text: Tallandier 1964.
Anna la Bonne. Film von Claude Jutra.

1964 Vorwort zu *Recettes pour un Ami* von Raymond Oliver. K. Ill. von J. Cocteau. Galerie Jean Giraudoux.

1965 *Thomas l'Imposteur.* F (Drehbuch: Cocteau, Michel Worms, Georges Franju).

Pégase. L. Mit 10 Stichen von Léopold Survage. Nouveau Cercle Parisien du Livre.

L'Apprenti Sorcier. Rundfunkbearbeitung von Milorad nach dem Kapitel »Über kriminelle Unschuld« im *Journal d'un Inconnu.*

1967 *Paul et Virginie.* T. Operntext von Cocteau und Raymond Radiguet (1920). In: *Raymond Radiguet; Gli inediti.* Ugo Guanda, Parma.

Pages Choisies. Anm. von Robert Prat. Hachette.

Opéra. Des Mots. De Mon Style. Tchou.

1968 *Faire-part.* L (unveröff. Gedichte 1920–1962). Hrsg. Pierre Chanel. Vorw. von Jean Marais und Claude-Michel Cluny. Chambelland, Librairie Saint-Germain-des-Prés. Neue Ausgabe 1969.

Literaturverzeichnis

Adéma, Marcel, *Guillaume Apollinaire,* Paris 1952.
Amouroux, Henri, *La Vie des Français sous l'Occupation,* Paris 1965.
Antoine, André, *Antoine, Père et Fils,* Paris 1962.
Arbellot, Simon, *La Fin du Boulevard,* Paris 1964.
Arnaud, Lucien, *Charles Dullin,* Paris 1952.
Astruc, Gabriel, *Le Pavillon des Fantômes,* Paris 1929.

Beaton, Cecil, *The Wandering Years, 1922–1939,* Boston 1961.
Bibesco, Marthe, *La Duchesse de Guermantes. Laure de Sade, Comtesse de Chevigné,* Paris 1951.
–, »Jean Cocteau et Son Étoile«, in: *Revue Générale Belge,* Dezember 1963.
Boissière, J. Galtier, *Mon Journal pendant l'Occupation,* Paris 1944.
Borgal, Clément, *Jacques Copeau,* Paris 1960.
Bourdet, Denise, *Édouard Bourdet et Ses Amis,* Paris 1945.
–, »Jean Cocteau«, ein Interview, in: *Pris sur le Vif,* Paris 1957.
Brinnin, John Malcolm, *The Third Rose. A Biography of Gertrude Stein,* Boston 1959.
Buckle, Richard, *In Search of Diaghilev,* New York 1956.

Cendrars, Blaise, *Trop C'est Trop,* Paris 1957.
Chalupt, René, »Quelques Souvenirs sur Erik Satie«, in: *La Revue Musicale,* Juni 1952.
Chaplin, Charles, *Die Geschichte meines Lebens,* Frankfurt/M. 1977.
Charles, Jacques, *»Caf' Conc«,* Paris 1966.
Cladel, Judith, *Rodin,* Paris 1950.
Cocéa, Alice, *Mes Amours que J'Ai Tant Aimés,* Paris 1958.
Colette, *Mes Apprentissages,* Paris 1936.
–, *Le Fanal Bleu,* Paris 1949.
–, *En Pays Connu,* Paris 1950.
Cooper, Lady Diana, *Die Memoiren der Lady Diana Cooper,* Frankfurt/M. 1962.
Corpechot, Lucien, *Souvenirs d'un Journaliste,* Bd. III, Paris 1937.
Craft, Robert, *Expositions and Developments,* New York 1962.
–, *Dialogues and a Diary,* New York 1963.
–, *Themes and Episodes,* New York 1962.
Crespelle, J. P., *Montparnasse Vivant,* Paris 1962.
Crosland, Margaret, *Jean Cocteau. A Biography,* New York 1956.

Daudet, Léon, *Souvenirs,* Paris 1920.
–, *Quand Vivait Mon Père,* Paris 1940.
Daudet, Lucien, *Dans l'Ombre de l'Impératrice Eugénie,* Paris 1935.
Deharme, Lise, *Les Années Perdues; Journal* 1939–1949, Paris 1961.
Desbordes, Jean, *J'Adore,* Paris 1928.
Desnos, Youki, *Les Confidences de Youki,* Paris 1957.
Dolin, Anton, *Ballet Go Round,* London 1938.
Duke, Vernon, *Passport to Paris,* Boston 1955.
Dussane, Béatrix, *Dieux des Planches,* Paris 1964.

Ehrlich, Blake, *Resistance. France 1940–1945,* Boston 1965.
Everling-Picabia, Germaine, »C'Était Hier: Dada . . .« in: *Les Œuvres Libres,* Nr. 109, Juni 1955.

Faÿ, Bernard, *Les Précieux,* Paris 1966.
Fifield, William, »Interview with Cocteau«, in: *Paris Review,* Sommer-Herbst 1964.
Fouquières, Comte André de, *Mon Paris et Ses Parisiens,* 4 Bde., Paris 1953–1956.
Fraigneau, André, *Gespräche über den Film,* Esslingen 1954.
–, *Cocteau par Lui-même,* Paris 1961.
–, *Entretiens avec André Fraigneau,* Paris 1951.

Garros, Roland, *Mémoires,* Paris 1966.
Germain, André, *Portraits Parisiens,* Paris 1918.
–, »Un Demi-Siècle du Souvenirs«, in: *Adam International Review,* Nr. 300, 1965.
Ghéon, Henri, »La Danse de Sophocles«, in: *Nouvelle Revue Française,* September 1912.
Gide, André, *Aus den Tagebüchern 1889–1939,* Stuttgart 1966.
–, *Die Falschmünzer,* Stuttgart 1974.
–, »Lettre Ouverte à Jean Cocteau«, in: *Nouvelle Revue Française,* 1. Juni 1919.
Gilot, Françoise/Charlton, Lake, *Leben mit Picasso,* Neuauflage München 1980.
Gilson, René, *Jean Cocteau,* Paris 1964.
Goesch, Keith, *Radiguet,* Paris 1955.
Goudeket, Maurice, *La Douceur de Vieillir,* Paris 1966.
Gramont, Élizabeth de, *Mémoires,* 4 Bde., Paris 1928.
Grigoriew, Serge, *The Diaghilev Ballet,* London 1953.
Guggenheim, Peggy, *Von Kunst besessen,* München 1962.
Guitry, Sacha, *Si J'Ai Bonne Mémoire . . .,* Paris 1952.

Hahn, Reynaldo, *Notes. Journal d'un Musicien,* Paris 1933.
Hamnet, Nina, *Laughing Torso,* New York 1932.
Hort, Jean, *La Vie Héroïque des Pitoëff,* Genf 1966.

Hugo, Valentine, »Le Socrate que J'Ai Connu«, in: *La Revue Musicale,* Juni 1952.
–, »Il y a Trente Ans«, in: *La Parisienne,* Dezember 1953.

Jacob, Max, *Lettres de Max Jacob à Jean Cocteau,* 1919–1944, Paris 1949.
–, *Correspondance 1921–1924,* Paris 1955.
Jouhandeau, Elise, *Joies et Douleurs d'une Belle Excentrique,* Paris 1952.
–, *Le Spleen Empanaché,* Paris 1960.
–, *Une Liane de Roses,* Paris 1964.
Jullian, Philippe, *Robert de Montesquiou,* Paris 1965.
Jünger, Ernst, *Strahlungen,* Teil 1 u. 2, Stuttgart 1962.

Kahnweiler, Daniel-Henri, *Entretiens avec François Crémieux,* Paris 1961.
Karsawina, Tamara, *Theatre Street,* London 1961.
Kiem, Albert, *Le Demi-Siècle,* Paris 1950.
Kihm, Jean-Jacques u. a., *Jean Cocteau, sein Leben, ein Meisterwerk,* München 1970.
Kyrou, Ado, *Luis Buñuel,* New York 1963.

Lannes, Roger, *Jean Cocteau,* Paris 1945.
Lanoux, Armand, *Paris in the 'Twenties',* New York 1960.
Léautaud, Paul, *Literarisches Tagebuch 1893–1956,* Reinbek 1966.
Lieven, Prince Peter, *The Birth of the Ballets Russes,* London 1936.
Lifar, Serge, *Serge de Diaghilev,* Monaco 1954.

Macdougall, Allan, *Isadora,* New York 1960.
Marais, Jean, *Mes Quatre Vérités,* Paris 1957.
Mariano, Nicky, *Forty Years with Bernard Berenson,* New York 1966.
Markewitsch, Igor, *Point d'Orgue. Entretiens avec Claude Rostand,* Paris 1959.
Martin du Gard, Maurice, *Les Mémorables,* 2 Bde., Paris 1957–1960.
Mauriac, Claude, *Jean Cocteau ou la Vérité du Mensonge,* Paris 1945.
–, *Conversations with André Gide,* New York, 1966.
Mauriac, François, *Bild meines Ichs,* München 1961.
–, *Nouveaux Mémoires Intérieurs,* Paris 1965.
Maurois, André, *Reine Tatsachen. Erlebt und aufgeschrieben,* München/Zürich 1964.

Milhaud, Darius/Rostand, Claude, *Gespräche mit D. M.,* Hamburg 1954.
–, *Noten ohne Musik. Eine Autobiographie,* München 1962.
Mistinguett, *Toute ma Vie,* 2 Bde., Paris 1954.
Monnier, Adrienne, *Rue de l'Odéon,* Paris 1960.
Morand, Paul, *Journal d'un Attaché d'Ambassade, 1916–1917,* Paris 1949.
Myers, Rollo, *Erik Satie,* London 1948.

Nadeau, Maurice, *Geschichte des Surrealismus,* Reinbek 1965.
Nicolson, Harold, *Tagebücher und Briefe 1930–1962*, 2 Bde., hrsg. v. Nigel Nicolson, Frankfurt/M. 1962.

Oberlé, Jean, *La Vie d'Artiste,* Paris 1956.
Ouellette, Fernand, *Edgard Varèse,* Paris 1966.
Oxenhandler, Neal, *Scandal and Parade,* Rutgers 1957.

Painter, George, *Marcel Proust. Eine Biographie*, 2 Bde., Frankfurt/M. 1962 u. 1968.
Peeters, Georges, *Les Monstres Sacrés du Ring,* Paris 1959.
Penrose, Roland, *Picasso,* München/Ahrbeck 1964.
Perreux, Gabriel, *La Vie Quotidienne des Civils en France pendant la Grande Guerre,* Paris 1966.
Piaf, Edith, *Au Bal de la Chance,* Paris 1958.
Pillaudin, Roger, *Jean Cocteau Tourne Son Dernier Film,* Paris 1960.
Polignac, Princesse Edmond de, »Mémoires«, in: *Horizon,* London, August 1945.
Porché, Simone, *Sous de Nouveaux Soleils,* Paris 1957.
Porel, Jacques, *Fils de Réjane*, 2 Bde., Paris 1951–1952.
Poulenc, Francis, *Moi et Mes Amis,* Genf 1963.

Ray, Man, *Self-Portrait,* London 1963.
Rivière, Jacques, *Marcel Proust et Jacques Rivière. Correspondance, 1914–1922,* Paris 1956.
Rose, Sir Francis, *Saying Life,* London 1961.
Rostand, Maurice, *Confessions d'un Demi-Siècle,* Paris 1948.

Sachs, Maurice, *Der Sabbat. Eine chronique scandaleuse,* München 1967.
–, *Au Temps du Boeuf sur le Toit,* Paris 1948.
–, *La Décade de l'Illusion,* Paris 1950.
–, *La Chasse à Courre,* Paris 1945.
Sanouillet, Michel, *Picabia,* Paris 1964.
–, *Dada,* München 1973.
–, *Francis Picabia et 391*, 2 Bde., Paris 1966.
Sert, Misia, *Misia and the Muses,* New York 1953.
Shattuck, Roger, *Die Belle Epoque. Kultur und Gesellschaft in Frankreich 1885–1918,* München 1963.
Siohan, Robert, *Stravinsky,* Paris 1959.
Stéphane, Roger, *Jean Cocteau,* Paris 1964.
Strawinsky, Igor, *Leben und Werk. Von ihm selbst. Erinnerungen.* Zürich/Mainz 1957.
–, *Gespräche mit Robert Craft,* Freiburg i. Br. 1961.

Thomson, Virgil, *Virgil Thomson,* New York 1966.
Tintori, Giampiero, *Igor Stravinsky,* Paris 1966.

Warnod, André, *Fils de Montmartre,* Paris 1955.
Wescott, Glenway, *Good-bye Wisconsin,* New York 1928.
White, Eric Walter, *Stravinsky,* Berkeley 1966.
Willy (Henri Gauthier-Villars), *Souvenirs,* Paris 1925.

Personenregister